合肥工业大学图书出版专项基金资助项目

消费纠纷非诉讼解决机制原理与实务

王梦飞　著

合肥工业大学出版社

序

消费行为无疑是人类社会发生范围较广、频率较高的行为，在新产品、新服务不断推出的当今社会尤其如此。在消费的过程中，消费者与生产者、经营者产生了一定的社会关系，也相继出现了种种矛盾和纠纷。就矛盾纠纷的数量而言，它已经远远超过了传统的民事纠纷——婚姻家庭纠纷。

在法治国家，诉诸法院寻求司法保护的权利无疑是国民最为重要的权利之一，一些国家甚至把这种裁判请求权上升为宪法上的权利。通过诉讼保护消费者权利固然重要和必要，但诉讼也存在程序复杂、开支大、成本高的缺点。从我国当下的情况看，诉讼到法院的案件（主要是民商事案件）过多，造成了法院案多人少的矛盾。在此情形下，诉源治理、坚持把非诉讼纠纷解决机制挺在前面已经成为国家治理的一项重要方针。

值得庆幸的是，多年来我国一直重视对消费者权益的保护，也重视采用非诉讼方式解决消费者与生产者、经营者之间的纠纷。可以说，消费纠纷非诉讼解决机制（Alternative Dispute Resolution，简称ADR）在我国各种类非诉讼纠纷解决机制中是最正式、最健全、最多元化的。近十多年来，我国各地方与多部门在该类纠纷解决机制的制度建设与实务运作方面做出了许多有益的探索，值得从理论上进行总结和提炼。本书作者以消费纠纷为切口，旁征博引，详细地梳理了21世纪以来我国消费纠纷非诉讼解决机制（ADR）在一些领域的历史起源与发展历程，探讨了消费纠纷多元化解决机制的评价基准与建构理念，以点带面，从这一类型纠纷解决机制的探讨可以辐射乃至透视整个非诉讼纠纷解决机制的发展与完善问题。另一方面，与世界范围内消费者被害救济的强化与充实化相较，我国的消费纠纷非诉讼解决机制在一些层面尚存进一步完善的空间，本书在制度设计方面对此问题进行了系统的研究与探讨。

消费纠纷的特点对纠纷解决机制提出了不同于一般民事诉讼的要求，诉讼外纠纷解决机制如何回应？从世界范围来看，代表性国家消费纠纷非诉讼解决机制有哪些特色和优长之处，有哪些共通的原理和发展趋势？如何构建适合我国国情的消费纠纷非诉讼解决机制，降低消费者解纷成本，增强各类解纷机制的可接近性与协同性？上述问题在本书的研究中得到了初步的解答与回应，一些研究发现具有一定的创新性，例如消费者被害黑数与公式、中国消费纠纷非诉讼解决机制的类型轴分析、媒体协助和解与调解机构督促和解概念的引入、消费者协会调解策略和特点、发展消费仲裁机制的新思路，等等。

总体而言，本书从理论和实务两个层面对消费纠纷 ADR 体制与机制进行了深入探讨，拓展了该领域的研究。难能可贵的是，本书作者着力聚焦消费纠纷解纷机制的特定方面和相关问题，能够坚持具体问题具体分析和理论联系实际，避免流于 ADR 一般原理与制度的堆砌与重复性研究。我相信，本书的出版，既有助于 ADR 相关领域理论研究的深化，也有助于推动消费者教育、纠纷解决方面的实务学习与知识普及，期待与读者诸君共飨。

李 浩[*]

2022 年 7 月于南京

---

[*] 南京师范大学法学院教授，博士生导师，中国民事诉讼法学研究会常务副会长。

目　　录

第一章　消费者问题

资本主义像是带着两刃的剑，一边是剥削劳工，另一边则是剥削消费者。

——日本《消费者宣言》，1957 年 2 月东京虎之门消费者大会发表①

消费既是人类经济活动的基本环节，又是一种社会活动和文化现象，是社会地位和文化符号的生产。消费不但是社会分层的体现，也是阶层分化的机制之一。"消费模式不仅可以反映出社会的不平等现象，而且也加重了这种不平等现象。"② 当然，"大众消费的持续增长是介入工业社会的整体稳定的工具"③。消费主义作为一种单一文化影响了价值多样性，塑造了人们的思想行为与生活方式④。消费文化是当代社会与当代文化的基本特征，"消费像是给现代生活装上了永动机，带来的躁动和狂热使个体灵魂的生命感觉萎缩，在灵魂最深处产生对生命本身的无聊感"⑤。从经济学角度看，消费是"社会再生产过程中生产要素和生活资料的消耗"⑥。根据《中华人民共和国消费者权益保护法》的规定，法学意义上的消费则可以被界定为主体为生活需要而

① 「資本主義は両刃の剣である。労働者として搾取され、消費者として搾取される」，参见铃木深雪：《消费者行政法》，https://www.jstage.jst.go.jp/article/senshoshi1960/39/8/39_8_489/_pdf。

② ［美］麦吉本等：《消费的欲望》，朱琳译，中国社会科学出版社 2007 年版，第 22 -23 页。

③ ［法］尼古拉·埃尔潘：《消费社会学》，孙沛东译，社会科学文献出版社 2005 年版，第 70 页。

④ ［加拿大］麦蔻丝：《单一文化的陷阱》，黄煜文译，（台湾）木马文化事业股份有限公司 2015 年版，第 171 页。

⑤ ［德］西美尔：《金钱　性别　现代生活风格》，顾仁明译，学林出版社 2000 年版，序言。

⑥ 于光远：《经济大辞典》，上海辞书出版社 1992 年版，第 1983 页。

产生的购买、使用商品或者接受服务的行为。

消费需求是人最直接、最主要、最基本的需求，消费这一现象和人的生存权、发展权甚至公民权利与政治权利都有密切的联系。生存权的目的，在于保障国民能过像人那样的生活，以在实际生活中确保人的尊严；其主要是保护帮助生活贫困者和经济上的弱者，是要求国家有所"作为"的权利①。在这一宪法性基本权利的客观价值秩序笼罩之下，一般法律从制定、解释到具体适用，都必须与这套客观价值秩序相符②。保障和实现国民的生存权、发展权，首要是满足其基本消费需求，并能随着社会经济发展不断提高消费水平，同时给予弱势群体基本社会保障以不致影响其基本消费需求与生存条件。当然，生存权不应局限于经济和社会保障领域，实际上，伪劣产品或劣质服务造成消费者的财产与精神损失，影响其生活品质，甚至侵害其健康与生命权利，这是对消费者生存权的侵害或剥夺，必须从法律制度上给予充分救济才不致造成人权受侵害而无法回复的状态。

从公民经济人权与政治人权交互作用的角度观察，消费者结成利益集团并社团化，参与和影响政府政策制定与立法、司法等过程本身，就是公民行使权利的集中体现。消费者保护的观念已成为现代世界的潮流，在衡量一个国家的发展水平时，除了经济成长之外，消费者保护也是很重要的指标。

第一节　消费者问题的表现与原因

"所谓的消费者被害，系指消费者与企业者交易时，就商品或服务的交易条件及交易方法，消费者有的合理期待跟现实存在着相当不一致的状态。"③因瑕疵商品与服务以致生命、身体、健康或财产受到侵害，或因不公平合同导致交易不获公平合理待遇等消费者被害问题，自古既存，但偶发的、个别的消费者被害问题，尚未形成社会问题。然自二战以后，经济发展快速，消

---

① ［日］大须贺明：《生存权论》，林浩译，法律出版社 2001 年版，第 16 页。
② 黄舒芃：《什么是法释义学？以二次战后德国宪法释义学的发展为借镜》，台湾大学出版中心 2020 年版，第 61 页。
③ ［日］江藤勝：《消費者被害とその救濟—その實態》，載《ジュリスト增刊總合特集·消費者問題》，有斐閣 1981 年版，第 219 页。

费者被害问题，已非偶发、个别，而是多数消费者时常被害的社会问题，此等问题，一般称之为消费者问题。虽然广义上的消费者问题也可能包含环境等方面的内容，但消费者问题的核心内容就是消费者权利在理论上容易被侵害以及实际上普遍被侵害的问题。消费者问题很大程度上等同于由于制度性弱势地位而极易导致的消费者被害。

一、我国消费者问题的现状

我国现今仍处于社会主义初级阶段，现阶段的消费者问题不像发达国家那样具有隐蔽性和技巧性，情况较为明显和严重，概括起来主要表现在以下一些方面：①假冒伪劣商品泛滥，假冒伪劣违法行为屡禁不止[1]；②一般产品质量不高，食品、药品、保健品安全问题严重，微生物污染、重金属污染、食品添加剂超标和农兽药残留超标等现象突出；③虚假广告泛滥，营销行为不端；④标识、价格欺诈；⑤售后服务严重滞后；⑥服务行业服务品质不高；⑦侵犯消费者人身权利与精神损害现象多发；⑧垄断行业"霸王条款"、利用格式合同侵害消费者合法权益；⑨商品房、物业、汽车、教育培训、健身、医疗、美容等领域纠纷突出；⑩电视购物和网络购物欺诈；⑪预付款消费、会员卡消费和分时度假欺诈；⑫侵犯消费者个人信息。其中，假冒伪劣产品对中低收入群体危害尤其严重，已出现"上山下乡"的热潮[2]，许多不法业者把从劣质生活用品、食品到假冒农资、药品等各种商品向农民倾销，以至于有人惊呼农村成了"销废"市场，农民成了"销废"者。

我国目前的消费者问题对消费者的生命权、健康权和财产权造成了严重的侵害。特别是食品安全问题，最为公众关注。有调查显示，消费者对任何

---

[1] 2019 年，全国市场监管部门查处案件 61.74 万件，案值 102.11 亿元，罚没 83.86 亿元，移送司法机关 5154 件。新冠疫情暴发以来，截至 2020 年 8 月，市场监管部门共查获问题口罩 1.11 亿只，查办非法制售口罩等防护产品案件 3.67 万件，涉案货值 4.54 亿元，移送公安机关案件 931 件。参见国家市场监督管理总局：《对十三届全国人大三次会议第 2766 号建议的答复》（国市监议〔2020〕157 号，2020 年 11 月 4 日发布）。除了一般商品，知名医院被冒牌经营的乱象突出，扰乱了正常的医疗消费秩序，造成了恶劣的社会影响。2020 年，国家市场监督管理总局甚至以"协和""华山""湘雅""华西""齐鲁""同济""天坛"等知名医院被冒牌问题为重点，在全国范围内开展专项整治。参见《市场监管总局办公厅关于对知名医院等机构被冒牌问题开展清理整治的通知》（市监注〔2020〕55 号，2020 年 5 月 29 日发布）。

[2] 刘新宇：《家电下乡产品维修率超平均 10 倍 8 件中 1 件次品》，《广州日报》2009 年 12 月 10 日。

一类食品安全性的信任度均低于 50%①。2019 年，我国市场监管机关共查处食品违法违规案件 24.6 万余件，责令停产停业 2604 户，公安机关抓获犯罪嫌疑人 1.7 万人②。公安部还专门成立了食品药品犯罪侦查局。有报告显示，即使是大城市的大型超市，食品质量也存在着不小的问题③。随着科技发展，危害公众健康的行为越来越难以防范④。

多年来我国产品质量监督抽查合格率徘徊在 80% 左右，一些产品故障频发，带来安全隐患。据估算，我国每年因产品质量不过关直接造成的损失超过 7600 亿元⑤，这不仅浪费了大量的生产能力，而且浪费了资源，消耗了能源，污染了环境。同时，我国的原材料工业在关键工艺技术和产品实物质量等方面与国际先进水平相比仍有较大差距⑥，难以满足我国经济高质量发展的需求。

二、消费者问题的形态、类别与特征

从理论上划分消费者问题的类型，依消费者被害权益的性质区分，可以分为三种：①生命、身体安全与健康上的被害；②经济上的被害；③人格尊严与精神上的被害。依被害形态的不同区分，可分类为多数被害与少数被害，或者是巨额被害与少额被害。如果将各种形态组合，可再分类为下列四种：①多数且为少额的被害。如标示不实或足以引人误解的广告等，让消费者不易意识到损失的经济型被害。②多数且为大额的被害。通常为食品、医药所

---

① 商务部市场运行司：《关于我国流通领域食品安全状况的调查报告》（2005 年 3 月 17 日）。
② 国家市场监督管理总局法规司：《市场监管总局 2019 年法治政府建设年度报告》，2020 年 3 月 31 日。
③ 2016 年 5—6 月，绿色和平分别在 8 座城市的沃尔玛、家乐福、华润万家、永辉、联华超市（世纪联华）、物美 6 家超市购买了共计 119 份常见蔬菜样品，并送至具有资质的独立第三方实验室进行 466 项农药残留检测。绿色和平将全部检测结果对比中国卫生和计划生育委员会及农业农村部 2014 年颁布的《食品安全国家标准食品中农药最大残留限量》（GB2763—2014），分析本次检测的蔬菜样品中农残情况，发现大量农残超标、禁用农药、混合农药残留等情况。参见绿色和平：《2016 年六大超市蔬菜农药残留调查》，2016 年 10 月 24 日。
④ 据报道，现在的瘦肉精已经可以撒在猪睡觉的草上，通过其皮肤吸收。参见《工程院院士：瘦肉精最令农业部头疼　堪比毒奶粉》，http：//www.tech-food.com/news/2009-4-22/n0252394.htm。
⑤ 李长江：《全面加强产品质量安全监管　坚决维护人民利益和国家形象——在进一步加强产品质量安全监管工作会议上的讲话》，2007 年 7 月 17 日。这篇讲话还从"中国制造"公共关系危机的角度做了一番全景式的描述。
⑥ 工业和信息化部、科技部、商务部、市场监管总局：《原材料工业质量提升三年行动方案（2018—2020 年）》。

带来的生命、身体伤害，或者是缺陷汽车带来的大量事故等。③少数且为少额被害。此为日常生活普遍发生的个案事件，如因干洗店造成衣类破损，或者买菜的斤两不足所带来的经济上较轻微的被害。④少数且为大额的被害。此种事件也为个案，但带给消费者相当程度的伤害，如医疗过失行为引起的生命、身体被害，或消费公共场所不安全致人滑倒，或购买顶楼房屋漏水等。

消费者问题虽然形形色色，但是归类之后不难发现其具有以下一些特点：

（1）被害范围广泛化。因为商品大量生产、大量销售的结果，且社会经济水平提高，大家都有能力进行各种消费，所以一旦发生消费事件时，牵涉范围将既广且深。同时，现代社会商品结构品种繁多、潜在危险性提高，单纯的商品瑕疵事件，也可能会造成数以千计、万计，波及社会每一层面的消费者被害。

（2）被害结果严重化。现代消费者问题所导致的损害，动辄造成消费者生命、身体的重大伤害，或使消费者终身积蓄毁于一旦，受害痛苦巨大且很难恢复。

（3）被害原因查明困难。现代的商品及服务，运用高度科学技术，且营销渠道复杂，消费者通常只与末端的零售业者有合同关系，所以当产品有缺陷时，被害原因查明倍加困难，责任的追究也不易明确。

三、消费者问题产生的原因

工业革命前，全球的经济形态处在农业社会，消费者与生产者间差距不大，交易形态亦极为简单，大多是面对面进行买卖行为，所以消费者在购买时可以从容检查商品是否有瑕疵；且生产者尚未使用复杂科技，交易双方知识平等，因此生产者欺诈情形鲜有发生，法律无特别保护消费者的条款。但十八世纪末期，工业革命带来工业技术革新的热潮，机器代替手工，世界经济形态进入高度成长、大量生产、大量消费及高度技术的时代。加之，"从系统上看，市场竞争的本质是消除市场竞争"①，公司规模的扩大与数量的下降，都使得生产经营者与消费者间的交易地位，发生了极大差距，进而产生种种的不平等。

---

① ［美］德内拉·梅多斯：《系统之美：决策者的系统思考》，邱昭良译，浙江人民出版社2012年版，第179页。

在绝大多数国家，消费者问题的一般化均发生在二战以后。二战后经济高速成长，进入高度技术化的大量生产、大量消费时代。生产与消费分离，生产者与消费者间交易地位形成不平等状态。普遍的消费者被害出现，主要是因为现今社会的大量生产系统是由极度专业分工制的生产过程与高度复杂化的流通过程所建构而成，在此生产过程的许多阶段潜在地含有产生缺陷商品的可能性，加上商品在大量贩售系统下被供给，则被害一旦发生，就会扩大到广泛的范围。尤其是在高度技术商品的情形下，被害的预知、预防是困难的，被害人的范围更加扩大，而且因技术革新的生产高效能化、专门技术化和消费形态多样化，以及复杂而多阶段的流通机构发达，消费者和企业经营者间的信息不对称加大。"一般而言，消费者相对于企业经营者是无力的，不易取得相关资料，必须依存于将技术、情报视为商业秘密的企业提供，被害原因的究明具有困难性。若被害是因缺陷食品或医疗品而发生的，则往往对生命、身体造成重大危害，形成深刻的被害。"①

究竟如何造成消费者问题，何种因素最为主要？学者们的观点不尽一致，以下进行简要梳理。

1. 不正当营销说

由于一般消费者对于商品的认知不足，而十分熟知消费者心理的业者，却借此进行组织构造的商业战，为了引起消费者的购买欲望，毫不犹豫地推动不实广告宣传或实施虚伪产品标示。也就是说，实际上在近代的资本社会里，消费大众早已不拥有交易选择的自由，消费者很容易被大企业经营者高超的商业手段所控制，但是却无法从被大企业构造组织所控制的巨大市场主义社会下逃脱出来②。

2. 地位与能力不对等说

现代消费者问题的出现，其根本原因表现在市场的复杂化和专业化造成的消费者的劣势地位上。企业通过垄断产业结构和技术情报，拥有市场支配能力，并广泛利用广告媒体的宣传，使消费者选择向有利于自己的方向发展。而决定消费的一个个家庭，虽广泛购买物品和服务等商品，但其单纯的购买方式几乎没发生变化。消费者即使知道对自己造成了损害，也无法抵抗它。

---

① 北川善太郎、及川昭伍：《消费者保護法の基礎》，青林書院新社 1977 年版，第 4-5 页。
② 沼田稲次郎：《社会的人權の思想》，NHK 大学講座 1979 年版，第 110 页。

与市场规模相比，消费者个人的购买毕竟是弱小的，对拥有资金和专业技术的大企业来说是微不足道的存在①。另有学者认为，消费者问题表面化、社会问题化的原因可举出五点：①对购买商品的相关信息上的差距的扩大；②大量生产、大量销售体系的确立导致的受害广泛化、严重化；③生产和消费之间的距离增加；④伴随着销售技术的革新，商家对消费者支配的强化；⑤市场寡头垄断带来的经营者对市场支配的强化②。

3. 信息不对称说

"企业掌握的信息与消费者掌握的信息，从质到量都有很大差别，这就是消费者受害的主要原因。消费者'不知道'，不是因为消费者不想知道，而是无奈和难以避免的。消费者受害可以说是由社会结构而产生的结构型受害。"③消费者与企业之间的差别不仅仅是信息上的，从新信息的获取能力到产生纠纷时的信息收集、交涉能力以及其背后的资源等方面，作为个人的消费者与作为组织的业者间也存在很大的悬殊。美国经济学家乔治·阿克洛夫在1970年提出了著名的"柠檬市场"理论，该理论指出：在信息不对称情况下消费者容易出现"逆向选择"等行为，这种行为会使市场竞争产生一种不正常的和负面的"低劣驱逐优良"的资源配置结果④。在信息不对称的情况下，就会产生消费者剩余被剥夺的结果⑤。当业者利用信息优势通过歪曲的市场价格和消费者交易时，部分消费者剩余被业者剥夺，导致消费者福利水平降低。为保护消费者权益，一些社会资源及消费者的精力、财力被迫用于产品质量的辨别和判定，造成交易成本提升及有限资源的浪费，在一定程度上影响了每个人的生活质量。

4. 综合说

有观点认为，现代消费者问题源于八项原因：①伴随着生活水平的提高，基本民生必需之消费品范围扩大；②伴随着高度技术化，信息掌握的差距愈

---

① ［韩］禹辰勋：《韩国消费者政策的现状及发展方向》，《北京商学院学报》，2000年第4期。

② ［日］井上匡子、町村泰贵、今井弘道：《法哲学观点看日本消费者问题及立法之解决》，赵莉译，《金陵法律评论》2007年秋季卷，第156页。

③ ［日］铃木深雪：《消费生活论》，田桓、张倩、高重迎译，中国社会科学出版社2004年版，第13页。

④ 谢康、乌家培：《阿克洛夫、斯彭斯和斯蒂格利茨论文精选》，商务印书馆2002年版，第1-18页。

⑤ 戎素云：《消费者权益保护运动的制度分析》，中国社会科学出版社2008年版，第42页。

发扩大；③伴随着大量生产，使消费者之危险及受害层面扩大；④伴随着流通、分配程序的复杂化，各层次法律关系将不易究明；⑤伴随着市场的独占化，因非竞争而导致消费者选择功能之降低；⑥贩卖技术的革新，不正当竞争之出现导致消费者选择的错误，造成选择功能之障碍；⑦附和契约之兴起，导致消费者选择范围及内容的缩减；⑧厂商互相结合成商会，掌握政治、经济、法律的决定力①。

笔者认为，消费者问题的核心性原因有二：信息不对称和被害难救济。信息不对称前述已有学者论及，实际也是生活世界的惯例和常态。"信息搜寻的成本是昂贵的，人类的信息处理能力也是有限的。因此，个体经常必须基于不完全了解所有可能的选项及其可能的结果来做出选择。"② 就个别消费者而言，在消费生活上显然已经成为财力、人力及信息上的弱者，这无疑是继资本主义社会发生劳资对立后出现的一个新的结构性矛盾。

笔者想强调的是，无论如何，个体消费者与业者相比不可能达至完全平等，但这不影响消费者运用手中购买力投票。在成熟的市场经济条件下，某一领域绝对垄断的可能性较小，除了这种情形以外，消费者问题皆源于消费者无法掌握足够的知识和信息，无法合理行使选择权，甚至可能达到被害也不自知的程度。而只要信息分布均衡，企业如何庞大、翻新花样营销、以不实宣传广告误导，或者商品高度技术化、复杂化，皆不足为惧。但信息的供给是个系统综合的治理工程，非常复杂且需耗费不菲成本，信息分布不均则是普遍状态。

至于被害难救济问题，研究消费者问题的学者鲜有提及。笔者认为，权利被害如果能得到及时充分救济，则消费者问题被回复，可以说是"问题不大"或"问题解决"。而实际生活中消费者问题变本加厉、愈演愈烈的关键就在于消费者被害救济难，使得"问题"始终得不到解决。也就是说，被害难救济虽然不是消费者问题的初始原因与第一推动力，但因为被害难救济导致消费问题无法解决，会对消费者二度伤害，使得消费者被害问题加深、加重。同时，这又反向激励了不法业者继续侵害消费者权益，等于

---

① 陈俊斌：《消费者保护立法之研究》，台湾大学硕士论文，1988 年 6 月，第 4－6 页。
② ［美］萨巴蒂尔：《政策过程理论》，彭宗超等译，生活·读书·新知三联书店 2004 年版，第 61－62 页。

鼓励其参与制造更多的消费者被害问题。所以，被害难救济至少是消费者问题的"中间原因"，更是其中关键性的因素。它参与了消费者问题的恶性循环，导致消费者问题的固化、深化。可以说，这是现代消费者问题的两大核心性原因之一。

第二节 消费者主权与消费者救济求偿权

一、消费者主权与实现障碍

虽非人人都是生产者，但人人必然都是消费者。作为一个经济学概念，消费者主权的含义是在经营者（生产者、销售者）与消费者的关系中，消费者处于最终的决定的地位。如果将这一概念引入法学领域，笔者认为，消费者主权指的是消费者权利得到充分实现与充分保护的状态。它和消费者权利的关系是：消费者权利是立法上赋予消费者可以行使的其所具有的权能，是消费者利益在法律上的体现。对绝大多数人而言，也是公民权利在消费领域里的体现，是国家对消费者进行保护的前提和基础。而消费者主权则是消费者权利充分行使后达到的理想状态。消费者权利的实现情况和程度，是检验一个国家或地区消费者权益保护水平和层次的最重要的视角，也是衡量消费者主权实现或受损程度的标尺。而探讨消费者主权问题，则离不开对消费者权利立法规定和运行实态的具体观察。

美国是世界上最早明确提出消费者保护基本政策和消费者权利的国家。1962 年 3 月 15 日，肯尼迪总统向国会提交了《消费者权利法案》（Consumer Bill of Rights）。该法案指出，消费者是美国经济社会中一个重要但组织不健全、意见不受重视的群体。工业技术的进步，使食品、药物及各种消费品大量生产、供应市场，但消费者却因广告等因素影响，对商品缺少认识而盲目从事购买，发生损害后又求告无门。为保护消费者的利益，应当采取立法及行政措施，保护消费者所享有的权利，并在该法案中首次明确提出了消费者应当享有获得安全保障的权利（the right to be safety）、了解事实真相的权利（the right to be informed）、选择商品的权利（the right to choose）、表达意见的权利（the right to be heard）等四项权利。1969 年，尼克松总统又提出消费者第五项权利——要求获得赔偿的权利（the right to redress），即消费者权益受到损害时，可要求政府处罚不法厂商，并令其负赔偿责任①。

《联合国保护消费者准则》提出各国应当确保消费者下列合理需要获得满足：（a）保护消费者的健康和安全不受危害；（b）促进和保护消费者的经济利益；（c）使消费者有机会取得足够资料，让他们能够按照个人愿望和需要作出知情的选择；（d）消费者教育，包括关于消费者所作选择的环境、社会和经济影响的教育；（e）提供有效的消费者赔偿办法；（f）享有建立消费者团体和其他有关团体或组织的自由，而这种组织对于影响到它们的决策过程有表达意见的机会；（g）促进可持续消费形式②。

《中华人民共和国消费者权益保护法》规定了我国消费者享有的九项权利：安全权、知情权、自由选择权、公平交易权、求偿权、结社权、受尊重权、获得知识权、监督权。由于受市场经济发展水平和法治环境的制约，我国消费者权益保护的立法与实施、消费者权利的实现程度与发达国家相比还有一些差距。

笔者认为，消费者问题的治理或者说消费者权利的保护是一个系统性的工程，实现消费者主权的理想或向着这个目标努力需要复合型的治理机制。这样一个机制不外包括下列六种因素：①消费者个人自我保护；②立法保护；③行政保护；④司法保护；⑤社会保护；⑥市场机制自发保护。正是因为这六种治理机制的单个作用可能存在不完善和失灵，所以消费者主权的实现才会遇到重重障碍。

以市场机制为例，即使市场是充分竞争的，仍然有一些理由表明通过市场机制不能保护消费者。哈德菲尔德等人列举了一些理由：第一，重复性的交易可能是稀少的，所以商家就少有激励行为去确保消费者满意；第二，进入与退出市场的成本低廉，所以一夜之间就人间蒸发的业者（fly-by-night traders）可能比较普遍；第三，业者可能在司法管辖权之外，使得私法救济比较困难；第四，销售商可能资产不足，使得判决执行变得困难；第五，坏的交易的成本可能是延迟的，例如，有问题的商品是可信任品（credence goods）；最后，交易的规模可能是很小的，消费者也很少有激励去法院诉讼。

---

① 金福海：《消费者法论》，北京大学出版社2005年版，第28-29页。
② 联合国经济和社会事务部：《联合国保护消费者准则》（1999年扩大版）。

更进一步地说，市场聚焦的是资源有效率的配置而不是公平的配置①。

除了垄断行业以外，在日常消费品领域基本形成了买方市场，但消费者被害现象还是非常突出和普遍的，这说明消费者选择权的增加、买方市场的扩展与消费者权利得到维护的程度没有必然联系。因为：①消费者、行政监管者与业者的信息不对称局面是难以改变的；②行政监管的效能与资源是有一定极值的，难以全方位无限制地监控市场经济的每个节点、环节以及每个参与者；③行政监管的权力寻租与地方保护主义也为有效监管行为制造了障碍；④消费者维权成本的高昂造成对业者不法行为的低事后惩罚或纠正概率，无法抑制业者不法行为，并反向激励了此种行为的实施。笔者认为，其原因深植于市场经济制度和行政管理制度中。原因③和④是可以着手进行改进的相对简单的具体制度设计问题，其中原因③不涉及本书论题，这里暂不讨论。仅就原因④来说，只有通过纠纷解决制度的合理设计使消费者救济求偿权得以实现，才能移除这一消费者主权的实现障碍。当然，社会也不能"把鸡蛋都放在一个篮子里"，复合型的治理机制才是最佳选择。

二、消费者救济求偿权是消费者主权的重要保障

消费者的救济求偿权，又称损害赔偿权或索赔权，是指消费者在购买、使用商品或者接受服务的过程中非因自己故意或者过失而使得人身、财产和精神遭受损害时，向生产经营者提出请求，由其给予一定赔偿的权利。权利被害不可怕，可怕的是被侵害的权利得不到合理有效的救济。有研究指出，法律赋权可以帮助穷人对他们的生活获得更大的掌控，没有好的法律制度保障，食品、医疗、教育等领域的外部援助都可能会被清零②。衡量消费者权利规定是否切实、充分，固然要看它的具体内容，同时更为重要的是看其救济制度是否充分、完备，否则总易流于纸面或仅具政策宣示色彩。没有消费者的救济求偿权，消费者的其他权利都是没有武器的卫兵，自身难保，更遑论消费者主权。所以，消费者的救济求偿权可以说是消费者主权的重要庇护和最有力屏障。

---

① Gillian K. Hadfield, Robert Howse, Michael J. Trebilcock, Information-Based Principles for Rethinking Consumer Protection Policy (1998) 21 Journal of Consumer Policy, p155 - 156.

② ［美］盖瑞·豪根、维克多·布特罗斯：《蝗虫效应：暴力的暗影——为何终结贫穷需要消灭暴力?》，杨芩雯译，（台湾）马可孛罗文化 2015 年版，第 338 页。

随着经济的发展，我国社会已步入"大量生产、大量流通及大量消费"的"消费时代"，大量生产的商品，经由广大行销网络而深入全国各角落，如果某一商品有缺陷，则往往造成多数人的损害，在业者与多数消费者之间引发纠纷事件。此类问题，已经超越个人的个别利害关系，而涉及整个社会的生活环境品质或影响被害人的生存权利。所以，如何有效救济大量受害的消费者，成为重大的课题。当然，这并不是意味着只有大量的消费者被害才需要保护，而是表明随着消费者被害的大量化，消费者保护与消费者救济求偿权的问题更明显地被意识到。对于零星受害的消费者的保护，同样十分重要。尤其是小额零星受害的情形，基于费用相当性原理，确有为其设置便捷、低廉纠纷解决程序的必要，以免小额权利人的财产权、救济求偿权受到腐蚀，进而使法律赋予其的各项权利流失殆尽而无可挽回，使消费者主权有名无实，转而被实际上的经营者主权所取代。

一项全国范围的调查显示出我国目前消费者救济求偿权得不到保障的问题的严重性，具体数据可见图1-1。

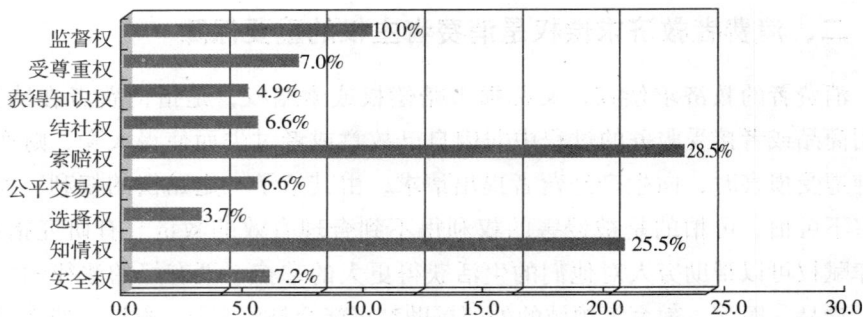

图1-1　城镇消费者认为维护较差的权利排行①

三、消费者被害黑数是消费者主权不彰的集中体现

1. 消费者被害黑数的概念

要确切地衡量消费者被害的实态或纠纷的多寡，不能仅凭特定机构受理消费纠纷的统计数量。为此笔者借鉴犯罪学上的犯罪黑数概念，认为在消费

① 中国消费者协会：《全国城镇消费维权状况调查报告》，2007年3月14日。

者救济求偿领域，也存在着黑数问题。首先需明确消费者被害的定义，笔者按外延大小将之划分为三种：①最广义的消费者被害是一个主观与客观相结合亦或相分离的宽泛的概念，既包括主观上消费者感知到被害且实际也遭遇被害情形，又包括主观没有察觉被害但客观上实际被害，或者是自己主观感觉被害提出申诉但从实体法角度看实际上并未被害的情形。②次广义的消费者被害则剔除上述最后一种情形，将消费者被害定义为只要是消费者权益确实遭到法律意义上的侵害，不管消费者主观是否自知，都算作消费者被害。③狭义的消费者被害则又可剔除消费者主观上不自知的，仅研究消费者明知被害的情形。如果消费者被害包括没有法律依据或客观依据的情形，则容易引起概念上的混乱和争议，为了从理论上说明的方便，笔者在此采用次广义的消费者被害概念，即假定消费者被害都是确实有实体法依据和客观依据的被害，不包括被害假想。据此，消费者被害黑数是指，消费者合法权益被侵害没有获得任何赔偿且在各种纠纷解决机构或机制中均没有统计记录的情形。至于消费者获得赔偿但仍不满意纠纷处理结果的情形，由于太过主观，无法精确衡量，故没有计算在内。笔者以结构图 1-2 说明如下。

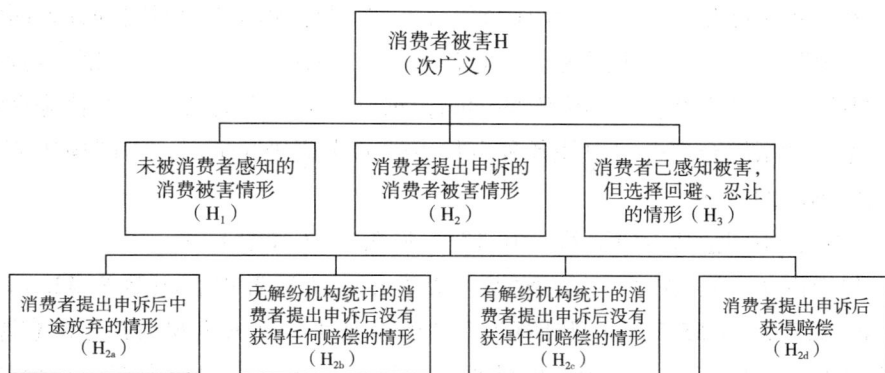

图 1-2 消费者被害结构图

根据图 1-2 可以得出结论，消费者被害黑数 = $H_1 + H_3 + H_{2a} + H_{2b}$。这里的 H_1 由于消费者自身未感知，在统计学上就没有意义或被视为不存在，H_1 主要涉及的是消费者教育问题，不是本书讨论的重点，而 H_3、H_{2a}、H_{2b}、H_{2c} 四种情形主要是由于现行的各种消费纠纷解决机制无法便捷、高效地解决纠纷。当然还可能包括其他原因，例如消费者虽客观上被害但没有充分的证据提出申诉、消费者个体性格一贯与世无争等，但从经验上看，这些情形无疑所占比例相对较小。其中，H_3、H_{2a}、H_{2b}三种情形由于完全没有纳入纠纷解决机构官方统计的视野，已经变成消费者被害黑数，这容易使人们对消费者被害问题做出不恰当或过于乐观的结论，对现行的各种消费纠纷解决机制做出过高的评价，也影响人们对改革和完善现行消费纠纷解决机制必要性程度的认识。

2. 消费者被害黑数是普遍而大量存在的现象

消费者被害黑数是否存在？如果存在，究竟消费者被害黑数是何种规模？在犯罪学上，估计犯罪黑数的高低，不能凭空想象，而应有实证的依据。有两种方法可以推估犯罪黑数的高低，其一是"自陈报告"，其二是"被害调查"。自陈报告是让受调查者报告在过去特定时间内，违反法律或社会规范的程度。被害调查是以问卷或访谈样本的方式，由每一个人或每一住户，说明在某段时间内，自己的被害经验①。具体到消费者被害黑数研究方面，一般采取被害调查统计的方式，因为针对业者做其是否侵害消费者权益的自陈报告统计所面临的回答失真的可能性与获取回答结果的难度显然很大。学术界对于消费者被害黑数问题没有专门的研究，一般是作为消费者问题调查或纠纷解决机制研究中的一个小问题或一小部分。单一的研究由于受到国别、地域、样本基数、抽样人群分布等因素的影响，难以构成一个有说服力的普遍性结论，笔者尝试综合现有的中外各种有代表性的实证研究情况，力图描述消费者被害问题的实态。

首先是中国消费者协会的一项研究，见图1-3和图1-4。

综合图1-3、图1-4的数据可以看出，消费者被害黑数为52.2%＋47.8%×27.2%≈65.2%（只计算消费者绝对被害，因为主观因素无法剔除，未包括解决了但消费者不满意的情形，如果再包括这种情形中部分合理的，则消费者被害黑数应在65.2%以上）。

涉及小额纠纷，如食品类侵害等，根据商务部一项对全国21个省、自治区、直辖市9329位城乡消费者的调查，在遇到食品安全问题时，51.9%的城

---

① 许福生：《刑事政策学》，中国民主法制出版社2006年版，第37页。

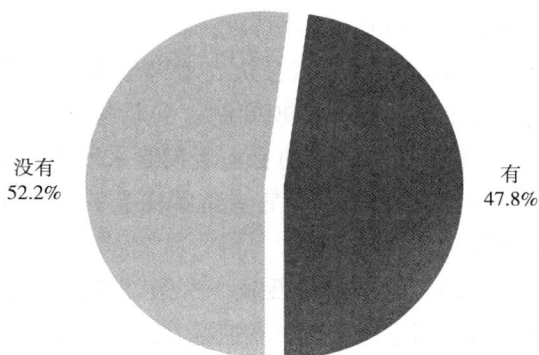

图 1-3 受到损害的城镇消费者是否向有关方面要求过赔偿①

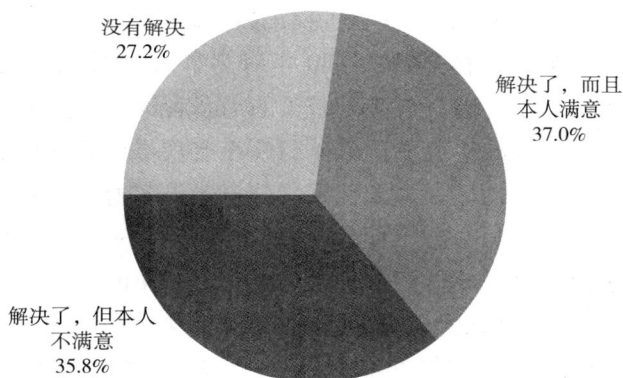

图 1-4 城镇消费者的合理要求是否得到满意解决②

市消费者和 60.4% 的农村消费者不愿意向有关部门投诉,最主要原因是"投诉需花费太多的时间和精力"③。

有研究表明,虽然信贷金融消费者在合法权益受损时可以通过诉讼途径来寻求保护,但是出于诉讼成本与结果不确定性等方面的考虑,如果权益受侵害程度并不严重,或者受损金额有限,同时又没有充分的胜诉把握,信贷金融消费者往往会选择放弃法律救济④。在另一项研究中,消费者放弃食品侵

---

① 中国消费者协会:《全国城镇消费维权状况调查报告》,2007 年 3 月 14 日。
② 中国消费者协会:《全国城镇消费维权状况调查报告》,2007 年 3 月 14 日。
③ 商务部市场运行调节司:《2008 年流通领域食品安全调查报告》,2009 年 5 月 8 日。
④ 盛松成:《中国金融消费者保护报告 2019》,中国金融出版社 2019 年版,第 97 页。

权申诉的比例则更大，根据科技部中国科技促进发展研究中心"公众食品安全感知调查"显示，有22.3%的北京公众表示自己或家庭成员在过去两年中曾经因吃了有问题的食品导致健康出现问题（包括拉肚子、头晕及其他更严重的问题）。在出现问题后，90.7%的受害者没有采取任何行动，4.2%的受害者曾找厂家或商家理论，2.3%的受害者选择向有关部门投诉，还有2.8%的受害者采取了其他行动①。

那么是否西方国家消费者被害黑数较少？国外学者的有关实证研究数据显示，消费者被害黑数在西方国家也是普遍存在的。

金和麦克埃文在对全美范围内遇到问题的消费者的抽样调查中发现，28%的消费者未提出诉求②。根据坎普洛维茨的调查，对产品不满意的低收入消费者中60%没有提出诉求③。美国的民事诉讼研究课题（The Civil Litigation Research Project，CLRP）在1979—1980年对5个州5000户家庭进行抽样调查，在所有消费不满情形中，约有12.7%的消费者没有向责任人提出赔偿请求；而在提出赔偿请求的纠纷中，约有37%没有获得任何赔偿结果；进行诉讼的仅有3%④。韦德马尔在对加拿大安大略省米德尔塞克斯县486户家庭进行的深度访谈中发现，70%进行抱怨的消费者中有28%反应抱怨行为毫无收效，加上30%根本未提出抱怨的消费者，约有近60%的消费者已感知的问题没有得到救济⑤。白斯特和安德瑞森发现，在消费者认为所购商品存在问题的情形下，只有32.4%的消费者会提出诉求⑥。莱丁斯基研究发现，美国密尔沃基市遇到问题的消费者中选择"回避"的比例约为25%；另有25%以上的

---

① 赵延东、张文霞、马缨：《北京公众对食品安全风险的感知》，http://www.sociology.cass. net. cn/shxw/shgz/shgz42/P020080218335519062456. pdf。

② Donald W. King and Kathleen A. McEvoy, A National Survey of the Complaint-Handling Procedures Used by Consumers. , Rockville, Maryland：King Research 1976.

③ David Caplovitz, The Poor Pay More：Consumer Practices of Law-Income Families, Free Press, 1963.

④ Herbert M. Kritzer, Richard E. Miller, and William L. F. Felstiner, Studying Disputes by Survey, American Behavioral Scientist 25（September 1981），p67－74. William Felstiner, Richard Abel & Austin Sarat, The Emergence and Transformation of Disputes：Naming, Blaming, Claiming… 15 L. & Soc'y Rev, 1980—1981，p631－654.

⑤ Neil Vidmar, Seeking justice：an empirical map of consumer problems and consumer responses in Canada, 26 Osgoode Hall L. J. 795（1988）.

⑥ Arthur Best and Alan R. Andreasen, Consumer Response To Unsatisfactory Purchases：A Survey of Perceiving Defects, Voicing Complaints and Obtaining Redress, 1977, law & society review11, p713.

消费者提出诉求后又选择中途放弃；仅有3%的纠纷提交给第三方处理①。罗斯和小菲尔德发现，大型家用电器出现问题的消费者中，20%未提出诉求②。盖恩发现，56%的消费者在抱怨后与业者达成了协议；如果消费者与业者的双方协商没有解决纠纷，40%的消费者不会采取进一步的行动③。

　　综合上述中外实证研究，可以得出结论，消费者被害黑数是普遍而大量存在的。我国的消费者被害黑数一般平均在50%左右（由于中消协的调查样本数量最多，分布最科学，因此在信度上最强）。如果涉及侵权数额微小，消费者被害黑数可能高达90%以上。西方国家的消费者被害黑数的平均值比我国低，但也在30%~40%。一般情况下，被害程度越大，消费者被害黑数越低，如大宗产品质量问题；反之，则消费者被害黑数越高。消费者收入越低或受教育程度越低，出现不自知被害黑数 H_1 的比例越大，但不代表他们提出的消费申诉就越少或消费者被害黑数就越高，相反有时他们提出申诉的比例或可能性比中产及以上阶级的更大，相关的实证研究在这个问题上至今还是互相矛盾的。另外，有相当比例的消费者选择与业者协商解决纠纷，并在协商不成的情况下不再寻求救济，而成为中途放弃的被害黑数 H_{2a}。上述这些调查结论像是在为卡夫卡的寓言做注解，显示出许多人在法律与诉讼的大门之外难以入内，大量的消费侵权或违约行为游离在现行的诉讼和诉讼外纠纷解决机制之外，也在所谓的法化的社会秩序之外。

　　3. 消费者被害黑数的出现原因

　　笔者认为，要研究造成消费者被害黑数问题的原因，可以从出现被害而未申诉的消费者的自陈原因、此类消费者在社会学意义上的共同特征、被害问题本身的属性、此类消费者的观念与法律文化、现行法律制度与纠纷解决机制等方面进行探讨。下面借助一些实证研究的资料来进行初步的分析。

　　（1）成本（花费）的原因。首先是中国消费者协会的调查。从图1-5中数据可知，消费者没有要求赔偿的原因主要集中在三个方面：35.2%的消费

---

　　①　Jack Ladinsky, Charles Susmilch, Community Factors in the Brokerage of. Consumer Product and Service Problems in G. Suttles and M. Zald （eds）, The Challenge of Social. Control：Citizenship and Institution Building in Modern Society, Norwood, NJ：Ablex, 1985.

　　②　L. H. Ross, N. O. Littlefield （1978）, Complaint as a problem solving mechanism, Law and Society Review, Vol. 12, p199-216.

　　③　Hazel G. Genn, Paths to Justice：What People Do and Think about Going to Law, Oxford：Hart Publishing, 1999, p156-157.

者是因为"费时费力"，27.0%的消费者是因为"损失不大"，25.5%的消费者是因为"举证难"。而费时费力指的是解决纠纷的成本支出的绝对值比较大，损失不大指的是消费者被害数额微小，它们是一个问题的两个方面；"损失不大"言下之意是没有必要诉诸现有的费时费力的管道去提出诉求，实质上两者反映出的都是有关解决纠纷的成本与解决纠纷产生的收益不对称、要求赔偿不经济的问题。另外，举证难也可以归为与要求赔偿费时费力同一意义或者说是其组成部分。总而言之，消费者都是从经济理性的角度出发，认为现行的申诉赔偿途径不经济，不如选择忍让不法行为。这里，不作为反而是消费者最佳的行动策略。

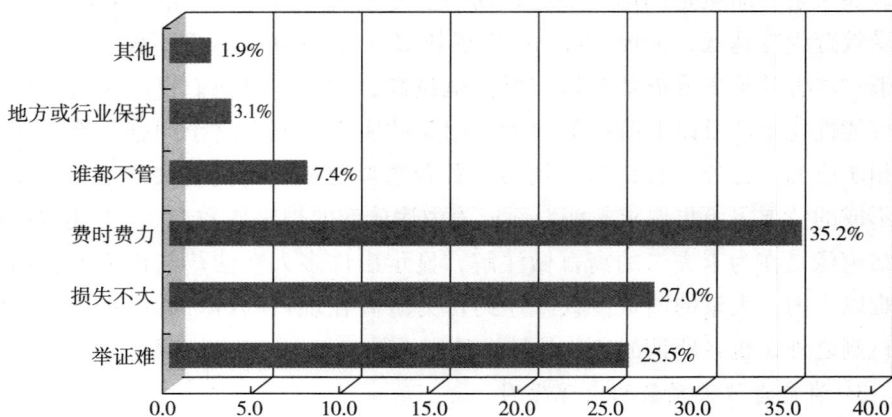

图1-5　城镇消费者没有要求赔偿的原因①

　　其次是商务部的一项调查。从图1-6数据可知，在遇到食品安全问题时，和图1-5反映出的问题一样，投诉费时费力也是造成消费者被害黑数的主因，达到过半数的程度。此外，还有近30%的消费者被害黑数是源于消费者对纠纷能否合理解决高度不确定，这实际上也是一种较高的付出无回报的风险成本。就城乡消费者的区别来看，农村居民更信任投诉渠道，也更愿意付出时间精力投诉，这可能是由于平均收入水平和机会成本不一致造成的对

---

　　①　中国消费者协会：《全国城镇消费维权状况调查报告》，2007年3月14日。本次调查由中国消费者协会联合全国45个省、市消协（消委会）共同开展，由各省、市消协随机抽取本辖区内6个以上居委会或社区开展调查，共完成有效样本14612个，问卷对象的性别、年龄、职业的搭配和分布比较均匀。

消费被害损失与维权成本的比值计算不同。而农村消费者比城市消费者更无法了解投诉知识，则反映出消费教育与投诉渠道设置等方面的城乡资源投放的不均衡。

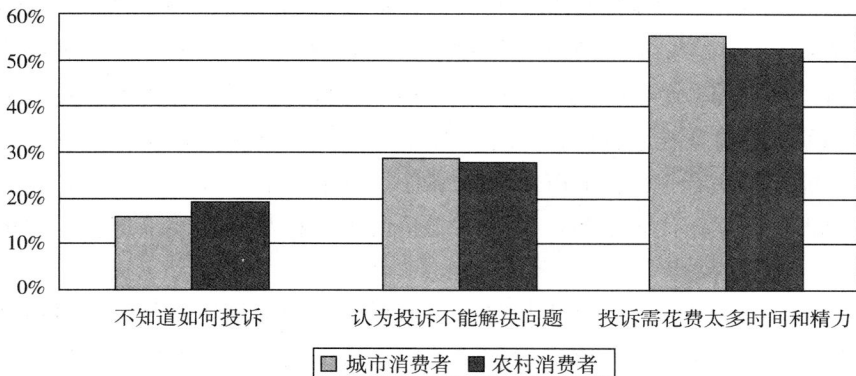

图 1-6 城乡消费者遇到食品安全问题不投诉的主要原因①

（2）社会分层的原因。关于发生消费纠纷时是否会提出申诉，我国台湾地区的一项调查表明，台湾地区至少有 35.77% 的消费者不会利用现有的申诉管道②，显示出现有的几种纠纷解决机制和管道可接近性不强，也未做充分的推广和宣传。

该研究针对不同人群利用不同申诉管道进行分析。笔者认为结合分类调查统计，可以得出以下规律性结论：在我国台湾地区，①女性在发生消费纠纷时，被害黑数的比例要高于男性。②在年龄方面，消费者被害黑数的高低是呈沙漏状分布，老年人和青少年的消费者被害黑数更高。③在学历方面，呈现出随学历升高而消费者被害黑数递减的反比关系。④在收入方面，没有明显的对比关系，但收入较低消费者群体被害黑数最多。⑤在职业类别上，可以发现无（待）业、退休、家庭管理人员被害黑数最多，学生、农渔民和蓝领工人次之。⑥在地区方面，中南部没有明显的区别，北部都会区消费者被害黑数最少，而东部山区消费者被害黑数最多。

———————

① 商务部市场运行调节司：《2008 年流通领域食品安全调查报告》，2009 年 5 月 8 日。

② 台南科技大学：《2007 年度"国民"消费意识、消费行为暨消费问题之调查研究》，2007 年 12 月 20 日。

笔者认为这一调查最重要的意义是提醒我们消费者黑数的多少或者说消费者权利实现的程度，基本上是和社会阶层的强弱地位呈耦合关系，消费者被害黑数问题也更多地蒙上了一层社会分层的外衣。在制度设计时，一定要注重区分消费者中的不同群体，有针对性地设置和完善救济机制，以破解弱势消费者群体中大量消费者被害黑数发生的问题。这一点在下文中还会进一步探讨。关于社会分层原因，国外也有相关研究，如有研究表明，在社会等级前列的人更可能提起诉讼，而老年人（65 岁以上）和青年人（15～20 岁）更不可能提起诉讼①。发出声音的抱怨存在过度代表（Overrepresent）问题，而低收入群体存在代表不足。这些可能是由于存在与社会经济地位相关的社会特性，例如信心等②。

（3）不确定性原因。在理性经济人假设中，受害消费者是按照最有利于自己的评估选择其行动策略，而利益评估通常的公式就是利弊间的权衡。把此公式运用到消费纠纷解决的具体情境中，就是受害消费者需对"争"和"忍"产生的不同收益情况进行比较，然后做出抉择。相对来说，"忍"的结果是容易确定的，但是"争"的收益的预测却比较困难，因为这要取决于业者如何反应、解纷途径是否合理与可接近、证据是否充分等因素。也就是说，"争"和"忍"的利与弊需要联系消费者和业者在特定纠纷中的互动情况才能进行评估，这就是为什么消费者被害黑数大量存在的一个原因——不确定性增加了"成本－收益评估"的困难，造成当事人宁愿选择不行动，也就是忍。

（4）纠纷解决途径的可获得性原因。这和第一项成本原因有一定的相关性，如果纠纷解决途径在地理上相当遥远、程序相当令人费解或复杂，或者该途径不为人知，无疑会增加当事人的搜寻和使用成本，那么也会产生更多的消费者被害黑数。

（5）伤害感知和感受的原因。如果消费者无法感知实际已经受到的伤害，那么自然也会产生不自知的消费者被害黑数。社会感知和前述的社会分层也

---

① Office of Fair Trading, Consumer Dissatisfaction: a Report on Surveys Undertaken for the Office of Fair Trading, 1986, p44.

② A. Best and A. Andreasen, Consumer Response to Unsatisfactory Purchases: a Survey of Perceiving Defects, Voicing Complaints, and Obtaining Redress, 1976, 11 Law & Soc'y Rev, p701, p729.

是有关联的①。另一方面，在消费者感到尊严、人格、感情等受到伤害的纠纷中，即使标的额不大，也一般不可能出现消费者被害黑数的情形；相反，这类纠纷越少，消费者被害黑数则越可能出现。

（6）被害程度和金额以及种类原因。被害程度轻微和标的较小的，或者主要是财产类纠纷的，就更容易产生消费者被害黑数。加拿大一项研究发现，当消费纠纷金额达到1000元以上，就有相对高的申诉率②。

性别是否是一个因素，尚难以确定。前述台南科技大学研究表明，女性消费者被害黑数多于男性，但也有一些研究表明，女性比男性经历更多的消费纠纷，也更多地提出抱怨。女性作为特定社会群体可能更愿意提出抱怨并可能更成功地解决纠纷③，这可能是由于更多的女性比男性承担家庭日常采买工作及更加有时间和耐心的原因。

法律文化是否是一个因素，也不可一概而论，文化因素难以量化，不具有统计学上的意义。消费者被害黑数在不同法律文化里都具有普遍性，因此很难将其归咎为某些法律文化中的当事人更偏好息事宁人或不争④。当然不同法律文化中当事人对不法行为的容忍程度可能是不同的，但这并非问题的关键。而且随着市场经济的发展与熟人社会的瓦解，东亚社会里当事人的法律意识也在不断增长。和合式而非抗争式的态度可以在一定程度上解释东亚社会的调解偏好，但无法充分说明消费者被害黑数问题。另一方面，正如有

① 消费者对不满的感知是需要认知能力的。那些高收入（白人）家庭比那些低收入（黑人）家庭更容易认为其所购物品存在问题，且更频繁地向销售者和第三方投诉。这不太可能表明其所购物品在质量上有很大差异。A. Best and A. Andreasen, Consumer Response to Unsatisfactory Purchases: a Survey of Perceiving Defects, Voicing Complaints, and Obtaining Redress (1976), 11 Law & Soc'y Rev, p722 - 723.

② N. Vidmar, Seeking Justice: an Empirical Map of Consumer Problems and Consumer Responses in Canada (1988) 26 Osgoode Hall Law Journal, p757.

③ Charles E. F. Rickett & Thomas G. W. Telfer (eds). International Perspectives on Consumers' Access to Justice, West Nyack, NY, USA: Cambridge University Press, 2003, p28.

④ 传统上中国人对待自然、他人和国家的态度是和合式的而不是抗争式的。西方文化下产生的人格，则认为人必须为了获得并保障自己的合法权益作斗争，这种斗争也无须避免对抗的方式。这是个体的自我发展、自我扩张以及自我完成的一重必经手续。唯有如此，强固的"自我"疆界才能建立起来。自然，自己如此做，也尊重别人如此去做的权利。因此，一切都必须讲究法权关系。和为贵和不争的态度，使得中国人的自我权利观念模糊，使坚强的自我疆界无法建立起来，结果是形成了自我压缩的人格。这种自我压缩的人格，既然认为公然地保障自己的权益是不合法的，因此对让别人占便宜的容忍度就比较大，对受别人利用、摆布与控制的敏感度就会比较低。而且，还往往会纵容与姑息不合理的事情，让它们继续存在。参见［美］孙隆基：《中国文化的深层结构》，广西师范大学出版社2004年版，第156 - 158页。

日本学者指出的："如果法律制度是建立在对英雄模范的期待的基础上，那就完全失去了其应有的意义。因此，作为法律家，在指责日本人的法律意识和权利意识差之前，首先应该反省一下日本的法律制度对于具备了近代经济感觉的人来说是否具有可利用的魅力，是否有可期待的效果。"①

综上所述，笔者概括了以下一些通常情况下的规律：①解决纠纷的成本和花费越高，消费者被害黑数越大；②消费者社会阶层、学历、收入越低，消费者被害黑数越大；③被害标的额越小，消费者被害黑数越大②；④纠纷解决途径可获得性越弱，消费者被害黑数越大；⑤纠纷解决预期结果的不确定性越强，消费者被害黑数越大；⑥消费者对消费侵权的感知与感受越淡化，消费者被害黑数越大；⑦消费纠纷总量中侵财型纠纷越多，消费者被害黑数越大。

4. 研究消费者被害黑数问题的意义

大规模生产和消费可能出现大量的被害者，虽然对个人而言所蒙受的损失或许属于小额，但就整体消费者及社会而言，损失金额则非常巨大。在现实生活中，这样的小额被害者经常得不到救济，其权利遭到虚置而无法实现。如果消费者对此都忍气吞声的话，社会就会出现大量非正义现象，这会导致问题更加严重。这不单是个人的权利遭到践踏，法律和诉讼本身也会失信于民，最终导致消费者对法律的绝望和麻木。另外，如果对企业的违法行为不进行实际的民事制裁，那么其他企业也会仿效而加入其中，因为违法行为伴随而来的是经济效益。如此一来，消费者就会对企业的违法活动麻木不仁，"非正义"也成为自然而然之事，而主张正义则成了稀奇之事。

"大部分负担不起司法系统的人也负担不起现行的 ADR 项目，占人口相当大比例的人没有任何办法解决纠纷将会导致一个广泛的不满、不合法性（Unlawfulness）以及一个不稳定的社会。"③ 法律本身会名誉扫地，如果它不能回应普通个人的问题。劳拉·纳德在对美国消费纠纷的人类学研究中表明了这种想法，认为对于社会来说，不缺席小的不公正现象（Little Injustices）是很重要的问题。她写道：小的不公正现象是消费社会日常生活很大一部分

---

① [日] 田中英夫、竹内昭夫：《私人在法实现中的作用》，李薇译，法律出版社 2006 年版，第 10 页。

② 前述商务部的研究可以佐证，小额食品类问题侵权的消费者被害黑数高达 90% 以上。

③ Russell Fox, Justice in the twenty-first century, London：Cavendish Pub, 2000, p175.

的内容，当然，人们对待法律的态度是由自己遇到法律或需要产生却缺乏法律时所形成的；如果没有接近的机会，那么法律就会成为与其公民无关的东西，法律的其他替代成为他们所仅有的①。在这里，"忍受"可能成为消费者仅有的理智选择。

笔者认为，消费者被害黑数存在本身很正常，但若超过50%，则可能表明各种消费者权利救济机制在消费者被害问题上的系统性失灵，足以令人警醒。经由消费者被害黑数研究所得的结果与纳入纠纷解决管道的消费者被害"明数"的统计数据所做的比较，可以获知各种正式、半正式的纠纷解决机制是否有效地运作，可以使人们更充分地估量不法行为所造成的物质损害、身体与精神上的伤害、某一个或一群国民的被害风险、在社会结构内的不法行为分布情况及成本。消费者被害黑数研究较能掌握轻微的不法行为，官方统计较能掌握重大的不法行为，消费被害调查可以获知社会大众对于消费领域不法行为的主观态度，获知社会大众的法意识。消费者被害黑数研究可以使有关纠纷解决制度的资源更多地向产生被害黑数比较多的群体或情形配置，促使纠纷解决机制设置和相关政策的改进，增强制度供给的弹性与妥适性。

---

① L. Nader（ed.），No Access to Law：Alternatives to the American Judicial System，New York：Academic Press，1980，p4.

第二章　消费纠纷非诉讼解决机制之原理

如果还有出路，千万不要诉讼。

——Wilber Smith[1]

第一节　消费纠纷的特点

消费纠纷又被称为消费争议，是指消费者因购买、使用商品或者接受服务与生产者、经营者或服务提供者所发生的相关权利和利益的争执。消费纠纷的主体为消费者与业者。消费纠纷客体主要为消费者权利和利益。消费纠纷就其性质而言是一种民事纠纷，但是如果结合前述的消费者问题进行分析，不难发现其除具有一般民事纠纷的特点外，还具有自己的特殊性。

一、种类多样、领域多元、内容复杂，数量上以小额为主

消费纠纷具有日常性、多发性、分散性、复杂性的特点，在日常生活中随时发生，范围涵盖了一般的买卖纠纷、服务质量纠纷、产品质量和售后服务方面的纠纷等，也可能涉及不动产、医疗、金融、教育、公共服务事业等领域；既有事实和法律关系比较清楚简单的一般侵权或违约纠纷，又有事实和法律关系异常复杂，证明活动高度专业和困难，涉及运用高科技进行事实认定的问题或法律上正在形成的权利等情形。从纠纷所涉及的具体权益看，既包括一般的财产权益，又包括消费者在消费活动中受到的侵害，诸如人身、

---

[1]　You never, but never, go to litigation if there is another way out. 参见 James & Stabbings（eds.），A Dictionary of Legal Quotations，MacMillan，1987，p122.

名誉、尊严、隐私等人身权益，或二者兼而有之。从纠纷涉及的人数看，既有个体当事人之间的纠纷，也有一方当事人数量众多，需以全国甚至世界为范围来统计的大规模群体性纠纷的情形。从纠纷涉及的标的数额来看，既有为数众多的小额纠纷甚至超小额纠纷，又有涉及高额赔偿的人身侵权纠纷和大宗财产纠纷。随着经济发展，大额产品或服务侵权数量在激增。但从数量上来说，简单的日常小额纠纷始终占多数，对单个消费者来说，这种损害往往并不很大，为避免麻烦以及从纠纷处理成本（时间、金钱、精力等）节约的角度考虑，消费者往往不会积极主动去寻求法律的救济，多数情况下往往自认倒霉。消费纠纷本身的表现形式、原因和救济方式都显现出了极其复杂的形态，使得这类纠纷的解决机制面临很大应对压力。

二、纠纷当事人之间在原则上缺乏互换性

消费纠纷中，虽然也可能出现在消费过程中消费者侵害业者合法权益而形成的纠纷，但是，绝大多数情况下消费纠纷都是因业者侵害消费者权益而发生的。消费纠纷中消费者为受害一方当事人的状态恒定化，同时，消费者也是启动消费纠纷解决机制的主体，业者往往是坐等消费者上门。就消费纠纷的性质而言，实际上基本是围绕着消费者权益的保护及其所受侵害的救济而展开的。而在一般民事纠纷中，纠纷双方当事人任何一方都有可能是加害人、受害人或互相侵害，某一方当事人并非总是相对固定的受害人。

三、纠纷当事人地位与资源实质不平等

一般情况下，业者的经济实力和社会资源要强于消费者，即使在消费者实力强于业者的场合，关键性的一点即消费者的信息劣势仍然十分明显。而笔者在上文中曾提及，消费者问题的核心性原因有二，其中信息不对称就是首要原因。在消费纠纷中，业者在纠纷所涉及的知识、信息的质和量上占据压倒性优势，且很多甚至为业者所独占。消费者在与业者交涉过程中甚至在诉讼中，可能仍处于比较盲目的状态。

美国学者格兰特将诉讼中的当事人分为反复博弈者（repeat players，RP）和只掷一次的人（One-Shotters，OS），在诉讼中 RP 已经进行并预期进行重复的诉讼，RP 在每一案件结果中的赌注都很少，有足够的资源追求长远的利益。而 OS 的主张相对于其能力而言太过巨大，相对于补偿费用而言又太过渺

小，以至于无法按照常规和理性的方式实现其主张，比如受缺斤短两损害的消费者[1]。借鉴这一理论模型，笔者认为，可以把消费纠纷中的当事人也做这样的区分，毫无疑问，绝大多数消费者属于 OS，即使其曾有过申诉的经验，但从能力、时间、金钱、资源和信息占有等角度看，也远远赶不上业者。而绝大多数业者属于 RP，即使是规模很小的个体经营者，其在面对消费者处理纠纷的经验、对自己提供的产品或服务的信息的了解等方面的能力和消费者也是不对称的。也就是说，消费纠纷绝大多数是 OS←→RP，少数是 OS←→OS，极少数是 RP←→OS。无论是在正式的诉讼程序还是非诉讼纠纷解决程序中，双方都很难达到势均力敌的平衡。而在一般民事纠纷中，不可能出现某一方当事人地位恒弱的情况。

四、公益性与市场规制性

人人皆是消费者，业者生产和贩卖的商品及提供的服务所面向的是全社会众多分散的消费者，因而某个业者不法行为所侵害的往往是不特定多数消费者的合法权益。因此，消费纠纷又属于重要的社会公共利益问题。一方面，消费者权益是涉及每个公民的基本的重要权益，必须受到有效保护，消费纠纷处理不力，会使消费者不得不忍受不利后果或处于投诉无门的境地，这样实际上最终会严重破坏消费者对业者和市场的信心；破坏市场规则不受惩罚的业者对于合法经营的业者也构成不正当竞争，可能会使健康的市场经济体制最终难以确立。另一方面，通过对消费纠纷的解决和处理，使业者对自己的违法行为承担相应的责任，能起到打击不正当竞争、规范市场经济秩序的作用。

五、纠纷显在化比例低

在实际的消费纠纷中，没有表面化的消费纠纷占有相当的比例。有关此问题，上文有关消费者被害黑数部分已论及，在此不加赘述。

总之，消费纠纷具有不同于一般民事纠纷的一些固有特点，这就决定了

---

① Marc Galanter, Why the 'Haves' Come Out Ahead: Speculations on the Limits of Legal Change, in Herbert M. Kritzer, Susan S. Silbey (eds), In litigation: do the 'haves' still come out ahead?, Stanford, CA: Stanford University Press, 2003, p13 - 84.

消费纠纷的处理，必须考虑其自身的特性，并建立与上述特点相符合的科学、高效的多元化纠纷解决机制。

第二节　纠纷解决机制概述

一、纠纷解决机制的含义与分类

法律纠纷就像合同的反面（contracts in reverse），一个合同将当事人双方的协商结果封印，如果协商继续就会蒙受损失和成本。纠纷使对当事人的结果约束悬而未决，它延长了不确定性并增加了交易成本。纠纷解决机制就像合同一样对当事人产生益处。它在双方之间确定结果，避免不确定性并节约进一步的交易成本。解决方案（Settlement）是一个合同形式的处理纠纷决定[①]。而纠纷解决机制，是指一个社会为解决纠纷而建立的由规则、制度、程序和机构（组织）及活动构成的系统。狭义的纠纷解决机制，主要指国家通过相关法律、法规建构或界定的，由各种正式与非正式制度或程序构成的综合性解纷系统；广义的纠纷解决机制，还包括非制度化的临时性、个别性纠纷解决活动，以及民间社会自发形成的各种私力或自力救济[②]。纠纷解决机制本身就暗含着多元化的含义，人类社会有史以来解决冲突的方式多种多样，从未出现单一解纷机制垄断纠纷解决市场的情形。因此，纠纷解决机制也就等同于多元化纠纷解决机制。所谓多元化纠纷解决机制，即是多种纠纷解决方式各具特点，共生共存，形成功能互补或协作，以满足主体多样需求的程序与制度体系。

按纠纷解决机制处理纠纷的方法分类，可以分为两大类：诉讼和非诉讼纠纷解决机制，其中后者又可以划分为若干小类。伊恩·拉姆齐曾指出："消费者救济机制组成了一个光谱（Spectrum），从两方的消费者-商人协商，经

[①]　Anthony Duggan, Consumer access to justice in common law countries: a surveyof the issues from a law and economics perspective, in Charles E. F. Rickett & Thomas G. W. Telfer（eds）International Perspectives on Consumers' Access to Justice. West Nyack, NY, USA: Cambridge University Press, 2003, p46.

[②]　范愉：《纠纷解决的理论与实践》，清华大学出版社 2007 年版，第 80 - 81 页。

过各种各样的第三方中介者（Intermediaries），一直到完全尺寸的判决。"① 本书所聚焦的消费纠纷非诉讼解决机制指的是诉讼以外的解决消费纠纷的各种纠纷解决机制。根据我国《消费者权益保护法》的规定，主要指协商和解、民间调解、仲裁和行政调解这四种类型。

有关纠纷解决机制，学者有各种分类。布莱克将纠纷解决机制分为五种：私力救济（包括复仇、规训与反叛）、回避、交涉、调处和忍受②。莱塞尔将解决民事冲突的机制区分为是限于相关个人、群体或组织，还是有第三方介入。在这两种情况里均有多种方案，当冲突由相关方自行解决，解决方法有：①回避或断绝冲突关系；②一方屈服，另一方获胜；③补偿；④协商与妥协；⑤以诸如威胁、勒索、阻碍、施以暴力等形式斗争。另一方面，在社会生活中，处理冲突的第三方其介入形式多种多样，如家事法庭、共同的朋友、理疗师、鉴定专家、律师、消费者顾问、公共投诉机构、仲裁员、企业和工会的法律顾问等。莱塞尔还将第三方的行为划分为四级：①顾问；②调解；③仲裁；④判决③。徐昕将纠纷解决机制分为公力救济、社会型救济和私力救济三种。公力救济包括司法和行政救济，社会型救济由调解、仲裁和其他ADR组成，而私力救济则意指强制和交涉④。

奈尔森认为，有力量、权利和利益这三种基本的解决纠纷的程序方法（见图2-1）：①力量为基础的解纷方法（Power-based approaches）就是使另一方主体做如果没有权力的行使他不会去做的事。这种模式里，一方或双方主体使用或威胁使用他们的力量去达到他们想要的结果。有许多力量的来源，例如人力、金钱、时间、信息、科技等。力量型解纷程序的例子包括战争、非暴力不合作（civil disobedience）、罢工、封厂（lockouts）、禁运（embargoes）、投票和公决

---

① Iain Ramsay, Small Claims Courts in Canada: A Socio-Legal Appraisal" in Christopher J. Whelan (ed), Small claims courts: A comparative study, Oxford: Clarendon Press, 1990, p38.

② ［美］唐纳德·布莱克：《正义的纯粹社会学》，徐昕、田璐译，浙江人民出版社2009年版。回避是通过减少互动来处理不满。忍受是当纠纷可由其他方式处理时却不作为。布莱克认为忍受有时是对越轨行为、分歧或分裂最有效的回应，所以也算一种冲突处理形式。这一点在上一章论及消费者被害黑数时有所印证，回避、忍受可以称之为一种面对纠纷的处理方式，但如果从纠纷解决的角度看，称其为纠纷解决机制是不科学的。

③ ［德］托马斯·莱塞尔：《法社会学导论》，高旭军等译，上海人民出版社2008年版，第257-265页。

④ 徐昕：《迈向社会和谐的纠纷解决》，中国检察出版社2008年版，第25-27页。

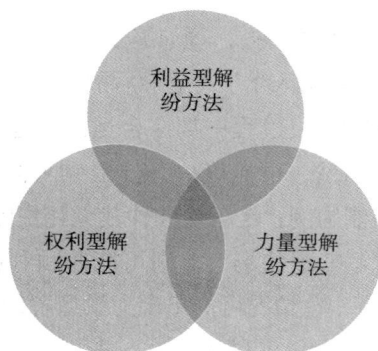

图 2-1 解决纠纷的程序方法（Process Approaches to Resolving Dispute）①

（referenda）。②权利为基础的解纷方法（Rights-based approaches）通过聚焦于纠纷者的"权利"来解决纠纷。这类程序寻求确定谁是谁非。权利源自法律、规定、合同、传统、公约等。通常，权利为基础的解纷方法在性质上是一方对抗另一方的对抗性的，包括像在法院、行政法庭或仲裁委员会的听证这样的决定程序和传统的监察官执行的调查程序。③利益为基础的解纷方法（Interest-based approaches）寻求以一种可接受的满足纷争者利益的方式解决纠纷。"利益"指的是纷争者的愿望、需求和关心之事。这种方式的范例是协商和调解。律师被训练去思考客户的"权利"，直到最近，大部分律师还是聚焦于"权利"而对力量、权利和利益三者之间的相互影响（interplay）不敏感。例如，协商是一个在法律阴影下发生的以利益为基础的程序。法律权利与一个以利益为基础的程序有关。同样的，纷争者相当明显的力量也是影响任何协商的一个因素。相信一种方法会独自起作用的想法是天真的。经常的，成功的调解或协商是在宣誓证词书（affidavit）的开示之后。法院即决程序的成功能够赋予获胜一方当事人一种杠杆作用（leverage），也即是一种在随后协商中的力量。没有力量的当事人经常在调解中失败，而有法律权利的当事人会在协商中成功。ADR 理论的核心是，具有选择权的理性的当事人总是愿意在一个更低廉的价格水平去解决纠纷。不断增长的实践和研究（也许还有常识）表明：通常以利益为基础的纠纷解决方式比以权利为基础的纠纷解决方式花费更小，而以

---

① Robert M. Nelson，Nelson on ADR，Scarborough，Ontario：Carswell，2003，p49.

权利为基础的纠纷解决方式通常又比以力量为基础的纠纷解决方式花费更小。因此，遵循这样一种纠纷程序选择，通常应该将利益型解纷方式排序在首，权利型解纷方式次之，力量型解纷方式是最后的选择①。

实际上，大部分纠纷的解决过程中都综合运用了这三种程序方法或者说存在这些程序方法的因素。当然，可能以一种方法或两种方法为主，并牵涉其他方法。以消费纠纷解决机制为例：①诉讼和仲裁无疑是以权利型解纷方法为主，但在法院调解或仲裁–调解搭配的场合，则可能兼顾利益型解纷方法，形成权利–利益型方法，同时也有一些情况可能出现力量型解纷方法的因素。②消费调解一般是混用利益型解纷方法和权利型解纷方法，形成利益–权利型解纷方法，相比两者作用更小但也可能会出现的是力量型解纷方法的因素。③而和解则以这三种方法的任何一种为主兼及其他两者，也可能混用三种方法不分主次。

棚濑孝雄把纠纷解决的过程类型概括为两条基轴：一是合意性–决定性，并分为根据合意的纠纷解决（如和解、调解）和根据决定的纠纷解决（如审判、行政裁决）；二是状况性–规范性，并分为状况性纠纷解决（典型例子是国家间的纠纷解决，完全依靠实力的对比）和规范性纠纷解决（如审判）。上述区别是流动的，实际的纠纷过程通常是各种因素的混合，混合程度随纠纷当事人、利害关系人及社会一般成员的利益、力量对比等状况而不同②。

受此启发，笔者将我国的四种主要消费纠纷非诉讼解决机制定位在图2－2的消费纠纷非诉讼解决机制的类型轴上。其中，在合意性–决定性纵轴上，消费仲裁偏属于决定性，双方协商、民间调解和行政调解属于合意性一端。一般双方协商合意性最强，民间调解次之，行政调解再次之。在状况性–规范性横轴上，双方协商一般在轴线游动，很多时候位于中间稍偏状况性的一边，可能要依托当事人双方综合的社会资本和谈判能力的对比等达成纠纷的解决。民间调解、行政调解和消费仲裁一般都在偏规范性的一边，一般消费仲裁规范性最强，行政调解次之，民间调解再次。民间调解可能向状况性游动，但大部分情况下都还是在偏规范性一侧。当然，这只是理论上的一种排列定位，实际情况可能随个案具体情况而流动，但一般不会偏离笔者所描述的坐标方

---

① Robert M. Nelson, Nelson on ADR, Scarborough, Ontario：Carswell, 2003, p49－51.
② ［日］棚濑孝雄：《纠纷的解决与审判制度》，王亚新译，中国政法大学出版社2004年版，第7－14页。

位太远，更不会出现完全背离的情形。即使按照前述奈尔森的理论出现程序混用，一般也会有一个主导性程序。

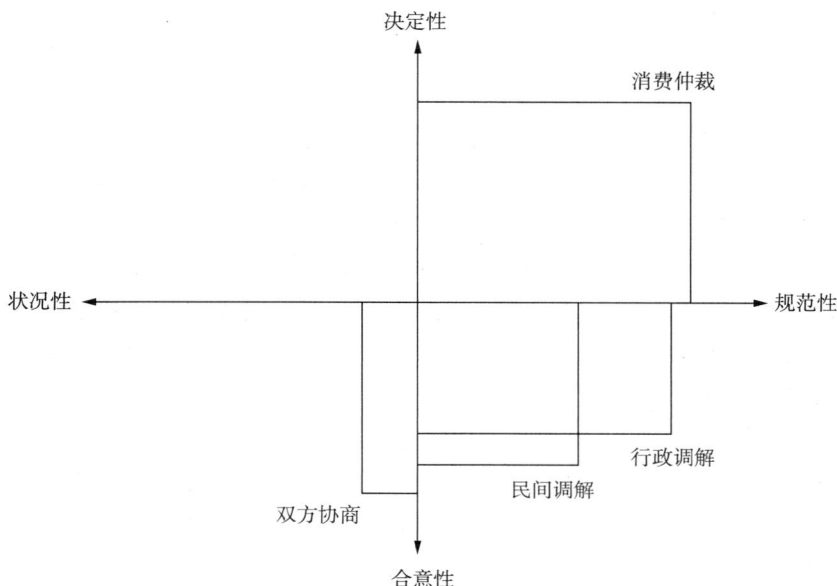

图 2 - 2　我国消费纠纷非诉讼解决机制的类型轴

二、诉讼与非诉讼纠纷解决机制的关系

（一）以诉讼制度为主，将非诉讼纠纷解决制度置于次要地位

中野贞一郎认为，诉讼在时间及费用上的负担是无可避免的，法院的判决也未必是最适当的，在现代社会纠纷弥漫且多样化的发展之下，求诸诉讼外纠纷处理程序是当然的趋势。但其更强调诉讼外纠纷处理制度具有不强制参与程序、基本的程序保障不充分、纠纷处理机关是否具中立性等问题，不符合近代社会最基本的要求，即最终必须由中立的、独立的法院，以实体法规为基准，进行客观而合理的判断，宣示法的内容并赋予其强制力。因此主张仍然要以诉讼解决纠纷为根本的前提，而将各种诉讼外纠纷处理途径置于其周边，谋求与正规的司法不断地交流①。

---

① 中野贞一郎：《司法改革の軌跡》，载《民事手続法学の革新—三ヶ月章先生古稀祝賀（上卷）》，有斐閣 1991 年版，第 35 - 36 页。

小岛武司基于纠纷的多样化、复杂化，主张设置多重的纠纷处理途径应对，并认为应着眼于纠纷状态的流动性，确保可依状况的变化调整选择途径的弹力性。关于如何有机地组合诸种纠纷处理途径为统一体系，小岛称之为"正义的综合体系"：从静态方面观察，其以裁判为中心，依第三人（判决→仲裁→调停→诉讼上的和解→行政商谈→消费者商谈→和解）参与程度的深浅，将其他纠纷处理途径分别置于裁判周边的同心圆内；从动态方面观察，其认为裁判与其周边的自主解决途径间有互相交流、影响的关系。此外，他认为仲裁、诉讼上的和解、调解、消费者苦情处理等都应基于法的基准处理纠纷，主张"非正式的处理途径=法的处理途径"①。依其分析，小岛似乎认为裁判所得的内容即为正义。而正义是贯穿各纠纷解决途径的解决基准，因此其将裁判置于中心位置。但是，"裁判=正义"是否成立？何谓正义？不无探讨余地。

范愉主张司法诉讼制度在多元化纠纷解决机制中占据最重要的核心地位，是非诉讼机制存在、运行和发展的基础与前提。原因主要有：①司法与诉讼制度的存在是实现民主法治和人权保障的先决条件。②司法与诉讼制度是纠纷解决的最终途径。③司法与诉讼制度具有对非诉讼机制的指导、制约和保障作用。当然，另一方面司法对多元化纠纷解决机制也存在依赖②。

（二）诉讼与非诉讼纠纷解决制度皆为当事人自主的纠纷解决程序

井上治典认为，区分纠纷处理程序为"合意型"与"决定型"，未必能确实地掌握到各个程序的特质。调解也或多或少有强制的要素存在；同样的，诉讼也有不少合意的要素。此外，井上也不以按法规范处理纠纷与否而区分诉讼与非诉讼纠纷处理程序，其主张应将法规柔软化、弹性化，让当事人即使在诉讼程序中，也能在法准则范围内多样的解决方式之中作成共同的选择，而非无视于当事人的意思，由法官单方宣示特定的解决方式。并且所谓的程序间相互选择，并非指诉讼与非诉讼纠纷处理程序间的选择，而是指某事件

---

① 小岛武司：《纷争处理制度の全体构造》，载新堂幸司编：《讲座民事诉讼法1民事纷争と诉讼》，弘文堂1984年版，第355－360页。另可参见陈刚：《自律型社会与正义的综合体系——小岛武司先生七十华诞纪念文集》，陈刚等译，中国法制出版社2006年版，第15页。[日]小岛武司、伊藤真：《诉讼外纠纷解决法》，丁婕译，中国政法大学出版社2005年版，第212页。
② 范愉：《纠纷解决的理论与实践》，清华大学出版社2007年版，第242－244页。类似观点可参见张爱球：《现代社会中的诉讼功能》，中国人民公安大学出版社2008年版，第182－184页。

的某部分（或某阶段）委由诉讼解决，他部分（或另一阶段）则由其他程序处理①。换言之，井上不但将诉讼与其他程序置于同一地位，并且将一事件划分阶段，分别地弹性选择适用诉讼或非诉讼纠纷处理程序。

（三）诉讼与非诉讼纠纷解决制度具有互相影响、互为补全的关系

小林秀之既不认为诉讼位于纠纷处理体系金字塔的顶点，诉讼外纠纷处理途径是位于该体系外侧或下位的程序，也不赞同所谓诉讼与诉讼外纠纷处理途径基本上是同质的程序（即认为诉讼与诉讼外纠纷处理途径同样是当事人自主的纠纷解决程序）的说法。他主张两者是互为补全、互为影响的关系。不可否认，法院的判决、判例对诉讼外纠纷处理有相当大的影响，但诉讼外纠纷处理则可以提供在诉讼上难以或不可能解决的其他的纠纷解决手段。倘若怠于修正诉讼本身的缺陷，诉讼外纠纷解决制度将可能侵越诉讼的界限处理纠纷，侵蚀诉讼原应有的领域，甚至取而代之②。

波多野雅子从利用纠纷解决制度的人民的侧面来看，认为包含裁判在内的一切纠纷解决制度，应该是完全同一水平的并列的构造。她并不将诉讼外纠纷解决途径置于完全取代诉讼的地位，而是要赋予人民更大的纠纷解决可能性，增加权利实现的盖然率。换言之，就是要扩大走向正义的途径。当人民发生各种各样的纠纷时，衡量其所追求的重点是"适当、公正"或是"迅速、低廉"后，而能自行选择合适的纠纷解决途径③。

吉村德重认为在诉讼外纠纷处理过程中，应确保当事人能自主、自律地处理纠纷。不应以第三人的判断为核心而积极说服当事人，第三人的纠纷处理机关应该在当事人自主交涉过程中提供充分的信息，按事情的演变居间中介，发挥促成双方互相了解、形成合意的机能。虽然诉讼外纠纷处理途径可以补充或代替诉讼而发挥极大的功能，但为使诉讼外纠纷处理的功能充分发挥，则必须使诉讼上与诉讼外的各种纠纷解决程序更容易为当事人所利用。换言之，诉讼外纠纷处理途径的盛行，不应是诉讼程序难以接近、利用或当事人逃避法院而造成的结果。应该使当事人依照个别纠纷的特性与成熟度，

---

① 井上治典：《紛争処理機関の多様化のなかでの選択》，ジュリストNO. 875（1987. 1. 1–15）。
② 小林秀之：《民事訴訟法の現代問題（1）》，判例タイムズNO. 746（1991. 3. 15）。
③ 波多野雅子：《裁判と裁判外の紛争解決制度との関係》，判例タイムズNO. 619（1986. 12. 25）。

自主地选择利用最适宜的纠纷处理程序①。

（四）同意第三种观点的主要理由

笔者比较赞同上述的第三种观点，主张重叠（非重合或环绕）-互补说。诉讼与非诉讼纠纷解决制度同等重要，具有互相影响、互为补全的关系，两者既不是融为一体的，也不是非诉讼纠纷解决机制围绕诉讼为中心构筑的。"即便在发达的市场经济，私有产权和合同也不仅仅由正式的法律系统来执行。各种各样的治理机制——无论是私人的还是公共的，正式的还是非正式的，它们作为制度安排的复合体都同时发生作用。"② 以消费纠纷为例，笔者认为，诉讼外纠纷解决制度与诉讼解决消费纠纷的范围，是理论上重合、实际上重叠的关系。也就是说，消费纠纷从理论上讲既可以通过诉讼解决，也适合通过 ADR 解决。但实际上，如果是一方当事人坚决要求通过确定判决来厘清纠纷中复杂的事实或法律适用争议及希望推动法律发展，或者是群体性纠纷业者拒绝和解且政府也对于协调、调解不作为的情形，则只能通过诉讼这一条路解决。同时，消费纠纷中大量的日常的微小纠纷，不但小额诉讼制度仍然无法完全覆盖，而且无法合乎消费者的成本-收益核算，消费者基本不会考虑诉讼解决，只能通过非诉讼的纠纷解决机制处理。两种纠纷解决机制都有各自的盲点，需要相互补充才能满足消费者总体上的全部纠纷解决需求。

第一种学说，基于法律或司法中心主义，尚没有充分意识到，如果没有非诉讼纠纷解决机制，大量的消费纠纷（数额微小的、存在证明困难的、实体法并无清楚依据的）根本就不会浮现或寻求救济，也不会走向法庭。这些纠纷的最终解决与诉讼根本无关，与诉讼（或者说实体法）的指导、制约也不一定完全不可分离，完全是非诉讼纠纷解决机制基于其灵活、便易、供给量大的特点"开发"或者说"召唤"出来的，这些纠纷的产生机制、解决机制，乃至最终的解决方案，都不一定是围绕诉讼制度甚至也可能不是围绕实体法来构造的③，而是有其自身的内在机理。"很少有证据表明法律规则在顾客抱怨处理中发挥影响，零售商的自由裁量（retailer discretion）和消费者的

---

① 吉村德重：《裁判外の紛争処理の現状と将来》，ジュリスト1988 年増刊民事訴訟法の争点，第 54 页。
② ［日］青木昌彦：《比较制度分析》，周黎安译，上海远东出版社2001 年版，第 88 页。
③ 比如一些行业的产品国家还没有出台三包方面的规定，或者一些消费者没有保存相关证据，经过协商或调解，经营者基于树立商誉或者给调解机构面子等种种考虑，圆满解决消费纠纷的情形。

能力可能是关键性的因素。"[1] "许多研究都表明，法律在这一层次的纠纷中并不重要。"[2] 第二种学说，试图将诉讼和非诉讼纠纷解决机制的间壁打破，进而将两者混同而沦为相对主义，是值得商榷的。实际上，无论从程序的发动还是从最终判断的做出，两者的性质分野还是比较明显的，和解→调解→仲裁→诉讼的当事人自由意志不断衰减的规律也是不可否认的事实存在。

诉讼和非诉讼纠纷解决机制处理纠纷的依据可能都围绕着实体法，但实体法并非是由诉讼生成的判断，而是本来就存在的由立法机关制定的。对于大量的日常生活中的消费纠纷，诉讼制度是不存在的，因为选择它是非理性的和不经济的，反而会给消费者造成更多的困扰或者得不偿失。在许多小额的消费纠纷中，诉讼没有也不会被作为"最终解决方式"，这种最终性只是纯理论上的，消费者甚至不会将其视为一个适格的选项。诉讼与非诉讼纠纷解决机制是相互依存的，但以消费纠纷处理为例，无论是从消费纠纷解决的量上还是质上来说，消费诉讼不可能作为核心或者"主角"。

学者格兰特第一个提出改革纠纷解决制度必须将其视为一座冰山通盘考虑，判决（Adjudication）只是最上一层的，依次往下还有诉讼（Litigation）、附属官方纠纷解决体系（Appended settlement systems）、私人纠纷解决体系、退出型补救/自助（Exit remedies/self-help）、无为/忍受（Inaction/"lumping it"），这构成了一个统一的纠纷处理生态[3]。这里的"冰山说"不是将诉讼置于纠纷解决机制的顶端睥睨一切，而是表明诉讼常为人瞩目，但海平面下还有更为大量的各种诉讼外纠纷解决机制值得人们关注。"任何一个工业化的社会都不可能仅仅依赖于私法的原则体系，无论这些原则是来源于法官的裁判抑或是一部法典，理由并不难找到。令私法头痛的最主要问题是交易成本。理性地讲，私人和企业只有在他们所期待的利益超过期待的成本时，这里的成本不仅仅包括合法的花费还包括时间和麻烦，才会寻求权利的行使。考虑到对侵权行为的赔偿不得超越原告遭受的损失这一一般原则，那么许多合法

---

① I. Ramsay, Consumer Redress Mechanisms for Defective and Poor Quality Products, 1981, 31 U Toronto LJ, p117.

② Terence George Ison, Credit Marketing and Consumer Protection, London: Croom Helm, 1979, p251; R. Cranston, Regulating Business: Law and Consumer Agencies, London: Macmillan, 1979, p168.

③ Marc Galanter, Why the 'Haves' Come Out Ahead: Speculations on the Limits of Legal Change, in Herbert M. Kritzer, Susan S. Silbey (eds), In litigation: do the 'haves' still come out ahead?, Stanford, CA: Stanford University Press, 2003, p32.

的请求会因为这个理由而不被提出。这个影响大部分群体但同时对每个权利主体只是施加了一个很小损失的外部性问题，不能通过私法上的工具将其'内部化'，因此也使严重的错误分配问题无法得到纠正。上述对私行为之成本的抑制性作用在不能获取足够的信息以支持自己的诉讼请求的情况下，尤其是涉及高科技，存在复杂的因果关系问题时，将会进一步恶化。"①

"个别的可行方法与途径，与解决其他问题的可行方法，互相影响，连成一个系统。这个系统，我们可以名之为抉择构造（structure of alternatives）。"②如果对纠纷解决机制的研究能够得出唯一结论的话，那就是没有一个单独的方式是唯一至上的。"公众需要的是一个更宽范围的程序选择以及实现这一选择的必要信息。在过程的选择当中，参与者的偏好应该得到尊重，应该给予参与者自身的偏好以更多的考虑。多数情况下取决于各方当事人对确保隐私，加速决定的做出，使费用最小化，补偿最大化，获取有利的先例，或是参与救济性选择赋予的权重的相对值。"③

"传统民事诉讼系假定系争当事人具有诉讼上平等之地位，于诉讼中为自己之利益所得用于攻防之武器亦属大致平等，而建构相关之原理原则。惟以现代社会科技、经济快速发达，消费关系趋于极端复杂，经济上强者、弱者形成实体法律关系及利用诉讼程序实现权利之空间，即呈现不对称情形。例如：以当事人实质地位平等为假设之契约自由，是否存在于定型化契约条款之情形，早受质疑；而于涉讼时，当事人于诉讼程序上之地位、武器是否平等问题，亦屡受质疑。"④虽然向来诉讼在人们的观念中一直被认为是当事人寻求解决纠纷最有效、最有力的途径，但并不能因此将诉讼置于整个纠纷解决体系的核心，甚至认为凡经由非诉讼纠纷处理途径处理的结果，都必须依诉讼再加以确认或审查。基于诉讼与诉讼外纠纷解决制度同样是以彻底解决纠纷为目的的理念，应健全和强化诉讼外纠纷处理程序，进而赋予其相当程

① ［英］安东尼·奥格斯：《规制：法律形式与经济学理论》，骆梅英译，中国人民大学出版社2008年版，第27－28页。
② 邹谠：《二十世纪中国政治：从宏观历史与微观行动角度看》，（香港）牛津大学出版社2012年版，第251页。
③ ［美］罗德：《为了司法/正义：法律职业改革》，张群等译，中国政法大学出版社2009年版，第211－212页。
④ 许政贤：《民事法学与司法制度》，（台湾）新学林出版股份有限公司2009年版，第385－386页。

度的效力或强制力，避免社会资源的浪费及违背当事人的期待。另一方面也要改善诉讼及其他纠纷解决制度，使当事人真正能按照纠纷的特性、具体情形和主体意愿，在各种纠纷解决机制和途径中选择最恰当的处理方式。消费纠纷经过法院缜密审理，固然可以满足效力性的要求，但无论如何以诉讼的方式无法在短时间内大量解决层出不穷的消费纠纷，何况，大部分的消费纠纷在程度上尚未达到须由法院介入以裁判确定消费者与业者之间法律关系的程度。因此，ADR 的运用，就成为消费者与业者解决一般消费纠纷问题的必要渠道，也成为疏解消费纠纷大量涌现的"导流渠"和"行洪区"。

此外，笔者想补充说明的是，不能只看到非诉讼纠纷解决机制的处理成本的节省和处理方式的妥当，而否认消费诉讼本身的价值和意义。以上一章提到的四种消费者被害形态也就是纠纷形态来说：①多数且少额的纠纷比较适合群体诉讼而不适合消费 ADR 解决，因为未影响政府工作和社会稳定，一般行政调解是不会作为的。而运用民间调解，整合、协调当事人意愿的成本还不如通过采取代表人诉讼或团体诉讼的方式①。②少数且少额的纠纷消费者倾向于运用消费 ADR 解决或放弃解决，基本不可能考虑消费诉讼。③多数且大额的被害既可通过行政调解解决，也适合通过群体诉讼或示范诉讼解决。④少数且大额的纠纷也是诉讼与 ADR 皆可。

不过，群体性纠纷究竟是否一定适合通过调解等 ADR 方式解决是存在疑问的，尤其是在当事人矛盾激化或相关权利义务关系亟待依法厘定的纠纷，已经提起诉讼或倾向于诉讼的情况下。有的法官以实际经验和数据说明群体性诉讼难以调解。"群体性诉讼的一方当事人人数众多，但往往只委托一、二名诉讼代理人到法院进行诉讼，承办法官无法直接与当事人沟通。同时因人

---

① 学界也有持相似看法但从不同角度论证的观点，如有论者认为，"小额多数"纠纷由于单独提起诉讼成本上的不经济，迫使受害者不得不放弃权利的司法救济，而求助于行政主管部门、行业协会乃至新闻媒体，最终通过 ADR 的方式解决。结果是绝大多数的受害者得不到应有的补偿，侵权者的侵权成本远低于其因侵权而获得的非法收益，这进一步刺激、鼓励了侵害行为在程度和广度上的扩大。因此，在这些领域，市场的潜规则就是违法是最优选择。集团诉讼实现了司法经济的功能，令"小额多数"诉讼成为现实，"易腐权利"得到司法救济，这使得某个领域众多潜在的侵权者不得不改变自己的行为，新的规则于是得以确立。在 ADR 机制尚不足以实现对"小额多数"之类案件的受害者充分救济的情况下，机械地反对引入集团诉讼制度，实际上是在客观上让人们"远离正义"。参见汤维建等：《群体性纠纷诉讼解决机制论》，北京大学出版社 2008 年版，第 160－161 页。

数众多，联系紧密，诉讼请求一致，相互观望，承办人难以打开调解的突破口。"① 一项对北京某区派出法庭7170件结案案件的实证研究显示，高调解率案件的一个特征是诉讼参加人数少②。显然这些当事人提起诉讼的群体性纠纷在法院难以被司法调解解决，我们也很难期望其易于被诉讼外其他解纷机制调处或仲裁解决。

有学者针对消费集团诉讼表示：我国目前出现的一些群体性纠纷虽然采用了现代新型诉讼的性质和形式，如消费欺诈、侵权、产品质量、证券欺诈等等，但在这些领域，市场规则和基本的法律体系尚未健全，市场发展的状况远未达到西方市场经济的规范程度和发达程度，不足以承受通过大规模的集团诉讼进行博弈所带来的巨大的风险和成本。某一个消费者侵权诉讼如果构成一个大规模的群体性诉讼，可能涉及全国范围内成千上万的消费者，这样的诉讼本身就足以引起全国性的事件，对法院和政府造成极大的压力。一旦企业被卷入这样的诉讼，往往等不到判决就可能已被拖垮，关联企业就会陷入一连串的连环债务，该企业以及其他被殃及的企业可能在一夜之间进入资不抵债的破产边缘，其员工面临着失业的危机，银行贷款可能无法收回。这种秩序的混乱给社会带来的消极影响是不言自明的。基于这种考虑，将社会稳定作为权衡群体性诉讼合理性的因素，显然是合理和必要的③。

笔者认为，上述观点反映了一些实务部门的观点，是基本国情理论在纠纷解决领域的具体体现，有相当程度的合理性，但具体到消费纠纷解决机制，也存在值得商榷之处。如果说期待通过群体性诉讼来消除社会矛盾、推动社会变革是一种过于浪漫化和理想主义的想法，"实现正义，哪怕天塌下来"也过于激进和迂腐，那么将群体性诉讼不分类型地一概视为激化和破坏社会稳定的因素而竭力加以抑制的观点则又走到了事物的反面，这两种观点都以高度政治化的思维代替了对法律问题本身客观的思考。如果按照这种逻辑，任何群体性纠纷的存在本身就是危害社会稳定的，一旦允许诉讼，则又对社会稳定造成更为巨大的破坏。显然这种逻辑不具有科学性。

---

① 武汉市东湖高新技术开发区人民法院：《民事调解工作的现状及展望》，载段兰玲：《加强诉讼调解　促进社会和谐（第十四次全国部分城区法院司法协作会交流资料汇编）》，武汉市江汉区人民法院2007年编印，第134页。

② 北京市朝阳区人民法院民一庭：《诉讼调解实例与研究》，中国法制出版社2007年版，第294页。

③ 范愉：《集团诉讼问题研究》，北京大学出版社2005年版，第368页，第404－405页。

回归到社会现实和个案本身，确实没有必要把普通民事纠纷仅仅因为当事人一方的数量多就意识形态化，"将利益问题政治化和意识形态化的结果，是使利益关系问题变成一个无法进行就事论事讨论的敏感性话题。因此，当务之急，是需要对利益关系问题去敏感化，转而采取一种就事论事的务实态度，这可能会更加有利于我们对所面对的这些问题的认识，从而采取更加有利于矛盾和冲突解决的措施"①。许多社会问题的探讨，因为"不稳定幻象"而无法进行②，群体性诉讼正是当事人试图将群体性纠纷纳入法治化轨道，竭力控制其强度和激烈程度而进行努力的具体体现，不应不分情况地将其推向公力救济的反面。

尤其是消费纠纷，社会公益性比较强，法律关系相对比较简单，并不涉及党和政府的具体方针、政策或地方政府的施政行为，也不涉及复杂的利益衡量困境，更多是涉及商品生产者、销售者和服务提供者的不法行为，更是没有必要泛政治化对待此类纠纷。"法院不予受理尽管并没有对法益的归属和转移做出任何规定，但是通过否认一项利益作为法益而获得法律救济的资格，实际上将这项利益的归属和转移问题完全留给了其他社会机制。"③ 司法系统不受理群体性诉讼甚至个别诉讼，既不能恢复企业形象，也不能提升司法权威，更不能避免相关企业的营销困境，这是市场经济和信息公开情况下消费者面对严重侵权行为，充分运用手中货币选票进行投票的必然结果，也是经济民主的应有之义。所谓社会秩序的混乱，只是一种推向极致的想象，实际上破产倒闭、工人失业是市场经济的正常现象，其因在业者的不法行为，而不能反过来归咎于权利被侵害而提起消费者群体诉讼的普通民众。如果消费者被害无法救济、侵权行为代价微小，那么只会不断激励和诱发业者的不法行为，不断地制造新的引发社会不稳定的因素；如果站在恰当的逻辑基点思

---

① 孙立平：《博弈：断裂社会的利益冲突与和谐》，社会科学文献出版社 2006 年版，第 33－34 页。

② 所谓不稳定幻像，其实就是一种以为社会矛盾很多、很严重，发生社会动荡的可能性很大的主观感觉。这种"幻像"影响了我们对目前社会矛盾和社会冲突的看法与处理方式，是导致社会稳定问题泛化、扩大化和绝对化的一个重要因素。将正常的利益矛盾和利益冲突上升到政治和意识形态的层面，在很大程度上并非真的表明社会危机的严重性，相反，表明的是我们制度化解决问题和矛盾的水平还太低，法治化的水平还太低。正确的做法是通过制度化的建设，形成解决社会矛盾和社会问题的制度化、程序化的机制。参见孙立平：《消除"不稳定幻像"》，http://www.tecn.cn/data/detail.php? id=17661。显然，群体性诉讼就属于此种制度化、程序化的机制。

③ 凌斌：《法治的代价》，法律出版社 2012 年版，第 166 页。

考，就不会让对社会稳定问题的担忧提升到压倒当事人实体法权利和市场经济秩序的程度。司法因为权能和威信不足而选择回避群体性纠纷，而司法权威恰恰又在不作为中慢慢流失，从而陷入恶性循环。另外，法院在审理或受理消费者群体纠纷上态度暧昧或消极，也会引发消费者采取各种诉讼外利益表达机制，消费者通过求助媒体等方式施加压力本身就是一种将事件"重大化"或"公共化"的诉讼策略，目的还是在于借助媒体报道等方式增强其社会资本，抵消对方当事人的案外影响力，寻求纠纷在司法渠道的公正解决。不宜将当事人（消费者）一方的行为视为"破坏社会稳定"，而是要更加习惯和理解不同利益群体借助体制内各种资源合法表达自己意见和利益，影响利益分配结果的行为和动机。

第三节 消费纠纷非诉讼解决机制的功能与意义

所谓消费纠纷非诉讼解决机制，指的是诉讼以外的解决消费纠纷的各种纠纷解决机制的总称。至于法院调解和诉讼上和解虽然不完全等同于诉讼，但却是在诉讼程序内进行的，因此并不纳入本书非诉讼解决机制的概念中予以讨论。笔者认为，消费纠纷非诉讼解决机制的价值主要体现在以下四个方面：

一、对当事人实体权利的维护和推动相关实体法制度的发展

在权利被害不能得到有效、及时的救济之前，在消费者心目中，权利始终是不确定的存在物。"在国家制定的包括民法典在内的各种实体法中，存在着国家意图按照这种法律规范体系解决全部民事纠纷的一般意志。而法院依据这些实体法对诉讼案件进行的裁判，就是针对具体案件，将实体法中内含的国家的立法意思予以具体化、个别化。"① 一方面，不是仅有诉讼才能实现国家的立法意思，只要是依法进行的纠纷解决都可以起到类似的作用。根据笔者上文提到的消费纠纷非诉讼解决机制类型轴分析，我国的消费纠纷非诉

① ［日］中村宗雄、中村英郎：《诉讼法学方法论：中村民事诉讼理论精要》，陈刚、段文波译，中国法制出版社2009年版，第53页。

讼解决机制大多居于规范性的一侧，并不是脱离实体法的任意而为。另一方面，国家意志体现的实体法并不能涵盖和规范全部民事纠纷，如果是正在形成中的消费者权利通过诉讼外纠纷解决途径得以实现，则消费纠纷非诉讼解决机制还可以推动消费者实体权利的发展。

二、弥补政府市场监管疏失与替代履行职能

行政机关具有执法权，在人力、物力上远比消费者个人强大。即便如此，政府资源和信息的限制使其在监管海量的市场主体时难免顾此失彼或者只能选取部分主体、部分产品和服务进行抽样检查和监管。"在消费者保护领域国家起诉是稀少的，克兰斯顿研究发现，在六个月的观察期限内，21000 起违反商品说明法（the Trade Descriptions Act）的行为只有 1003 起被政府起诉，14542 起被给予了建议。英国公平贸易总局（Director General of Fair Trading）报告的数据也表明，政府诉讼仍然是例外而不是规则。"[①] 政府起诉比较少见的一个合理解释是由于行政机关财政预算和人力资源限制而产生的执行不足问题和执行缺口（enforcement gap）现象。"通过赋权数以百千计的公民个人和利益团体作为私人检察总长来行动，可极大地增加社会资源对执行法律的投入，并因此而弥补公共的执法行为。"[②] 政府起诉比较稀少的另一个可能的解释是执法机关易于被"俘获"（liable to be "captured"）。俘获理论的一个特征就是执法机构会经历一个生命周期（life-cycle）。加尔布雷思形象地总结道：规制主体，像人一样，有一个显著的生命周期。在青年时期，它们是充满活力的、富进攻性的、充满使命感的（evangelistic），甚至是偏执的（intolerant）。随后，它们成熟了，到了老年——大约十到十五年之后，它们开始变成（当然有一些例外）它们所规制行业的一个帮手或者变得衰老不堪（senile）[③]。政府俘获理论暗示执法部门与产业界密切的联系会导致公共领域从属于产业的利益。这可能是因为"旋转门理论"（revolving-door theory），执

---

① Peter Cartwright, Consumer protection and the criminal law: law, theory, and policy in the UK, Cambridge University Press, 2001, p218.

② Matthew C. Stephenson, Public Regulation of Private Enforcement: The Case for Expanding the Role of Administrative Agencies, 91 Va. L. Rev, 2005, p108-109.

③ J. K. Galbraith, The Great Crash, Boston: Houghton Mifflin, 1955, p171. Cited in Iain Ramsay, Consumer Protection: Text and Materials, London: Weidenfeld and Nicolson, 1989, p77-78.

法机构是由很多的商业领域的前成员组成的，同时官员也渴望占据在这些行业的高薪职位。格拉布罗斯基和布瑞斯维特的研究发现，当监管者和被监管者在社会背景上越相似，政府起诉就越稀少（关系距离假设/relational distance hypothesis）；同时，针对大公司的政府起诉比针对小公司的要更稀少（公司规模假设/the company size hypothesis）[1]。政府执法部门通常的态度是将其自身看作一个通过告知和劝服来获得对法律的遵守的主体，许多官方起诉被视为最后寻求的手段，甚至是作为对（监管）失败的一个承认[2]。

笔者认为，由于消费纠纷解决具有公益性和市场规制性，因此，消费纠纷非诉讼解决机制和私人诉讼机制一样，都属于私人执法行为，并在一起构成一个私人执法体系。这个体系和行政机关的日常执法和监管活动相比，具有自身的优势。

与公共执法模式相比，私人执法体系的优势表现在：①可降低对执法者的监督成本；②无须向执法者支付高额的效率工资；③可大大减少腐败的机会。两种执法模式的不同之处在于：第一，执法人员的激励不同。公共执法者的报酬是固定的（一般不随执法结果而变化），而私人执法者的报酬是"线性奖金"或"计件工资"。由于监督执法者、支付高额工资和腐败的成本，支付效率工资的公共执法体制的社会经济效率通常要比支付"线性奖金"或"计件工资"的私人执法体制差。第二，监督手段不同。公共执法（"警察巡逻式"监督）使用抽样的方法，而私人执法（"警报器式"监督）使监督无处不在。如果违法者向某些执法者行贿，私人执法体制与公共执法体制相比，私人执法者之间的竞争增加了腐败行为被暴露的可能[3]。这说明消费纠纷民间ADR可以从维持日常的工作激励和遏制负面的腐败行为这正反两个方面弥补诉讼制度和行政ADR及行政监管的不足。而且消费纠纷私人执法的成本是分摊在社会中很多个人、团体甚至业者那里的，比公共执法在资源汲取空间上要更广阔。

---

① P. Grabosky and J. Braithwaite, Of Manners Gentle: Enforcement Strategies of Australian Business Regulatory Agencies, Melbourne: Oxford University Press, 1986.

② R. J. Bragg, Trade Descriptions, Oxford: Clarendon Press, 1991, p202.

③ 李波：《公共执法与私人执法的比较经济研究》，北京大学出版社2008年版，第5页，第18页。

三、深化生产经营者的社会责任与公司伦理

"一旦权利保护活跃化，企业环境发生变化，避免法律上的风险将成为企业经营的重要目标之一，而预知风险的能力也成为企业经营能力的一大要素。"① 权利保护活跃化会造成整个商业环境、商业伦理和企业理念的进步。企业责任的承担与落实主要不是靠企业的自觉，而是靠完善的市场经济机制和消费纠纷解决机制能够惩罚和制止业者的失范行为。消费纠纷非诉讼解决机制通过日常的处理大量消费纠纷的行为，迫使业者为了避免过多赔偿危及企业信誉和盈利而改进产品和服务，并增强内部品质管理、控制和消费者投诉机制的设置与权限，进而达到自我规制和自主履行公司伦理的效果。

"企业所拥有的经济实力，就是一种权力等级的象征，如果放任自流的话，现代社会将会出现'新的封建制'，……权力性的制御往往流于形式，仅仅进行道德上的谴责，对那些不法企业来说可能成为一种特殊优待。……有效的方法是采取非权力性的制御手段，即直接改变企业利润的计算标准。通过追究民事责任实现社会正义，要提高其实际效果，必须同时提高制裁的规模和频率。如果'制裁的规模'过小，违法活动所得到的利益超乎其上，就不能有效地抑制违法行为。此外，高频率制裁也是同等重要的，……如果大多数人都忍气吞声的话，那么民事责任所具有的抑制力便不复存在。"② 打击假冒伪劣商品的关键是提高制假售劣的法律风险成本。打击制假售劣的模型可表述为：$B = B_1 - C_1 - C_2 - C_3$。此公式中 B 为制假售劣的预期利润；B_1 为制假售劣的收益；C_1 为制假售劣的直接成本；C_2 为机会成本，是制假售劣者因放弃生产或销售而失去的利润；C_3 为制假售劣的法律风险成本。在既定的经济条件下，机会成本 C_2 是相对不变的，而直接成本 C_1 的增加（如提高产品技术水平及防伪技术含量）意味着正品厂家直接成本增加，利润减少，而这部分成本的增加，最终将转嫁到消费者身上。所以，直接成本和机会成本的增加对有效抑制制假售劣的作用是有限的，最有效的途径就是增加制假售劣的法律风险成本。因为风险成本＝风险概率×风险损失，有效增加业者法律风险

---

① ［日］小岛武司：《诉讼制度改革的法理与实证》，陈刚等译，法律出版社2001年版，第10页。

② ［日］小岛武司：《诉讼制度改革的法理与实证》，陈刚等译，法律出版社2001年版，第44－45页。

成本必须通过提高法律风险概率和法律风险损失的方式来实现。消费纠纷被解决的越多，则消费侵权的法律风险概率就越大。在法院受理案件增长容量有限的情况下，扩充消费纠纷非诉讼解决机制的解纷容量，才能实现消费侵权者法律风险成本的显著提升。

四、弥补消费诉讼制度的不足、拓宽接近正义的途径

上述三点都是消费诉讼制度同样具备的功能，并未凸显消费纠纷非诉讼解决机制特有的制度功能。实际上，消费纠纷非诉讼解决机制最主要的价值在于弥补消费诉讼制度的不足。这既表现在解决纠纷的数量上，也表现在解决纠纷的品质上。

（一）从量的意义上弥补消费诉讼制度的不足

1. 扩充和增加接近正义的途径，减少消费者被害黑数

"裁判是一种很奢侈的纠纷解决方式，故欲让所有的民事纠纷都通过裁判来解决的想法是不现实的。即使无视现实的制约而大肆鼓吹裁判万能论，但大多数纠纷通过裁判以外方式加以解决的事实依然是不会改变的。如果无视必须要对裁判解决方式在量上进行明显限制以尽可能地抑制其甚至是几个百分点增长这一现实，那么就会忽视使自主性纠纷解决方式向合理化方向发展所做的努力，从而形成纠纷解决的整体水平长期在低迷中徘徊的局面。"[1]

接近正义并不意味着全情投入（full engagements）在正式的法律程序中，但正式的法律程序一直作为一种支持（backstop）在那里[2]。消费 ADR 在本质上指的是能够增加以接近正义的程序和技术的连续体（continuum）。它拥有一组程序和技术，以一定的特征为基础来分组，最终服务于有诉求的消费者以接近正义的目标。"接近正义"在这里应该从最广义的方面理解，可以包括不仅是接近有拘束力和解决案件的纠纷解决机制，也包括直接协商或接近一种纠纷可能被解决、也可能不被解决的第一线程序（纠纷不被解决的情况下

---

① ［日］小岛武司：《诉讼制度改革的法理与实证》，陈刚等译，法律出版社 2001 年版，第 161 页。

② Ross Cranston, How Law Works：The Machinery and Impact of Civil Justice, Oxford University Press, 2006, p6.

当事人仍然有权到普通法院诉讼）①。

人们所谈论的"接近正义"意指很多不同的事情，但是每一种讨论都假定有一个叫"正义"的目标，并且进一步假定一些群体或特定种类的个人生活在（正义的）大门关闭的社会。为了实现接近正义，个人和团体必须意识到他们的法律权利受到影响，然后了解建议和帮助的来源，迅速地接近有恰当品质的上述来源，并且其费用合理②。欧盟委员会将接近正义的含义放在其《消费者接近正义绿皮书》（*Green Paper on Access to Justice for Consumers*）的背景中思考，将接近正义问题视为个人维权的法律与现实之间的差距（gap）和缝隙。如果被法律秩序所承认的权利通过违法行为遭到破坏，一个程序（司法的或行政的）必须存在以作出判决/补偿正义（render justice）。如果这样的程序不存在或者对于法律秩序所保护的利益的持有者来说不可接近，那么很明确地在立法者的设计与公民的现实经验之间就会产生差距。这里在接近正义的主题下总结的问题不是别的，就是这个在法律与现实之间的差距。绿皮书认为，如果大量合同权利无法履行，对接近正义的需求不会增殖（proliferate），因为一个运转着的司法机器的存在鼓励义务的自动履行③。毫无疑问，消费纠纷非诉讼解决机制正是填补这个"缝隙"的最佳选择，因为其在制度供给数量、供给潜力和可接近性上都较消费诉讼制度具有明显优势。

"需要花费的代价（包括心理的、经济的全部的要素）越大，能够表面化的纠纷也就越少。本来，纠纷的形成要受以下的要素制约，即消费者处于劣势以及投诉的困难、外部的条件比如是否有便于投诉的地方等。因此，在探讨解决消费者纠纷的制度时，必须考虑如何使这种处于窒息状态的纠纷表现出来。"④ "ADR 的特点表明，它的确便于利用者接近正义。譬如，程序的非

---

① The Study Centre for Consumer Law-Centre for European Economic Law, An analysis and evaluation of alternative means of consumer redress other than redress through ordinary judicial proceedings-Final Report, Leuven, January 17, 2007, p36.

② Ross Cranston, How Law Works: The Machinery and Impact of Civil Justice, Oxford University Press, 2006, p4.

③ Commission of the European Communities, Green Paper. Access of Consumers to Justice and the Settlement of Consumer Disputes in the Single Market, COM（93）576, 1993, p15, p7.

④ ［日］谷口安平：《程序的正义与诉讼》，王亚新、刘荣军译，中国政法大学出版社 2002 年版，第 347 页。

正规性可以促使纠纷得到更为迅速、廉价地解决。以非法律家替代或减少律师等法律家的参与，不仅可以缓解律师分布不均等问题，降低程序费用，还可以使程序变得更加灵活、更容易接近。"① ADR 的存在和优点提升了消费者接近正义的能力，并使得因诉讼制度的难以接近而无法诉诸法院的纠纷浮出水面，在很大程度上扩大了解纷总量。

纠纷解决机制必须拥有一个与社会上现存的纠纷解决需求相称的解决容量，即通过建立足够的服务数量来保证合理的服务需求能够被及时满足，否则只能形成更多的消费者被害黑数和法秩序紊乱的局面。在诉讼所能解决的纠纷存在一定的限额和极值的前提下，包括协商和解、调解、仲裁在内的消费纠纷非诉讼解决机制却有着巨大的可以被不断挖掘的解决纠纷的潜能，面对我国消费者被害情形中高达一半以上的被害黑数，更多低廉、便捷的消费纠纷非诉讼解决机制的出现是降低消费者被害黑数的有效途径。

2. 分流消费纠纷，有利于整体的纠纷解决资源的合理配置

如果没有消费 ADR 的存在或其效能不彰，现有的由其处理的纠纷中无疑会有相当比例的纠纷变为消费者被害黑数，但也会有一定比例的消费者选择将纠纷提交法院解决，这势必造成法院办案数量不小的增幅。在司法资源没有增加的情况下，法院无疑会在消费纠纷处理方面出现过载，可能会不堪重负。因此，现行的消费纠纷非诉讼解决机制分流了相当一批可能求诸诉讼的消费纠纷。而且，随着消费纠纷非诉讼解决机制的不断改善与制度容量的增加，可能有诉讼意向的消费者会转而通过诉讼外渠道解决消费纠纷，这将进一步为司法机关减轻案件审理的负担。

诉讼制度被人们下意识看作重要纠纷或矛盾不可调和的产物，因此很多人认为诉讼制度应该针对比较重要的案件。小额权利或许经济价值小，但全社会大量的小额纠纷实际侵占了大量的消费者剩余，尤其是在当事人的法感情受到伤害的情况下，数额小不代表权利的重要性程度就低。对于法院或律师来说，小额简单的消费纠纷的经济价值对法律发展贡献相对较小，甚至体现不出太高的职业价值，他们可能宁愿此类纠纷通过消费 ADR来解决。

---

① 陈刚：《自律型社会与正义的综合体系——小岛武司先生七十华诞纪念文集》，陈刚等译，中国法制出版社 2006 年版，第 29 页。

美国学者麦考雷研究发现，律师并不愿意像一个积极的消费者代理人那样行为。他们倾向于在商人和消费者之间进行调解，有时候他们像一个心理咨询师使消费者冷静下来。麦考雷认为，不是律师阻止积极行动的执业的经济现实，而是律师的建议被他们的价值观影响。他们相信有正当的和不那么正当的解决消费纠纷的办法，有时他们不信任抱怨的消费者，将他们视为无理性或不可靠的人（flakes）。此外，如果律师被视为消费者的代言人的话，他们可能会害怕失去本地商人的生意。这些律师进行着远离法律体系的判定，将他们认为对法律体系没有足够重要性的纠纷过滤①。英国学者乔罗威茨也注意到，"鼓励 ADR 政策的背后是这样一种考量：应当努力避免将法官——至少是高级法官——的时间浪费在其判决除了了结个体纠纷外别无他用的案件。在一种法院对于纠纷解决在量上不重要但在质上极端重要的制度中，这种政策必定是诱人的。其道理在于，法官的时间应当尽可能地用在那些因为某种原因，其诉讼或判决涉及的利益超出了名义当事人的案件中的利益；或者至少用在那些将来在任何可能的案件和情景中为法律实施和其他纠纷的解决提供指引的案件中。"② "随着法体系覆盖对象迅速增加，人们强烈地意识到正规审判程序的量的局限性。审判程序要求具有高度专业能力的法官、律师和书记员，为了慎重审理，需要相当长的时间。因此，（努力确保充足的人员是不言而喻的，但是）在处理能力上经常表现出自身的局限性。法院在处理绝对超越自己处理能力的案件数时，一定会出现很多诉讼迟延现象……就纠纷的实际状态而言，占压倒性多数的是作为法律处理比较简单的纠纷，包括其本身并无争议的法律义务履行问题和类型重复且大量发生的案件。非经审判程序难以达成正义的案件，仅占全部案件中的少数。即使是复杂的法律争议案件，如果从系争利益的价值来衡量，那么它们大多与正规程序的成本不相符合。"③ 实际上，这种考虑也是符合经济学规律的，将资源配置在最需要的地方才能发挥出其最大的效益。小额或微小额的简单消费纠纷通过普通

---

① Stewart Macaulay, Lawyers and Consumer Protection Laws, 14 Law &Society Review, 1979, p115 - 171.

② ［英］乔罗威茨：《民事诉讼程序研究》，吴泽勇译，中国政法大学出版社 2008 年版，第 319 - 320 页。

③ ［日］六本佳平：《日本法与日本社会》，刘银良译，中国政法大学出版社 2006 年版，第 87 页。

的诉讼程序处理就会挤占可能配置给其他案件的司法资源，即使通过小额诉讼程序处理，也还是可能会出现经济上不相称和耗费过多资源的情形。消费者若能通过各种消费纠纷诉讼外解决机制处理，则不会动用专业化的司法资源。

3. 预防和减少消费纠纷的效果

诉讼制度固然也有预防和减少纠纷的效果，但从理论上说，在一定情况下，比如诉讼制度特别复杂和成本高，对一般消费侵权被害者不值得使用或难以接近的情况下，业者更加有恃无恐，反而可能反向激励消费侵权和不法行为，无法实现诉讼预防和减少纠纷的目标。有时，业者态度强硬，动辄声称"你起诉好了""你告我去吧"，这正是看准了纠纷价值与消费者起诉成本之比较低，其被起诉的预期概率很低。而通过消费仲裁、行政调处等方式高效、低廉地解决消费纠纷，则可以在一定程度上改变业者依法赔偿的心理预期。实现正义的总量越大，就越能增加业者消费侵权或违约行为的预期成本，对非正义的预防效果就越好，业者行为就越规范，而消费者权益就越能得到充分保护。这不仅矫正一处不法，更有助于预防和减少将来的不法行为与消费纠纷。

（二）从质的意义上弥补消费诉讼制度的不足

1. 提供成本更低廉的消费纠纷解决途径

诉诸司法的权利是裁判请求权的重要内容，大多数国家都通过具体的制度设计和司法运作来保障裁判请求权得以实现。这些措施主要有：一是法律规定简便的起诉条件，使当事人较容易地进入法院；二是实行诉讼救助、诉讼廉价化政策和法律援助制度；三是实施防治诉讼迟延政策；四是建立小额诉讼程序；五是加强组织保障[①]。尽管如此，当事人诉诸诉讼途径还是会有诸多障碍，尤其是一般小额消费纠纷，诉讼制度的可接近性和便易性尚未达到理想程度。

ADR 的怀疑者提出，是否存在这样一种风险，即替代性方法的可获得性将把低收入以及中等收入的纠纷当事人推向一种二流的司法方式（其主要由半强制的妥协式和解所组成），而法院所提供的所谓一流司法则变成只有有钱

---

① 刘敏：《裁判请求权研究：民事诉讼的宪法理念》，中国人民大学出版社 2003 年版，第 90 - 91 页。

有势的人才能得到?① 笔者认为,此种说法将 ADR "无中生有"的功能概念偷换成了所谓的质量比较。司法的最终解决原则和诉讼程序启动的宪法权利性,掩盖不了诉讼制度对相当比例当事人来说,成本-收益角度的无用性与实质不可接近性。对此,法官詹姆斯·马修曾不无嘲讽地说道:"在英国,正义是对每个人敞开的,就像利兹大饭店一样。"② 弗兰克法官认为,平等取决于个人经济条件,这个司法制度的缺陷嘲弄了法律面前人人平等的原则,"当某人因在他人实施侵害后没有成功地通过诉讼来获得救济从而导致其贫困时,这种情形下的悲剧更是一种刻骨铭心的讽刺。诉讼中的有利条件不可避免地属于能够'购买正义'的一方……从根本上讲,我们通常是在'出卖正义',而对许多低收入的人,我们则是拒绝给予正义。……在这一点上,我们得到了法律自由放任主义最糟糕的东西。"③ 艾文勋爵(Lord Irvine)指出,英国的民事司法太过昂贵和排斥(exclusive),最富裕的人和最贫穷的人可以接近司法,但中等收入的英国人则被冷落(out in the cold),而中等收入的英国人在国家总人口中占压倒性的多数④。"许多与提供有缺陷的商品和服务的经营者有相对低层次纠纷的人,许多与邻居或者是像医院、警察、地方政府那样的机构有纠纷的人,他们的首要目标是使他们的纠纷获得有权威的和令人满意的,但是又要便宜和迅速地解决。律师和法院通常并不被视为有助于实现这一目标。即使作为最后一招(a long stop),人们对于律师和诉讼也怀抱着有关花费、烦扰和压力相交织缠绕(entanglement)的许多忧虑。"⑤

诉讼给讼争者施加直接成本和间接成本。直接成本包括不变分量和可变分量。不变分量是一方当事人打官司必须支付的最低额度成本。可变分量是一方当事人考虑到诉讼的预期利益花费在最低额度之上的成本。诉讼高额的固定法律成本可以使得小额甚至中等规模的诉讼变得不经济。诉讼的间接成

---

① E Sander, Alternative Dispute Resolution in the United States: An Overview, in American Bar Association (ed), Justice for Generation, Westublishing Company, 1985, p260 - 261.

② 此句名言是否为马修法官原创,也还存在争议,具体讨论可参见澳大利亚新南威尔士州高等法院的有关网页, http://www.lawlink.nsw.gov.au/sc%5Csc.nsf/pages/ipp_100203。

③ [美]弗兰克:《初审法院:美国司法中的神话与现实》,赵承寿译,中国政法大学出版社2007年版,第101页。

④ Russell Fox, Justice in the twenty-first century, Cavendish Pub, 2000, p81.

⑤ Ross Cranston, How Law Works: The Machinery and Impact of Civil Justice, Oxford University Press, 2006, p5.

本包括信息成本（例如寻找和指示律师的成本）、机会成本（不工作的时间损失的报酬）、情绪成本（诉讼给当事人带来的紧张感和压力），以及保险成本（当事人可能要购买保险以负担一旦对方当事人最终在纠纷中获胜的风险）。审前的迟延也是一个对间接成本起作用的重要因素，因为它可以延长当事人之间的不确定性，增加交易成本、保险成本和情绪成本。消费者在诉讼中的间接成本很可能要高于业者。例行公事降低了业者的信息成本（例如业者可能手边已经有律师）、机会成本（例如业者可能有专门处理案件的职员）、情绪成本（例行公事降低了冲突给人的压力）。业者通常比消费者富裕，这意味着业者的保险成本会更低。保险成本是由当事人对风险的态度所决定的。风险反感（risk averse）的一方当事人比风险中性（risk neutral）的一方当事人要花费更多钱去支付风险。纷争的额度相对于当事人的总财产比例越高，当事人就越可能有更高的风险厌恶。如果消费者比业者贫穷且纷争数额是不变的，消费者就可能产生出更多的风险厌恶。消费者更高的间接成本进一步增加了业者在审前阶段的讨价还价优势，增加了消费者整个放弃诉讼或在一个打折的数额（比扣除消费者的预期成本后的预期收益要少的数额）上与业者达成协议的可能性。此外，业者还有一个拖延诉讼的激励。审前延迟会增加消费者和业者间接成本的差额，并给消费者施加更多撤销诉讼或更廉价的达成妥协的压力。①

  还有一个方面的问题是，如果诉讼的结果不确定，或者很难获得赔偿，那么消费者在诉讼上的花费就可能是零收益减去成本，所得是绝对负数，没有收益使得消费者对诉讼成本更加难以忍受，在消费纠纷前景的预测一致的情况下，消费者宁可舍诉讼而选择成本较低的非诉讼纠纷解决方式。

  "尽管高额的民事侵权赔偿费大多是民愤和改革提案的目标，但事实上，受到严重伤害的受害人更多的是补偿不足而不是补偿过多。例如，一个对佛罗里达州医疗事故案件的调查发现，原告平均只得到相当于他们损失的一半的赔偿，那些受到最严重伤害的仅获得 1/3 的赔偿。使用不安全产品、机动

---

  ① Anthony Duggan, Consumer access to justice in common law countries: a survey of the issues from a law and economics perspective, in Charles E. F. Rickett & Thomas G. W. Telfer （eds）. International Perspectives on Consumers' Access to Justice. West Nyack, NY, USA: Cambridge University Press, 2003, p48 - 50.

车和飞机事故中的受害者存在类似的补偿不足情形。"[①] "一个例子是英国医疗过失诉讼。大部分承受医疗过失的人没有提出诉求,提出诉讼的大部分案件也都失败了,许多还动用了相当数量的法律援助基金。除了金钱和时间的花费,诉讼抑制了医生对医疗过失坦诚的文化和教训的记取。为此,首席医疗官(the Chief Medical Officer)提出了一个新的全民健康服务的救济项目(项目中不包括无过错的赔偿计划)。新的纠纷解决主体将会处理纠纷金额相对较低的(3 万英镑以下)和涉及新生儿患有严重神经性损害的纠纷。除非已结束一个赔偿方案,否则个人不会因此被排除诉讼权。"[②] 由于诉讼对当事人施加了比较多的成本,即使通过法律援助、诉讼费用保险等降低消费者的直接成本,间接成本还是难以避免。如果再和收益进行比较,诉讼对于一般的小额消费纠纷几乎是丧失作用的。而消费纠纷非诉讼解决机制大多采取使用者免费的方式,同时在程序上比较简易,有的只需电话投诉或网络投诉,可以同时降低消费纠纷解决的直接成本和间接成本。

2. 程序亲和、可接近性更强

"左右当事人是否提起诉讼的,绝不仅仅是他关于最终获胜机会的个人判断,它还包括诸如费用、时间以及是否值得将那些他宁愿保守的秘密公之于众之类的因素,甚至包括被带上法庭的紧张和极度不快。潜在的当事人关于这些因素的信息来自媒体,或者来自那些实际在法院工作的职业顾问。如果他得到的信息太令人泄气,司法将会被拒绝,法律将不再有效。如果这些信息过于鼓舞人心,法院又将负担过重。"[③] 法院程序的冗繁、专业术语的运用以及复杂难懂的规则对当事人来说都算不上是愉快的经历。"许多原告抱怨法院是繁忙的,法官是烦躁的,他们的问题失去了独特性。他们发现在法院的

---

① [美] 罗德:《为了司法/正义:法律职业改革》,张群等译,中国政法大学出版社 2009 年版,第 199 页。

② Ross Cranston, How Law Works: The Machinery and Impact of Civil Justice, NY: Oxford University Press, 2006, p5 - 6. 1986 年的"哈佛研究"表明,在因护理疏忽遭到伤害的病人中,只有约 12% 的病人索赔,其中又只有 50% 的病人得到了赔偿。参见 Harvard Medical Practice Study, Patients, Doctors, and Lawyers: Medical Injury, Malpractice Litigation, and Patient Compensation in New York, Cambridge: Harvard University Press, 1990, p6 - 9.

③ [英] 乔罗威茨:《民事诉讼程序研究》,吴泽勇译,中国政法大学出版社 2008 年版,第 60 页。

经验令人感到灰心和耻辱，法院处理他们的案件的方式是匆忙而冷漠的。"①
另外，与环境纠纷类似，消费纠纷中涉案证据、技术的细化与专业化使得消
费者越来越难以实现这种知识体系的构建。② 严格的证明责任和高度的证明标
准可能导致诉讼制度对消费者的一种"不偏不倚的歧视"。此外，诉讼制度还
有一个使用者信任度问题。传统上，我国公众对司法程序和法院的信任度较
低，评价不高③，这一普遍社会意识也造成了公众不情愿利用诉讼程序。更有
甚者，权威的"双重祛魅"对纠纷产生及解决都带来了消极影响④。反观消
费纠纷非诉讼解决机制，可能是较为专业化的，理论上是为了维护消费者合
法权益或者市场秩序而存在的，比如消费者协会、12315（消费者申诉举报热
线）、消费仲裁机构或者企业的客户投诉部门等，往往会耐心倾听消费者的抱
怨和不满，主动给予消费者明晰易懂的建议和答复。这些程序也比较简单和
容易理解，没有复杂的规则，有的也不是严格恪守心证标准甚至实体法规范，
更多地强调纠纷的妥善解决而不是严格、准确适用法律。许多诉讼外纠纷解
决机构在消费纠纷处理过程中对消费者还有比较多的同情、理解甚至偏向，
消费者自然觉得这些程序"更加温暖和富有人性"，找到更多的程序主体感觉
和亲切感，即可接近性更强。

---

① ［美］萨利·安格尔·梅丽：《诉讼的话语：生活在美国社会底层人的法律意识》，郭星华等
译，北京大学出版社2007年版，第183页。

② 司开玲：《知识与权力：农民环境抗争的人类学研究》，知识产权出版社2016年版，第56页。
研究表明，医疗纠纷若属于需医疗专业协助判断的案件时，未经医疗鉴定，原告即无胜诉可能性。参
见陈聪富：《医疗责任的形成与展开》，台湾大学出版中心2014年版，第521页。

③ 根据杜承铭等人在珠三角五地的调研，不论是农村、集镇还是中心城市居民，认为法官"吃
完原告吃被告""素质不是很高"的比例都大于认为法官"很有正义感"的比例。参见杜承铭：《社
会转型期的乡土社会法治：以珠三角为例》，山东人民出版社2008年版，第230页。另一个例证是涉
诉信访，全国各级法院每年涉诉信访量约为全年结案数的50%。尽管50%是对历年结案的不满，但这
个巨大数字包含的内容太多，使得法院不得不把信访和审判摆在同等重要位置予以重视。参见李微：
《涉诉信访：成因及解决》，中国法制出版社2009年版，第165页。

④ 第一重祛魅是指传统的祛魅，它有两层含义：一层是传统礼俗习惯的稳定性和约束力降低；
另一层是社会传统权威的解体，人们对基层干部的服膺下降。第二重祛魅是对现代司法系统的祛魅，
人们并没有形塑出对国家法的信仰，而且部分人在纠纷解决过程中通过接触基层司法系统，产生了
"知情祛魅（informed disenchantment）"的法律实践效果，即将法律当作一种工具而不是神圣的、客观
中立的正义武器。在纠纷解决中，外部权威失灵至少有两个原因：一个原因是法律思维和普通人的认
知逻辑之间存在隔阂，另一个原因是对正式的纠纷解决系统的信任欠缺。参见邢朝国：《普通人的江
湖：村庄里的怨恨、冲突与纠纷解决》，社会科学文献出版社2019年版，第193-194页，第199页。

3. 小额诉讼程序为什么不能充分解决消费纠纷？

杜甘将解决消费纠纷的小额诉讼裁判所分为两种：以法院为基础的（court-based）和以小额消费纠纷裁判所为基础的（tribunal-based）。前者以美国为代表，缓和适用证据规则和正当程序，同时对法律代表和上诉也有所限制。后者以澳大利亚为代表，采取更激进的改革方式。这一程序的主要特点有：①管辖权被限定在特定数额的消费者与商人的合同纠纷上；②只允许消费者单方面起诉，商人不能诉消费者；③消费者通过填写申请给付表启动程序，只需支付名义上的申请费用（filing fee）；④等待开庭的时间大约数周；⑤独任制审理，有的州（例如维多利亚州）的裁判员必须是律师，另一些州（例如新南威尔士州）的裁判员没有法律职业资格的要求；⑥一般来说，法律代理被禁止；⑦证据口头提交，但裁判所不受证据规则和程序的约束，审理不公开；⑧有些州（例如维多利亚州）裁判所必须适用实体法，另一些州（例如新南威尔士州）裁判所只服从"公平和正义"（fair and equitable）的标准；⑨禁止上诉。不过，杜甘指出，小额诉讼裁判所主要被中等收入的消费者利用，这是一个世界范围的现象，部分的原因可能是这一诉讼的间接成本对低收入的消费者而言还是有点高①。欧洲专门民意调查处（Special Eurobarometer）曾经做过调查，在提供损害赔偿救济的程序里，理想的 ADR 程序取决于诉求的金额。对于非常小额（20 欧元上下）的诉求，只有直接协商（或者许多消费者蒙受这类小额损害，只有集体诉讼）才可能提供解决方案。对于那些金额有些高的诉求（不止 20 欧元），调解和仲裁程序可能提供解决办法。对于小额诉讼程序来说，它的适用门槛通常倾向于更加的高，在大多数情况下，消费者诉求若低于 200 欧元，就不会使用这一程序②。也就是说，小额诉讼程序对于一些小额消费纠纷来说，还是一个比较耗费成本的昂贵的制度；从程序利用者成本-收益的角度看，二者还是"不搭"。

反专业化的情况下，当事人是不是就没有获得法律常识和诉讼知识的需

---

① Anthony Duggan, Consumer access to justice in common law countries: a survey of the issues from a law and economics perspective, in Charles E. F. Rickett & Thomas G. W. Telfer（eds）. International Perspectives on Consumers' Access to Justice. West Nyack, NY, USA: Cambridge University Press, 2003, p58 - 60.

② Special Eurobarometer, European Union citizens and access to justice, October 2004, p28, http: //ec. europa. eu/consumers/redress/reports_ studies/execsum_ 11-04_ en. pdf.

要了呢？例如律师可否代理当事人出庭问题，在美国不同的州规定不一，学者们也有不同观点。减少诉讼当事人对律师的需要，虽然符合小额诉讼制度追求简单、非正式的诉讼目的，但是依据美国的一项实证调查，允许律师代理当事人出庭的州法院，小额诉讼原告起诉前向律师进行法律咨询的情形，包括律师对原告解释其在法律上的权利、指导原告如何在法院进行诉讼、指导原告如何撰写起诉状等情形都相当普遍，原告委托律师出庭的情况也相当多①。这足以说明小额诉讼的程序或者说当事人"处于法律程序中"这样一个境况，对于普通当事人来说还是一个"大事件"，当事人面对已经相当简化的民事诉讼或法律的技术性，仍有请求律师协助或咨询的需要。为了满足这些需要，当事人的解纷成本可能增加，这就可能反过来使当事人更少使用小额诉讼程序。如果当事人为了节约成本，不花时间或金钱满足这些需求，则小额诉讼程序结果的不确定性就会增加，也会导致当事人风险成本上升，也可能使当事人在使用小额诉讼程序时变得更谨慎。此外，消费纠纷非诉讼程序则可能比小额诉讼程序更加简便、易懂，也存在免费的回答消费者法律咨询的专业人士，这都是小额诉讼程序所不具备的。

"小额的消费者受害后被救济虽然是理所当然的事，但是与通过审判的救济在本质上不相称。事实上，消费者只能被迫哭着睡着。如果审判外廉价迅速的受害救济系统得以被准备，救济的可能性就会增高。这种情况表面上小额审判制度的充实也能代替，不过，如果考虑到强制执行也包含在内的总计的权利实现过程，审判外任意的履行是最好的情况。"② 值得注意的是，一项对使用澳大利亚维多利亚州小额诉讼程序的1670名原告的统计表明，在被告为商人（trader）的经法院判决败诉的情形中，有39%的被告未按照判决给付。商人与消费者在法院审理时和解的情形中，也有35%的被告未按照和解内容给付。上述两种情形为原告所指摘，成为小额诉讼制度的一项缺憾③。美国缅因州的一项报告也显示，小额诉讼案件判决服从与履行比率非

---

① Suzanne E. Elwell & Christopher D. Carlson, The Iowa Small Claims Court: An Empirical Analysis, 75 Iowa Law Review, January 1990, p445.
② 町村泰貴：《裁判外紛争処理機関としての消費生活センター》，《国民生活》2003年2月号。
③ Chin Nyuk Yin and Ross Cranston, Small Claims Tribunals in Australia, in Christopher J. Whelan（ed.），Small Claims Court: A Comparative Study, Oxford: Clarendon Press, 1990, p65–66.

常低①。小额诉讼的标的均较为细小，小额诉讼程序的审理通过快速、简化的方式进行，是为了使原告的请求及早实现。不过，原告通过小额诉讼程序的审理，仅在实体法上取得胜诉的判决，如果被告不自愿履行，与普通程序相同，原告将面临的可能是漫长的等待与拖延，这就带来强制执行的方法、成本与拖延等问题。如果这些问题趋于严重，审理程序的简化与快速也成惘然，小额诉讼程序的价值就要打折。相反，合意型的诉讼外纠纷解决往往能够避免这些成本。

假设小额诉讼程序已被改造得简无可简，过分便易，则又可能引发纠纷吸附效应，造成程序的拥塞或司法资源供给的乏力。诉讼外纠纷解决机制本身多元，已将纠纷进行分散，并将解纷成本在业者、行政机关和民间组织等之间进行分摊，自然不存在这种可能性。

实际上，正是看到了小额诉讼程序降低解纷成本后对部分当事人来说仍有不菲的成本或者可能过度占用司法资源，从1970年以后，美国学界有不少观点建议小额纠纷可由私人或私人机构作为主导力量，在法院以外的地点加以解决。"关于小额纠纷解决的方法，我们倡导司法机关与私人机关的协调合作，以共同解决社会中的小额纠纷，并考虑以非政府机构作为小额纠纷的解决途径，将小额诉讼视为纯私人间的细微纷争（private microsocial matter）。想要解决这类纠纷，与其由法院以正式的裁判方式进行，不如以双方协商和解（negotiation）的方式处理更为恰当。我们建议解决小额纠纷的场所，应以更开放的方式，由法院移转至法院以外的私人机构或其他行政机关。"②

4. 专业化与发展法律

"由于法院也不单是解决消费者纠纷的机构，法官的知识及经验都有限，要补充专门知识还必须高价聘请鉴定人。再者，法官必须遵守依法进行审判的原则，而消费者纠纷属于正在形成和发展中的法律领域，存在着无适当的实体法规可遵循的问题。虽然法官通过灵活妥当地解释法律以求得出正确的结论，但是在依法审判的原则下，这种努力是有限的。在形成和发展中的法

---

① C. McEwan & R. Maiman, Small Claims Mediation in Maine: An Empirical Assessment, 1981, Maine Law Review 33, p237 – 268.

② Eric H. Steele, The Historical Context of Small Claims Courts, American Bar Foundation Research Journal, Spring 1981, p373.

律领域，这样的限度往往成为法院难以作出判断的原因之一。"① 特定领域或专门化的消费纠纷非诉讼解决机构的人员在专业知识及调解技能、时间等方面可能比法官优越，尤其是许多消费纠纷非诉讼解决机构拥有自己的鉴定部门、人员或免费的专家、顾问，这些都有利于消费纠纷事实的尽快查明。在成文法国家，对于那些法律没有规定，也没有行政规章或行业标准规范的产品、服务等发生纠纷时，消费诉讼反而无法维护消费者的合法权益，非诉讼的纠纷解决途径显然更适合消费者，有关主体也能通过纠纷的处理来进一步探索如何立法对之进行规范。

除此之外，有观点认为，"针对诉讼制度的弊端，出现了所谓反诉讼的思潮。反诉讼又称反好讼（Antilitigation），可以分为四种基本形态：一是不提倡（Discouragement），通过使原告提起诉讼一事变得更加困难或者减少原告诉讼所获得的报偿的方式来减少诉讼；二是管理（Management），试图使纠纷解决程序变得更有效率与更加和谐；三是替代（Replacement），试图用其他的问题解决装置来替代诉讼；四是抵制（Resistance），即反对新类型诉讼。虽然第一和第二种形态吸引了大量的媒体关注，但第三种形态对美国这种以法院为中心的公共政策风格的根基进行了更全面的暴露，作为一种解决问题的方法对诉讼进行了更为根本的攻击。"② 笔者认为，上述思潮的背景其实是那些将诉讼（尤其是产品责任诉讼或者所谓的"麦当劳"诉讼③）看作对美国产业界和经济竞争力造成巨大损害的观点之下的产物，主要是从抑制消费者集团诉讼或惩罚性赔偿金角度出发，转而给予消费者仲裁、调解等替代品，以免业者赔偿过多。笔者认为，这不应该成为消费纠纷非诉讼解决机制的功能，

---

① ［日］谷口安平：《程序的正义与诉讼》，王亚新、刘荣军译，中国政法大学出版社 2002 年版，第 353 页。

② Burke, Thomas Frederick: Lawyers, lawsuits, and legal rights: the battle over litigation in American society, University of California Press, 2002, p28.

③ 大致来说，共和党倾向于大力限制"轻浮诉讼"，民主党则认为这种限制可能侵害消费者权益。在不少民主党人士看来，频繁的诉讼正是保证产品安全和服务质量的动力。这一点不无道理。麦当劳的"烫伤赔偿案"发生后，各大餐馆都对"烫饮料"作出了更严格的管理；每年美国都有很多商家因为害怕被起诉，从市场上大量收回有安全隐患的商品；默克医药公司因为止痛药 Vioxx 提高心脏病概率而遭到 28,000 个消费者起诉，肯定让各医药公司在研发方面更加小心谨慎；对医疗事故的高起诉率和赔偿额，也是降低医疗事故数量的一个有效手段。总之，那些试图摸"司法彩票"的人主观上如何贪得无厌，客观上却能"激励"商家、公司、医生提高责任感。刘瑜：《民主的细节：美国当代政治观察随笔》，上海三联书店 2009 年版，第 202－203 页。

消费者选择消费 ADR 是因为其"性价比"比较高，其成本-收益的综合比值不比消费诉讼差或起码与其持平。如果消费 ADR 仅仅是次等正义，"性价比"或者说解纷收益远远不如消费诉讼，那么作为经济人的消费者恐怕不会问津。

ADR 的批评者指出："90% 的案件没有花光全部的审判经费就得到了解决，而且许多替代性纠纷解决的花费与争议并不少于传统的判决。例如，在私人选择仲裁员、法官或陪审团成员，程序依赖于传统的对抗体制。拖延与迷惑的机会与当前令人困扰的诉讼程序不相上下。再者，财富、权力以及信息的不对称可能歪曲任何纠纷解决制度的结果，包括那些依赖于没有抗辩方式的制度，对调解和判决的比较研究就未揭示二者在费用、速度和参与者满意度等方面的一贯不同。即使当事人在各方面旗鼓相当，替代性纠纷解决机制也并不总是一个令人满意的代替形式。为满足私人双方的程序设计是缺乏公共责任的，并且可能低估公共利益。替代性纠纷解决机制的方法不需要任命的或选举的官员去执行受到民主或司法监督的标准。以处理私人争端为目的的非正式程序可能导致法律先例的发展不充分，欠缺对非法行为的抵制，或对第三方利益保护不力。"①

笔者认为，首先，虽然没有证据显示诉讼外纠纷解决机制一贯的节约时间、费用及更令当事人满意，但镶嵌在 ADR 肌体上的合意性和程序简化性就暗含了成本降低与满意度提升的要素和因子；同样，更没有任何研究表明 ADR 比诉讼制度更浪费时间、费用或导致当事人更多的不满，ADR 至少是一项"不坏"的制度。如果从法院处理纠纷的限度和 ADR 能够更多地处理纠纷的角度来看，则其更是一项"好的"制度。其次，具体到消费纠纷，主要是涉及违反现有的民事实体法的纠纷，大部分情况下不存在损害公共利益和缺乏公共责任的问题。相反，只强调消费诉讼，倒是可能造成越来越多的消费者被害黑数，反而有害于经济秩序和社会公益。再次，由于诉讼程序的形式公平主义倾向和当事人主义模式，诉讼这一解纷制度会维持甚至放大当事人间的不平等性，而非诉讼纠纷解决机制虽然同样会面临当事人间实际地位和权能不平等问题，但却可以通过倾斜性的制度设计和第三方主体的积极作为来缓和与缩小这种不平等性。法官在当事人主义的诉讼模式下具有被动的特

① ［美］罗德：《为了司法/正义：法律职业改革》，张群等译，中国政法大学出版社 2009 年版，第 208 页，第 210 页。

性，非诉讼纠纷解决机制的运行主体可以更加主动，当事人的能力由许多要素构成，如文化知识、经济条件、口才、思辨能力等，非诉讼纠纷解决机制可以通过调处纠纷的中介者以及相关制度的规定，相应地弥补和加强贫弱一方当事人在诉讼能力、经济能力和文化知识等方面的不足。当然，如果不加区别地将各种 ADR 的全部优点集于一身化为一个理想模型，再与一个教科书般的严格、正式而冗长的庭审程序相比较，就能得出 ADR "大获全胜" 的结论，这也是将问题过于简单化了。

一种流行的观念认为，纷争者选择诉讼解决纠纷是法律意识强的指标。比如，有学者经过调研认为："从诉讼意向看，文化程度的高低与诉讼意向成正比，换言之，受教育程度越高，通过诉讼来获得正义的意向越强烈，所反映的法律正义价值观水平越高。相反，受教育程度越低，选择'找人调解说情'解决纠纷的越多，反映其法律正义价值观水平有待进一步提高。"① 这是典型的将问题简单化，一个人选择何种解纷途径是综合因素作用的结果，笔者并不否认法律意识对于人们的行为选择具有一定的意义，也不否认不同社会阶层在选择解纷管道时可能表现出的相似性，但这一现象的归因则可能恰恰是由于诉讼制度对于受教育程度低的人来说过于复杂和耗费成本，同时又难以把握，并不能简单归咎于所谓"法律正义价值观"。另一方面，法律意识也是随个体的认识变化而不断变化的，有时甚至是策略和工具式的，引导着人们的行为选择。

有美国学者将人们对待和运用法律的态度分为敬畏法律、利用法律和对抗法律三种类型②。正是因为当事人用不同的方式来理解法律，才使得其成为一种适应性和规制性更强的制度。同时，法实践又会改变人们的法律意识，因地、因人、因案而异，上述三种态度类型之间的转化也是司空见惯的。笔者在此必须指出，敬畏法律或对抗法律的背后可能隐藏着制度设置上的缺陷与不足。在观念等主观因素无法统一限定的情况下，从制度设计着手完善与改进是唯一现实的选择。

---

① 杜承铭：《社会转型期的乡土社会法治：以珠三角为例》，山东人民出版社 2008 年版，第 79 页。具体到消费纠纷，一个相反的调查结论是——"与经营者协商和解决"是不同文化程度的被访者首选的措施，文化程度越高，选择此措施的比例也越高。家庭经济情况越好，选择此项措施的被访者比例也越高。参见中国消费者协会：《2007 年农村消费维权状况调查报告》，2007 年 12 月。

② ［美］尤伊克、西尔贝：《法律的公共空间：日常生活中的故事》，陆益龙译，商务印书馆 2005 年版，第 81－296 页。

第四节　消费纠纷非诉讼解决机制的评价基准

一、消费者选择解纷管道之决策基础

这里讨论的是发生消费者被害之后消费者进行行为决策的考量因素，如消费者是否选择寻求纠纷的解决，消费者是忍让还是让消费者被害"纠纷化"或"表面化"。如果选择解决纠纷，那么消费者是选择何种或优先选择何种消费纠纷解决途径，这些选择背后是如何进行计算与衡量的。实际上，人们对法律纠纷解决的态度和行为选择是他们的性格、权利感受、法观念、自身和身边人的法经验、传媒灌输形成的印象、社会舆论、诉讼能力、社会阶层、具体纠纷特性、成本效益预估等多种复杂因素综合作用下的产物，笔者这里粗略地列出一些消费者基本的考量因素，目的是从制度使用者的视角勾勒和描述纠纷解决主体行为决策的复杂性。

（一）自身社会资本

学术界对什么是社会资本有不同的理解①。笔者认为，发生消费纠纷的消费者的社会资本就是其在社会网络中能够作用于纠纷解决过程和结果的社会资源和影响力。一般情况下，发生消费纠纷时，社会资本越强的消费者，越倾向于选择协商和解程序；而社会资本较弱的消费者，则会选择有第三方介入的纠纷解决方式。同时，社会资本较弱的当事人也在通过引入第三方主体的方式"临时加强"自身的社会资本，为最终达成纠纷的解决服务。另外，社会资本的强弱是相对的，消费者也会将自身的社会资本与业者的社会资本进行衡量以做出决策。

（二）业者态度与客服状况

一般情况下，发生消费纠纷时，消费者首先会选择与业者协商和解，如

---

① （1）资源说：认为社会资本是一种通过"体制化关系网络"的占有而获取的实际的或潜在的资源集合体，是从社会网络中动员了的社会资源。（2）能力说：认为社会资本是行动主体与社会的联系以及通过这种联系摄取稀缺资源的能力。（3）功能说：认为社会资本是能为人的行动带来便利的社会资源。（4）网络说：认为社会资本从形式上看就是社会关系网络。（5）文化规范说：认为社会资本的本质是信任、互惠等文化规范。参见卜长莉：《社会资本与社会和谐》，社会科学文献出版社2005年版，第74页。

果业者态度恶劣或没有客户服务组织，消费者就会在没有办法进行和解的情况下选择放弃或是让第三方介入。但是，即使存在客服部门，如果消费者显著不信任它们时，可能直接选择让第三方介入而不会尝试使用业者设置的消费者抱怨装置。

（三）纠纷处理结果的预测

当消费者对纠纷处理的结果不确定性较高或不甚乐观时，倾向于选择忍受或免费的诉讼外纠纷解决途径，而不大可能选择诉讼。

（四）权威性与强制性

一般来说，消费纠纷非诉讼解决机制都没有完全的强制力，消费者之所以选择主要是基于成本的考量。消费者如果追求确定判决或与业者有无法和解的较大额度的消费纠纷，通常会进行诉讼。

（五）公正性与偏向性

在纠纷解决机构都没有偏向性的情况下，消费者首先会选择自认为最公正的纠纷解决机制。如果纠纷解决机构存在偏向性，在消费纠纷中，消费者通常会选择负有消费者保护职能的纠纷解决机构，而不会选择由业者资助或由业者同行业人员组成的纠纷解决项目。

（六）纠纷解决的收益与花费成本的比较

"当事人将把他们对法院裁决的预测，以及对其他解决方法，诸如仲裁和私下解决的有关费用的预测加以比较，从中选择他们认为成本最低的方法。"①在收益减去花费所得过于微小的情况下，消费者一般选择忍受。在消费者对纠纷解决收益预期固定的情况下，主要是根据不同解纷机制的使用成本来决定选择何种机制。一般情况下，消费者倾向于选择免费且处理速度较快的程序。

（七）纠纷标的额

纠纷标的额越少，消费者不采取行动的可能性越大。纠纷标的额越大，消费者越有可能采取更正式或更有强制力的纠纷解决机制。

（八）方便与易用性

解纷管道的设置越方便易行，可接近性越强，消费者利用的积极性越大。如果解纷程序设计得比较复杂和麻烦，陷入文牍主义，同时对消费者的认知

---

① ［美］巴泽尔：《产权的经济分析》，费方域、段毅才译，上海人民出版社1997年版，第94页。

能力和证据收集等要求较高，那么这样的解纷管道是难以让人接近和使用的。如果能够通过电话或其他实时通信手段来口头抱怨，消费者一般就不会选择以书面的正式递交纠纷解决申请的方式来寻求救济。

（九）专业性

一般情况下，消费者会选择更专业的纠纷解决机制，消费者心目中的专业主要是和公正性相连接的，即使解纷机构由专业人士组成，如果消费者认为其可能偏向业者，那么他们也不会选择。专业性会让位于公正性。

（十）被害程度和情感体验

实际的消费者被侵权程度越严重或被害情感体验越强烈，消费者被害黑数就越少。被害程度和情感体验较强的消费者会坚持寻求纠纷解决途径或在纠纷解决过程中投入高成本。

（十一）权利意识

斯科特认为是社会公正观念、权利义务观念和互惠观念在衡量着侵权与反抗的边界。"争取权利的斗争很可能具有道德固执的特征。"[①] 这实际上就是植根于个体的一种权利意识。权利意识和消费者自身对自己权利的认识、评价、定位等有关。权利意识越强烈的消费者，越不可能选择忍受。权利意识的强弱与选择诉讼还是非诉讼纠纷解决机制没有必然联系，但可以作为消费者不计成本进行诉讼（包括带有公益性质的诉讼）的一个归因。

除此之外，还有学者在分析消费者就不同解纷机制的选择原因上主张文化因素的，霍德利在分析美国人为什么过度使用产品责任诉讼制度时，给出了多项原因，其中第一项就是当事人缺乏私人地解决纠纷的文化决心（cultural determination）[②]。研究者将具体的体制和机制问题指向一种既深刻又抽象的总括性的文化问题，导致无法就事论事寻求解决方案。"从常识上来说，文化批判越深刻，也越违背常理。追究一事物的原因，如果不适可而止，那就会开启此事物原因的稀释过程。原因挖得越深，距离该事物就越远。"[③] 霍德利的观点是似是而非的，文化决心的表述也不尽科学，消费者的选择更多的是一种解纷习惯和偏好，而之所以会有这种习惯、偏好，是因为经济因

---

① ［美］詹姆斯·斯科特：《农民的道义经济学：东南亚的反叛与生存》，程立显等译，译林出版社 2001 年版，第 247 页。

② Russell Fox，Justice in the twenty-first century，Cavendish Pub，2000，p227.

③ 朱学勤：《被遗忘与被批评的》，浙江人民出版社 1997 年版，第 142 页。

素，消费者认为其在产品责任诉讼中能够得到更多，这是消费者不愿寻求ADR 解纷的根本原因，而非所谓文化因素。

二、消费纠纷非诉讼解决机制的评价标准

帕森斯认为，构成社会体系的因素是在各种不同关系中赋予个人的角色期待。一个社会中角色的分配状态就是狭义的社会结构，但角色扮演需要两个条件。其一是必要的用具（facility），譬如对于农民来说的土地，对于学者来说的书籍。另一个条件是给角色扮演以刺激的报酬（reward），例如金钱、名誉等。通过获得用具和报酬，个人过着自己相信是有意义的生活，扮着自己相信是值得扮演的角色。通过参加个人角色的扮演，社会体系才得以维持下去。① 而消费纠纷受害的当事人同样需要角色扮演的条件，否则就无法成为寻求纠纷解决的当事人。这里的必要用具对应的是社会所能提供的纠纷解决渠道，角色扮演的报酬指的是消费纠纷解决的成本与收益相比较后产生的正回馈的有无和大小。笔者认为，这两点也是衡量一个消费纠纷 ADR 的最低标准或意义底线。第一，解纷机制必须客观地存在并且能够被一般人使用，譬如有市民反映打不通"市长热线"，那么就不能说存在这样一个有效的纠纷解决机制。第二，消费者使用这一纠纷解决机制必须有正回馈，如果消费者使用这一机制的付出大于回报，出现净损失或净支付，那么就是一个"坏的"机制，或者至少不能称其为一个有益的消费纠纷非诉讼解决机制。

那么衡量一个"好的"纠纷解决机制的具体标准又是什么？什么样的消费纠纷非诉讼解决机制才符合消费者的期待和制度设计的目标？这两个问题都涉及纠纷解决机制的评价标准问题。

关于纠纷解决的社会目标能否实现，学者布什总结认为在纠纷解决中有六条质量标准。第一是个体满意。程序的过程和结果让纠纷当事人感觉（被其自身定义的）愿望得到满足。第二是社会自治（automony）。纠纷解决机制强化纠纷当事人的能力并增加纠纷当事人自己解决问题的机会。第三是社会控制。纠纷解决机制有助于或加强其所代表的利益，并有助于或加强公、私机构对可利用的群体和社会变革或不安状态可能来源的控制。第四是社会正义。纠纷解决机制改良（ameliorate）、中和（neutralize）或者至少不恶化

① ［日］作田启一：《价值社会学》，宋金文等译，商务印书馆 2004 年版，第 182 页。

（exacerbate）社会现存的在物质与财富分配上的不平等。第五是社会团结（solidarity）。纠纷解决机制为这个多元化社会中的个人和团体提供共同的价值观念、指标（referents）或文本，并因此增加在这些个人和团体中的社会团结。第六是个人转变（personal transformation）。纠纷解决机制提供机会给纷争的个体，并鼓励其经历个人的改变和成长，特别是就变得更少自我为中心和更多对他人的责任等方面而言。①"布什六标准"是一个个人标准与社会标准相结合的二元化标准。笔者认为，个体满意要求的实体和程序双重满意，属于比较高的要求，而个人转变标准极具伦理教化色彩，应该属于六条标准中最不易达到的。其余四项标准看似比较抽象和理想化，实际上很多都是纠纷解决机制内涵的功能。

利文撒尔认为，程序正义的标准包括：一致性（consistency）、有抑制偏见的能力、决定质量高或准确、可修正性（correctability）、代表性（representation）及道德伦理性（ethicality）。一致性指的是相同对待，跨越人和时间或同时跨越这二者的结果。抑制偏见包括程序有能力预防偏袒（favoritism）或其他外部偏见。决定质量高或准确指的是程序有能力使客观和高质量的解决方法有效。可修正性指的是存在对不公平或不准确的决定的纠正机会。代表性是指达到凡受决定影响的当事人都被允许在决定过程中出现的程度。最后，道德伦理性指的是做决定的过程与公平、道德的普遍标准一致②。"利文撒尔六标准"虽然不是针对纠纷解决机制而言的，但毫无疑问，消费纠纷非诉讼解决机制也要遵循程序正义的标准。不过这里的一致性和决定质量高或准确这两条标准应属实体法标准，且较为含糊和抽象而不易达到或衡量，由此可见，"利文撒尔六标准"是一个实体和程序标准相结合的产物。其中，抑制偏见、可修正性和代表性属于基本的程序正义要求，可修正性并不是反对例如仲裁的"一裁终局"，而是指在发现违法与不公后仍能寻求司法监督或其他解纷机制。道德伦理性也是比较抽象而不好把握的标准，具有衡平色彩，如果从实体上来衡量，道德伦理性更像是一种纠纷处理的依据和心证来源。如果从程序正义角度衡量，只要做到抑制偏见、可修正性和代表性等基本程

---

① R. A. Baruch Bush，Defining Quality in Dispute Resolution，1989，66 Denver ULR p335，p347 - 348.

② Tom R. Tyler（edited），Procedural Justice，Volumes Ⅱ，Ashgate：US，2005，p203.

序正义要求，就不存在违反道德伦理性的问题。

在欧盟 2007—2013 年消费者政策战略中特别提到消费者权利需要更好地执行与救济（better enforcement and redress），消费纠纷要求简明的解决机制，不会施加与处于风险状态的权利的价值不成比例的成本与延误。欧盟委员会将加强监测和鼓励使用现有的建议，以确保建立了一些替代争端解决机制[1]。重要的是注意到 ADR 机制的主要特点由对诉讼的激励的调整和重新排列而组成：一是消费者和业者节省时间和金钱；二是消费者相信 ADR 更简单、更开放、更灵活和更富有回应性；三是消费者有这样的观念，ADR 的结果对于满足参与者和社会的现实需求更好；四是社区更多地参与纠纷解决；五是拓宽消费者接近正义的渠道[2]。欧盟特别强调消费纠纷解决机制的耗费应当与纠纷金额成比例，可以概括为"比例标准"。

《联合国保护消费者准则》在帮助消费者获取赔偿的措施的规定中提出："各国政府应制定或维持法律和（或）行政措施，使消费者或在适当情况下使有关组织能通过迅速、公平、耗资少和便于利用的正式或非正式程序取得赔偿。此类程序应特别照顾低收入消费者的需求。各国政府应鼓励所有企业以公平、迅速和非正式的方式解决消费者的争端，并设立可以向消费者提供协助的自动机制，包括咨询服务和非正式投诉程序，应向消费者提供关于可获取的赔偿和其他解决争端程序的资料。"[3] 可见，联合国准则对消费纠纷解决机制提出的衡量标准是迅速、公平、耗资少、便于利用和特别照顾这五项标准和原则。

消费纠纷解决机制是多种多样的，有必要订立一套标准来评估各种纠纷解决机制的成效。瑞查甘认为，ADR 虽然被人推崇，但仍需要有批评性的评估。这类机制经常分发次等的正义，运作时偏袒业界。这可能是故意的，但也可能是由于消费者未能识别他们的实体法或合同权利，不能以有说服力和清晰

---

① EU Consumer Policy strategy （2007—2013），Luxembourg：Office for Official Publications of the European Communities，2007，p22. 欧盟在 1998 年（Commission Recommendation 98/257/EC）和 2001 年（Commission Recommendation 2001/310/EC）曾向成员国发布过两个诉讼外消费纠纷解决机制的原则性框架的建议。

② The Study Centre for Consumer Law-Centre for European Economic Law，An analysis and evaluation of alternative means of consumer redress other than redress through ordinary judicial proceedings-Final Report，Leuven，January 17，2007，p38.

③ 联合国经济和社会事务部：《联合国保护消费者准则》（1999 年扩大版）。

的方式提出申诉，也不知他们是否获得了合理的问题解决。尤其是正义通过监察官项目被私有化，系统性的问题可能被掩盖，业者服从可能最小化。因此，需要建立一套综合的标准来评估已经建立的各种各样的消费纠纷解决机制的功效。他认为，理想的消费纠纷解决机制要包含下列因素：可接近性（access）、公平（fairness）、透明度（transparency）、成效（effectiveness）、探讨系统性的问题（address systemic problems）和定期独立评估（periodic independent e-valuation）。瑞查甘教授也承认这样一套标准的问题是可能多少造成了正式的保护（formal protection），而这样的纠纷解决机制可能是笨重的或过度昂贵的，并导致它对本希望设计其用来取代的诉讼制度的复制。这里并不是说正式的保护不需要，问题是如何确定两者的平衡点，一方面是消费 ADR 赋予当事人源自司法的一定程度上的正式保护，另一方面是接受其作为一个正式程序要求缓和、便宜和易接近的法院外程序的功能。最重要的一点是，获得实体和程序权利的努力必须导向那些无法获得或不会使用这些权利的人。那些已经享受到了不成比例的权利份额和国家资源的人，不能抢夺这些努力（hijack these efforts）①。

　　笔者认为，"瑞查甘六标准"最大的意义在于提示人们，消费纠纷非诉讼解决机制并不是次一等的正义或只求解决纠纷。不论是何种方式的纠纷解决机制，它都要符合独立、透明、自然正义等正当程序的基本要求，消费者及业者才会信任和放心使用。程序的设计和运行不能偏向业者，虽然可以偏向消费者，但也不能破坏基本的程序正义，否则纠纷解决的合意也难以达成。正当程序不代表一定要程序冗繁，这两者没有必然联系。低廉、高效的消费纠纷非诉讼解决机制一样可以追求和体现正当程序的要素和基本精神。这显然会为消费纠纷非诉讼解决机制的运作过程和纠纷处理结果带来更强的正当性与合法性。"瑞查甘六标准"的要求显然也比较高，不仅要求纠纷解决机制具有便易性、低廉性，而且要兼顾正当程序的要素，同时还要求纠纷解决机制具有自我反思与改进的能力，对照这一理想状态的要件，可以帮助人们评估现行的各类消费纠纷解决机制的缺陷与不足。

---

　　① Sothi Rachagan, consumer redress mechanisms：criteria for appraising efficacy, Conference on Consumer Redress Mechanism 26 April 2000，http：//www2. consumer. org. hk/redress/20000426/sothi/speeche. htm.

至于瑞查甘所说的强者抢夺纠纷非诉讼解决资源，笔者认为，虽然增设和改良消费 ADR 在很大程度上是为了提供无法通过普通诉讼程序索赔的消费者以接近正义的可能，的确不应被其他有能力利用法庭制度解决纠纷的人滥用。但是，这一想法在实践中不具有可操作性，很难人为将消费 ADR 的使用主体设限或划定范围，只能说一些义务援助类解纷服务可以设置一个被援助对象的资格审查门槛，同时在纠纷解决过程中第三方主体可以对弱势消费者做更多的倾斜和帮助（例如更多地提供意见、更多的调解次数、更优先地处理等），这是从制度实际运用的角度进行倾斜性保护。但是，在面对个人能力和社会阶层比较高的消费者时，其同样有方便、容易、低廉解决消费纠纷的内在需求，也不能拒绝其使用消费 ADR。也就是说，如果消费 ADR 在质和量上供给充分、科学，是可能吸引相当数量消费诉讼转而采取非诉讼方式的。

综合上述分析，笔者认为，消费纠纷非诉讼解决机制的最低存在标准为可获得性+正回馈；"好的"消费纠纷非诉讼解决机制的最低标准为比例标准+公正标准（包括独立、透明和公平）；更高一点的标准为比例标准+公正标准+特别照顾标准；最高的消费纠纷非诉讼解决机制的衡量标准则为比例标准+公正标准+特别照顾标准+自我反思标准。

第五节　消费纠纷解决机制建构之理念

如何设计更符合消费纠纷特点的消费纠纷解决机制是一个核心性和根本性的问题，消费纠纷的特点对传统和普通的民事纠纷解决程序在解纷成本、解纷效能和解纷的专业性等方面提出的挑战，必须按照消费纠纷的特点更新制度设计的指导思想，以便为具体制度的完善提供观念前提。在这里，笔者不赞成将消费纠纷非诉讼解决机制与消费纠纷诉讼解决机制割裂开来探讨其基本理念，从根本上来说，我们应该针对消费纠纷的特点，按照一致的理念，一体化地构建和把握消费纠纷的解决机制，以便指导消费纠纷诉讼机制和消费纠纷非诉讼解决机制的制度设计。另一方面，由于诉讼机制在收案数量、形式平等、诉讼费用等方面相对固定化的倾向，难以全面革新再造一套消费诉讼机制，本节所谓的消费纠纷解决机制建构的理念主要是偏重指导消费纠纷非诉讼解决机制建构的。

一、多元化与专业化解纷机制相结合为指针

（一）多元化是消费纠纷解决机制适应性的源泉

根据施密德的研究，大体而言，各国民事司法理念晚近比较显著的变化，主要表现在从追求实质正义到实现分配正义、从当事人操控诉讼到法官操控诉讼、从争议解决方式的单一化到多元化。① 多元化是有深刻的认识论背景的，考夫曼认为："多元论本质上属于民主，是寻求可能真理的条件。也就是说，并不是常常有单一且唯一正确的认识，特别是在规范性的学科领域中，反而可以有许多不同的解答，它们都是'正确的'、亦即'可以接受的''对的''适当的'。"② "多元论是建立在团体利益和政治意向的多元化的基础上的，但其最终指向仍然是个人的自由选择。"③ 在纠纷解决机制的设置上，社会应该保持一种开放和宽容的态度，提供纠纷当事人更多的选择空间，这本身就是在扩大当事人的自由权利，体现民主的精神。

学者邱联恭从尊重人的尊严和国民主权原理出发，认为应认知司法制度是为国民而存在，为便利民众之使用应考虑设置两种以上的制度，供当事人依纷争、案件类型之需求的不同为选用。从扩大接近正义之可能性、合理分配司法资源、谋求具体妥当解决纷争等角度思考，程序选择权也包括裁判外纷争处理方式的扩充与选择④。多元化解纷机制是消费纠纷特点所要求的，消费纠纷种类多样、领域多元、内容复杂，不能指望一种纠纷解决机制就可以包揽所有问题的处理。正如学者李浩所指出的："在程序选择权的诸多内容中，首要的是选择不同的纠纷解决方式的权利。非诉讼解决方式越多样化、越具有实效性、越方便快捷，当事人选择非诉讼方式的可能性就越大，程序选择权的内容就越充实、丰富，当事人从程序选择权中获得的实际利益就越多。"⑤

从消费者的视角来看，没有一种特别的办法或一国的纠纷解决程序和技

---

① ［美］Warren H. Schmidt：《谈判与解决冲突》，萧羡一译，（台湾）天下远见出版社2001年版，第175－177页。

② ［德］考夫曼：《法律哲学》，刘幸义等译，法律出版社2004年版，第416－417页。

③ 顾肃：《自由主义基本理念》，中央编译出版社2003年版，第163页。

④ 邱联恭：《程序选择权论》，（台湾）三民书局2000年版，第25－42页。

⑤ 李浩：《民事程序选择权：法理分析与制度完善》，《中国法学》2007年第6期。

术的混合能够作为最好的选择，即使可能，提出一个排名或评级也不恰当。通常，好的混合——最"恰当"的各种消费纠纷解决机制的联合——取决于一系列变量，包括纠纷的情况、抱怨或诉求的性质、涉及的金额以及正在讨论的消费者和商人的经验、个性、资源、知识、理解能力、技巧、信心和态度。由于历史、法律、政治、社会经济、教育或文化等因素，这些变量可能因国别而有异。最恰当的消费纠纷解决机制经常取决于特定申诉的具体情况，比如纠纷的金额是多少？法律复杂性的程度怎样？当事人找到一个彼此适合的和解的激励是什么？卷入纠纷的消费者数量是多少？存在欺诈、恶意、过失、不称职或误解吗？消费者或业者希望花多少时间、金钱和努力去解决纠纷？涉及任何公共政策的因素吗？是否有跨国因素？……举个例子，首先，当事人之间的直接协商，比如依靠业者内部的抱怨处理程序，经常是一个快速、有效达成妥协的十分有用的工具。但是在面对欺诈行为时实际上几乎不可能成功。其次，小额诉讼程序通常不能用于影响大量消费者的非常小额的诉求，包括时间和启动程序的努力在内的与程序有关的成本与特定个案金额相比，令人泄气得高。通常在法律的教义中，集体行动——代表人诉讼或集团诉讼——被认为是此类案件最胜任的纠纷解决机制。第三，有些情况下，为了达成一个双方都接受的妥协（不被证据规则和程序过度地束缚），（自愿和非拘束性的）调解被推荐。在另外一些情况下，调解程序自愿和非拘束性的特征致使其没有一方或双方当事人喜好的强制力和约束性的程序。所以，一点不令人吃惊的是，所有的欧盟成员国都选择了一种独特的纠纷解决机制的混合①。也就是说，这里没有教条，关键是选择最适合于特定纠纷的解决机制。本质性的问题不在于"替代性"纠纷解决机制的性质，而在于"适当的"纠纷解决机制的性质。有鉴于不同纠纷解决程序相互关系的复杂性，为了清楚把握问题，可以初步地将消费纠纷解决机制按最适合哪一类纠纷进行归类。这通常有三个标准，分别是寻求救济的类型、诉求的货币价值和当事人达成解决方案的意愿。比如意愿，只有当双方当事人都有达成双方都能接受的解决办法的意愿时，直接协商、调解和自愿仲裁才有机会使用。即使单

---

① The Study Centre for Consumer Law-Centre for European Economic Law, An analysis and evaluation of alternative means of consumer redress other than redress through ordinary judicial proceedings-Final Report, Leuven, January 17, 2007, p26, p38.

个消费者的纷争价值较低，如果有处理小额诉求的损害赔偿群体诉讼的存在，可能对业者寻求和解也是一个激励。如果一方当事人不想做任何让步，只有约束性程序——强制仲裁程序、小额诉讼程序、损害赔偿集团诉讼——能够结束纠纷。如果消费者没有制度选择的余地，那么很多纠纷将无法找到与之相契合的解决办法。

"对于纠纷救济这种具有显著不可分割的外部消费效果的'很高公共程度的物品'，社会采取了集体提供的方式。这种集体提供往往是以国家设立公立纠纷救济机构的形式出现的，但大部分经济学者都认为，由于缺乏竞争，集体提供产品必然会导致低效率与机构失灵。相反，通过构造竞争性纠纷救济产品市场，'销售者之间的经济争胜（economic rivalry）就会刺激产品创新和工艺创新'，并使救济产品提供商（法院与ADR机构）得以主动关注其产品的质量和运营成本，从而克服集体提供方式所存在的弊端。"① 因此，只有通过引入具有竞争力的纠纷解决产品，形成多元化的竞争局面，才能够促进纠纷救济机制的高效运行。

另一方面，对纠纷解决程序选择的参与增强了程序使用者的公平感知。如果消费者有许多选择，他们在确保其呼声得到倾听和对现有程序革新方面也就会更有话语权。社会通过提供多种多样的纠纷解决机制，可以形成解纷机制之间的竞争，不仅能够提高整体的组织绩效，也能够增强当事人尤其是消费者选择和使用解纷机制的能动性和满意程度。此外，从没有表面化的纠纷占相当比例这一点来说，消费者被害黑数就是潜在的纠纷解决需求，提供和增加制度供给形成和进一步构建多元化的消费纠纷解决机制能够使实现正义和维护权利的总额得到极大的增长，更好地满足消费者回复正义的需求。从总体上来说，多元化的纠纷解决机制之间有一种策略性的互补关系，而各种机制之间互补以后形成的一种整合性地化解消费纠纷的制度局面，很明显地会起到强化市场治理水平的作用。

（二）专业化是消费纠纷非诉讼解决机制的生命线与增长点

"在建构我国多元化的非诉讼纠纷解决机制时，有必要考虑组建一些处理专门性纠纷的机构。随着社会分工和专业化的发展，现代社会中专门性、行

---

① 陈慰星：《民事纠纷的多元化解决机制研究》，知识产权出版社2008年版，第103页。

业性纠纷不断增多，为回应这一现象，一些国家纷纷建立了专门性的纠纷解决机构。"① 制度的存续与进步必须和时代发展相契合，否则就容易被取代或淘汰，在面对新的情况时易出现制度失灵与衰竭的情况。一个纠纷解决机制只有从使用者的视角出发，不断更新和再造，才能延续并焕发生机，满足纷争主体的需要。从这个角度来说，诉讼并未给消费纠纷提供特别的待遇，而消费纠纷非诉讼解决机制则更富有灵活性和适应性。诉讼制度的专业性体现在职业主义的裁判主体和"专业槽"，而消费纠纷非诉讼解决机制的专业性就体现在涉入解纷的相关主体的专业知识和长期专门处理消费纠纷的经验等方面。随着经济和科技发展，消费的新领域和新产品不断涌现，消费纠纷也在不断出现新的类型和模式。消费纠纷非诉讼解决机制不能囿于现行的按性质划分的调解、仲裁与和解等类别，还应该在大类别中按照行业、领域或产品、服务的不同再进一步细分，找出同一产品或服务纠纷的共性并探索更加专门化的解决程序和机制。专业化的非诉讼解决机制比如汽车质量仲裁委员会，医患纠纷仲裁或调解中心、物业纠纷人民调解委员会，珠宝质量纠纷仲裁中心以及企业设立的各种客服程序和机制，都是运用其了解和熟悉特定领域产品、行业的知识和情况或者还具备专家鉴定的能力等优势，进而由专业性产生权威性和适宜性，从而方便、妥当地解决纠纷，这是进一步提升消费纠纷解决品质的必经之路。

二、消费纠纷非诉讼解决机制为主体

消费者实体权利实现受到多方面的阻碍："损害微小，而行使权利的成本过大；很难收集证据；司法制度的障碍以及惧怕起诉有经验的企业。"② "由于诉讼利用困难等难以接近诉讼的原因，当事人在很多情况下都不得不忍气吞声或者接受不利于自己的解决方法。还有些情况，即使提起了本人诉讼或者委托律师提起了诉讼，面对的也是形式和专业技术上难以理解的程序、'五月绵绵细雨式'持续的形骸化的口头辩论，既花费时间和金钱，又完全无法充分满足当事人的需求。"③ 正如上文所述，在量与质的双重意义上，消费纠

---

① 李浩：《民事程序选择权：法理分析与制度完善》，《中国法学》2007年第6期。
② 汤欣：《公共利益与私人诉讼》，北京大学出版社2009年版，第223页。
③ ［日］田中成明：《现代社会与审判：民事诉讼的地位和作用》，郝振江译，北京大学出版社2016年版，第143-144页。

纷解决机制都应该以诉讼外处理程序为主体。各种纠纷解决方式的可获得性由多个方面的要素综合而成，常见的要素比如纠纷解决机制的费用支出、时间耗费、关系成本、声誉成本、交通便利程度等，这些因素综合起来构成了某种救济方式的可获得性。而这种可获得性又是在不同的救济方式的对比中显现出来的，当事人正是通过这种对比来决定如何选择的。从前文的分析可以看出，诉讼制度的固有缺陷使其在解决消费纠纷尤其是小额日常消费纠纷时往往力不从心，而消费纠纷中没有表面化的纠纷占相当比例的这一特点，决定了人们必须更重视消费纠纷非诉讼解决机制的建设，以尽量减少消费者被害黑数。显尔易见，依靠现行直接和间接成本相对较高的诉讼制度无法解决这一问题。

总体而言，诉讼制度是将当事人作为对等的存在，消费纠纷虽然是纠纷种类之一，但诉讼制度并未给予其特殊对待，也未考虑消费纠纷的特点有针对性地进行制度设计。小额诉讼程序尽管在程序简化等方面有所改进，但也是对当事人双方同等简化。正如上文分析，其无法解决许多小额消费纠纷。而消费纠纷非诉讼解决机制是将消费纠纷作为唯一纠纷进行处理，并通过多种程序安排、制度安排和主体的能动性来体现对消费者的保护。更为现实的问题是法院的解纷能力与资源有限，即便可以通过增员与简化程序等提升解纷能力，但若因此将大量纠纷引向法院，则可能使司法功能陷于瘫痪状态。为了使司法顺利发挥功能，我们就需要通过各种 ADR 发挥过滤作用，将进入法院的案件数量控制在合理的规模。

诉讼外消费纠纷解决机制为主体既是一个实然的描述，也是一个应然的指导理念。与消费诉讼相比，非诉讼纠纷解决机制并不是次一等的正义，而是具有比较优势的。结合具体的纠纷情形，很多时候是当事人的最优选择而非次优选择。行政调解消费纠纷可能更加具有权威性和富有效率，也更加符合我国国情。民间消费者保护团体调解消费纠纷可能站在消费者的立场更加地不遗余力。仲裁裁决消费纠纷可能更加具有专业性同时更有效率。从社会资源的配置角度来看，目前我国现有的受理和日常处理消费纠纷的行政机关、消费者协会和企业的相关部门所消耗的资源和处理的纠纷数量，要远远超过全国各级法院能够分配给消费纠纷的审判资源和法院所解决的消费纠纷的数量。消费纠纷非诉讼解决与诉讼解决相比在所需社会资源和解决纠纷数量上的特点，决定了我们必须以消费纠纷非诉讼解决机制为重点和主要方面，进一步完善和加强消费纠纷非诉讼解决机制的资源配置，以便更好地为解决消费纠纷服务。

必须说明的是，消费诉讼解决机制和非诉讼解决机制在重要性上是同等的，两者在作用上也是互补的，但诉讼制度相比消费纠纷诉讼外解决制度，更加地定型化和健全完善，制度改进和制度创新的空间不大，解纷容量也是比较固定的；而消费纠纷非诉讼解决机制的制度潜力比较大，机制更为灵活，创新的可能性也比较高。这里强调诉讼外纠纷解决机制为主体的理念，不是不重视法院和诉讼，而是强调不仅要更加重视消费纠纷非诉讼解决机制的设计、完善，还要更加重视相关社会资源的合理配置与应对相关机构和人员可能面临的困难。

三、权利义务的倾斜性配置为基点

消费纠纷解决机制为什么要在权利义务的设置和运作上向消费者倾斜，而不是平等保护消费者和业者，这主要是由消费纠纷的特点决定的。消费纠纷具有纠纷当事人地位与资源实质不平等、纠纷当事人之间在原则上缺乏互换性的特点，也就是说绝大多数的情形是 OS←→RP，即一次博弈者（消费者）对反复博弈者（业者），与生产者、经营者群体相比，消费者属于典型的弱势群体。

所谓社会弱势群体，"是由于自然因素或社会因素影响，其生存状态、生存质量低于所在社会普通民众，或者基本权利得不到所在社会体制保障，被边缘化、容易受到伤害的社会成员的概称"[1]。也就是说，社会弱势群体包括"经济贫困"和"权利贫困"，这两类群体存在交叉。不同社会历史时期，上述两种贫困的标准也是不同的。弱势群体是一个具有相对性的概念，具体到特定主体之间的关系，例如业者和消费者，如果计算上信息不对称因素，毫无疑问消费者相对弱势。如果我们进一步分析，消费者也不是同质的，在财富、权力与社会资本等方面也是千差万别，所以在消费者群体中也存在弱势

---

[1] 余少祥：《弱者的权利——社会弱势群体保护的法理研究》，社会科学文献出版社 2008 年版，第 12 页。也有学者从主观角度理解，认为"弱势的"（weak）一词包括生理上及心理上的含义。这些情况下所产生心烦意乱的不适感，通常起因于社会规范的沦丧导致的恼人的疏离感或是认为社会没有公理正义存在的悲观态度。参见 [美] 瑞斯曼：《看不见的法律》，高忠义、杨婉苓译，法律出版社 2007 年版，第 21 页。

中的弱势的那一部分消费者。

消费者内部还存在着弱势群体（the vulnerable），博登认为可以通过两个标准进行界定，一是他们可能发现自己更难以获得和处理购买商品所需要的信息；二是做出不恰当的购买决定，他们比其他消费者可能要承受更大的损失。他认为，一共有八组消费者更弱势：老人、青年、失业者、残疾人、长期患病的人、低收入的家庭主妇、少数族群（ethnic minorities）、没有正式学历的人。尽管这些群体有实质上的交叉，英国只有不到 1/3 的人不属于上述这些弱势消费者群体。当然，具有一个群体的成员资格并不必然使一个人弱势，这仅仅是一种易受伤害的迹象（indication of vulnerability）①。

"我们不得不从制度对于公正结果的助益来考察制度的正义性，……一旦我们了解，正义的主题不是制度本身，而是存在于社会之中的权利、机会和资源的分配，我们就会确认，制度通常具有矫正的功能。"② 对于平等原则，德国联邦宪法法院这样表述道："不同的群体应当不同对待。"我们要想创建事实上的平等，就必须在法律上不平等地对待公民。相反地，法律上的平等会产生事实上的不平等，通常还会加剧这种不平等③。对于社会弱势群体，社会应该给予特别保护，而不是平等保护。平等保护是一种无差别对待，它恰恰保护的是现有结构的不平等，而倾斜性的制度设计才能够矫正现存的结构性不平等，以实现真正的平等。

"那些容易受到我行为伤害的人，对我来说就是弱者。'社会弱者'并不只是一个用所谓'客观'经济或社会指数就可以限定的观念。社会中的每一个人在一定条件下都可能成为弱者，因为每一个人在一定人际关系中都可能成为易受伤害者。"④ "在大多数情况下，实质平等理念就等同于一种扶助弱者理念。"⑤ 根据经济学的木桶原理，弱势群体的固化必然降低全社会权利保

---

① R. Burden, Vulnerable Consumer Groups: Quantification and Analysis, OFT Research Paper 15, April 1998, p5.

② ［英］布莱恩·巴利：《社会正义论》，曹海军译，江苏人民出版社 2007 年版，第 21 页。

③ ［德］魏德士：《法理学》，丁晓春、吴越译，法律出版社 2003 年版，第 164 - 165 页。

④ 避免伤害弱者，保护弱者是与每一个人有关的公共生活道德规范，并不只是社会中的一些人（强者）对另一些人（弱者）自律性质的仁慈或同情。每一个社会中都有一些比一般人更容易受到伤害的弱者，社会因此也就对这些特别弱者负有特别的保护责任。参见徐贲：《通往尊严的公共生活：全球正义和公民认同》，新星出版社 2009 年版，第 256 - 257 页。

⑤ 单飞跃：《经济法理念与范畴的解析》，中国检察出版社 2002 年版，第 110 页。

障的水平。在审视消费者被害问题时，尤其要注意消费者群体中因为经济与文化原因难以运用现行各类纠纷解决机制，而默默忍受业者不法行为的弱势的群体。

矫正正义（Corrective Justice）通过纠正错误（例如违反合同和侵权）、提供救济来保护个人权利，主要聚焦于私法中规定的个人诉求。与之相对的，分配正义（Distributive Justice）关心权力与资源在公正和平等而不是在效率基础上的再分配。分配正义的目标是从一个团体到另一个团体进行再分配，例如从富人到穷人、从强者到弱者或者从经营者到消费者①。纠纷解决机制看似只涉及矫正正义，但笔者认为，从纠纷解决机制的制度安排、资源运用与最后形成的结果来审视，也会包含不同主体之间的分配问题。这种分配不只包括物质财富和社会福利方面的分配正义，也包括制度设计和权利维护方面的分配正义。具体到消费纠纷解决机制，就是要强调在权利义务的设置和运作上向消费者作有利的倾斜，赋予业者更多的义务和责任，而不是仅仅纠正不法或平等保护二者而已。

"消费诉讼涉及企业主及消费大众之权利斗争，其主体特性存在武器不平等性，乃须借助于立法或实务渐次将此一不平等性弭平。"② 实际上，私法的执行可能会有人们不希望的分配效应，学者威廉松指出："通过强调私人诉讼，消费者保护法产生了非正义。诉讼一般只能由富裕的和受到更好教育的消费者承担，只有他们能够得到有效的保护"③。纠纷解决资源的配置不公是一个普遍性问题，例如，"在美国，80%的低收入者和60%的中等收入家庭的民事法律争议都没有通过合理的法律手段得到解决；每9000个低收入家庭才拥有一位公益律师，而每240个中等收入或高收入家庭就拥有一位律师"④。

笔者认为，如果纠纷解决机制设置对社会中下阶层不具有可接近性，那

---

① Peter Cartwright, Consumer protection and the criminal law: law, theory, and policy in the UK, Cambridge University Press, 2001, p28.

② 姜世明：《任意诉讼及部分程序争议问题》，（台湾）元照出版有限公司2009年版，第184页。

③ Thomas Wilhelmsson, Consumer Law and Social Justice, in Iain Ramsay (ed.), Consumer Law in the Global Economy: National and International Dimensions, Dartmouth: Ashgate Publishing, 1997, p217.

④ David Luban, Taking out the Adversary: The Assault on Progressive Public Interest Lawyers. 91 Cal. L. Rev. 209 (2003).

么纠纷解决机制的运行或者说法律的适用会导致社会分层的加剧，弱者权利泡沫化会进一步恶化其社会地位，并使这种社会阶层差异在纠纷解决领域恒定化。当然，另一方面，威廉松还是过于乐观了，如果诉讼制度设计得冗繁，不仅耗时、耗财，还令人费解，那么即使是中上阶层恐怕也不会轻易使用或乐于行动。如果将消费者视为一个协调整体给予同样类型的保护，那么消费纠纷解决机制在确认消费者之间的巨大差异上就可能失败，因为其没有体现出最需要权利倾斜配置的那些消费者的需求，他们的救济求偿权能否得以实现是攸关消费纠纷解决机制设置科学合理与否，甚至成败的关键性标尺。如果他们遇到消费纠纷基本选择隐忍和回避，出现大量消费者被害黑数，这无疑是不合理的。消费纠纷解决制度对消费者权益可能造成的二度侵害，也从制度和结构上固化和深化了消费者问题，随着业者不法行为的增加，源源不断地制造出更多的制度性弱势群体。

对此，联合国的相关文件也明确表示："各国政府应当提供或维持适当的基础结构，以便研拟、执行和监督保护消费者政策。应特别注意确保执行保护消费者的措施以增进各阶层人民，特别是农村民众和贫困人民的福利。"① 就我国的情况来看，贫困、文化水平较低以及农村地区的消费者构成了消费者弱势族群，这些消费者难以通过诉讼程序获得收益。贫穷的消费者对纠纷解决机制的成本特别敏感，他们愿意支付的纠纷解决费用和其他成本非常低，这对纠纷解决机制提出了快捷、便易和免费的高要求。文化水平较低的消费者对纠解决机制的简易性和免费的法律咨询和援助提出了自身的要求。农村地区的消费者也应该是消费纠纷解决机制重点关注的对象，这倒不是因为农村消费者更贫穷或文化水平低，而是因为从纠纷解决的资源配置角度来看，现有的纠纷解决资源的配置是不平等的，农村地区的消费者比较难以接近。这对纠纷解决机制的设置等提出了进一步完善的要求。

有伦理学家指出保护弱者有五种途径：第一，拒绝伤害他者；第二，从权力的不平衡关系中解救被害者；第三，帮助重建社会、经济、政治、法律、家庭等的体制，让受害者强大起来，阻止权力悬殊的发生；第四，形成新的社会道德习俗，让人不利用自己的优势去伤害弱势者；第五，对侵害弱者的

----

① 联合国经济和社会事务部：《联合国保护消费者准则》（1999 年扩大版）。

人予以惩罚①。这里涉及大量制度性的社会正义问题，例如在消费纠纷领域可能包括恢复力量对比的平衡、为消费者增权或赋权、加大纠纷解决的概率以及提高惩罚额度等。

格兰特认为，变革的战略就是制造平等——将优势赋予原本不享有它的人。他设想的四种变革分别是改变规则、增加制度设施、扩大和改进法律服务的数量和质量、改善"穷困"当事人的战略地位②。实际上，格兰特并不是说占优势的阶级或拥有大量财富的组织一直赢得诉讼，他聚焦的是为反复博弈者创造优势的机构和体系所产生的不公平结果以及如何克服。这些措施有的是实体法上的，有的是诉讼法上的。就我国而言，目前的一些规定和制度设置也体现了倾斜性保护消费者的理念，比如市场监督管理机关与消协对消费纠纷的调处机制、产品责任方面的证明责任分配、惩罚性赔偿等。笔者认为，消费纠纷解决机制的设计应该从两个方面进一步体现权利义务倾斜性配置的理念：一是单向的增权机制与程序，例如鼓励专门的民间维权团体进一步发展、各种民间性纠纷调解机构的设置、将现有的消费者保护组织纳入财政保障的范围、设立对消费者免费的仲裁机构、规定经营者的和解义务等；二是单面的成本降低与法律支援，这一点将在下文作具体分析。此外，对于消费者中的弱势群体，我们也要考虑予以更多的制度支撑，比如在农村地区更广泛地设置市场监督管理机关和消协的维权站、联络网点，对弱势当事人的纠纷处理过程给予更多辅助，并优先处理其诉求等。

四、以消费者解纷收益与成本的比值提高为重心

有权利，便有救济；有救济，便有成本。"权利是昂贵的，因为救济是昂贵的。"③ 实现正义是有价的，成本与收益问题是当事人选择何种纠纷解决机制及发生消费纠纷时是否诉诸纠纷解决的关键性因素。即使是为了提高消费者收益或转移其成本的法律规定，如果没有达到消费者的成本-收益预期，还

---

① Robert N. Van Wyk, Introduction to Ethics, St. Martin's Press, 1990, p130.

② Marc Galanter, Why the 'Haves' Come Out Ahead: Speculations on the Limits of Legal Change, in Herbert M. Kritzer, Susan S. Silbey (eds), In litigation: do the 'haves' still come out ahead?, Stanford, CA: Stanford University Press, 2003, p13 – 84.

③ ［美］史蒂芬·霍尔姆斯、凯斯·R. 桑斯坦：《权利的成本——为什么自由依赖于税》，毕竞悦译，北京大学出版社 2004 年版，第 26 页。

是会面临制度不彰的窘境。缓解消费者解决纠纷的不经济问题，提高消费者解纷收益与成本的比值主要有两种路径：一是降低和转移成本，二是增加收益或提高获得收益的确定性。

在收益不确定或收益大致恒定的情况下，我们通过减少和转移消费者的解纷成本，可以提高消费者收益与成本的比值。在降低成本方面，我们可以简化程序，增加口头、电话、短信和网络投诉平台，设置网上调解和仲裁机制；可以创新执行方式，比如小额纠纷经调解后由消费者协会或其他调解团体工作人员将业者的赔付就近为消费者的手机充值并将充值单据存档结案，免去消费者可能经过一番舟车劳顿来领取几十元钱的状况，执行与赔偿方式的灵活化也可以降低消费者的解纷成本。在成本转移方面，主要是指将本来可能需要个体消费者支付的成本转移由国家财政、业者及其他社会主体承担，比如由政府或民间团体设置各种消费者保护公益基金和法律援助基金（部分经费可以来源于业者缴付的惩罚性赔款）；也可以建立消费纠纷鉴定费用的国家法律援助制度，对于弱势消费者在调解、申诉或诉讼过程中的举证难问题提供帮助；可以尝试开展诉讼费用保险业务活动。

在消费者解纷成本不变的情况下，制度无疑需要给予其足够的寻求纠纷解决的激励或至少要确保有一定的收益。在激励方面，我们可以将我国《食品安全法》中的 10 倍赔偿推广到所有小额消费纠纷领域，并让市场监督管理机关或行业协会、消协牵头倡导业者签订侵权惩罚赔偿的承诺书，作为优良企业资格认定的一个评价标准，同时进一步完善我国《消费者权益保护法》中的惩罚性赔偿制度①，放宽"欺诈"的适用条件到故意侵权、重大过失等，并规定一个 10 倍以下 3 倍以上由法官根据涉案金额自由裁量的惩罚性赔偿金范围。条件适当的时候，我们甚至可以仿照犯罪被害人补偿基金制度，通过国家财政设立一定的消费者被害补偿基金。在确保收益方面，社会需要进一步推广产品质量保险和医疗事故保险。"侵权索赔的发生率也深受被告实际上执行可能性的影响。除非被告已经投保，或实质上是一公司，否则实际上当事人很少提起诉讼。……我认为侵权法实际上是建立在过错责任制度上的观

---

① 惩罚性赔偿金制度具有多重的功能，美国学者埃利斯将其归纳为七个方面，分别是惩罚被告、吓阻被告再犯、吓阻他人从事相同行为、维护和平、诱导私人追诉不法、补偿被告依照其他法律不能获得填补的损害、支付原告的律师费用。Dorsey D. Ellis, Fairness and Efficiency in the law of Punitive damages, 56 Southern California Law Rev, p1 - 3 (1982).

点是错误的，实际上侵权制度是过错与保险制度的结合，这是因为获得赔偿的计划是由获得赔偿金的可能性和过错的存在同时决定的。"① 此外，我们也要推广建立行业性或企业性的质量安全保证提存金，以免消费者因纠纷业者资金问题无法得到应有赔偿。在大的商厦、市场、企业等推广小额纠纷先行赔付制度，这同样也能够降低纠纷的执行成本。

---

① ［英］凯恩：《阿蒂亚论事故、赔偿及法律》，王仰光等译，中国人民大学出版社 2008 年版，第 213 页。甚至有学者认为，随着私营和公营保险制度的扩展，在实践中，个人承担的损害补偿已成为例外，加害人本人和受害人本人已从人们的视野中消失，通常的争议只是损失应由预防保险人（作为潜在的受害人的集合）还是应由赔偿义务保险人（作为潜在的加害人的集合）来承担。参见［德］马克西米利安·福克斯：《侵权行为法》，齐晓琨译，法律出版社 2006 年版，第 321 页。

第三章　消费纠纷协商和解解决机制

人与人的交往是双方（我与你）的对话和敞亮，这种我与你的关系是人类历史文化的核心。可以说，任何中断这种我和你的对话关系，均使人类萎缩。

——雅斯贝尔斯①

第一节　认真对待消费纠纷协商和解

一、消费纠纷协商和解的概念与种类

"人的发展本质上是要通过人与人之间的交互关系来完成的。"② 和解在字面上的意思，就是双方因纠纷而产生争执或僵持局面，由于某些沟通与协商谈判，最后彼此握手言和而抚平争议。"社群场合中大部分纠纷都是通过谈判解决。小孩子从幼年起就学习谈判技巧，吃什么东西，看什么电视，穿什么衣服，什么时间睡觉，都会与父母讨价还价。"③ "人类的互动太紊乱、暧昧，无法被事先制订好的规则所治理……最好交由个人，依状况及常识，研判何为合理、可接受。多数时候，上述主张很管用：它解决了问题，人们也

---

① ［德］雅斯贝尔斯：《什么是教育》，邹进译，生活·读书·新知三联书店 1991 年版，第 2 页。

② 人依赖于能够满足自身需求的客体。他需要社会交往，并需要他人的理解能力，以及满足他需求的能力。一个人是否能够健康地发展，取决于他所有基本需求获得满足的数量与质量。如果其自然需求得不到充分地满足，便会出现情感堵塞及其一系列后遗症。［德］汉斯—约阿希姆·马茨：《情感堵塞：民主德国的心理转型》，徐珺译，中央编译出版社 2013 年版，第 48 页。

③ ［美］詹姆斯·麦圭尔、陈子豪、吴瑞卿：《和为贵：美国调解与替代诉讼纠纷解决方案》，法律出版社 2011 年版，第 17 页。

从错误中吸取教训，无须仲裁者或法院涉入；但有些时候，某些伤害太超过、太严重，必须诉诸法规，违法者必须交由公家处置。"① 协商和解是每个人在日常生活中可能会天天遇到的情形，只要存在人际间的交往与互动，就会存在主体间就其观点、态度、行为方式、立场、利益等方面的交换、碰撞、协商及随之达成一致的可能性。协商和解也可视为纠纷双方就其之间的不同与争议之处进行的谈判，以寻找双方都能接受的解决办法与方案。毫无疑问，协商和解也属于当事人私力救济的一种方式，如果其方式不违法，自然也属于拥有合法制度空间的纠纷解决方式的一种。

所谓消费纠纷协商和解，是指消费者与业者在发生消费纠纷后，就与争议有关的问题进行协商，达成协议，使纠纷得以解决的活动。消费者在发现自己的权益受到侵害或就与自己利益有关的问题同业者发生意见分歧时，可以主动与业者进行沟通、联系，提出自己的要求和看法。如果业者认为消费者的要求合理，便及时答应满足消费者的要求，则双方可以达成和解协议，纠纷便得以解决；如果业者认为消费者的要求不合理，可以提出自己的看法或解决方案，由消费者予以考虑，消费者认为适当的，可予以接受，和解协议也会因此成立。笔者认为，这里的消费纠纷不以处理难度和争议外观来认定，也包括消费者由于业者的各种失误而产生不满，进而抱怨的行为。消费者向业者提出抱怨，即使业者马上予以认可和解决，看似没发生什么争议和纠纷，也没有出现明显的协商过程，这从本质上看也还是属于主体间的对话、协商与达成和解协议的行为。如同诉讼程序中被告对原告提出的事实或诉讼请求的自认或认诺，但我们不能认为纠纷没有形成一样，消费者抱怨也要经过"消费者提出→业者听取→审核→补救"一系列的过程。这本身就是一种纠纷的处理程序，不能因为消费者抱怨被快速、完全地满足这一结果来否认业者处理消费者抱怨的程序和机制本身属于消费纠纷协商和解机制的一种形态。

"消费者通常对解决他们问题的具体办法更感兴趣，如获得交付、修理、更换、退款等，而不是在法庭或其他机构坚持自己的法律权利。"② 这就是为

---

① [澳]隋·华兹：《为什么常识不可靠?》，钟玉珏译，（台湾）大块文化出版股份有限公司2013年版，第259－260页。

② Iain Ramsay, Consumer redress and access to justice, in Charles E. F. Rickett & Thomas G. W. Telfer (eds) International Perspectives on Consumers' Access to Justice, West Nyack：Cambridge University Press, 2003, p83.

何直接协商和解是最重要的方式，通过这种有广泛回旋余地的方法，大量的消费者抱怨在进一步成为形态更正式、更激烈的纠纷前就被解决了。

笔者认为，依是否有第三方主体进入消费纠纷解决的场域，可将消费纠纷协商和解机制分为单纯自行和解、媒体协助和解和调解机构督促和解。这主要是立足于我国消费纠纷解决实践的划分。

双方当事人的协商和解并不是在荒岛或真空状态下进行，必然存在外界主体涉入并产生影响的可能性，当然也可能没有第三方主体出现。"私力救济是一种非中心化的社会控制模式。在许多场合，直接卷入纠纷的人们自己寻求解决问题的办法，除此之外别无他人。而在另一些场合，虽然一方或双方当事人都可以向一个由家人、朋友或甚至是情境性的熟人、旁观者组成的网络寻求帮助，但这与具备指挥中心、命令链和法院的正式法律组织仍然区别甚大。"① 这里提到的当事人寻求人际网络协助就是一种第三方主体介入的表现。有台湾学者研究发现，"在医病协商之过程中，常有病人之亲朋好友助阵，或委请地方有力人士、民意代表出面，担任中间人进行谈判。谈判过程所依据者为人情、面子、道义责任、以和为贵等文化因素，而非客观事实与法律规范。实务上，在医疗纠纷发生时，透过人际关系运作，以获得和解，成为最符合社情的纷争解决方式"② 而在另一些情形中，第三方主体可能基于自身角色定位和职能等考虑，作用于消费纠纷协商和解程序，并在客观上起到协助消费者与业者和解或强化业者和解责任的效果。需要注意的是，与调解相比，这里的第三方主体作用在于协助一方当事人，而不像调解中的第三方主体中立介入纠纷，平衡作用于双方当事人。

单纯自行和解是指由消费者与业者双方协商而不存在其他主体协助或强制当事人进行协商。媒体协助和解是指消费者通过向新闻媒体投诉以引发传媒报道消费纠纷的方式向业者施加压力，提升业者协商和解的意愿并解决消费纠纷。调解机构督促和解是指消费者团体或市场监督管理机关将其收到的消费者投诉转往有关业者，促使业者与消费者自行和解而暂不进行调解。这里的媒体或调解机构对于协商和解的介入程度比起调解人、仲裁人或法官要

① 徐昕：《论私力救济》，中国政法大学出版社 2005 年版，第 108－109 页。
② 朱柔若、林东龙：《医疗公道如何讨？台湾医疗纠纷处理机制弊病之探索》，《医事法学》2003 年第 3、4 期（合订本）。

低得多，协商和解的过程和结果仍然由消费者和业者双方自行支配并反映其自由意志，第三方主体不加干预或引导，只是在和解程序的启动方面存在着舆论、契约或道义的压力，促使业者与消费者进行协商和解。同时，在双方协商和解过程中，也存在着一种"将来时"的无形的压力，即协助和解和督促和解是在"舆论监督或调解阴影下的"和解。

二、协商和解是消费纠纷最主要的解决方式

一项对我国农村地区消费维权状况的调查显示（见图3-1）：32.4%的消费者在消费权益受损后首先采取的措施是"与经营者协商解决"，这也是获选比例最高的选项。由此可见，协商和解往往是消费纠纷解决的第一步，也是消费者的首选。这一调查同时发现，不同性别、不同年龄、不同文化程度和不同家庭经济情况的被访消费者都是将"与经营者协商解决"作为首选的措施，而且文化程度越高、家庭经济情况越好，选择此措施的比例也越高。

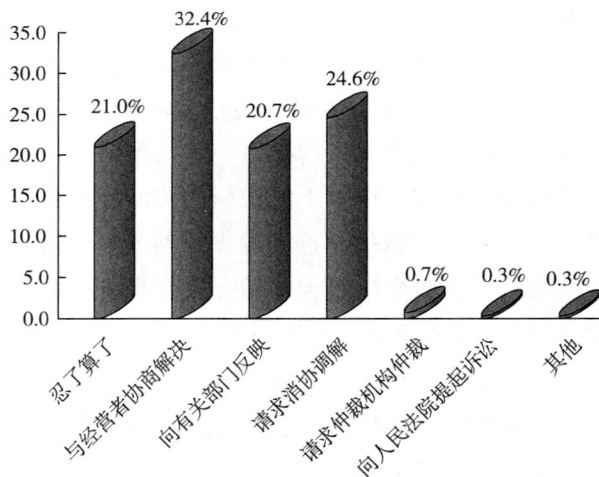

图3-1　我国农村消费者权益受损后首先采取的措施①

---

① 中国消费者协会：《2007年农村消费维权状况调查报告》，2007年12月。这一报告是中消协联合山东、江苏、福建、江西、湖南、安徽、甘肃、四川、云南9个省消费者协会（委员会）共同组织开展的针对我国农村地区的消费维权状况调查，涉及9省54个县162个行政村的6239个农民家庭，设计样本量为6300个，实际调查样本为6239个，回收率达99%。

另一项有关"使用者视野中的现行消费纠纷解决机制的便捷度"的调查（见表 3-1），也证实了与经营者协商和解是消费者维权最便捷的方式。

表 3-1　您认为消费者维权哪种途径最便捷?①

选项名称	投票数	百分比
与经营者协商和解	1772	37.81%
找大众媒介	1229	26.22%
请消费者协会调解	938	20.01%
向人民法院提起诉讼	300	6.40%
向有关行政部门申诉	290	6.19%
提请仲裁机构仲裁	158	3.37%
投票总数	4687	100%

根据笔者上文的分析，消费者找新闻媒体也属于协商和解的一种，从这一调查可以看出，64.03% 的消费者认为协商和解是最便捷的消费纠纷解决方式。

学者朱力曾对全国 20 余省市 2000 多人次进行了社会成员对经济失范的基本态度的问卷调查，表 3-2 是其中涉及消费者选择解纷渠道的一项调查。

表 3-2　如果您购买到一件劣质产品，您会怎么办?②

年份	0	1	2	3	4	5
2002 年	0.7%	40.1%	27.9%	7.4%	2.3%	21.5%
2003 年	0.9%	43.4%	24.8%	4.3%	3.6%	23.1%

注：0 表示未填答；1 表示找经营者要赔偿；2 表示找消费者协会投诉；3 表示寻求法律途径解决；4 表示向媒体投诉曝光；5 表示自认倒霉。

如果将向媒体投诉曝光包括在内，这一调查显示 42% 以上的消费者会选择协商和解的方式解决消费纠纷，且和解方式存在着选择增加的趋势。即使

---

① 参见腾讯科技周刊第 35 期，http://vote.qq.com/cgi-bin/survey_ project_ stat? pjtId = 279& rq = yes，笔者根据网络投票情况制表。

② 朱力：《变迁之痛——转型期的社会失范研究》，社会科学文献出版社 2006 年版，第 255 页。该调查在样本的年龄、职业、阶层等方面分布都较为均衡。

是大额消费纠纷，沟通策略也是主要解决策略。有调查表明，有22.13%的人选择"与对方当事人/单位协商"的办法来解决大额消费纠纷。其次，"打官司"和"上访/向政府有关部门反映"的选择比例分别为7.51%和5.45%。法律策略没有成为解决矛盾和冲突的主要策略①。

诉讼与和解可能存在并行的情形②。当然，直接向业者抱怨是最常见的方式，许多消费者在没有第三方介入的情况下处理消费问题，即大量的消费纠纷的解决是发生在双方当事人协商的层面上。这也是被一些国外的实证研究所证实的。1975年，有学者通过对美国34个城市的2419名消费者电话访谈，进行了一项消费者一般购买行为的反应的研究。该项研究显示，消费者购买可感知的缺陷商品的最常见反应是直接向业者（当地零售商、批发商、生产商）抱怨，这种情况占到可感知问题的30.7%；与此相对的，只有1.2%的消费者会选择第三方作为纠纷处理者（行业协会、仲裁机构和法院），消费者只有在业者不可接近（inaccessible）的情况下，才会选择第三方作为纠纷处理者。这一研究发现，直接协商是相当有效的，56.5%的直接协商获得了令人满意的解决③。1997年，苏格兰消费者委员会进行的一项调查显示，1/3的被访者寻求与业者直接解决纠纷，只有3/20的消费者会向贸易标准局（Trading Standards）或消费者咨询中心提出诉求。同时，该项调查也显示，直接协商是最好的方式，81%的消费者通过这种方式解决了他们的纠纷④。1999年，盖恩的一项研究发现，许多消费者处理消费纠纷没有第三方介入，大部分的消费纠纷发生在双方协商解决的层面。56%的消费者在抱怨后与业者达

① 王俊秀、杨宜音、陈午晴：《中国社会心态调查报告》，《民主与科学》2007年第2期。这是中国社会科学院社会学所主持的全国社会状况综合调查的其中一项发现，该调查在全国28个省、市130个区（市、县）、260个乡（镇、街道）、520个村（居委会）随机抽取7063个人作为被访者。

② 一项我国台湾地区的研究表明，当病人身体伤害程度属重伤害时，愈有采取法律机制的趋势。反之，当病人身体伤害程度为轻伤时，病人及家属多数仅与医院进行协商而已。病人采行法律机制的多数纠纷案例，仍然继续与医院协商、妥协，且多数以接受赔偿或不了了之告终，足见台湾医疗纠纷之病人及家属，实行法律诉讼的动机，并未将法律诉讼视为捍卫医疗正义的最后一道防线，亦非强调主张应惩罚医师的医疗错误行为，而是用于促使医师进行协调，发泄对医师草率处理纠纷的不满情绪，以及保障自身诉讼权益的手段。参见林东龙、彭武德、陈武宗：《"告"与"不告"之间——台湾医疗纠纷病患及其家属之行动分析》，《长庚人文社会学报》2009年第1期。

③ A. Best and A. R. Andreasen, Consumer Response to Unsatisfactory Purchases: a Survey of Perceiving Defects, Voicing Complaints, and Obtaining Redress, 11 Law & Society (1977), p712 – 714.

④ Scottish Consumer Council "Civil Disputes in Scotland: Summary of a Report from the Scottish Consumer Council", published in September 1997, p14.

成了协议。法院和监察官（ombudsman）在消费纠纷解决中只起到了极其微小的作用（minimal role）[①]。2004 年，欧洲民意调查（Eurobarometer Survey）"欧盟公民与接近正义"发现，53％的欧盟公民向销售员、零售商或服务提供者（至少一次）提出过抱怨[②]。2006 年，欧洲民意调查"国内市场的消费者保护"发现，14％的欧洲消费者在过去一年里进行了正式的抱怨，54％的人对抱怨的处理表示满意，41％的人对抱怨的处理方式不满意。不满意处理结果的人中 51％没有采取任何进一步的行动，只有 6％的人把问题提交调解／仲裁机构，4％的人提起了诉讼[③]。

　　传统意义上研究消费纠纷解决机制，一般只概要地罗列出协商和解机制的优缺点即可，无须做出深入探讨，这是和其制度的重要性不相称的。综合上述国内外实证研究可以得出结论，协商和解是各种诉讼或非诉讼消费纠纷解决机制中解纷容量最大的一种，也是消费者心目中遇到消费纠纷后成本最低、最方便的首选纠纷解决途径。而第三方主体积极介入的调解、仲裁或审判方式只解决了一小部分消费纠纷或者说消费者被害问题；同时，我国消费者更加注重新闻媒体协助和解，将其视为很重要、很便捷的帮助消费纠纷解决的工具。进一步强化和完善消费纠纷协商和解机制，对于从根本上降低消费者被害黑数、节约与合理配置社会整体的纠纷解决资源、提升对经济领域失范行为的规制具有极其重要的意义。

三、消费纠纷协商和解解决机制的制度优势与价值

（一）最节约的消费纠纷解决方式

　　这里的节约是对双方当事人、其他解纷机制以及整个社会而言的，节约的对象包括费用、时间以及其他间接成本。在日常消费纠纷中，涉及的财产金额一般较少，很多消费者觉得损失不大还要到消协或行政机关投诉太麻烦，通过和解方式解决消费纠纷对争议双方来说，成本都是最低的，效率是最高

---

　　① Hazel G. Genn, Paths to Justice: What People Do and Think about Going to Law, Hart Publishing, 1999, p156.

　　② Special Eurobarometer, European Union citizens and access to justice, October 2004, p9, http://ec. europa. eu/consumers/redress/reports_ studies/execsum_ 11-04_ en. pdf.

　　③ Special Eurobarometer, "Consumer protection in the Internal Market", published in September 2006, p33, http://ec. europa. eu/public_ opinion/archives/ebs/ebs252_ en. pdf.

的。通过其他法定渠道解决，都必须有第三方介入，这样一来解纷所耗时间可能会延长，间接成本会增加。消费者与业者在发生争议后，双方就与争议有关的问题进行协商，在自愿、互谅的基础上，通过直接对话摆事实、讲道理，分清责任，达成和解协议，使纠纷得以解决。这是一种最快速的纠纷解决方式，对双方都是节约纠纷解决成本的一种理想途径。同时，由于没有诉诸第三方主体积极介入解决，又节约了调解、仲裁或诉讼机制的解纷资源，并使之更多地向不易解决的消费纠纷配置，符合解纷资源合理配置的规律。

（二）最简单、灵活的消费纠纷解决方式

大部分的消费纠纷协商和解方式不需要像调解、仲裁或诉讼那样的制度化的程序和固定的形式，程序非常简单、形式非常灵活，对协商的时间、空间、内容等要求不高。消费者可能是去商家口头抱怨也可能仅仅拨打客服热线。即使一些企业有内部的抱怨处理程序，通常也比较简单和容易理解。同时，协商和解可以不拘泥于纠纷事实、证据以及实体法规定，有时即使当事人证据不完备或者实体法规定滞后，只要业者基于树立形象、稳定客源、维持口碑等考量，仍然可能达成和解协议。调解或仲裁程序一般在证据和依法进行方面要更加严谨。

（三）最"有面子"的消费纠纷解决方式

"面子"作为颜面、面目的转喻，是个体为了迎合某一社会圈认同的形象，经过印象整饰后表现出来的认同的心理和行为。"面子"也是人从社会成就而拥有的声望。面子代表在中国广受重视的一种声誉，要获得这种肯定，不论任何时候都要仰赖外界环境，避免做出可能引起非议的举动[①]。笔者认为，通过协商和解来解决消费纠纷最"有面子"，意指两个方面：一方面是它保护了消费者的隐私和业者的商业机密及商誉，将纠纷事件控制在最小范围内；另一方面是消费者与业者通过协商和解，而不是将争议求助于第三方，使得自己显得更有诚信或更理性，也更有能力自己解决问题。如将纠纷提交第三方，则至少一方主体可能经历潜在的负面评价，例如无信誉、太顽固、过度维权等。因此，协商和解是最不损伤双方"面子"的纠纷解决方式。如果媒体介入协商和解，业者随后愿意协商和解并承担应尽责任，也可视为

---

① 黄光国、胡先缙等：《面子：中国人的权力游戏》，中国人民大学出版社 2004 年版，第 40 - 41 页。

一种积极挽回"面子"、确保"面子"或赢得"面子"，以获得比调解、仲裁或审判情形下更佳的商誉的主动行为。

（四）最能促进业者竞争力成长的消费纠纷解决方式

处理消费纠纷、与消费者和解也是企业质量管理体系和服务体系的组成部分。无论是生产型还是服务型业者，业者与消费者和解的过程，就是在为消费者解决实际问题。消费者对业者的要求，是实现生产与服务的零缺陷。现实生活中生产零缺陷难以实现，但服务零缺陷或者说及时合理补救是可以实现的。消费和解一定是围绕着具体问题进行，不论是产品瑕疵还是服务缺陷，问题的解决对一个规范业者来说都会促进其质量水平的提高，进而提升其产品和服务在市场上的竞争力。

格朗鲁斯是这样定义服务补救的："服务补救是企业为因应服务失误所采取的行动。"[1] 实际上，服务补救也就是消费者抱怨处理。服务补救不是依照法定标准，而是从顾客满意视点出发。因此，每一位业者都应有服务认错与补救的准备，才能迅速处理消费纠纷并显现与竞争对手间的差异化。好的服务补救可以加强顾客满意，建立并强化顾客关系，而且能有效地防止顾客对业者和品牌产生"背叛行为"。

麦克劳等人发现，将从未发生过服务失误与发生过服务失误但有经过企业妥善的服务补救措施的顾客做比较，会发现某些顾客在获得企业提供妥善的服务补救后，其对于企业的满意程度反而更高[2]。实证研究发现，若企业不回应服务失误所产生的顾客抱怨的话，将会有52%的顾客不会再购买其产品；若企业愿意弥补顾客的损失，则顾客满意度将会有显著的增加[3]。因此，有效的服务补救不但可以留住原本不满的消费者，更可增加消费者对业者诚信、负责形象的认同。在这里，笔者并不是否认其他的消费纠纷解决机制也含有促进业者改善产品或服务进而强化竞争力的功能，而是指协商和解机制比其他方式更能降低业者处理消费纠纷的成本，这本身有助于业者减少预算支出，

[1]　Christian Gronroos，（1988）Service Quality：The Six Criteria of Good Perceived Service Quality，Review of Business，Vol. 9（winter），p10－13.

[2]　Michael A. Mccollough，Leonard L. Berry & Manjit S. Yadav（2000），An Empirical Inestigation of Customer Satisfaction After Service Failure and Recovery，Journal of Service Research，Vol. 3，No. 2，（11），p121－137.

[3]　Gary L. Clark，Peter F. Kaminski & David R. Rink（1992），Consumer Complaints：Advice on How Companies Should Respond Based on an EmpiricalStudy，Journal of Services Marketing，6（1），p41－50.

同时与其他纠纷解决方式相比，业者也能第一时间获知消费者的态度与需求，立即响应而改善产品和服务，这些都有助于促进业者竞争力更快地成长。

四、消费纠纷协商和解的局限性

（一）程序启动难

在消费纠纷中，消费者总是愿意主动、积极寻找业者协商解决，而业者在实现获利目的后是否能够与消费者共同协商解决争议是不确定的。我国《消费者权益保护法》并未规定业者有义务和消费者协商解决纠纷，换言之，是否选择协商完全取决于业者意愿。即使消费者认为存在纠纷，也无法单方引发协商和解程序。因此，一旦业者不愿进行协商，这一方式就难以发挥作用。即使业者愿意和解，但在和解中缺乏诚意，那么，协商和解就会成为业者推诿、逃避责任的手段，从而给消费者带来不必要的麻烦和损失。

在建立产品或服务责任保险情况下，协商往往无法进行。例如，北京市卫生局就明确要求禁止医方擅自"私了"，违规一起就查处一起①。而《天津市医疗纠纷处置办法》规定，凡医疗纠纷索赔额超过 1 万元的，医院无权自行与患者协商解决，一经查实，将对其给予严肃处理②。天津市的这一规定相比北京市的做法要略显灵活。

（二）和解达成协议难，协议效力不高

大部分高难度的对话都交织着"谈事实""谈情绪""谈尊严"这三种类型的谈话③。由于缺乏类似调解人那样的第三者斡旋，双方可能缺乏互信，对于解纷意愿不高的业者、缺乏谈判技巧和协商能力的消费者而言，协商较难达成一致。就整个社会而言，协商机制及诚信氛围尚未形成，当事人的自主协商与和解在运作和履行方面仍存在着较大的困难。另外，协商和解协议不像消费纠纷调解协议那样，经法院确认后可以具有强制执行力。一般认为，和解协议虽经双方当事人签字或履行，但对双方当事人并无拘束力，任何一方当事人都可以反悔，业者不履行对其也并无有效的约束。当事人一方反悔

---

① 林文学：《医疗纠纷解决机制研究》，法律出版社 2008 年版，第 47 页。
② 《万元索赔额医患禁私了天津人民调解正式揭牌》，http：//www. moj. gov. cn/jcgzzds/2009－02/02/content_ 1027305. htm。
③ ［美］道格拉斯·史东、布鲁斯·巴顿、席拉·西恩：《再也没有难谈的事：哈佛法学院教你如何开口，解决切身的大小事》，欧阳凤译，（台湾）远流出版 2014 年版，第 30－31 页。

的，消费纠纷再通过其他途径寻求解决无疑增加了总体的解纷成本，并使部分纠纷的寻求解决显得很不经济而可能半途而废。

（三）纠纷解决过程的公平性、合法性欠缺保障

"交涉中心型模式因为是以当事人之间的交涉为中心，所以它的问题在于，当事人在能力上发生强弱不均时，交涉往往会变成以一方为主导的交涉，达成的协议内容有可能也会违背法律的宗旨，造成与判决大相径庭的结果。如果一方当事人固执己见、非常强势，也可能会造成谦让者受损，霸道者受益的结果。"① 由于协商过程没有第三者的介入，和解协议完全是在当事人之间达成的，因而存在协议是否公平的问题。事实上，在通过谈判解决争议过程中，协议的达成往往受到争议双方讨价还价的能力、交易地位、社会资本的制约，实力较弱的一方经常受到实力较强的当事人的压力，并可能被迫作出让步或牺牲利益。结合前述消费纠纷的特点，纠纷若采用和解的方式解决可能不利于对消费者的保护，尤其是对于消费者中的弱势群体，协商和解的公平性与可接近性更是存在问题。

伊恩·拉姆齐认为，接近正义与消费者保护分享着共同的目标，并且在保护穷人和弱势群体方面呈现出一种"再分配的潜能"（Redistributional Potential），但个别化的救济程序可能对低收入者和弱势群体产生不利的分配的倾斜，投诉作为一种问题解决机制在低收入者消费市场与在中产阶级消费市场相比可能不太有效②。有研究提出，法律规范可能不是消费者抱怨成功的重要因素，抱怨成功可能部分地取决于市场规范（market norms）和"抱怨能力"，而这可能和社会地位相关。研究者发现，一个百货商店为它的中产阶级消费者提供了比法律规定更加慷慨的救济，这可能是和获得重复购买的市场优势以及消费者有效抱怨的意愿与能力有关。研究者怀疑这些因素能否适用于弱势消费者群体③。当代的抱怨程序似乎对社会地位高的和能够清晰表达判断性问题（judgmental problems）的消费者有利，因此纠纷解决程序依据社会地位创造了"富人"（haves）消费者在"穷人"（have-nots）消费者之上的情

① ［日］草野芳郎：《调解技术论》，韩宁、姜雪莲译，中国法制出版社 2016 年版，第 202 页。

② Charles E. F. Rickett & Thomas G. W. Telfer（eds）International Perspectives on Consumers' Access to Justice，West Nyack，NY，USA：Cambridge University Press，2003，p18.

③ L. H. Ross & N. O. Littlefield（1978），Complaint as a problem solving mechanism，Law and Society Review，Vol. 12，p199－216.

形。消费者的社会经济地位对于感知和表达消费抱怨有重要影响。有着更少教育背景和更少消费事务知识的消费者不能够充分地迫使销售者回应他们的委屈①。一项关于英国保险公司顾客抱怨的研究表明，半熟练、无技能和无业的被访者仅仅构成了12%的抱怨者②。一项欧洲民意调查也发现，经济活跃、教育程度和职业等级更高的人，当不满意购买项目时倾向于更自信和断定（assertive）③。上述经验研究表明，社会经济地位低的群体比高的群体更不愿意抱怨，他们也更少使用法律来支持自己的诉求。

如果抱怨处理项目更具有可接近性，在这一方面的情形可能会发生改变。不过，当人们主张抱怨处理项目对于弱势消费者的可获得性和可接近性的扩张，必须记住一个事实："许多抱怨处理的高成功率是由于零售商的善意，目的是希望保持客户的忠诚。零售商很少关心低收入消费者的忠诚"④。当然，其他种类的纠纷解决机制包括诉讼也可能存在当事人地位不平等的问题，但由于第三方主体的监督、制约与矫正，此问题并没有像在协商和解程序中这样突出。同时，业者利用信息不对称、专业知识、法律知识及纠纷处理经验，可能加重双方的不平等，使得消费者接受可能明显不公的解决方案。

（四）秘密和解可能有损社会利益

在涉及重大的消费侵权事件时，和解的保密优点可能转化为缺点，并可能使业者逃脱行政或刑事处罚，损害公共利益与其他不知情消费者利益。由于消协调解和市场监督管理机关调解中的调解人本身身负消费者保护职责，较不可能隐瞒重大消费者被害事件，而保密原则在消费纠纷中最主要的作用领域可能即是协商和解。

有论者针对美国民事诉讼程序中的秘密和解（confidential settlements），认为正义被秘密地和解掉了："守密剥夺了人们做决定的权力。……没有了信息，大众就没有行动的能力。有了信息，大众便可采取行动，以确保不法行为不再发生，同时使被害人得到公平的赔偿，问题得到适当解决，以及预防

---

① A. Best and A. R. Andreasen, Consumer Response to Unsatisfactory Purchases: a Survey of Perceiving Defects, Voicing Complaints, and Obtaining Redress, 11 Law & Society (1977), p723, p730.
② J. Birds, C. Graham, Complaints against insurance companies, 1993 Consum. L. J., p101.
③ http://ec.europa.eu/public_opinion/archives/ebs/ebs252_en.pdf, p31.
④ G. Howells and S. Weatherill, Consumer Protection Law, Second Edition, Ashgate Publishing 2005, p609.

未来的伤害。今天，某位家长可能买了一个儿童汽车安全座椅，却不知道其他小孩曾经因为同类型产品的缺陷而受到严重伤害甚至丧命。秘密和解可能使潜在危险隐而未现。医生在开处方时，可能不知道药厂向大众隐藏了该药物具有可能会夺走患者生命的潜在的副作用一事。为什么？因为秘密和解掩藏了有关该副作用的信息。某位妇女可能会求助于某心理健康专家，却不知道他过去曾连续被控性侵犯其病人，因为他通过秘密和解，秘密地付款给先前的受害人，以换取她们的沉默。……守密也造成了对司法体系本身的讽刺。当具有影响力的利益团体能够操控法院，让非法行为有效避开大众的严格监督，人们便看到了双重标准——对一般人而言涉及官司是公开的，对有钱有势的人则是保秘的。"① 同样的，消费纠纷和解中也可能隐瞒严重的消费者被害线索和情形，造成消费者被害状态的延续与发展。

五、影响消费纠纷协商和解达成的因素分析

消费纠纷或者说消费者抱怨行为发生的归因是非常复杂的，瑞典的巴德·特伦沃尔在他研究消费者抱怨行为的博士论文中指出，可以假定有一组基本的因素在影响着消费者的抱怨行为，这些因素可分为四类。第一类是情境因素，他假设不满的消费者客观地评估服务失败的程度、抱怨的成本与收益、抱怨成功的可能性，然后依据这些评估来决定是否采取行动。这里的子范畴是经济的、可感知的利益和问题的严重性。第二类是消费者的个人因素，由于不满的消费者是不同类型的人，其类型会驱动或抑制他们采取行动。消费者可能也从过去抱怨行为的成功或失败的尝试中习得而成为一个积极的或惰怠的抱怨者。这里的次类型是人口统计学上的（年龄、性别、收入、教育程度、居住地、生命周期的阶段）、心理的（个人的价值观念、对纠纷的态度、对商业和政府的态度、对抱怨和公布抱怨的态度、顺从性）、个性的（消费者对同侪压力的反应、个人的自尊、个人自信程度）、情感的（责备的归

---

① 在典型的秘密和解中，原告会获得赔偿，以满足其诉求，条件是关于该案件的事实以及和解的金额必须保密。撤销是一项主审法官在审判后核准的协议，用以撤销审判结果，其法律上的效果，除了使该案件仿佛未曾发生过以外，同时排除了该案件在未来的诉讼案件中所具有的先例价值。撤销通常伴随有秘密和解，在该和解中，双方当事人均同意法院关于密封审判记录的命令，从而没有人能够接触到曾被提出来的相关证据。参见 Ralph Nader and Wesley J. Smith, No Contest: Corporate Lawyers and the Perversion of Justice in America, Random House Trade Publishing, 1998, p114-116.

因、情绪）、文化的（各种作用于消费者抱怨倾向的文化如集体主义文化和个人主义文化）、社会的（社会参与和政治参与、就业率、社会风气）以及经验上的。第三类是服务因素，假设服务失败与服务提供者或服务有关，这里的次类型是服务提供者（商家的类型、商家的声誉、商家的回应性、商家的友善性、商家的可靠性、雇员的敏捷性、公司规模）和服务（被感知的产品或服务的重要性、产品或服务的复杂与昂贵程度、产品类型）。第四类是可能限制或鼓励抱怨行为的一些市场因素。这里的子范畴是市场（市场竞争的程度）与结构（产业结构）[①]。

这里的第二类因素是社会学、心理学和文化意义上的，第四类因素主要涉及宏观调控和反垄断，而第一类和第三类因素则涉及消费纠纷解决机制等方面的制度因素。借鉴和对照这些因素加以分析，笔者认为影响消费纠纷协商和解达成与否的因素包括消费者和业者社会资本的对比与运用社会资本的能力、消费者主观因素、业者主观因素、业者处理投诉的机制与流程、外界力量的影响等。这里既存在促进和解的正面影响，也存在阻碍和解达成的负面影响。

首先，如果消费者与业者的社会资本较为均衡，二者达成和解的可能性就比较大，反之，和解则难以达成或者很不公平达成。如果消费者运用和经营社会资本的能力较强，则协商和解也较有可能出现积极效果。以曾鹏调查的广州市两个小区的业主维权行动为例（具体内容见表3－3），单个的消费者与开发商、物业公司相比，无疑处于绝对的弱势。不过，积极互联的融合型的社区网络因为业主间的积极互动培育出和整合出了相当程度的社会资本，成为一个消费者社会资本整体较强的小区，与另一个离散型小区相比，其开展集体行动与业者协商谈判的能力较强，能够匹敌业者的社会资本，协商谈判的效果明显要比社会资本无法整合提升的另一小区更具优势。

其次，消费者主观上的面子与情绪体验等方面的因素也会影响消费者是否投诉、是否坚持不断寻求纠纷解决等行为，如果消费者主观感受强烈，行为积极主动，协商化解消费纠纷无疑较可能实现。"社会群体及其成员的利益需求是通过收入、权力、声望、机会、福利等要素综合反映和体现的。这些

---

① Bard Tronvoll, Customer Complaint Behaviour in Service, Karlstad University 2008, www.diva-portal. org/diva/getDocument? urn_ nbn_ se_ kau_ diva-1625-1 fulltext. pdf.

活动经济上往往要受到很大损失，但他们更看重的是社会声望，也就是面子。"① 在和解过程中，消费者的面子和情绪体验有时发挥着关键性的因素。尤其是小额消费纠纷，从经济人理性的角度来说，消费者似乎不值得花费较多时间精力去进行交涉，但"一定要伸张正义、讨个说法""一定要让商家认错、赔礼道歉""一定要让业者在交涉过程中对我表现的轻蔑怠慢或恶劣言行付出代价"等想法往往支配着消费者持续进行交涉或转而进行投诉的行为。这里，决定消费者和解行为的心理机制包含了社会文化因素和道德满足感等诸多因素。所以业者在和解过程中以及经营过程中就要高度重视客户体验，为减少和解决纠纷创造良好的条件。避免消费者诉诸外部因素，使纠纷扩大而带来更多的负面效应，这也是增加自行和解率的关键因素之一。

表3-3　不同网络特性的两个小区的集体行动比较②

比较项目		KC 小区	JD 小区
网络特性		融合性社区网络	离散性社区网络
情感培育	积极情感（内）	强	弱
	消极情感（外）	强→弱	弱→强
结　论		高凝聚力	低凝聚力
意义建构	集体认同	强	弱
	问题论述	集体性	个体性
	策略	认受性高	认受性低
	口号或标语	共意性高	共意性低
结　论		动员能力强	动员能力弱
理性计算	信息传递量	大，趋于集体理性	小，趋于个体理性
	监控能力	高，搭便车成本高	低，搭便车成本低
	激励功能	强，贡献收益大	弱，贡献收益小
	组织者供给水平	高，参与成本降低	低，参与成本提高
	保护功能	强，风险成本低	弱，风险成本高
结　论		行动预期收益为正	行动预期收益为负

---

① 于建嵘：《岳村政治：转型期中国乡村政治结构的变迁》，商务印书馆2001年版，第568页。
② 曾鹏：《社区网络与集体行动》，社会科学文献出版社2008年版，第241页。

（续表）

比较项目		KC 小区	JD 小区
集体行动形态	参与度	高，规模大	低，规模小
	组织化程度	高，自控能力强	低，自控能力弱
	暴力程度	低，破坏力弱	高，破坏力强
集体行动绩效	群体绩效 行动成本	低	高
	邻里关系	改善	恶化
	社区声望	提高	降低
	社会绩效 社会破坏力	弱	强
	社会怨恨	释放	积压
	系统协调能力	提高	无变化
	社会整合度	提高	降低

第三，业者是否愿意进行协商和解无疑是决定性因素之一。从理论上说，纠纷当事人社会关系"紧密性越深，妥协的可能性越大，紧密性越浅，妥协的可能性越小，无紧密可能或如陌生化，则情理将不复存在，妥协的可能则更小"[1]。消费纠纷的解决会增加业者运营成本且无即刻的收益，如果说消费者和业者不是一种长期亲密关系，有时甚至是"一锤子买卖"，那么业者就永远没有动力处理消费者抱怨的问题或改善产品和服务。"在没有公共权力的环境中，自私自利的个体仍然能够成功地促成合作，首要的原因就在于，个体在长期的互动关系中可以发现未来利益的影子。"[2] 我们必须从业者永续经营和扩大利润的角度才能更好地把握这一问题。也就是说，业者和个别消费者可能是短期或一次性关系，但作为一个整体的消费者群体概念，却是业者的衣食父母，两者必须维持友好交流与合作的关系。个别消费者抱怨的处理不当如果在数量上累积，通过抱怨和投诉上升为消费纠纷、媒体报道、第三方机构各种形式的介入（包括法院诉讼）、消费者口碑传播等，就会在赔偿及处理纠纷成本上给业者带来更大的损失，并在质的意义上损害业者商誉

---

① 易军：《关系、规范与纠纷解决：以中国社会中的非正式制度为对象》，宁夏人民出版社2009年版，第248页。

② 桑本谦：《私人之间的监控与惩罚：一个经济学的进路》，山东人民出版社2005年版，第39页。

并最终破坏其营销能力，甚至导致业者关门破产。这正是业者积极寻求处理个别消费者抱怨与投诉的深层动因，也是消费纠纷和解能够达成的根本原因。

第四，受理消费者投诉与客服机制如果不合理、不对"用户友好"，那么协商和解无疑很难进行或者造成和解的成本不当增加。有学者认为，有三种情形让消费者无法进行协商和解或者说向业者抱怨和投诉："①投诉的处理者让客户不再投诉：道歉，但是无所作为、拒绝、承诺没有兑现、根本没有回应、粗鲁的待遇、推托给他人、逃避个人责任、非语言的拒绝（态度不好）、顾客采访（问一长串问题）或者顾客审讯（怀疑顾客的动机、能力或权利）。②公司体制让顾客无法进行有效投诉：人们不知道去哪儿和怎样投诉、要经过一番激战才能解决投诉问题、问题的解决不了了之（前线员工受到顾客投诉以后没有及时转达或管理人员不喜欢和排斥投诉）、公司的保证不总是奏效。③从属关系中的投诉困难：一些行业，例如医疗保健行业、学校，和顾客之间存在从属关系，另一些情况，服务只进行到一半，业者可能会通过接下来的服务进行报复。研究显示，在这样的关系下，消费者宁愿完全保持沉默，也不愿意同他们依赖的产品或服务提供者起冲突。"[1] 和解程序与操作方面的因素既可能促进和解也可能给和解制造障碍，端赖其本身的设计与实施状况。

第五，外界力量是否介入、如何介入也会影响协商和解的成效，例如下文将要讨论的协助和解与督促和解，第三方力量的介入等会直接或间接地有效促进协商和解的达成。总之，业者有必要对照这些因素加以分析和改进，使现行的相关制度更加便于使用和供给充分，具有更强的可接近性。

六、强化消费纠纷协商和解的基本思路和做法

针对协商和解的局限性，笔者认为有三条基本思路有助强化消费纠纷协商和解的成效。

（一）强化业者的和解义务的思路

协商和解的纠纷处理方式，通常情况下是一种完全自愿的制度，是否进

---

① ［美］珍妮尔·巴洛、克洛斯·穆勒：《抱怨是金》，赵西译，北京师范大学出版社 2007 年版，第 52－63 页。

行协商完全取决于双方当事人的自愿，任何一方当事人均可以自由接受或拒绝对方提出的纠纷处理要求。但是，在消费纠纷协商和解制度中，为督促业者积极解决与消费者之间的纠纷，一些国家和地区的消保法将受理消费者投诉作为经营者的义务，要求经营者及时受理和处理消费者投诉。①《中华人民共和国消费者权益保护法》第 17 条规定："经营者应当听取消费者对其提供的商品或者服务的意见，接受消费者的监督。"为防止业者拖延以对消费者投诉，督促其及时处理消费纠纷，避免给消费者造成更大的损失，我国台湾地区的"消保法"第 43 条规定："消费者与企业经营者因商品或服务发生消费争议时，消费者得向企业经营者、消费者保护团体、消费者服务中心或其分中心申诉。企业经营者对于消费者之申诉，应于申诉之日起 15 日内妥善处理之。"《中华人民共和国消费者权益保护法》对此虽无明确的和解期限规定，但第 48 条规定的经营者对消费者提出的修理、重作、更换、退货、补足商品数量、退还货款和服务费用或者赔偿损失的要求，不得故意拖延或无理拒绝，也隐含了要求经营者及时处理消费纠纷的义务。

上述规定可以看作是立法使得消费纠纷的协商和解制度具有些许的强制性色彩，但这些义务大部分具有浓厚的政策宣示意味，更多的是一种倡导性义务而非严格的法律义务。即使是《中华人民共和国消费者权益保护法》第 56 条规定的"责令改正"和其他行政处罚，也因为种种原因在实践中基本得不到适用。另一方面，即使制定了完善的配套措施使业者和解义务具有强制性，这种强制性也仅仅是要求业者对消费者的投诉给予受理和答复，是程序启动上的强制，并不意味着业者必须满足消费者提出的诉求。笔者认为，我们可以通过业者签订承诺、调解机关督促和解的方式解决协商和解程序启动难的问题，必要时可考虑完善现行立法和制定相关配套措施，赋予业者参与协商和解与及时答复处理的法定义务，强化和认真落实业者无理拒绝或故意拖延协商和解的制裁措施并规定无理拒绝的不利推定。强制参与和解应该是

① 例如，韩国《消费者保护法》第 17 条规定："业者应设立、运营切实的机构，以就物品或劳务听取来自消费者的正当意见或不满，并补偿其所受到的损害。主管部长官为了促进第（1）项规定之被害补偿机构的设立、运营而认为必要时，可以通过总统令规定事业者设立、运营被害补偿机构。"日本《消费者保护基本法》第 4 条规定："业者关于其提供的商品和劳务，必须经常努力提高其质量及其他内容并妥善处理消费者提出的抱怨。"第 15 条规定："业者为了妥善而迅速地处理与消费者贸易间产生的不满，必须努力完备必要的体制。"

单方的指向业者的，不能强制消费者参加，如果消费者对业者非常不信任而勉强协商也只会造成纠纷解决的拖延，这体现出对消费者的倾斜性保护。协商和解的过程和结果不含强制因素及第三方主体的干预，因此并未改变以协商和解的方式来解决消费纠纷这一根本特性。这一思路对于促使规模较小而企业责任不彰的业者进行和解尤其有益。同时，业者要强化和解协议效力，如果是书面的，可以考虑赋予其认证后的强制执行力。另外，有条件的大型卖场或行业，对于一些专柜与门店业者或行业成员不愿和解的情形，可以预先提存一定的消费纠纷和解基金或保证金，在事实清楚简单的纠纷中由卖场或行业协会先行将赔偿金支付给消费者而直接越过和解过程。另一方面，在售出商品不影响二次销售的情况下，商业企业倡导承诺推行一定期限内的无理由退货服务，这也能够减少协商和解的环节，以最低的成本解决问题。

（二）消费者增权与社会资本扩张的思路

"社会资本的量是可积累的，具有用进废退特色，不仅是可用以达成个人获利的私人资源，亦是公共财货。"[①] 消费纠纷协商和解很容易出现当事人之间的力量失衡，因此通过提升消费者的社会资本可以增强其协商谈判能力和力量，有助于消费纠纷公平快速达成和解。个人社会资本投资的目的是建立自己的优势地位，其投资的手段和方式是增加自己的组织身份，建立广泛而良好的人际关系。财富、人力、智力的积累也是个人社会资本投资的途径和方式。除此之外，自觉的人际关系投资也是一种方式。

学者对社会资本含义有不同理解，每一种理解角度等于给出了社会资本的一种投资方向或方式。"布尔迪厄认为社会资本是个人在社会结构中的成员资格以及社会网络联系。这就等于告诉我们，加入不同的社会组织（正式的和非正式的），使自己拥有更多的组织成员资格和身份，建立更多的组织网络联系，是增加自己社会资本的有效方式。科尔曼进一步认为，社会团体即社会资本，如果个人参加的社会团体多，其社会资本就大；社会网络也是社会资本，如果个人的社会网络大而广，其社会资本就大。林南认为，个人在社

---

① 张芳华：《制度变迁、社会资本、政治参与：三者之间的关系》，台湾政治大学出版社 2016 年版，第 10 页。

会结构中的网络优势越强，其拥有的社会资源和社会资本就多。"①

笔者认为，社会资本是社会关系资源的潜在力，其运作的基本前提是个人或团体有较好的联结关系，这样才能比较容易地动员资源并达到想要的结果。以群体性的消费纠纷如业主维权为例②，社会资本在平时是静态性的，并无法具体呈现，资源仍分散于每个小区居民。一旦如消费纠纷事件等议题发生之时，消费者会想办法以其人际网络寻求协助。小区一旦议定议题后，居民原潜在性的资源便会通过网络的运作，通过重要居民的整合，最后集中于某些核心居民的身上，进而展现出小区消费者行动的资源力量。能否使得社区用于消费纠纷解决的社会资本流动与整合效果较佳，消费者需要借助多重的途径，在平时消费者之间就需要有较为密切的互动，建立起互信与互惠的机制和状态，例如通过社区网络群组或网上论坛的交流③、通过婴幼儿家长的交流、通过退休老人的交流、通过平时一般社区公共事务的参与等方式创设交往空间，都可以达到促进人际吸引、增进交往实践，进而增强消费者社会

① 燕继荣：《投资社会资本：政治发展的一种新维度》，北京大学出版社 2006 年版，第 158 页。

② 城市业主维权运动中，策略性的集体行动方式被广泛采用，业主委员会和维权精英发挥了关键性的作用，而话语平台的搭建及相关的精神性、技术性支持则使原本孤立、零散的小区维权活动产生联动效应。参见邹树彬：《城市业主维权运动：特点及其影响》，《深圳大学学报（人文社科版）》2005 年第 5 期。

③ 在线业主论坛自身的特点使之成为业主集体抗争可资利用的动员手段。首先，具有高度的互动性，可看作是新兴的公共领域。其次，是一个虚拟社区，有助于集体认同的发展，并为集体行动提供心理学基础。再次，与现实的社区存在对应关系，可看作是业主集体抗争的组织基础和组织、协调的工具与手段。与传统的集体抗争组织相比（比如以业主代表为基础的组织网络），其作为业主抗争与赋权的新平台具有独特的优势：第一，通过业主论坛发布信息的便利性使抗争的组织过程更加透明化；第二，基于业主论坛的沟通使得组织成员之间、成员与领导者之间的沟通更加直接、容易；第三，对组织领导者的依赖性降低，领导者不再是组织、协调的核心，支持者可以相对独立地组织集体行动，共同的议题变成动员的核心要素。黄荣贵、桂勇在上海的 15 个小区所做的实证研究发现，一种小区是传统的面对面式动员，基本是一对一互动模式，动员成本较高，并会随小区规模线性增加，因此该动员方式在中小规模小区更为有效。虽然行动具有集体性，参与者间的联系和互动却较少。与之相对，以互联网作为动员手段，基本上是一种"一对多"甚至是"多对多"的动员模式，动员成本较低，并有可能在动员过程中形成新的社会资本。在线业主论坛是否能够成为有效的动员平台取决于论坛用户的活跃程度，这与用户的数量有直接关系，因此大型小区的在线业主论坛更有可能成为有效的动员平台。随着互联网的发展，小区规模对于集体能力的限制将逐渐消减。可以预见，未来的业主抗争主体与新信息技术之间具有选择性亲和关系，新信息技术在业主集体抗争中的作用将越来越重要。参见 Lupia & Arthur Gisela Sin, Which Public Goods are Endangered: How Evolving Communication Technologies Affect The Logic of Collective Action, Public Choice 117 (3), 2003. 桂勇、黄荣贵：《社区社会资本测量：一项基于经验数据的研究》，《社会学研究》2008 年第 3 期。黄荣贵、桂勇：《互联网与业主集体抗争：一项基于定性比较分析方法的研究》，《社会学研究》2009 年第 5 期。

资本的效果，一旦出现集体维权和谈判协商的需要，则整个社区消费者的社会资本可以出现积极的流动、融合、整合与扩张，服务于消费纠纷的解决。就内部资源来说，群体内的组织以及人际社会网络最为关键，因为正式的组织和人际网络是解决"搭便车"问题的重要手段，可以将潜在的参与者动员和组织起来，共同展开维权行动。

消费者群体社会资本整合的最高形态就是具有维权功能的自主、自发和自治团体的出现。"自组织开辟了社会动员的新途径。自组织的动员方式明显区别于传统动员方式，依托网络、手机途径，呈现社会化、网络状、平面性的动员，动员速度快、力量惊人。"① "在自组织维权过程中，组织成员也会利用各自的社会网络来为集体利益的实现牵线搭桥。这也是通过自组织实现权利救济较之一般的公力、私力救济的区别所在：自组织带来资源整合能力的变化，其中最重要一点是组织引起成员网络结构的变化，进而影响权利救济能力的大小。"② 社区层面的消费者自组织还可能出现进一步的跨社区联合③，这种联合标志着哈贝马斯所谓"基于私人物权的公共领域"的快速成长。笔者认为，跨社区联合的消费者维权网络的出现是消费者渴望进一步增强社会资本解决消费纠纷的一种反映，实际上是各个消费者维权自组织的再组织，也是消费者维权社会资本在更高层次上的再整合，有利于提升消费者的维权能力。

---

① 闫加伟：《草芥：社会的自组织现象与青年自组织工作》，上海三联书店2010年版，第52 - 53页。

② 邵华：《自组织权利救济：多元化纠纷解决机制的新视角》，中国法制出版社2007年版，第24页。

③ 一个典型例子是"北京市业主委员会"的"申办委员会"，参见沈原：《市场、阶级与社会：转型期社会学的关键议题》，社会科学文献出版社2007年版，第325页 - 351页。全国跨小区业主联合组织有五大特点：第一，业主组织联合的形式多样化，大多并非官方授权却处于默认状态。第二，业主组织联合的活动并非定期化，组织化特征并不明显。第三，业主组织联合在行动上，以"体制内维权"、理性维权为基本原则。第四，业主组织联合在横向联系上，越来越多地吸引学者、律师、媒体的参与。第五，业主组织联合发起人或参与人中已经有"职业化""商业化"人士出现。有的业主为了提高对物业管理的经验和知识水平，甚至参加注册物业管理师考试。不少拥有维权经历、在本地业主群体中有号召力的业主，开始开办业主委员会咨询机构、法律服务机构、物业管理第三方评估机构，开发商业化业主自治的App软件等。参见吴晓林：《房权政治：中国城市社区的业主维权》，中央编译出版社2016年版，第191 - 192页。

　　同时，消费者运作社会资本的技巧也很重要①，在自身协商和解能力有限的情形下，消费者可以通过"问题化的技术"将外界力量引入纠纷解决场域，借助于外界力量达成协商和解。应星在分析弱者的反抗力学时认为，主体要将自己的具体问题纳入政府解决问题的议事日程中，就必须不断地运用各种策略和技术把自己的困境建构为国家本身真正重视的社会秩序问题。这种问题化的技术既体现在话语实践中，更体现在与之相联的非话语实践层面②。在消费纠纷协商和解中，消费者也可以采取上述的话语建构术吸收外界的关注，扩大获取社会资本的空间③。有时即使消费纠纷到了诉讼阶段，消费者仍然可能利用"问题化的技术"在纠纷场域中引入行政权力，意图影响判决结果④。总之，消费者解决纠纷可以运用多种方式在行动中增加和充实社会资本，提高协商谈判能力。

（三）树立业者社会责任，完善消费者抱怨处理机制的思路

　　业者社会责任包括许多不同的方面，弗莱德里克认为企业社会责任可分为两种，一是强制性责任，包括政府法令规定的责任，如防治污染、保护消费者及承认工会；二是志愿性责任，如慈善捐献、提出建议给政府参考。⑤ 卡罗将之分为经济责任、法律责任、伦理责任和自发责任⑥。埃德文将企业的社会政策程序（Social Policy Process）分成 3 类：一是企业道德，指企业行为必须符合道德规范；二是企业社会责任，企业应了解与组织相关的特殊问题、

---

　　① 例如，张紧跟和庄文嘉在研究广州业主委员会联谊会筹备委员会的维权个案时将业联会的行动策略归纳为以下几点：第一，掺沙子：寻找代言人；第二，"拜老师"：官不打送礼的；第三，"接订单"：以行为合理性谋求身份合法性；第四，创制选票市场；第五，提交民间立法草案；第六，寻求媒体支持：高调维权，低调"维生"；第七，结盟友：利益互换。参见张紧跟、庄文嘉：《非正式政治：一个草根 NGO 的行动策略——以广州业主委员会联谊会筹备委员会为例》，《社会学研究》2008年第 2 期。

　　② 应星：《大河移民上访的故事：从"讨个说法"到"摆平理顺"》，生活·读书·新知三联书店 2001 年版，第 317－319 页。

　　③ 具体案例可参见孟登科、黄艳：《上海倒楼处理：善始如何善终?》，《南方周末》2009 年 8 月6 日；王丹阳：《别墅区里的中国式维权》，《南都周刊》2010 年第 9 期。

　　④ 如北京市第一中级人民法院受理的张某某等 299 名消费者诉北京市百货大楼购销纪念金表赔偿案，参见最高人民法院：《依法审理人民内部群体性纠纷案件　保障和促进社会稳定与经济发展》，载中央政法委员会研究室编：《维护社会稳定调研文集》，法律出版社 2001 年版，第 24－25 页。

　　⑤ W. C. Frederick, Corporate Social Responsibility in the Reagan Era and Beyond, California Management Review 25, 1983, p151.

　　⑥ A. B. Carroll, The Pyramid of Corporate Social Responsibility: Toward the Moral Management of Organizational Stakeholders, Business Horizons, July-August 1991, http://www-rohan. sdsu. edu/faculty/dunnweb/rprnts. pyramidofcsr. pdf.

期望及抱怨，并留意组织政策与组织行为对于组织内部与外部利益团体的影响；三是企业的社会反应，对于企业参与、反应及管理内外部利益团体的期待与抱怨的能力，企业能发展出一套决策、执行与评估的程序①。无论学者如何界定，业者的社会责任必然包括消费者保护与积极妥善处理消费者抱怨的内容，而业者社会责任的高低则是消费纠纷能够协商和解解决的最重要与最关键的因素。因此，强化业者的社会责任是强化消费纠纷协商和解的基础性与治本性的工作。业者自身的客服系统或消费者抱怨处理机制与企业的社会责任互为表里，只有牢固树立业者社会责任的观念，其才会重视消费者抱怨处理机制的设计与完善。对于后者，笔者将在下文中进行进一步分析。

　　实际上，从中国社会为人处事的基本观念与文化里，我们也会发现落实业者社会责任的根据与意义。凯瑟琳·廷斯丽从中国文化中归纳了5个概念，认为需要在中国谈判的人必须了解中国式的谈判框架。一是社会联系，人们应该在更大的社会群体的背景下评价人，而不该孤立地评价一个人。二是和谐，因为人生来便处于社会网络之中，所以人们非常重视和平共处。三是角色，为保持社会和谐，人们需要了解并遵照关系网络中的各种角色行事。角色表明了责任，权力和特权表明了个体处于关系层次的何种位置。四是相互义务，每个角色都有应尽的义务，在社会网络中人们尽职尽责并获得回报。坚持不懈地履行义务，可以巩固一代代的关系网络。五是面子，中国人对面子的重视源于对社会相互影响的认识。当个人做出与自己职责不相称的行为或未能履行相互义务的时候，就会丢面子。唯恐丢面子成了人们的一种主要动力，它促使人履行职责，从而延续着关系的层次②。上述的中国文化中的谈判框架实际上包含了诸多促进协商和解达成的积极因素和契机，反映出中国人一直以来所固有的对待纠纷与冲突的价值观念以及社会生活方式，同时又暗合了社会资本、社会互惠等非常理性的考量，可以说是牢牢镶嵌在社会结构中的观念，而不仅仅是文化差异可以解释的。基于上述框架，业者必须遵循其社会责任，积极与消费者协商和解才能与上述的几种概念与话语相吻合。消费者也好，协助和解或督促和解的第三方也好，都应该善用这些谈判框架

---

　　①　D. Ewing, Who Wants Corporate Democracy?, Harvard Business Review, Sept-Oct, 1987.

　　②　Catherine H. Tinsley, Understanding conflict in a Chinese cultural context, in R. J. Bies, R. J. Lewicki&B. H. Sheppard（Eds）, Research on Negotiation in Organizations vol. 6, Greenwich. CT：JAI Press, 1999, p209－225.

和话语，引导业者主动承担企业社会责任，努力与消费者达成和解。

此外，涉及协商和解消费纠纷可能存在的弊端，笔者认为，第一，协助和解与督促和解具有缓解协商和解程序启动难的功用。第二，和解达成协议难主要应该通过上述思路二和思路三解决，而协议效力不高则应该设置和落实业者违约惩罚，并赋予和解协议一定的法律效力。消费纠纷和解协议只要是依法达成的，应当具有合同的效力。若业者拒不履行协议，消费者可以诉请法院确认其效力并据此申请强制执行；法院如无特殊理由，应对和解协议内容予以认可，仅须对和解协议是否有效进行形式审查，而不对纠纷进行全面审理，这样可在很大程度上降低消费者解纷成本并减少法院工作量。第三，纠纷解决过程的公平性、合法性欠缺保障主要通过上述思路二和思路三解决。第四，秘密和解可能有损社会利益的弊端，则需要明确在涉及社会公共利益的消费纠纷中，消费者不受书面和解协议中保密条款的约束并为消费者设置一定的举报奖励基金，另外可考虑对业者赋予涉及社会公共利益的重大消费纠纷的披露义务。

第二节　消费纠纷单纯自行和解

从消费者方面讨论增强其协商和解能力与社会资本，很多是难以制度化的且不好一概而论，从业者方面讨论则比较容易建立程序化与制度性的框架，以满足消费者对高效、公正和快速的消费和解机制的需求。因此，笔者研究完善消费者与业者单纯自行协商和解问题，将主要围绕业者的消费者抱怨处理机制的设置与优化展开。

一、消费者抱怨处理机制概述

（一）消费者抱怨处理机制的价值

在使用一件产品和享受某项服务的过程中及之后，消费者会形成满意或不满意的感觉。消费者满意度是指使用产品或获得服务以后对其总的态度。这是一个由特定购买选择以及使用和消费体验所带来的选择后评价。

佛耐尔等学者在 1996 年建立了美国顾客满意度指数（ACSI）模型（见图3-2）。它是以顾客感知价值、感知质量和顾客期望为基础，测量顾客总体满意的情况，而消费者期望与感知相衡量后的满意与否，则直接决定了消费者是持忠诚态度还是采取抱怨行为。研究者根据这一模型，能建立一个由多元方程组成的计量经济模型。该模型把顾客满意度及其决定因素——顾客的期望、感受到的质量、感受到的价值、影响利润水平的顾客抱怨以及顾客忠诚度联系在一起，根据方程的变量，输入被访问者给出的分数就可计算业者的顾客满意度得分。

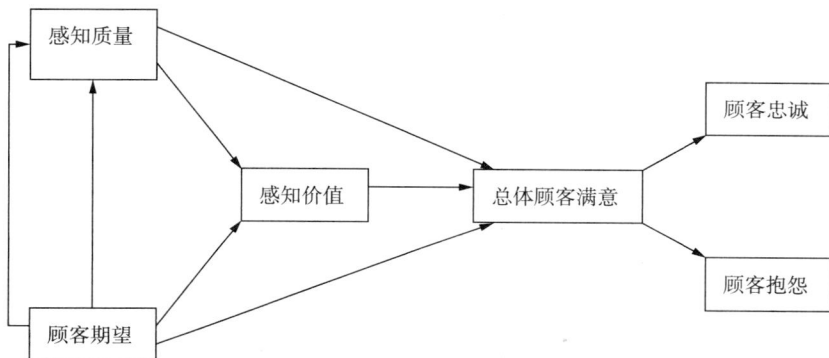

图 3 - 2　顾客满意度指数模型①

从管理的角度来看，维持并提高顾客的满意度是十分重要的。"一项研究调查了顾客对瑞士公司的满意程度，结果表明：在长达五年的时间内，顾客满意度每提高 1% 就会使公司投资回报率上升 11.4%。研究人员同时发现，感到满意的顾客对未来现金流有着积极的影响。"② 因此，提高顾客满意度的计划应被视为一项投资③。对客服系统或消费者抱怨处理机制进行更多的投入

---

① C. Fornell, M. D Johnson, E. W. Anderson, J. Cha, & B. E Bryant, The American Customer Satisfaction Index: Nature, Purpose, and Findings, Journal of Marketing, No. 4, 1996.

② ［美］莫温、迈纳：《消费者行为学》，黄格非、束珏婷译，清华大学出版社 2003 年版，第 171 页。

③ 通过优化协商和解机制提高顾客满意度是"物超所值"的，例如英国航空公司花费 6700 万元引进了一套电脑系统来分析顾客的偏好，这个系统被亲切地称为"抚慰"。基于对顾客的深入研究，英航认为，大约有 67% 的乘客会再一次乘坐飞机，前提是航司对他们的投诉进行了有效的处理。在实行"抚慰"行动以前，英航每天都有大量的投诉信，现在他们把投诉信件和一些与之相关的旅行资料迅速地扫描进电脑，"抚慰"系统会自动地按类别将投诉分类，为不同种类的投诉提出了适当的赔偿意见。这样做之后，英航在过去要花费一个月的时间用来处理顾客的投诉，现在大约只用三天的时间就可以解决。调查发现顾客对公司的满意度从以前的 40% 上升到了 65%。随着满意度的提升，投诉的顾客越来越少，对顾客的赔偿也在不断下降。参见［美］珍妮尔·巴洛，克洛斯·穆勒：《抱怨是金》，赵西译，北京师范大学出版社 2007 年版，第 11 - 12 页。

和改造不是白白浪费，其产生的效益是"物超所值"的。

1. 维护业者形象，减少负面评价口头传播

业者通过积极处理消费者抱怨，可以对其产品或服务产生的失误进行补救，会维护和提升企业形象，并挽留和维系与消费者的商业关系。"人们往往更容易在朋友中传播那些没有得到解决的负面经验，而不是宣扬正面事件。"① 斯普恩等人研究指出，服务补救的正面效果可降低原始失误所带给顾客的不良效果，可以转移顾客对于失误归咎的方向②。罗赛劳在其研究中发现，通过积极执行确认服务失误与解决顾客问题的方案，每年既有顾客的续约率为98%，但服务补救如果失败，其结果会比未对顾客提供补救来得更糟③。由此可知，只有有效的服务补救才能降低服务失误的不良影响。

消费者越满意，则越有可能会再次进行消费，并且也会向他们的亲友传递好的口碑。不满意的消费者倾向于向其朋友和熟人表达内心的不满，这会使业者不仅失掉这些不满的消费者，还可能由于负面的口头传播效应而失去对其他消费者的销售可能性。当某个消费者感到不满时，最好的结果是他仅向业者而不向其他任何人表达他的不满，这会使业者警醒于问题所在，做出必要的改进，使负面的传播得到控制。良好的内部的顾客抱怨管理提升业者名誉，建立消费者信任和忠诚并吸引新的顾客，而每个离开了的不满意消费者意味着一种潜在的负面舆论威胁。因为人们更愿意相信熟人亲身体验的介绍，而不是广告的促销宣传。有效处理投诉是良好口碑的有力来源，越不满意的顾客越容易通过口耳相传的方式宣泄他们的不满。中国文化中本来就重视口耳相传的信息，"一传十，十传百""好事不出门，坏事传千里"等俗语就形象地说明了负面口碑传播的扩散性与威力。

2. 处理抱怨比市场营销更有益

美国的一项调查显示，消费者向业者投诉与否及投诉是否高效解决与其再购意愿紧密相连（见表3-4④）。

---

① John A. Schibrowsky and Richard S. Lapidus, Gaining a competitive advantage by analyzing aggregate complaints, Journal of Consumer Marketing, 1994, 11（1），p15-26.

② Spreng, Harrell & Mackoy, Service Recovery: Impact on Satisfaction and Intentions, Journal of Services Marketing, 1995, Vol. 9, p15-23.

③ B. Rossello, Customer Service Superstars, ABA Banking Journal, Vol89, No. 10, 1997, p96-104.

④ 胡雯祺：《客户服务真功夫：呼叫中心座席代表实操手册》，海天出版社2008年版，第84页。

表3-4 不满意的客户有多少会回来购买商品或服务？

	会回来	不会再回来
不投诉的客户	9%	91%
投诉没有得到解决的客户	19%	81%
投诉得到解决的客户	54%	46%
投诉被迅速解决的客户	82%	18%

备注：上述客户不满确有合理原因并消费超过一百美元

　　业者所应注重的不仅是如何提供更好的产品和服务给顾客，更加要注意当产品或服务产生问题或失误时该如何协商解决问题和争议。尽管不少业者对处理消费者抱怨态度积极，但还是有很多业者没有树立消费者抱怨就是商机的观念，也没有从组织上落实如何有效地处理消费纠纷。大部分业者视开发顾客为发展企业、创造利润的主要来源，运用各种营销手段试图赢得更多的消费者选择。然而，在市场营销的同时，企业未必想到产品、售后与客服存在的缺失和漏洞，消费纠纷与消费者抱怨得不到有效、方便地解决，正在不断使业者流失其辛辛苦苦赢得的消费者。

　　根据塔克斯和布朗恩的实证研究发现，吸引一位新的顾客成本是维持既有顾客成本的五倍。该研究提出关键性的四个原因，说明顾客为何不愿意直接向企业反应其不满，分别是顾客不相信业者会负责，顾客不愿意与须为该事件负责的人员直接接触，顾客不确定自己的权益与业者的义务，顾客认为申诉过程将费时又费力[①]。成本比值表明维持旧有的顾客与开发新顾客一样重要，一个企业如果不能妥善维持其既有的顾客，那么花再多的努力来开发新市场、新顾客可能亦是枉然。

　　很多大中型业者都容易产生错误的安全感。根据上述实证研究结论，业者必须慎思其销售额与利润下降，其中一个重要原因是客户赢得量无法补足客户流失量，甚至流失量大于成长量。如果有六千名客户，其中有一千名新客户取代了一千名旧客户，不能沉浸在顾客没有减少的错觉中。事实上，一名新顾客也没有增加，因为这一千名顾客已经花掉了维持五千名老顾客的成

① S. S. Tax, S. W. Brown, Recovering and Learning from Service Failure, Sloan Management Review, 1998 Fall, p77-88.

本。流失的一千名顾客也许不会回来告知其不满或已"移情别恋",但是他们绝对不会遵守"隐恶扬善"的美德,而会散布其所受到的委屈和不公,成为业者积极的负面"公关",且是因亲身经历而富有很强说服力的"名誉终结者"。流失的一千名顾客等于"不定时炸弹",将会严重威胁业者的商誉,而产生一次负面的印象,业者至少要多次非常良好的正面印象,方足以弥补。这一千名流失消费者以其舆论传播的辐射力及衍生覆盖力,将会使业者承受惨重的代价。消费者所带来的负面印象,是营销活动很难弥补的。潜在的目标客户群宁愿向熟识的身边人了解情况、听取建议,而很少有人只相信业者的营销行动。当两种信息相反时,业者的营销活动是当然的输家。消费者不可能相信业者宣传而不相信前人的"实证调查"。因此,消费者不满的舆论可能摧毁强力的营销活动效果,如果再加入传统媒体、网络平台等呈几何级放大效应这一变量,其"杀伤力"将更为巨大。顾客不抱怨不代表没有其他行动,最典型的就是用手中的货币选票改投别家,选择离开。业者流失的消费者越多,其获得新顾客越困难、付出的营销成本越昂贵。很多业者"喜新厌旧",宁愿花费巨资从事销售、推广以获得新顾客,并因此而自满。事实上,对业者而言,保有现存的顾客与扩展新顾客同等重要,甚至更重要,而且也较便宜。因此,假设公司拿出营销资源中的部分花费去充实和完善消费者抱怨处理机制以维持现有客户,会是更合理、更经济、更有效的投资。

3. 强化业者内部管理

顾客抱怨能够对业者特定部门、特定产品或特定的管理中存在的问题提供一个早期的警告,通过建构消费者抱怨机制,业者可以检查和解决他们直到消费者抱怨时才知道的产品或服务问题。消费者向业者直接的投诉,是业者获取信息、了解顾客对产品和服务期望的最有效和花费成本最少的一种方式。其他间接的调查方法的费用则更高,例如进行顾客满意的基础研究或者全面的关于顾客期望的调研。大公司可以进行各种形式的市场调查并能够支付得起所需的费用,而小公司则必须依赖于顾客告诉公司他们想要的产品和服务是什么。大中规模的业者可以从处理消费者投诉中及时发现问题、改善产品,避免大规模退货对公司财产和形象带来的损失,分析来电客户的消费心理和习惯等。业者可通过投诉,监督和评估原料采购部门、生产加工部门、市场营销部门等的工作以及营销网络的服务质量,更好地改善企业内部管理,使得投诉处理与客服部门成为业者内部一个真正独立的"监察部",将消费者的意见和不满反映到生产与销售的各个具体环节，成为沟通业者与消费者的桥梁和管道。

4. 节省解纷成本

通过运作一个良好和公平的内部的消费者抱怨处理机制，业者能够及时发现不满、处理矛盾，避免小问题酿成诉讼纠纷，产生更多的高额赔偿后果。业者从昂贵、费时的法律诉讼可能的减少中获益①，也比寻求其他诉讼外纠纷解决方式可能更节省费用和时间成本。同时，由诉讼、曝光等产生的有关公司的负面宣传也被避免了。

（二）消费者抱怨处理机制的设置与局限

正因为消费者抱怨处理机制有诸多的价值，作为一个理性的"经济人"，业者必然需要设计相关的处理纠纷程序和机制，即使是小型业者也会形成处理消费者抱怨的一些程序惯例和基本规定。消费者和业者间的直接协商正在广泛地发展和正式化，考虑到业者在直接协商中是重复博弈者，大中型业者或多或少会在内部建立和运作正式化的抱怨处理项目或程序去处理消费者大量的抱怨，这一趋势伴随着大量的职业化和制度化的行动方案。

内部的消费者抱怨处理项目，其方案和程序有志愿的（例如法律没有要

---

① 美国密西根大学医学中心自 2004 年起对医疗纠纷采用全公开（Fully Disclosure）政策与做法，将所有讯息、资料和调查全部都告诉病人或家属。原本担心医疗诉讼赔偿金额可能大幅上升，然而结果是该院每年因医疗纠纷与诉讼所补偿予病人或家属的金额，不但没有增加反而大幅下降，这也造成了全美医学界的轰动。该院的风险官（Chief Risk Officer）——Boothman 律师受邀到美国参议院作证说明其实际做法。由于采取了完全公开（full disclosure）以及诚实面对的政策和态度，整个医院从管理层到个别医师，才有可能真正面对问题，也才会真正地去寻求确实的改善之道。通过这些病人安全观念以及文化的改善，密西根大学医学中心的诉讼与医纠案件数急速下降（drop like a rock），和解成功率提高，每一个个案的处理费用（律师费、医患纠纷处理部门的人事成本等）减少了 60%，每一个案赔偿金额也大幅减少。医院的医师执业保险预备金减少了 80%（这对医院财务大有帮助）。处理速度由个案用时 20.7 个月下降到 9.5 个月。院方表示，采取透明的作法，其实不会有任何损失，因为如果有错，我们本来就准备赔，所以向你说得更清楚一些也没关系。如果我们调查之后，认为没有问题的话，那就不会赔。所以院方也会乐于知道对方的律师的质疑与挑战，在上法院之前就了解所有的问题与弱点。而如果双方对于和解金额有所差距时，通常这都要通过谈判来达到共识，而这些金额的差距，通常会有许多相关判例与资料可以参考，而不会是漫天喊价。重要的是，完整的解释本身不会造成任何问题，而且在完整的沟通过程之后，就算是病人的律师也会愿意说出真心话，甚至会说不想去告这个当事的医师。该院每年约有 180 万门诊人次，22 万 5000 急诊人次，一整年来却只有 88 件的医疗纠纷索赔案件，在 2007 年创下了历年来的新低。也由于院方这种透明的态度，所以一项调查发现，有66% 的律师不会选择代理牵涉到该院的个案。参见台湾大学医学院附设医院：《美国密西根大学医学中心学习与参访报告》，2007 年 10 月 15 日。

求的）或由法律强制的，通过个别业者或业者协会开发和实施的，适用于对单个或一些业者产品、服务的抱怨。内部的消费者抱怨处理方案可能采取不同的组织形式，包括内部的客户服务代表、内部的监察官、完全免费的电话。[①]

客服热线是最常见的抱怨处理机制的外观，消费者对产品的抱怨通常是面向零售商而没有传达到制造商，一项调查发现，"80%的抱怨都是投向零售商，只有不到10%的抱怨投向生产商，很多厂商试图通过建立和推广'消费者热线'来解决这一问题——消费者觉得必要时可以拨打免费电话来和企业的代表取得联系。通用电气公司每年花1000万美元于它的'回复中心'。该中心每年处理300万个消费者电话。通用公司认为，'回复中心'的回报远高于公司对该中心的投入。……汉堡王（Burger King）的24小时热线每天收到4000个电话（65%为抱怨），并在第一次电话后解决95%的问题。为确保消费者满意，公司还在一个月内对25%的抱怨者进行电话回访"[②]。通过调研，"美国电话电报公司总结说86%的顾客愿意打免费热线而不是给公司写信，62%的顾客更倾向于选择有免费服务热线的公司。"[③] 也就是说，有免费服务热线的业者比没有热线的更具竞争力。业者应该把这些免费电话视为赢利工具而不是负累，因为它们具有很强的公关价值。尽管热线为消费者抱怨提供了方便，仅仅靠这一手段还远远不够，因为不能正视和有效处理抱怨会导致更大的不满，所以业者应着力解决消费者提出的问题而不是仅仅给消费者一个抱怨的机会。

对消费者而言，内部的抱怨处理机制可能有下列益处。第一，也是最主要的，与诉讼相比更快、更合理、更节省；第二，消费者能够在业者回应消费者问题前知道有关信息；第三，消费者被保证公司在满足他的服务与可靠性要求，如果不能保证，消费者会以某种方式获得赔偿；第四，消费者有直

---

① Consumer Complaints Management. A Guide for Canadian Business, Industry Canada, p17, http：//www. ic. gc. ca/eic/site/oca-bc. nsf/vwapj/ConsumerComplaints. pdf/ $ FILE/ConsumerComplaints. pdf.

② ［美］霍金斯、贝斯特、科尼：《消费者行为学》，符国群等译，机械工业出版社2000年版，第367页。

③ ［美］巴洛、穆勒：《抱怨是金》，赵西译，北京师范大学出版社2007年版，第137页。

接接触对方的机会，可以使他们充分地表达自己的想法和倾听对方的声音①。金融行业抱怨服务（the Financial Industry Complaints Service）是澳大利亚最主要的以行业为基础的纠纷解决机制，但是在其一项调查中，超过半数提出抱怨的消费者相信与经营者面对面的商讨是比"咨询"或"决定"程序更好的纠纷解决方式，因为商讨更公平（27%）或者可能节省时间（27%），尤其是它提供了充分表达自己案件的机会（82%），因为公司能够借此了解状况（53%）或者能够从他方听取意见（40%）②。

另外，当事人双方能够完全控制纠纷的结果，消费者抱怨处理是最少指令（least directive）的纠纷解决方法。内部抱怨处理通常是最初的解决消费者问题的形式，意味着这个程序使用之后消费者才会转往其他程序。因此，内部抱怨可以被归类为其他ADR项目（仲裁、调解或监察官项目）的守门人③。这位守门人的作用可能是有害的，也可能是有益的，取决于业者内部程序的性质。规制内部纠纷处理程序的规则的一个主要目的就是：避免这样一个守门角色，可能导致消费者求助于其他更富指令性的纠纷解决机制的耽搁情况的出现。

内部顾客抱怨处理项目如果不成熟，不能很好地执行，会产生有害的效应。运作不良的内部顾客抱怨处理项目能挫败和误导消费者试图寻求的救济。设计和执行不良的顾客抱怨处理项目能够带来负面的宣传并导致信任和生意的流失。而且，当一个内部顾客抱怨处理项目的披露不充分，对于消费者、政府和业者来说，很难辨别方案是否在有效运作。公平地对待消费者也很困难。例如，当消费者发现不了先前的救济行为，对他来说如何选择救济就是一件困难的事情。这能够使一个表面上出于好意和有效的内部的顾客抱怨处理项目很不名誉。此外，试图限制消费者使用其他纠纷解决机制的能力，或者强加给消费者隐藏成本的内部顾客抱怨处理项目，可能会激起严重的负面反应。对使用内部顾客抱怨处理项目进行收费，会破坏和阻挠消费者使用它

① The Study Centre for Consumer Law-Centre for European Economic Law, An analysis and evaluation of alternative means of consumer redress other than redress through ordinary judicial proceedings-Final Report, Leuven, January 17, 2007, p48.

② National report of Australian in The Study Centre for Consumer Law-Centre for European Economic Law, 28 national reports, Leuven, 15 november 2006.

③ M. Doyle, K. Ritters and S. Brooker, Seeking resolution. The availability and usage of consumer to business alternative dispute resolution in the United Kingdom, published by the DTI, 2004, p25, p54.

们，以致消极地影响公司形象，降低收到有关需要改进领域的反馈的可能性。最后，内部的顾客抱怨处理项目可能不足以回应（特别是严重的）消费问题。例如，消费者因为使用产品或服务受到人身伤害或巨大的经济损失，诉讼可能是必要的。当一方当事人有欺诈的行为时，内部顾客抱怨处理项目不能被当作一个解决办法。这种情况下，考虑到没有任何第三方介入的压力，内部顾客抱怨处理在某种程度上注定要失败①。当这对业者来说是合理和方便时，大多数业者会善意地回应抱怨。但另一方面，如果在事实或法律含义上有实际的分歧，业者倾向于拒绝抱怨。很明显，在当事人之间有实际的分歧情况下通过包括第三方的纠纷处理机制处理更好②。顾客愿意投诉的一个最关键原因是，他们相信通过投诉问题可以被解决。当前，我国一些业者将其客服服务或呼叫中心转包出去，也没有进行很好的培训和规范，导致客服质量不高，处理纠纷不力。还有一些客服项目抱着敷衍、回避的态度与消费者协商，百般强调理由，解决方式不合理，且程序拖沓，这些不仅发挥不出业者消费者抱怨处理程序的优势，反而造成消费者解纷成本的不当增长和业者商誉的损失，使得消费者不愿求助于业者内部程序解决消费纠纷，便捷低廉的协商和解解纷资源出现了闲置。

二、业者消费抱怨处理机制的优化

业者的协商和解机制一定要关心作为纠纷处理程序使用者的消费者在程序中的体验和感受。许多业者在处理顾客抱怨并作了一些补偿后，总会一厢情愿地认为消费者理当捐弃前嫌，重回怀抱，殊不知消费者对抱怨处理满意与否取决于许多指标性的因素：第一，时间，业者应立即处理还是拖延时间，时间拖得越长，越难取得消费者的谅解；第二，伤害度，事件大小与伤害的程度，包括物质的损失与精神的伤害，大部分纠纷以感情和尊严的伤害最让消费者难以释怀；第三，态度，业者承认错误与否，诚恳与否影响纠纷处理的难度；第四，程序，处理程序的长短，便捷与否等；第五，人员，处理抱

---

① The Study Centre for Consumer Law-Centre for European Economic Law, An analysis and evaluation of alternative means of consumer redress other than redress through ordinary judicial proceedings-Final Report, Leuven, January 17, 2007, p49, p53.

② A. Best and A. R. Andreasen, Consumer Response to Unsatisfactory Purchases: a Survey of Perceiving Defects, Voicing Complaints, and Obtaining Redress, 11 Law & Society, 1977, p732.

怨的人员层级，有无足够授权，说话的内容、方式、语气、肢体语言等是否让消费者有受尊重的感觉；第六，补偿方式，包括补偿的原则、规定、条件，消费者获偿的便利性，量与质是否合乎期待，方式方法有无弹性；第七，后续服务，事件处理之后的后续追踪。"后续服务是深切消除顾客心结、重拾信心，让顾客重新归队非常有效的利器，缺乏此追踪，则可能失去大半良机。"①抱怨处理机制越是符合以上七项要素，越能消除消费者怨气，如果只符合其中的几项，消费者不一定会再回来，端赖努力的程度、用心的多寡，顾客在感情上受感应的深浅。若是业者基本不符上述要素，便会制造敌人。消费者抱怨能否得到妥善处理，其与业者能否达成和解取决于程序的快捷、业者的态度、程序的亲和性与抚慰性、补偿方式的灵活性等多个方面，是一项系统工程。笔者认为，优化这一程序必须从以下这些方面着手：

（一）选择恰当的消费者抱怨机构设置模式

从有关商家和公司的实践，能够挑出至少三种主要的有关抱怨处理组织化与正规化的解决方案：第一，公司有专门的抱怨处理人员和正式的抱怨处理程序；第二，公司有正式的抱怨处理程序但没有专门的抱怨处理人员；第三，公司没有正式的抱怨处理程序。是否存在专门的抱怨处理人员往往取决于公司的规模，公司规模越大，具备专门抱怨处理人员的可能性越高。在实践中，抱怨处理单位是集中的点，通常隶属于首席执行官或类似的角色。他们由一个被称为消费者服务官或消费者关系官的人领导，其手下可能有一些专门处理消费者抱怨的职员②。这样一个抱怨处理单位对进入的抱怨进行管理并负责。

第一种模式有专门化的抱怨处理部门。从消费者的观点看优势有：确保有关抱怨的处理决定不是由引发抱怨的雇员做出；抱怨被快速处理以及在程序中与消费者进行必要的交流的可能性增加；正式的抱怨处理程序和专门的抱怨处理人员的存在，有助于抱怨处理实践的透明化，因为其被视为公司内部不同的活动领域。从公司的视角来看，独立的抱怨处理部门的存在使得公司能够最佳化地运作和从消费者反馈中受益。第二种模式有正式的程序和单

① 洪秀銮：《优质服务：抱怨是最好的礼物》，（台湾）平安文化有限公司2001年版，第117—118页。

② J. Birds, C. Graham, Complaints against Insurance Companies, 1993 Consum. L. J., p99-100.

独的抱怨记录，但没有内部专门的抱怨处理人员。对消费者来说，这种程序是有风险的，例如无法快速处理抱怨或者做出处理决定的人正是制造抱怨的人员。第三种模式，缺乏正式的抱怨处理程序在实践中通常是小公司的特征。缺乏正式程序并不意味着这些公司没有意识到消费者的问题，抱怨反而能够快速地吸引公司管理层，但对消费者来说最主要缺点是抱怨处理可能取决于导致抱怨的雇员。另外，回复抱怨的时间可能没有明确限定，有关抱怨也没有记录。从公司视角，不利之处是无法为管理目标获取信息，也无法通过消费者反馈改善服务质量来受益。毫无疑问，这三种模式对消费者利益的保护来说是不同的，其中，第一种模式是最佳保护。如果公司的规模和经济状况允许，应该设立独立的消费者抱怨处理部门，这一部门的领导和成员要被赋予足够的权力去做出决定和审查其他管理人员做出的决定，包括对其他部门的调查权。大型和中型的公司应该确立这样的标准。

（二）健全纠纷处理程序与机制

健全协商和解相关程序是很有必要的，在韩国，经营者及经营者团体有一种机构设置义务，即设立一种接受消费者投诉、与消费者商谈、迅速处理关于消费者侵害及损失赔偿的专门机构，由韩国财政经济部规定有关机构设置、运作以及商谈内容和程序的相关标准①。这一系列规定使协商和解的运作得以规范化和制度化，为协商方式解决消费纠纷提供了制度保障。

由加拿大工业部（Industry Canada）核发的顾客抱怨处理程序最佳设计的综合性的原则目录，包括以下一些原则②：

● 第一步是通过零售网点、广告、宣传册和文章大力宣传；

● 在处理抱怨和解决纠纷方面对雇员进行训练，并要他们礼貌对待消费者；

● 程序要有足够的资金支持和恰当的后勤安排以使其适当地运转；

● 正规的检讨和监控以确保程序起作用和持续的改进；

● 对消费者来说，通过企业免费电话、传真、信函或电子邮件进行抱怨的程序是容易的；

---

① 韩国《消费者保护法》第 18 条和第 58 条，参见赵冬、徐瑜：《韩国消费者争议解决方式探微》，《理论界》2007 年第 9 期。

② Consumer Complaints Management, A Guide for Canadian Business, Industry Canada, p21. http：//www. ic. gc. ca/eic/site/oca-bc. nsf/vwapj/ConsumerComplaints. pdf/ $ FILE/ConsumerComplaints. pdf.

● 程序对消费者免费；

● 回应快速；

● 通过程序的不断更新与消费者保持连续的交流；

● 程序的每一阶段都有时间限制并让抱怨的消费者了解。

哈特等人认为，企业进行有效补救活动有七项过程：一是衡量有效服务补救的成本；二是打破顾客对失误反应的沉默，并适时地倾听抱怨声音，鼓励抱怨的提出；三是事前预测顾客所期望的服务补救；四是快速采取补救措施；五是对员工进行补救活动的教育训练；六是授权给第一线员工，让员工能掌握补救作业的内容与反应；七是结束补救过程，并回馈信息给顾客，让顾客有倍受尊重的感觉①。

世界银行编撰的《金融消费者保护的良好经验（2017 年版）》针对银行业的投诉处理机制提出了 5 条良好经验（Good Practices）②。

（1）各金融服务经营者应当具备与投诉处理程序和体系相关的适当组织架构和书面政策，即设定负责该项工作的高级管理人员的职能部门，有效、快速、公平地处理消费者对经营者的投诉。

（2）金融服务经营者应当遵循投诉处理职能和程序相关最低标准，包括：①处理投诉的最长时间不超过可适用的第三方纠纷解决机制的最长期限；②提供电话、传真、电子邮件和网站等一系列渠道，用于接收符合受理类型和地理位置的消费者投诉，包括根据金融服务经营者运营规模和复杂度尽可能提供免费的（toll-free）电话热线；③广泛宣传关于消费者提交投诉的方式和渠道的明确信息，包括经营者的网站、营销和销售材料、关键事实说明（KFSs）、标准协议和产品与服务的销售地点，包括分支、代理和多种经销渠道；④在整个投诉处理过程中，尤其在对消费者作最终回复时，宣传和告知消费者可用的外部 ADR 机制；⑤对处理消费者投诉的职工和代理人进行适当的培训；⑥使投诉处理职能部门独立于营销、销售和产品设计等业务部门，保证根据经营者的规模和复杂度尽可能公平和无偏见地处理投诉；⑦金融服

---

① C. W. L. Hart, J. L. Heskett & W. E. Sasser, The Profitable Art of Service Recovery, Harvard Business Review, 1990. 68 （4）, p148 - 156.

② The World Bank Group, Good Practices for Financial Consumer Protection （2017 Edition）, http：// documents1. worldbank. org/curated/en/492761513113437043/pdf/122011 - PUBLIC-GoodPractices-WebFinal. pdf.

务经营者应当在收到投诉后，尽快将投诉凭证储存（acknowledge receipt）于持久的媒介（以书面形式或消费者可储存的其他形式或方式），并通知消费者最终答复的最长期限和方式；⑧在最长期限内，通过持久的媒介告知消费者，经营者对投诉的决定，如向消费者解释纠纷解决条款；⑨保存所有投诉的书面记录，但是不要求投诉以书面形式提交（允许口头提交投诉）。

（3）金融服务经营者应当留存并使监督机构可获取所有个体投诉的最新和明确记录。

（4）金融服务经营者应允许其投诉处理和数据库系统向监管机构报送投诉统计数据。

（5）业界应当鼓励金融服务经营者利用投诉信息分析，持续改进政策、程序和产品。

笔者认为，作为一种分解步骤，业者解决消费者抱怨的处理程序大体都是存在的，但许多没有制度化或并不健全，在抱怨处理前、处理中和处理后都有需要着重予以强化的部分。

首先，作为前提和前置条件，抱怨处理机制在人力、物力等组织资源上必须配置充分，否则会直接影响其机能的发挥。同时，业者要对其进行广泛、多样的宣传，以使之得到充分地利用。

其次，程序的公开与透明是一个重要的问题，以便外部的观察者或监管部门能够评估此机制运作的好坏。在消费者提出抱怨后，业者必须在收到后立即签署抱怨确认书或留有可查询的其他介质的记录。如果业者检查抱怨，得出一个特定抱怨不能处理的结论，必须向消费者解释拒绝的理由并告知其有权将纠纷提交其他机构。程序必须提供给消费者精确的救济（修理、退货或更换），但是还应该有一些附加的救济，例如道歉。

业者有关抱怨的最终决定应以适当的形式作出（例如书面或其他可保存的介质），应充分地讨论抱怨的主题，把公司关于如何解决抱怨的计划清晰地展示给消费者①。业者应该制作和保持其收到的抱怨和如何解决的记录，对公众检视开放。这可以使互相竞争的业者相互比较，从而刺激他们更加公平地对待消费者的抱怨。这样一个抱怨系统的存在可能也会鼓励消费者登记他们的问题，即使他们预计要被业者拒绝，他们可能知道他们的报告能被其他消

---

① Cf. the British Financial Services Authority Rules DISP 1. 2. 16 (3), Putting it right, p10.

费者、消费者利益群体或消费者事务官员接触到。一个保持记录的体系也能够提升行政机关对适用不公平模式处理消费者抱怨的业者采取行动的能力①。缺乏记录，就难以发现消费者抱怨是被解决了，还是仅仅有一个结论。大部分缺乏透明度的项目很可能使消费者难以知悉什么服务是他们可能期待的以及权衡优点与可能的缺点②。

第三，为避免经营者对协商和解的消极应对，可采取多种监督制约措施，如收集和发布投诉信息，设立评价机制并定期公布评价结果，以对商业信誉的影响来促进和谈机制的有效运行。作为确保抱怨处理项目必要质量的第一步，应该进行定期的监测、检讨和不断地改进项目运作。为了计算抱怨处理项目可能起的效果，业者要收集抱怨项目启动前的情况和启动后每隔一段时间有关情况的信息。例如，可对有问题的消费者作随机的电话回访，以发现抱怨处理程序运作效果。另一个办法就是利用独立调查公司去收集和分析有关公司抱怨处理项目的客户的感受和信息。

（三）增强纠纷处理程序的可接近性与及时性

能否提供给弱势消费者平等救济的可能性是恰当设计抱怨处理项目的任务。其中很重要的一点是免费客服热线。企业免费电话（Toll-Free Numbers）会带给消费者一个简单的、即刻的、个人的和免费的解决问题的方法或得到问题答案的方式，可能会阻碍消费者抱怨的一些障碍能在这种方式中得到克服。考虑到企业免费电话使公司的服务可接近，更多的顾客可能联系公司。而且，尽管建立企业免费电话可能涉及公司的一些成本，立即回应消费者抱怨和询问的能力从长远来看最终会有助于减少公司的支出③。抱怨处理程序被视为业者对消费者履行义务一种手段，因此有理由要求项目免费。欧盟销售指引（the EU Sales Directive）规定，消费者要求修理和更换商品是不能收费的。免费是无条件的，业者必须确保这一程序是经费充足的，鉴于良好的内

---

① A. Best and A. R. Andreasen, Consumer Response to Unsatisfactory Purchases：a Survey of Perceiving Defects, Voicing Complaints, and Obtaining Redress, 11 Law & Society（1977）, p732.

② M. Doyle, K. Ritters, S. Brooker, Seeking resolution. The availability and usage of consumer-to-business alternative dispute resolution in the United Kingdom, published by the DTI, 2004, p54.

③ Managing Consumer Complaints, Office of Consumer Affairs（OCA）, U. S. Department of Commerce 1995, Recommendation 1.

部抱怨处理程序的优点，这一财务支出不应被看作是累赘①。

抱怨处理程序可接近性的另一个方面体现的是公司的雇员认识和了解项目的存在并致力于确保其按照程序行事。英国的一项实证调查显示出公司高层管理人员对抱怨程序明确的承诺，与在分支机构中和顾客面对面的人员之间存在着不小的距离②。抱怨程序的运作必须不仅在总部层面，而且要在分支机构层面，因为在分支机构层面消费者个人最有可能想要提出抱怨。为了对顾客需求能做出迅速反应，组织机构需要扁平化和尽可能得到授权。

有研究表明，消费者在将他们的抱怨提交一个外部的 ADR 机构以前，经常在内部抱怨阶段经历令人沮丧的拖延。因为内部抱怨处理通常是消费者提出诉求所使用的第一个途径，通过推迟救济活动的时间，过分长的抱怨处理程序会对消费者造成伤害。而且，鉴于一些特定司法管辖区法令的限制，一个过分长时间的抱怨处理可能影响消费者获得其他 ADR 或诉讼救济。因此，内部的抱怨应该在一个快速的程序中得到处理。欧盟销售指引（the EU Sales Directive）要求"任何维修或更换应该在一个合理时间内完成"。在实践中，一个抱怨处理程序的持续期间无疑取决于公司的类型和规模以及一个公司具体的抱怨处理战略。透明的时间期限为消费者和公司双方提供了一个预先决定的结构，并且对提出抱怨的消费者能够期待什么提供指引。有 3 个关键的时间限制：收到书面的抱怨承认书的时间，进一步接触的时间，作出解决抱怨的决定的回复时间。这主要用于比较复杂的纠纷③。业者对消费者抱怨缺乏回应被视为对内部的抱怨处理公平原则的明确违反。所有的内部抱怨处理最佳行为准则（best practices codes）和规章都规定了业者有义务回应消费者提出的抱怨，这些文件都引入了对不回应消费者抱怨的业者的制裁。例如波兰电信法规定业者在 30 天以内不回应消费者的抱怨就被视为认可消费者抱怨是

① The Study Centre for Consumer Law-Centre for European Economic Law, An analysis and evaluation of alternative means of consumer redress other than redress through ordinary judicial proceedings-Final Report, Leuven, January 17, 2007, p65.

② R. James, M. Seneviratne and C. Graham, Building Societies, Customer Complaints, and the Ombudsman（1994）23 Anglo-Am L Rev, p214.

③ The Study Centre for Consumer Law-Centre for European Economic Law, An analysis and evaluation of alternative means of consumer redress other than redress through ordinary judicial proceedings-Final Report, Leuven, January 17, 2007, p64－65.

有理的。①

（四）确保程序的独立与公正

在投诉渠道的选择上，消费者往往要考虑便捷、问题解决的能力和权威、公正性等因素。业者的内部抱怨处理在纠纷受理的便捷度上虽然是最高的，但消费者对其公正性则很难持正面态度，不少业者不太能正视自己的错误，尽管有一些客服或售后承诺，但在处理投诉中往往通过提供相关凭据、要求检测、拖延时限等设置障碍，使消费者更觉弱势，以至丧失维权动力和信心。相比业者的拖延战术，媒体立竿见影的曝光和第三方调解机构明确的处理流程，都给予消费者更多信心。因此，消费者会倾向于投诉于媒体或消协等外部力量。业者在对待消费者投诉时，如何保证不"胳膊肘往里拐"，将是提高消费者满意度的关键。也就是说，业者的消费者事务部门在政策制定、情况上传、监督其他业务部门等方面必须具有超然的权力和较为独立、超脱的立场，才能保证抱怨处理程序的公正。

抱怨处理人员既不能是制造抱怨的职员，也不能是与抱怨者有关的人，或者出现任何可能影响抱怨公正处理的情形。除了内部不同人员处理外，也有通过与机构彻底分开的主体来做出处理决定的。例如，瑞典保险公司 IF 抱怨处理项目，顾客小组在抱怨程序中做决定，共有 8 位成员组成，其中 6 名是普通的在保险方面没有经验的 IF 的顾客，另外 2 人一个是律师一个是 IF 的代表②。确保程序独立公正需要企业内部结构作出一些调整和改变。

客服机制的首要任务是处理投诉，答复顾客问询。"如今，在美国和欧洲，相当数量的企业通过设立专门负责处理消费者关系的服务处或（'消费者女士或先生'）负责人，来改变内部结构。在食品大企业（'来齐厄'，'艾维昂'），家用电器设备企业（'森吉尔'），美容品企业（'奥利亚'），经销企业（'普罗莫戴丝'）都有这类负责人。……在'来齐厄'，开展任何一项广告宣传都要得到消费者服务处负责人的赞同。在'艾维昂'亦是如此，当与领导发生严重冲突时，他能引用'道德条款'。"③这样的客服部门应是业者内部的"异议人士"，应该代表消费者的心声和利益，才能取得改良功效。

---

①　Art. 106 of the law on telecommunication of 16 July 2004.

②　National report of Sweden in The Study Centre for Consumer Law-Centre for European Economic Law, 28 national reports, Leuven, 15 november 2006.

③　[法] 热拉尔·卡：《消费者权益保护》，姜依群译，商务印书馆1997年版，第107－108页。

必须将之纳入企业，但又与各部门平等，保障其拥有足够的独立性，尤其不能把它看作是营销部门的附属，而应取消其与业者高层的中间环节，实现垂直直管，这样才能"下情上达"，连接消费者利益和业者决策与行动方向。

（五）态度第一，处理消费者情绪为先

"处于愤怒中的患者并不全是因为不满，在愤怒背后还隐藏着许多不为人知的实际情况、遭遇或受伤的心态。如果医生能接纳并倾听这些诉说，大多数患者都会冷静地与医生对话；而且由于被尊重、被接受，患者本身也会构建能够接纳'其他看法'的心理准备。这个过程是相互的，即若医生尊重患者、倾听他们心声，患者自然也会采取同样的态度。患方的态度是反映医方应答态度的一面镜子。"[①] 塔克斯等人研究指出，顾客由结果公平（Outcome Fairness）、程序公平（Procedural Fairness）、互动公平（Interactional Fairness）等 3 个层面来评估服务补救措施，评价结果影响顾客对此服务补救措施公平性的认知。①结果公平：是指顾客因为抱怨所获得的结果。顾客之所以感到满意是多半因为发生服务缺失的服务提供者，向顾客提供折扣、退货、免费。②程序公平：是指补救方式的政策、规则等。顾客觉得公平是因为公司勇于认错，并及时修正错误。③互动公平：是指在服务补救的过程中顾客感受到的人际对待。顾客觉得公平是因为服务提供者以有礼貌、关心、努力与富有同情心的态度与顾客沟通问题，并且努力解决问题[②]。笔者认为，消费者的基本需求是安心、放心以及人格得到尊重，并不是说仅仅就一个消费纠纷本身进行争议。处理情绪与处理纠纷是相互交织、难分彼此的，尤其业者诚恳的态度和深切的道歉本身就可能化解消费者的抱怨或解决纠纷。

美国有研究表明，如果医师道歉，约 30% 的医疗案件是不会起诉到法院的。那为什么认错道歉是一件很难的事情呢？首要原因就是法律归责，这会让医师因担心承担法律责任而不敢面对和处理错误；第二个原因是医师可能

---

① ［日］和田仁孝、中西淑美：《医疗纠纷调解：纠纷管理的理论与技能》，晏英译，暨南大学出版社 2013 年版，第 64 页。

② S. S. Tax，W. B. Brown & M. Chandrashekaran，Customer Evaluations of Service Complaint Experiences：Implications for Relationship Marketing，Journal of Marketing，1998. 62（4），p60－77.

觉得羞愧或害怕，进而掩饰错误①。因此，为鼓励医生诚实面对医疗错误及公开揭露并适当道歉与沟通，美国目前已有 35 个州与哥伦比亚特区实行"道歉法"（Apology Laws）②，明确规定对于表示同情或对受害者及其家属涉及创伤、痛苦、死亡表达关怀的口头、书面说明及关怀行为，禁止将其作为承认责任的证据在诉讼中使用。

　　道歉本身不足以解决纠纷，但却能缓解气氛并缓和当事人之间的关系。有学者认为，广义的道歉过程可以分为 4 个部分：认错；解释；包括自责、羞耻、谦卑和真诚在内的不同态度和行为；补偿③。显然，只有态度恳切、恭谦地平抚和改善消费者情绪，业者的抱怨处理才能真正奏效，消费纠纷才能谈得上真正得到化解。具体来说笔者认为一个"合情合理"的消费纠纷客服处理程序应包括以下 7 个关键性步骤：控制自身情绪→认真倾听消费者不满与抱怨→认错与稳定消费者情绪→表示歉意并诚恳解释→询问消费者需求→提出解决方案→补偿消费者。

　　业者必须先处理消费者的不满情绪，再处理抱怨。首先态度要不推托、不回避、不对抗，而是展现善意并安抚恼怒的消费者，耐心倾听消费者的抱怨和心声，表达同理心。在第一时间着手处理抱怨并信守当初的承诺，可以使消费者减少情感伤害，也可以减少双方解决纠纷的成本。即使在较为重大的纠纷或事故发生时，若在开始时即有良好的抱怨处理态度和方法，对于后续协商，也会有所助益。笔者认为，面对消费者抱怨时，以下一些方面是客服人员培训时必须重点强调的：①先处理情绪再处理事件，先关心人再关心物。先接受消费者有抒发情绪的权利，让其充分表达出来，等消费者情绪平稳后，才好进入纠纷处理和协商和解阶段。②姿态放低、语调放柔、态度和善。不可以大企业气势压人或冷漠态度怠慢人。从心理学上说，身段放低、轻柔说话及和气热情态度有助于缓和气氛和进一步的沟通。③先动之以情，

①　黄钰媄：《美国道歉制度的沿革及启示：告别对立走向对话》，（台湾）元照出版公司 2014 年版，第 28 页，第 38 页。

②　J . Barbara Phillips-Bute, Transparency and Disclosure of Medical Errors：It's the Right Thing to Do, So Why the Reluctance？. Campbell L. Rev. 35（2013），p344.

③　成功的道歉之所以起作用是因为它们满足了受害者一种——有时甚至是几种——心理需求。这些需求包括：恢复自尊和尊严、确认是否拥有共同的价值观、确认错不在自身、确保双方关系的安全性、亲眼所见受害者的痛苦、弥补伤害造成的损失、与受伤害者坦诚对话。［美］阿伦·拉扎尔：《道歉》，王绍祥译，商务印书馆 2008 年版，第 41 页，第 51 页。

再晓之以理。不能一开始就搬出内部规定，必须首先表示理解消费者的心情，给予同情，消费者才有接受道歉理由的可能性。④深切、诚恳的道歉。即使是不可抗力，也要先恳切道歉。⑤除了具有行业和专业知识，还要有耐心包容的心态、语言技巧及心理学知识。

总体上而言，消费者抱怨处理机制首先要配备适当的人力资源，同时要具有方便使用和快捷高效的特性，并且还需注重程序的亲和性和程序的自我反思意识。

第三节　消费纠纷媒体协助和解

一、实际绩效与作用机理

媒体协助和解指的是消费者通过向新闻媒体投诉以引发传媒报道消费纠纷的方式向业者施加压力，提升业者协商和解的意愿并最终解决消费纠纷。这也是日常消费纠纷时一种常常发生的协商和解方式，以如下纠纷为例。

冰箱裂痕耗时两年才通过媒体协助得以解决。2004 年底，成都市民张伟花 980 元在某电器商场买了一台华凌 BCD-88 型小冰箱，可使用了几个月冰箱内壁就出现了裂痕。2006 年初，张伟拿着购机发票找到家电卖场，对方以卖场名称已改为由拒绝受理。张伟找到厂家，对方称三包期已过，要求张伟支付 500 多元的维修费用。张伟认为是冰箱质量问题引起的裂痕，遂拒绝付钱。几方就这样耗上了。2008 年 3 月 10 日，张伟向本报讲述了自己的维权经历后，记者联系到华凌冰箱成都分公司，对方了解情况后在当天中午，派人上门将张伟那台冰箱拖走，并承诺免费维修好①。

（一）消费纠纷媒体协助和解的绩效

在这则案例中，消费者进行单纯的自行协商和解长达两年没有解决纠纷，而诉诸媒体引发其进入纠纷场域后，消费纠纷在当天就得到了解决。这种情况并非只是个例，而是频繁见诸报端或电视等媒体，可见媒体在消费者与业

---

① 缪扬、王伶雅：《消费者维权难在哪里?》，《四川质量报》，2008 年 3 月 17 日。

者协商和解谈判中发挥了极其重要的作用。沈一明对1994—2003年十年中的《人民日报》《中国消费者报》和《南方周末》有关消费者保护新闻以篇数作为分析单位，经过系统抽样共获得了1991个有效样本。从中可以看出城市是消费者新闻报道的主要地点，"事实陈述""责成有关部门"和"督促厂商"都是报道取向最多的，而焦点则是"消费受难"和"消费维权"①。在大量的消费者保护新闻中都隐约地设立了一个"非正义"的叙事框架，从报道中可以看出事件对消费者所造成的不同程度的伤害，媒体也倾向于对消费者的某些"受难故事"给予更多的关注，并借助叙事技巧和修辞策略，激发读者的共鸣。在这种呈现的基础上，一个"消费者权益至上"以及"损害消费者权益是非正义的"具有吸引力的公共话语得以建构，而媒体则力图通过自己的报道在全社会灌输一种维权的意识。考虑到全国为数众多的各种平面媒体、电视、广播以及网络媒体对消费纠纷的关注和介入报道，媒体协助和解的方式也解决了日常生活中相当数量的消费纠纷。

一项涉及全国九大城市的问卷调查显示，85.4%的业主遭遇过各种物业纠纷问题，就业主维权的路径来看，业主以"个人直接沟通""业主组织交涉"和"居委会交涉"为主，并且尤其偏重于采取个体行动。在个人沟通无效的情况下，业主反映维权最为有效的是通过网络和媒体②。之所以将媒体协助解决消费纠纷列入和解之下，是因为媒体本身不是消费纠纷解决的机构，但却是催化消费纠纷和解的重要外部力量，可以毫不夸张地说，没有这一因素介入纠纷解决的场域，很多纠纷对立双方难以产生协商和解的"化学反应"；甚至在某些情况下，媒体不仅仅满足于采访报道消费纠纷，而是主动打电话或上门（有时与消费者一起）对经营者进行调查访问，询问纠纷原委，起到了一个积极的见证人的作用。当然媒体也并未督促业者提出解决方案和办法或者自己提出解决方案，因此并未起到调解人的作用。随着各层次、级别、种类的媒体的日益增多，近年来其大都开设有经济类或民生类的栏目或板块，民生类新闻也愈加受到重视，这为消费者提供了各级、各类且近在身边的纠纷和解平台。

---

① 沈一明：《在媒体权力与消费者权益之间——对我国主要报纸中有关消费者保护新闻的研究》，苏州大学2005年硕士学位论文。
② 吴晓林：《房权政治：中国城市社区的业主维权》，中央编译出版社2016年版，第90页。

同时，也应该把媒体协助纠纷和解与媒体直接调解或媒体引入其他主体调解相区分，"监督与沟通类"节目，在一定程度上促进了纠纷的解决，但戏剧性不足，收视率不高。近年来，新的电视民生新闻模式——"调解型"开始出现，比较典型的节目有上海电视台的《新老娘舅》、杭州电视台的《钱塘老娘舅》、合肥电视台的《庐州和事佬》等，"调解型"栏目主要关注百姓家长里短，从人情世故的角度去断矛盾，当场调解和摆平纠纷①。媒体的传播效应放大了"和事佬"的公信力和人格魅力，能够使纠纷当事人更愿意在镜头（公众）前"表演"宽容与调和，对当事人的解纷自由意志与选择构成软性强制与道德压力，除去为拼收视率人为制造"虚假纠纷"的少数情形，这类媒体栏目也是对媒体常规监督与观察职能的"越位"，不符合协助协商和解的特性，故本书不做赘述。

（二）协助和解是媒体履行舆论监督职能的组成部分

"传媒的自由与经济发展之间的联系，正如免于恐惧的自由与免于匮乏的自由之间的联系一样密切。"② 媒体在现代社会的作用是多重的：①给读者双重消息：事实和解释（深度报道）；②帮助读者在日常生活和公共事务中做出有知识的知情决定（知情公民）；③起到传播物品和服务的市场作用（社会服务）③。媒体进入消费纠纷场域协助和解首先是由于其自身所具有的舆论监督职能与报道社会问题的职责。

事故和丑闻形塑了法律的发展，尤其是在大众传媒时代，其对立法和司法的影响倍增。"在民主的社会中，民众拥有巨大的潜在权力。它在那里潜伏着、隐匿着，像是引线拉开前，手榴弹里隐藏的致命力量。丑闻或事故便是拉开引线，它引爆民众的愤慨、怒气以及权力。"④ 业者投放广告的经济资本

---

① 左军、束秀芳：《沟通·和谐：调解型电视民生新闻研究》，合肥工业大学出版社2012年版，第15页。

② ［奥］"人的安全网络"组织：《人权教育手册》，李保东译，生活·读书·新知三联书店2005年版，第384页。

③ 徐贲：《人文的互联网：数码时代的读写与知识》，北京大学出版社2019年版，第87页。

④ 美国食品与药物管理法在1906年得以通过即是缘于当年厄普顿辛克莱（Upton Sinclair）出版了他的小说《屠场》（The jungle），小说对芝加哥屠宰场环境逼真、骇人的描写使美国人民感到震惊、厌恶，老罗斯福总统在阅读这些描写时也被吓坏了，他派出调查员探查真相，结果证实小说描写属实，因此在随后而来的政治风暴中，食品法案和肉类检查法案都被送往国会通过。参见［美］劳伦斯·傅利曼：《二十世纪美国法律史》，吴懿婷译，（台湾）商周出版2005年版，第66－67页。

并不能兑换成等额的合法性资本。乍看这似乎不合情理，然而"认为通过例如报纸或者电视进行铺天盖地的广告宣传可以赢得公众的信任，是业内人士早已洞悉的行业幼稚，因为这种信任会因风险报道节目，例如'本周之毒'而丧失殆尽。"① "媒体掩盖的程度；提供的信息量；表述危险的方式；对危险信息的解释；用于描述和形容危险的符号、比喻和话语"② 等对于形成公众或消费者危险观是很重要的，因为大多数人都是从媒体而不是通过直接经验获得信息，他们的看法是受信息发布者和发布方式左右的。

民主政治就是民意政治。公众就是一群聚合在一起讨论新闻的陌生人。而讨论的话题则要归功于媒体具有的设定议题（Agenda Setting）的功能，政治学家科恩曾有名言："在大多数时候，媒体并不能成功地告诉人们应该怎样思考，但能极为成功地告诉受众应该思考什么。"③ 也就是说媒体具有引导人们把注意力摆在某些议题上的能力，它强调媒体在选择和形塑舆论议程时所扮演的重要角色。媒体事件和议程对大众有动员作用，为大众提供舆论参与机会并具有十分重要的转化作用，可以帮助观念化的抽象的公众转化为社会行动的公众。

（三）协助和解是媒体吸引注意力的需要

人的注意力是媒体竞争的核心，也是其生存所需的宝贵资源。注意力"是最稀缺、最容易消耗的资源。既然全部的注意力不会增加，注意力竞争就是一次得失所系的赌赛，就是一场分配的战争"④。有学者在分析媒体热衷司法题材原委时认为，媒体对法律制度运转显示出来的日益浓厚的兴趣，并非来自媒体监督公众行为的主观意愿，而是来自这一司法风格本身的戏剧性魅力。"这一司法风格的结构将神秘、罪行和情节剧汇集于一身，这实在易于挑

---

① ［德］乌尔里希·贝克：《全球化时代的权力和反权力》，蒋仁祥、胡颐译，广西师范大学出版社2004年版，第246－247页。例如，瑞典国家电视一台有一档收视率非常高的节目"Plus"，专门揭露侵犯消费者利益的商家及问题商品，并对同类产品进行评比。每期节目均以主持人斯韦克将有问题或得分最低的产品扔到一个巨大醒目的红色垃圾桶中作为结尾。凡是被扔到垃圾桶中的商品，很快就会在市场上遭到冷遇。这个节目家喻户晓，而且主持人的名字作为一个新动词被列入权威瑞典语字典中，意为"投诉"。参见马世骏：《政府 民间 媒体 瑞典消费者权益保护的三驾马车》，《中国社会报》2007年6月11日第7版。
② ［英］富里迪：《恐惧》，方军等译，江苏人民出版社2004年版，第40页。
③ Bernard C. Cohen, The Press and Foreign Policy, Princeton University Press, 1969, p13 转引自［美］Daniel K. Berman：《笔杆里出民主》，李连江译，（台湾）时报文化1995年版，第138页。
④ ［英］齐格蒙特·鲍曼：《被围困的社会》，郇建立译，江苏人民出版社2005年版，第164页。

起电视和报刊的胃口。在大多数情况下，还会碰到英雄、恶棍，乃至最后还有身披闪光甲胄的骑士。尽管媒体的兴趣可能在于那些蛊惑人心的神秘事件，而并不关心公共的或公民的美德，但最终……媒体尤其是记者成了维护公共利益的公诉人和辩护师。"①

诉讼以外的纠纷同样具有一种戏剧性的效果，同时消费纠纷所系争的很多是人们日常生活可能遇到的各种产品和服务，更容易引起人们的关注和感同身受。因此从主观上，媒体确有选取此类题材引人关注、保持与增加受众注意的商业主义考量。

（四）协助和解使消费纠纷"公共化"

媒体不仅"嗜奇"重商，主观上也以舆论监督为己任或者自诩，其对消费纠纷的报道客观上能起到了使纠纷"公共化"的效果。面对强势一方的失范行为，处于弱势的行为关系另一方也只有诉诸公共权威，进入纠纷社会化过程以增强自身的能量。而传媒的作用恰恰是在于为纠纷"公共化"过程提供了切实的手段和工具。传媒的有关信息传播可以使大量的远在纠纷现场之外的旁观者的力量与感情临近于现场，并为他们形成相关的事实和价值判断提供相应的材料，从而极大地增加了旁观群体涉入纠纷的可能性。流行语戏称"围观改变中国"，实际指的就是阅读新闻的受众通过网络跟帖"旁观"不合理社会现象所产生的公共舆论"围观效力"。

"在现代社会，'冲突社会化'的范围和强度很大程度上依赖于媒体的作用，这便是我们在经验现象中所看到的传媒能够对非常顽固的某些'法治问题'发挥作用的根本原因。"② 将问题公共化与显在化是作为弱势一方的消费者引入外部社会资本增强谈判实力的表现，尽管媒体可能采取平衡报道的形式，但媒体的受众一般都或多或少地带有同情消费者和不满业者的倾向性，这也是对业者的一种一致的舆论压力的来源。另一方面，使问题公共化具有"让大家来评评理"的潜在含义，这就会引发业者对商誉和"面子"的顾虑，而这种顾虑就是促成协商和解的决定性因素。不怕检查、诉讼，就怕曝光、上报。对比单纯自行和解、调解、仲裁等消费纠纷解决方式，这些方式都没

---

① ［阿根廷］斯姆洛维茨：《发现法律：阿根廷个案中的政治后果》，载［美］德扎雷、加思：《全球性解决方案：新法律正统性的产生、输出与输入》，陆幸福等译，法律出版社 2006 年版，第 250 - 251 页。

② 简海燕：《美国司法报道的法律限制》，知识产权出版社 2008 年版，第 64 页。

有使问题公共化的契机，相反保密性反而是这些纠纷解决方式的特征；即使是诉讼，如果公开审判不经媒体报道的话，实际知悉的公众范围也是极其有限的。因此，媒体的介入、问题公共化的策略、对业者商誉和"面子"的巨大冲击等，正是这一纠纷解决方式的特点与优势所在，也是媒体协助和解成为一种独立的和解机制种类的原因所在。

二、处在夹缝中的媒体失灵

媒体也可能成为消费纠纷中的侵权一方当事人，例如报刊实际版数短少、违约休刊，广播和有线电视滥播广告等等情形①。但这只是比较例外的情形，绝大多数情况下，媒体是充当消费纠纷中的中立报道双方观点、并可能对消费者略有倾向性的第三者。

今天的社会是一个"媒体爆炸"的时代，根据估计，一份报纸包含的信息大约是文艺复兴时期的一个普通人一生接收的信息。媒体在成为诸如消费者之类群体的"弱者的武器"的同时，有时其自身也会在两两权力关系结构中沦为弱者，容易被业者所收买或被业者寻求的权力所压制，而难以保持中立的姿态和履行监督的职能。

"今日美国媒体在一个商业导向的市场中，是否有能力以有意义的方法去组织公共意见与辩论实在令人怀疑……美国新闻媒体已经减少公共讯息与辩论的空间，媒体最主要的目标不是用点子去培养市场，而是为广告而忙着抓住大量观众。"② 报业的一个定律是："读者越多，就越能摆脱广告商的影响；读者越少，就越是要依赖广告商。"③ 甚至有人认为，"媒介也是商业性企业，主要目的并不是为告知大众周遭世界的情形而存在，而是为股东们赚钱。新

---

① 这方面的具体案例可参见宋小卫：《媒介消费之讼：中国内地案例重述与释解》，中国社会科学出版社2009年版。虽然媒体侵犯消费者权益的情况较为少见，但是在虚假宣传式广告方面，媒体乱象确实比较明显，有研究表明，媒体刊登假广告并未受到严格监管，并不是"违法—查处"的简单模式，而是一种利益博弈的复杂结果。这种"抓大放小"的必然结果，就是"大"媒体的问题可能确实不太严重，但这是以"小"媒体的问题成堆为代价的。即使行政机关动真格处罚媒体，媒体基于高额的广告收入，对于十万元罚款也是满不在乎，广告照做不误，多罚几次行政机关也就睁一只眼闭一只眼了。参见李勇刚：《保健品虚假广告：两种解释模式》，载郑也夫：《消费的秘密》，上海人民出版社2007年版，第86-87页。

② Gunther & Mughan, Democracy and the media, Cambridge：Cambridge university Press，2000，p241.

③ ［美］李普曼：《公众舆论》，阎克文、江红译，上海人民出版社2002年版，第260页。

闻界只有在财务管道稳定的情况下，才能服务社会。"①

"企业愈是支配了美国社会，它愈不觉得应该向企业之外无关的因素妥协。"② 有研究表明，20世纪初美国黑幕揭发运动衰落的多重原因包括公司阴谋压制、广告收买、司法威胁、读者的厌倦等③。一方面，在广告收入成为所有媒体的生命线的背景下，一些广告金主，比如房地产企业对于报纸、知名广告大户及电视购物商家对于电视、药品和保健品对于广播、竞标购买搜索优先显示权的业者对于搜索引擎等④，都具有极强的话语权和利益输送的诱惑性。另一方面，由于地方保护主义⑤、不良政绩观等因素的影响，使得涉及利税大户或情节过于恶劣的消费侵权类负面新闻在媒体尤其是本地媒体难以发表或发表后可能触及新闻纪律⑥。有时甚至可能面临职位不保的威胁⑦，甚至政府主管的网站也面临着同样的问题与压力⑧。也就是说处于商业和行政双重挤压下的媒体可能会出现双重的失灵现象，也即是出现媒体购买与媒体压制。

是谁在设定公众议题？传统观点指向了新闻媒体。然而，人们也可以继续追问是谁设定了新闻媒体的议题。"有很多重要的影响力，影响了媒体的功能，包括为确保获利，公司所有者的强迫命令；消息来源的角色、公关公司和其他重要故事中的重量级的演员；守门人与专业的新闻规范。事实上，大

---

① ［美］E. E. Denis、D. M. Gimor ＆A. H. Ismach：《大众传播的恒久话题》，滕淑芬译，（台湾）远流出版事业股份有限公司1994年版，第273页。
② ［美］霍夫士达特：《美国的反智传统》，陈思贤译，（台湾）八旗文化2018年版，第311页。
③ 肖华锋：《美国黑幕揭发运动研究》，上海三联书店2007年版，第206－227页。
④ 胡祥宝、李忠存：《百度搜索公正性彻底调查》，《IT时代周刊》第161期，2008年10月27日。
⑤ 沈颖、刘悦：《三鹿曝光前被遮蔽的十个月》，《南方周末》2009年1月8日。有学者指出，正是通过媒体揭露这些不和谐，我们的社会才可能真正走向和谐；否则，如果像石家庄市那样"管控和协调"媒体，直至安全隐患变成现实危机，那又如何可能实现和谐？要体察民情、解决矛盾、实现和谐，我们离不开一个负责而多元的媒体。三鹿奶粉事件表明，食品安全确实需行政监管和司法保障，但是更需要媒体监督。参见张千帆：《食品安全离不开媒体监督》，《南方都市报》2008年10月6日。
⑥ 例如，A市《XX报》报道了有消费者反映国内某知名品牌空调在雪天不制热的消息，结果消息见报后该品牌空调的董事局主席马上给A市领导打电话反映情况，由于该品牌空调在A市有制造基地，属于重量级外来投资商，结果该媒体采写这则新闻的记者、责任编辑和总编辑都受到了程度不同的处理。本案例来自笔者对该媒体某部主任的访谈记录。在这一事例中，媒体的监督不仅未能促进消费纠纷的解决，反而"引火烧身"，留下了下次再遇类似情形和新闻线索时的强化"自律"的心理阴影和意识。
⑦ 曲慧：《"特仑苏牛奶事件"曝光前传》，《青年周末》2009年2月19日A01－02版。
⑧ 朝格图：《一个政府网站和违法药商们的"曝光"战》，《南方周末》2009年8月13日。

量的文献指出，很多影响力操控着新闻媒体。……媒体的议题是由政府与企业结合的压力所设定，目的在于保护既得利益。这个模式借由金钱与力量过滤即将刊登的新闻，排除异己，及允许将政府与私人的利益讯息传递给大众。"① 从主宰新闻生产的报业集团或广电集团的角度来看，新闻是获取利润的间接手段，通过将新闻最大限度地传播给受众，可以把消费者的注意力卖给广告商。在这一过程中，新闻只是一种用来吸引消费者的副产品。因此，如何平衡监督性报道和媒体获利需求是媒体永恒的挑战。当业者威胁要对批评性的调查报道提出诉讼或者要取消广告的时候，编辑或媒体负责人就必须决定是否冒着失去广告来源甚至失去工作的危险而发表批评性报道。这种处境必然导致传媒的自我审查，监督自由也自然处于桎梏中。

在舆论监督方面，我国大众传媒监督功能同样是明显的，但大众传媒进行舆论监督的空间较小，它还没有成长为一个制度性监督力量，因此，传媒监督功能的发挥是有条件的、偶发的。"第四权力"的角色还有相当距离的路要走②。我国"相当多的私营企业主更多的是通过与政府、与地方政府官员的非制度性、非正式接触，进而使两者形成一种非正式的利益关系"，"获得其他人享受不到的种种好处：从规避现存的法规，获得对法规有利的干预到减少政府官员对其违规行为的不满。私营企业主相信，他们的经营活动会受到政府法律职能部门的查处，但运用人际关系使问题迎刃而解"③。因此，业者与政府官员非正式的利益关系与结盟机制加剧了行政权对媒体消费纠纷监督报道的挤压效力。

学者指出，"'晋升锦标赛治理模式'与政府职能的合理设计之间存在严重冲突。许多与短期增长没有直接关系但又是民众迫切关心的问题（如环境污染、教育、公共医疗）容易被忽略。晋升锦标赛是一种强激励（high-powered incentives）的形式，政府官员的晋升高度依赖于一些可测度的经济指标。但政府的职责是多维度和多任务的，晋升锦标赛等于将那些不容易测度

---

① ［美］David Croteau, Walliam Hoynes：《媒体/社会：产业、形象与阅听大众》，汤允一等译，（台湾）学富文化 2001 年版，第 247 页。

② 我国对新闻部门实行"两条线交叉"管理，这种管理主要通过以下几种途径：（1）媒体的批准登记制度，（2）行政领导制度，（3）通过审读（审听、审看）制度，来对新闻媒体进行全面跟踪管理。参见谢岳：《当代中国政治沟通》，上海人民出版社 2006 年版，第 139－141 页。

③ 王晓燕：《私营企业主的政治参与》，社会科学文献出版社 2007 年版，第 349 页，第 165－166 页。

的指标排除在考核范围里，进一步强化了地方官员与地方利益的联盟"①。笔者认为，消费者保护问题、产品质量问题等就是这里的不容易测度的指标，这种地方政府多任务下的激励扭曲是造成行政干预传媒对消费纠纷报道的主因，在"晋升锦标赛治理模式"下，遇有特定的重大消费纠纷事件，传媒有可能不仅难以成为此模式的解决之道，反而如同一些相关职能部门一样，也要听从地方政府的指挥而成为此模式的受害者。

三、协助和解的强化

媒介不可能自外于经济体系而运作，因为"外在体系的经济力量限制甚至指导了某些媒介经营者的选择范围，这正如同其他企业的经理者，也必须受制于整个经济体系"②。但是新闻企业虽是企业，却具有非营利的文化特质，"它必须以企业的形态经营，必须为盈利不断地投资，其目的不在为个人或报社牟利，而在于扎实新闻企业的基础，壮大新闻企业的规模，扩大新闻企业对国家社会服务的功能。"③ 而罗森认为新闻是一种公共信任（public trust），而新闻记者是公众的受托人（trustees for the public），如果记者在新闻选择上，以次要的服务来取代公共服务，就是背叛这样的一种信任关系。他指出，新闻是"我们的"专业，但它却属于公众，受托人与媒体并不是新闻的拥有者④。早在 1896 年 8 月 19 日，奥茨就制定了《纽约时报》的新闻铁律："应无畏无惧，不偏不倚，并无分党派、地域、或任何特殊利益。"⑤

媒体是以信息的搜集、分析、传播为主的特殊企业，被镶嵌在政治、经济、社会、文化之中，有其特殊的功能与角色，不应纯粹属于商业范畴，而应同时是一种公共机构。媒体不仅受民法的保护，而且得到宪法上相关权利的特殊保障。反过来，媒体也应将受众视为公民，以协助其参与公共事务为

---

① 周黎安：《中国地方官员的晋升锦标赛模式研究》，《经济研究》2007 年第 7 期。也有学者从合法性角度分析指出，政治合法性的维持是一个复杂的社会系统工程，过分注重"经济绩效合法性"，在一定程度上会使政府缺乏宏观的社会责任意识。参见岳天明：《政治合法性问题研究：基于多民族国家的政治社会学分析》，中国社会科学出版社 2006 年版，第 147－157 页。

② ［美］Robert G. Pichard：《媒介经济学》，冯建三译，（台湾）远流出版事业股份有限公司 1994 年版，第 25 页。

③ 王惕吾：《我与新闻事业》，（台湾）联经出版社 1991 年版，第 170－171 页。

④ Jay Roson，What Are Journalists For?，http：//www. nytimes. com/books/first/r/rosen-journalist. html.

⑤ 李子坚：《纽约时报的风格》，长春出版社 1999 年版，第 86 页。

职责。具体而言，强化协助和解应从以下方面着手：

（1）强化媒体协助和解首先需要扩大媒体消费维权板块的设置率、普及率。通常，可资利用的媒体越多，大众对媒体的利用也越多。"对媒体的使用越多，社会的假性参与也越多。反过来，这种间接的参与会导致越来越多的实际参与，并导致更多的对媒体的使用。"① 这样的专门板块和栏目越多，消费者得以求助的协助和解平台就越多，协助消费纠纷协商和解的可能性和成效也就越大。实践中，甚至出现了将协助和解的原理制度化、正式化的尝试②。

"商业媒体和社群媒体的力量显著增长，主体间的交流被媒体滤镜高度污染了，沾染上了经济和金融利益的气息。"③ 虽然面临媒体购买，乐观的学者认为，"公司制度下的传媒并没有使批判性评论哑然无声，也没有丧失内容的多元化"④。更有观点认为商业化不但不会损伤表达自由，反而会有所促进；应该鼓励或诱导媒介体制走商业化的道路。"媒介领域的主要目标应该是发展以市场为基础的竞争机制，为读者、观众和听众尽可能提供多样化内容的其他渠道，把受众当作主人。……商业化媒介以追求受众、广告与利益为第一要义。为实现这一目的，它们会竭尽全力，保护媒介表面上的独立自治……新闻消费者有能力判断信息市场上各种各样新闻产品的公道与准确性。所以，那些出于偏见而试图歪曲新闻报道的媒体业主有失去受众的危险。没有受众，媒体也会失去广告商的青睐。"⑤

---

① F. G. Kline & P. J. Tichenor, Current Perspectives in Mass Communication Research, Sage Publications, London, 1972, p220.

② 中国消费者报与搜狐网、焦点装修家居网联合设立了装修家居投诉中心。如果消费者在家居装修过程中遇到质量、服务等方面的问题，可随时投诉至该中心，将由中国消费者报专职人员给消费者提供帮助。该中心在接到消费者投诉后，将及时与消费者核实、了解情况，然后将投诉以电子邮件方式发给企业相关部门，要求其尽快调查并予以回复。考虑到家居装修涉及多方面的技术问题和政策法规，投诉中心组织了一个包括装修、法律、统计等方面的专家队伍，解答处理投诉时遇到的法律和技术问题。对涉及面广、损害消费者权益情节严重又久拖不决的重大投诉，该中心将与合作媒体共同揭露，并与专家不定期探讨未能得到解决的投诉纠纷。参见游婕：《本报与搜狐网、焦点装修家居网联合设立装修家居投诉中心》，《中国消费者报》2007年3月15日第A01版。

③ ［法］西席尔·迪昂：《找寻明天的答案》，林咏心译，（台湾）脸谱出版2017年版，第292页。

④ Benjamin Compaine, Global Media, Foreign Policy no. 133（November/December 2002），p20 - 28.

⑤ 吴飞：《平衡与妥协：西方传媒法研究》，中国传媒大学出版社2006年版，第138 - 139页。著名报人王芸生也表达过与之相似的观点，参见王芝琛、刘自立：《1949年以前的大公报》，山东画报出版社2002年版，第218页。

　　也就是说在充分竞争的媒体市场上，传媒购买也会导致受众对该媒体的远离，是会削弱其市场份额和最终损害其经济利益的。从根本上说，由于20世纪90年代以来媒体生存大环境的变化，除党报党刊外的大部分媒体，需要寻找具有吸引力和影响力的报道素材，广告主的投放额度也要随着媒体的市场份额走，市场的拉力使其不得不把更多的报道内容和栏目设置转向与人们的日常生活息息相关的各类民生性故事和议题，从而获得更多的受众。很多媒体提供消费信息，设立专门的投诉栏目，帮助消费者解决所遇到的问题，或者提供版面让读者亲自讲述自己的消费遭遇等，这些版面的设置和内容的安排都是迎合市场的需要，是所谓"影响力经济"的应有之义。

　　（2）媒体设置内部防火墙，强化行业自律也是预防媒体购买的措施。媒体机构要自律，需要一套可行的机制，例如，建立自评人（或称新闻督察专员）制度，由媒体机构聘请专家、学者或资深编辑担任，每天根据道德规范、伦理信条，对自身的言论、节目、广告实施检查、自律，长期对该媒体的缺失作具体的批评。"美国的《华盛顿邮报》是最早任命新闻督察专员（Ombudsman）的报社，在报社中新闻督察专员不仅要接受读者的反应，更重要的是担负起纠正编辑记者、高级管理人员所犯错误的责任，同时也必须提出报社每周的工作总评价和批评意见。日本也有类似的做法，即在媒体组织之外主动邀请相关团体，对媒体内容进行监督，并以此作为改善媒体表现的基础。"①

　　以立法方法来强化媒体的自律体系，也是可以考虑的途径。通过立法可强化媒体评议机构的自律规范执行功能，并积极纳入各类媒体工作者所属职业团体代表，进而将原由报业等媒体事业负责人所控制的评议机构，改造为跨专业领域委员会，将可在实质强化的媒体自律体系中，扮演类似司法组织的纠纷裁决机制。

　　"现代商业媒体既是商业性机构，又好似政治性机构。因此记者们为两个雇主服务——商业利益和真理。追求专业主义和客观性使记者能够突出强调他们工作的文化意义和政治意义（作为第四权力，公众利益的维护者），同时

----

① 管中祥：《找回专业尊严——新闻自律的反思与想象》，《目击者》第36期，2003年9月，第21页。

还可以淡化和隐藏记者作为以营利为目的的公司的雇员的身份。它能提供一定程度的心理安慰、社会合法性，以及为新闻与商业利益之间不可避免的妥协建立起某种绝缘机制。"① 设置防火墙机制就是让媒体的新闻采访部门与广告部门隔绝，设置内部准则禁止媒体的高级管理人员进行干预，同时赋予记者和版面编辑更多的独立性和采编自主权。

（3）对于地方保护主义的干预和媒体控制问题，就现阶段的国情而言，可以通过新闻媒体的多样化与异地监督来予以化解或者缓和。"有垄断就不会有信息。"② "美国读者和听众不在乎报纸的老板是谁，他们却在乎舆论是不是一律，他们不信任一律的舆论，不管这种舆论是不是说了他们喜欢的话。听到总是有不同的声音，他们就比较放心。"③ "多家新闻机构存在的意义，并不在于大众可以获得不同的新闻，其真正精神着重于新闻资源的保护"④，避免媒体沦为业者宣传的工具，或有遗漏重要新闻之虞。多样化媒体的竞争，本意应在确保新闻的完整性、真实性，并不只是为了鼓励标新立异。媒体的多元化不仅是提供更多的协助和解平台，也能起到"东方不亮西方亮"的预防媒体失灵的作用，只要在"中央-地方""地方-地方"格局下存在报道的缝隙，消费者权利就能得以伸张和呈现。

（4）发挥网络等新兴媒体或者信息平台的作用，保障信息的充分流动。萨特曾有言："用什么办法让人民得到信息呢？那就是让人民给人民提供信息。"⑤ 互联网已成为信息的集散地和社会舆论的放大器。"当下，经由互联网改进和强化的民意表达机制，既可以在扩散中聚焦，也能够在聚焦时扩散，就像在恐龙的躯体上加装了多个信息传感器：民众的意见和情绪不仅可以穿越地域管制界限大面积传递，还能绕过官僚制的层层阻隔，以事件或议题聚

① ［加］哈克特、赵月枝：《维系民主？西方政治与新闻客观性》，沈荟、周雨译，清华大学出版社 2010 年版，第 32－33 页。
② ［法］费罗：《电影和历史》，彭姝祎译，北京大学出版社 2008 年版，第 86 页。
③ 林达：《如彗星划过夜空：近距离看美国之四》，生活·读书·新知三联书店 2006 年版，第 316 页。
④ ［美］George Comstock：《美国电视的源流与演变》，郑明椿译，（台湾）远流出版 1992 年版，第 90 页。
⑤ ［法］让-皮埃尔·勒·戈夫：《1968 年 5 月，无奈的遗产》，胡尧步、韦东、高璐译，中国青年出版社 2007 年版，第 226 页。

焦的形态直接向更高层施压。"[①]

技术扩散可能带来传播赋权，"网络的普及、用户创制内容的大潮只是让中下阶层的社会现实，特别是其中的社会问题，更快、更有力地浮出水面。"[②] 传媒的数量和版面与频道资源总是有限的，而且还要面临媒体购买与媒体压制的夹击。网络就是消费者尤其是权益受到侵害投诉无门或遇到很大阻力的消费者，自主发布有关纠纷信息的平台和工具，而且是一个审查最少、成本低廉、操作方便的平台。现实生活中大量纠纷与问题也是源源不断地通过大小论坛发布出来，其中相当数量也引起了广泛回响并有力地作用于问题和纠纷的解决。网络平台和传统信息发布平台是互连互通和互为信息来源的，笔者认为，网络信息发布有 3 种情形：一是消费者在网上发布帖子，表达对消费纠纷的不满，在网络空间大量、快速传播引起反响，并进而可能引起传统媒体注意，跟进报道；二是有采访权的网络媒体自行报道和发布消费纠纷信息；三是众多网站转载某一传统媒体的消费纠纷报道，起到几何级的传播效应，促使纠纷"公共事件"化。这 3 种情形都有助于克服对舆论的不当干预和封锁，并可能促进消费纠纷和解的达成。此外，新闻行业法治化治理程度的提升也是非常必要的保障媒体采访权、报道权和舆论监督职能的重要措施。

第四节　消费纠纷调解机构督促和解

消费纠纷督促和解指的是消费纠纷被消费者提请消费者团体或有关行政机关调解后，消费者团体或行政机关督促消费纠纷的业者一方与消费者自行协商和解。督促和解的发动主体和督促方不是消费纠纷的一方当事人，而是有权调解机构。被督促方通常是消费纠纷的业者一方而不是消费者，同时消费者也同意或被迫接受这样的督促和解情形。督促和解的纠纷实质上是经过和解失败或未经和解直接进入有权主体的调解程序管道，然后出现程序回流

---

① 互联网具有开放性、反控制、低成本、匿名型、互动性的特征，网络普及大大改善了公众民意表达时的被动局面。民意表达的传播机制有三种途径：①热帖、跟帖、转帖：汇聚偏好的草根投票机制；②话题、词语、故事：推波助澜的怨恨表达机制；③人肉搜索、恶搞、山寨：大众狂欢的消解权力机制。李永刚：《我们的防火墙：网络时代的表达与监管》，广西师范大学出版社 2009 年版，第 20-24 页，第 60-66 页。

② 邱林川：《信息时代的世界工厂》，广西师范大学出版社 2013 年版，第 283 页。

或程序变轨，再转为自行协商和解的一种纠纷解决方式。

消费者协会或行政机关往往喜好在业者处设立消费者协会联络站、红盾联络站等处理消费纠纷的平台，作为自身履行维护消费者权益职能的业绩。这些联络站点在本质上都属于消费纠纷协商和解点，里面的工作人员一般并非消协和有关行政机关派出的人员，而是经过调解机构培训或业者自行培训的企业内部员工，这种机构相当于挂调解机关联络站点牌匾的企业客服部门。如果消费者主动到这些平台投诉，性质上既不属于消费调解，也不属于调解机构委托和解，而应归于由调解机构监管和业务指导的单纯自行和解；如果消费者向消协或行政机关投诉后，纠纷未经调解而被调解机构转移至上述企业内联络点处理，则属于调解机构督促和解的范畴。此外，实践中，一些经营数码产品、小商品、服装、农产品的市场以及超市、商厦出租档口、摊位、柜台给零散的经营户承租，消费者与这些经营者发生纠纷后，如果投诉到市场或商场中的维权站点或客服部门，笔者认为，虽然存在着三方面的主体介入纠纷，但并没有市场或商场以外的主体介入调解，从广义上也可以视为消费者与市场或商场之间的协商对话、和解解决消费纠纷程序，而不必将其定位为民间调解。例外的情况则是，如果行政机关或消协以整个行业为单位（如在某行业协会内部）挂牌设立维权联络站点处理此行业的消费纠纷，则应该属于行业协会民间调解，因为这样的站点不属于单一的市场、商厦或业者，更不属于消协或行政机关，而是属于整个行业并隶属于行业协会，其工作人员也是行业协会人员，第三方主体民间调解的色彩较为明显。

一、督促和解机制的发展现状与效果

（一）从线下走向线上的督促和解机制

上海市一位消费者在某家电卖场购买电器送货时发生了纠纷，遂拨打电话向上海市消保委投诉。令他感到意外的是，一天后，某家电卖场的售后服务人员就上门来了解情况，并且很快为其解决了送货纠纷。问题解决了，该消费者却有些纳闷，向上海市消保委投诉，怎么来解决纠纷的是商家呢？与这位消费者有相同疑虑的人不是少数。他们不知道，真正解决他们投诉的，其实是由上海市消保委"编织"、企业参与的消费者投诉快速处理网络，其正式的名称叫投诉联网工作机制。上述纠纷中，消费者投诉的家电卖场正是上海市消保委的联网单位，涉及该家电卖场的消费投诉，均通过消保委的网络分派到该企业，由企业首先承担起处理消费纠纷的第一责任①。

上述事例就是很典型的督促和解机制的运用，笔者研究发现，消费纠纷督促和解机制最早起源于上海和江苏太仓，2003 年上海市消保委提出将 12315 热线与企业联网的投诉联网工作机制。通过与符合申请条件的企业建立联网工作关系，将涉及该企业的部分消费者投诉通过互联网"12315 申（投）诉、咨询、举报处理系统"向其转派，督促其以协商和解方式在规定期限内处理完毕。此后，在全国范围陆续出现了类似的做法，例如，天津百家大中型商业服务企业与市工商局联合开展签名承诺活动，"12315"投诉举报中心接到消费者投诉后，将受理的投诉资料以书面传真或电子邮件的形式通知相关企业，参照工商机关办理时限，由企业主动找消费者自行解决②。青岛市工商局指导企业选拔专职的投诉调解员，建立投诉调解室，一旦发生消费者投诉"直通车"企业，"12315"工作人员就会通过网络传真将投诉转到企业，由企业与消费者协商解决，结果在三天内反馈回工商部门，和解不成再由工商部门介入处理③。甘肃省工商局"12315"指挥调度系统网络平台上设有企业绿色通道的区块。对于"12315"接收到的有关绿色通道企业申诉，由审核调度人员将该信息直接移送企业，由企业相关人员登录系统接收申诉登记单或建议登记单并进行相关处理④。北京市工商局在全市 30 万家企业单位中首先选取 713 家企业成为区级"12315"工商绿色通道成员，然后从中挑选出 17 家处理消费者投诉较好的企业成为北京市工商绿色通道成员。成员企业需设立专门部门来接受由工商局转来的消费者投诉。2009 年上半年，仅市局级 17 家绿色通道企业处理的消费纠纷就达 928 起，占到全市消费纠纷的 8.3%⑤。

从全国范围来看，督促和解机制是一项正在制度化的消费纠纷解决方式，各地都有一些督促和解的做法和尝试，但其中线下制度运行范围比较广泛、成效比较明显而最富有代表性的则是广东深圳和江苏太仓。随着信息化发展与机构改革，市场监督管理部门的网络平台建设也取得了进一步的成效，产

① 袁征：《上海市消保委投诉联网工作机制让解决消费纠纷提速》，《中国消费者报》2008 年 10 月 22 日。
② 王春艳：《百姓维权省劲了 企业信誉维护了》，《中国工商报》2007 年 3 月 15 日第 T14 版。
③ 李晓寒：《消费维权通道更顺》，《青岛日报》2007 年 7 月 24 日第 10 版。
④ 参见《企业绿色通道》，http://lxgs.gsaic.gov.cn:8080/。
⑤ 周维：《北京 17 家企业获 12315 绿色通道牌照》，《中华工商时报》2009 年 8 月 18 日第 2 版。

生了督促和解的"互联网+"版本。

（二）深圳模式与成效

深圳市的做法是由工商部门制定条例，规定消费纠纷和解前置，2007年3月15日起执行的《深圳市12315/12358统一接听登记若干规定》中第八条规定，消费者的消费争议应先行与经营者进行协商和解，或到社区、企业、商场设立的消费者维权站（点）寻求民事调解；和解、调解不成的，可通过"12315"／"12358"中心向消费者委员会和工商物价机关申诉，申请调解。争议金额在100元以下（含100元）的消费争议，"12315"／"12358"中心登记后，鼓励双方自行协商解决，原则上不予行政调解①。倡导商家"能换的不修、能退的不换"；一般争议不出柜台、大额争议不出大门，将消费争议化解在首问责任中②。深圳市工商局提出"和解在先是解决消费争议的首要原则，服务站是解决消费争议的首要途径"的消费维权理念，到2009年已建立消费者权益服务站3013家，范围基本涉及消费者投诉热点行业和区域，并进一步扩展到银行、保险、电子商务、社区物业管理、医院、学校等③。

从该机制的实施效果来看，行政机关收到的消费投诉比往年同期大幅下降86%。消费者权益服务站的成立，给行政监管资源来了次大"松绑"④。在2008年，深圳市各主要企业已建起消费者权益服务站近1000家，日常大量的消费投诉都通过服务站解决了。2007年，深圳市工商局接到消费申诉1702起，与2006年的6488起，下降了73.77%⑤。2008年深圳市、区消委会共受理、调解消费者投诉4794宗，比2006年度减少10000宗，减少67.6%。其中，受理后转往消费者权益服务站先行和解的消费者投诉892宗，占总投诉

① 深圳市工商局（物价局）：《深圳市12315/12358统一接听登记若干规定》，深工商规〔2007〕1号。
② 饶洁：《今年3·15活动力倡消费和谐》，《深圳特区报》2007年3月7日第B06版。
③ 饶洁、卜奇文、彭丛林：《化解消费争议的窗口　打假维权监管的前哨》，《深圳特区报》2009年6月11日A8版。
④ 贾君：《化解消费纠纷　回归企业责任　"松绑"监管资源——就消费争议和解在先理念对话深圳市工商局局长申庆三》，《中国消费者报》2008年1月7日。
⑤ 吴爱民、刘维善：《深圳市工商局、市消委会在企业中大力开展维权服务站建设》，《中国消费者报》2008年11月26日。

量的 18.61%；解决 857 宗，解决率为 96.08%①。另一方面，成立消费者权益服务站的业者收到的投诉量并不比以往增加，有的反而有所下降。例如 2007 年，深圳天虹商场的消费者投诉单数较 2006 年减少了 21.01%，消费者对投诉处理服务的满意度较上年上升了 9.68%②。

（三）太仓模式与成效

另一个比较有代表性的督促和解机制是"太仓模式"。2003 年，太仓市消保委开始在企业内部建立"和解组织"，规划构建一个全市性的企业和解组织网络，从而把维权关口前移到企业，按照"一般商贸企业""热点、难点行业企业""大中型商贸企业"三个档次，建立相应的和解组织工作指标，投诉监督站的经费、场地、人员企业自理，实行企业、消保委双重领导。在大多数商贸企业建立起自己的消费和解组织之后，消保委开展形式多样的载体活动，特别是带有竞争性的活动，使和解组织的维权作用得到充分发挥，进一步实现消费纠纷的源头和解。一是以全市 500 平方米以上的大中型商贸企业为重点，建立"企业投诉监督站"，开展"百家零投诉企业巡礼"活动。二是以消费投诉热点、难点行业企业为重点，建立"消费纠纷和解受理窗口"，开展"四个放心承诺"活动。这项活动是放心购买手机、放心购买电脑、放心购买食品和放心修理汽车四个行业承诺活动的总称。三是以农村、乡镇 200 平方米以上的商贸企业为重点，设立"消费纠纷和解受理台"，开展"诚信经商"活动。凡发生消费纠纷，告知消费者先到企业去接触，说明该企业已设立消费纠纷和解机构；如对企业的处理不满意，消保委再受理投诉，保证消费纠纷在第一时间里在源头得到和解处理③。全市参加"百家零投诉企业巡礼"活动的企业达 34 家，基本囊括了太仓所有大中型商贸流通企业；参加"四个放心承诺"活动的企业达 130 多家，其中汽车修理行业参加率达 97%。在农村、乡镇 200 平方米以上的商贸企业中，有 26 家"受理台"企业获"诚

① 任震宇：《2008 年全国消协组织消费维权工作十大亮点》，《中国消费者报》2009 年 3 月 13 日。

② 叶志卫：《我市商场积极推行"和解在先"消费纠纷处理机制 建立消费者权益服务站 639 家》，《深圳特区报》2008 年 3 月 16 日第 A08 版。

③ 太仓市消费者权益保护委员会：《建设企业和解组织网络体系 积极拓展延伸消费维权职能》，http：//www. jsgsj. gov. cn/jsxx/readnews. jsp？InfoID＝1531&st_ id＝019。

信经商"先进单位称号①。

"太仓模式"的成效是比较显著的，消费纠纷和解体系建立后，全市消费投诉量呈现出较为明显下降趋势。2008 年 3 月，苏州市消保委在全市大中型生产、商贸、修理、服务企业中全面开展争创"零投诉企业"活动的基础上，又将太仓市作为试点，探索建立了《县级市消费纠纷和解运作规范》。该规范将和解核心目标定为"无责任投诉"（即企业在消保委组织内不能发生一起"有责任投诉"），企业必须将所有发生的投诉在其内部调处结束②。"太仓经验"推广一年，苏州地区各级消保委受理消费者投诉量下降 39%，投诉量从以往的每年 5000 余件下降到 3000 余件③。太仓消保委的"零投诉企业"活动也被江苏省的其他一些城市借鉴和推广，如无锡市④、徐州市⑤等。

（四）"深圳模式"与"太仓模式"的比较

"深圳模式"和"太仓模式"都符合笔者上文对督促和解机制的界定，两者的共同点是都超越了其他城市的试点意义，制定了详细具体的条文规范，在各自地区全面铺开、广泛实施，从而起到了大幅降低调解机构受理纠纷数量的作用，也证明了督促和解是可以正式制度化的一种消费纠纷和解机制。两者的区别在于"深圳模式"的主导机关是行政机关，对企业潜在的强制性比"太仓模式"更甚，其主要强调和解前置，同时对小额消费纠纷（争议金额在 100 元及以下的）明确规定原则上不予行政调解，自我赋予小额纠纷"调解豁免权"。"太仓模式"的主导机关是消保委，要求企业设立维权站点时更多的是说服教育，主要的特色在于将督促和解机制推进到农村地区，在县级行政区划范围内，凡营业面积达到 500 平方米以上的大中型商贸企业、热点难点行业企业、乡镇经营面积在 200 平方米以上

---

① 《建立企业和解组织体系 维护消费者合法权益》，http://zfw. taicang. gov. cn/art/2009/5/25/art_ 2006_ 43705. html。

② 任震宇：《2008 年全国消协组织消费维权工作十大亮点》，《中国消费者报》2009 年 3 月 13 日。

③ 杨雷平：《将消费纠纷化解在源头 太仓经验在苏州地区推广》，《太仓日报》2009 年 3 月 18 日。

④ 未雪：《参评"零投诉企业"有标准》，《无锡日报》2008 年 12 月 23 日。

⑤ 季芳、任禾：《看看哪些企业零投诉 相关企业报名截至 31 日》，《徐州日报》2009 年 12 月 1 日。

的一般商贸企业中，县级市消费者保护组织与企业经过协商，广泛地建立消费者投诉站或受理台，并接受县级市消保委组织的工作业务指导，在企业内部履行客户服务职能。

（五）以约谈促和解①

消费维权约谈，是指消协组织针对商品质量或服务质量等领域存在的影响消费者合法权益的突出问题，与经营者进行直接沟通交流、通报情况、听取意见、研究办法，指导经营者建立和完善自律制度，督促经营者切实维护消费者合法权益，落实内部长效管理机制的行为。约谈形式分为集体约谈和个别约谈。根据需要，可以要求被约谈单位的售后、法律事务、质量或生产等相关负责人参加。必要时可邀请相关行政主管部门、社会媒体、消费者代表及行业协会等参加。

约谈的主要内容：宣传讲解消费维权有关法律法规，明确经营者作为消费者合法权益第一责任人的责任与义务；告知被约谈单位存在的侵害消费者权益的问题及其行为的危害性，建议整改内容和期限；指导被约谈单位加强制度建设，完善落实长效管理机制；被约谈对象应对有关商品或服务质量问题及自律制度等情况进行说明，分析产生问题的原因；其他需要约谈的内容。在有利于实现消费者权益的前提下，消协组织视情况通过公众媒体将约谈内容对外公布。被约谈单位确有损害消费者权益行为的，约谈结束后，经营者应当在合理期间内根据约谈内容制定整改方案，落实整改措施。对于不积极落实整改措施的经营者，消协组织视情况可向其发出《保护消费者权益建议（劝谕）书》，必要时公开发布；涉及其他管理部门的，可向相关单位提出消费维权建议。对拒不参加约谈或约谈后不履行法定义务、不落实整改措施的经营者，消协组织通过公众媒体进行披露，并列为重点监督对象。侵害消费者权益问题事实清楚，且情节严重的，消协组织向社会发布警示提示；查明存在违法违规行为的，依法移交有关行政部门进行查处。

①　中国消费者协会：《消协组织消费维权约谈经营者办法（试行）》（2015年11月1日施行）。

　　实践中，市场监管部门也有采用约谈形式督促业者自律的做法①。通过约谈形式督促业者解决有关纠纷与问题，明显着眼于群体性消费纠纷或普遍性问题，通过上述规定可以发现，该项制度耗费的资源不亚于甚至超过普通消协调解制度，并不具有普遍的推广价值。约谈毕竟只是一种提醒，最后也要回到业者自律的轨道。约谈后没有监督、问责，就可能出现当面信誓旦旦、事后不见行动的现象，让约谈流于形式。如果约谈不遂后进行行政处罚，这种对部分经拣选的业者先礼后兵的"人性化"制度，不如直接行政执法来得明确平等；且该项制度对业者的合法权益保障尚显不足，与约谈相比，业者显然更倾向于个案的督促和解或不公开的消协调解。

（六）方兴未艾的企业 ODR

　　2019 年 11 月颁布实施的《市场监督管理投诉举报处理暂行办法》明确提出，市场监管部门鼓励投诉人和被投诉人平等协商，自行和解。鼓励社会公众和新闻媒体对涉嫌违反市场监督管理法律、法规、规章的行为依法进行社会监督和舆论监督。鼓励消费者通过在线消费纠纷解决机制、消费维权服务站、消费维权绿色通道、第三方争议解决机制等方式与经营者协商解决消费者权益争议②。

---

　　①　2020 年 10 月 27 日，南宁市市场监督管理局召开 12315 消费维权工作行政约谈会，集中约谈 2019 年至今被消费投诉公示 3 次以上且在营业的 6 家企业。包括瓜子汽车服务有限公司南宁分公司、广西龙星行汽车销售服务有限公司，南宁恒信之星汽车销售服务有限公司、南宁市粤宝汽车销售服务有限公司、广西小兔出行汽车服务有限公司、广西品宅家居集团有限责任公司。这几家企业主要存在商品或服务质量问题、虚假宣传诱导消费问题以及合同违约和拒不履行售后服务等侵害消费者权益的问题。约谈会上，南宁市市场监管局相关负责人对参会企业提出了所有投诉在 2020 年 11 月底前全部清零的限时整改要求，同时要求企业提高站位，切实履行消费维权主体责任，将整改落实到位。对整改不力，消费投诉高的企业接下来将加强行政执法力度，提高"诉转案"率，查处侵害消费者权益的行为，取消 ODR 企业和"诚信经营放心消费"创建资质，并通过点名警告以及将企业信用信息录入数据库等措施，维护消费者合法权益。《南宁 6 家高投诉量企业被约谈，监管部门责令整改》，《潇湘晨报》2020 年 10 月 28 日。有企业代表当场表态要做整改。"我们的目标是不再上榜。上榜，还是挺没面子的。"南宁市粤宝汽车销售服务有限公司负责人表示，这两年随着业务体量的不断增加，他们在客户问题处理和响应速度上确实存在不足。收到约谈通知后，他们非常重视，召开会议进行讨论、反思。今后他们将以客户满意度为首要，对客户所提出的疑问以及不满，以部门负责人作为第一责任人，第一时间处理，要求两个小时内给予客户一个初步的解决方案，24 小时之内解决问题结案。在销售上，签订合同时会将所有承诺信息都落实到合约上。而在三包方面，他们也将进行优化。林显威：《屡次上消费投诉黑榜　南宁 6 家企业被约谈》，《南宁晚报》2020 年 10 月 28 日。

　　②　《市场监督管理投诉举报处理暂行办法》（2019 年 11 月 30 日国家市场监督管理总局令第 20 号公布）第六条、第十六条。

ODR（Online Dispute Resolution）是在线非诉讼纠纷解决机制的总称。企业ODR在这里特指我国签约ODR项目的业者在辖区市场监管部门指导监督下，通过"12315"平台的和解通道，进行在线消费纠纷和解解决的机制。这一机制是行政机关借助"12315"平台优势与行政资源，力图使消费纠纷与投诉从网上来，转线下去，化解在源头，和解在企业；本质上属于前述市场监管机关绿色通道制度的网络升级版，并未改变消费纠纷行政调解机关督促和解的制度性质。

具体纠纷解决过程可以参见图3-3。

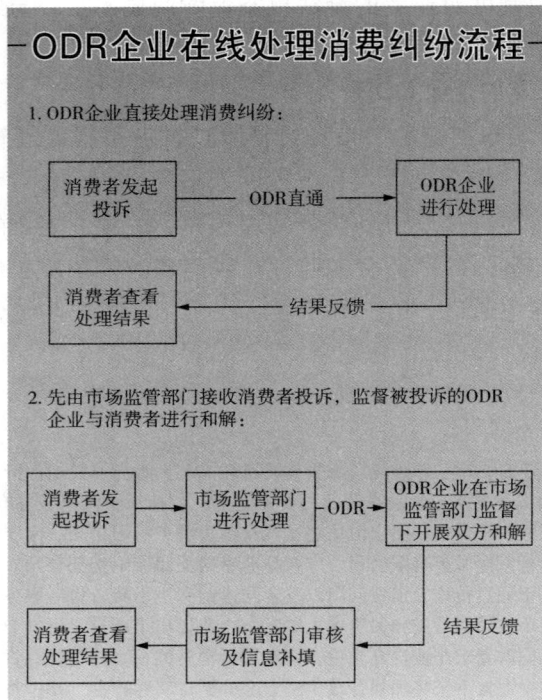

图3-3 我国ODR企业在线协商处理消费纠纷流程图

消费者在"12315"平台上投诉的对象业者在ODR企业名录内的，消费者选择处理单位时，"12315"平台会自动显示"绿色通道企业"勾选项。投诉人勾选后，即表示投诉人同意与被投诉人进入和解程序，直接通过"12315"平台ODR机制解决纠纷。笔者在"12315"网站上选择投诉企业页面，企业名称右侧有绿色块状标志的即为ODR企业。勾选绿色通道企业，即进入ODR和解服务通道（见图3-4）。

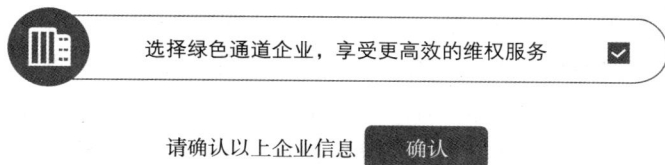

图 3-4　12315 平台 ODR 企业标识

消费者进入 ODR 通道后，可点击"聊天"按钮，直接和企业纠纷处理专员进行在线交流，聊天界面类似于主流购物网站客服界面。待和解环节完成后，消费者还可以进入评分环节，打分为 5 分制。填写内容包括投诉问题处理及时性评分、服务态度评分、和解结果整体满意度评分、评价时间、评价内容。

ODR 企业工作职责、流程和要求方面均有明确的规范可循①。ODR 企业应履行下列职责：通过平台受理和处理消费者投诉；在平台上反馈消费者投诉处理情况；对本单位员工进行有关消费维权法律法规的培训；积极配合市场监管部门的市场监管和消费维权工作；对在处理消费者投诉中获知的消费者个人信息严格保密，不得泄露、出售或者非法向他人提供。ODR 企业应当严格按照受理、处理、反馈等流程处理消费者投诉：①投诉受理。ODR 企业应当安排专人及时登录平台，查看消费者投诉信息。在平台内接到消费者投诉后，应当在三个工作日内与消费者进行联系，了解情况。②投诉处理。对于通过平台接收的消费者投诉，ODR 企业应当根据内部处理机制，于十个工作日内与消费者进行协商和解。达成的和解协议不得违背有关法律法规规定。和解不成的，消费者可以选择向市场监管部门投诉。③结果反馈。ODR 企业对消费者投诉处理完毕后，应当认真填写处理时间、协商过程、协商方式、协商结果等详细处理情况，并及时将处理情况录入平台，通过平台如实反馈结果。企业在平台填写的处理情况对该投诉件消费者可见，消费者并可对企业处理情况进行评价。

笔者认为，企业 ODR 无论如何普及化，也并不能取代当面协商和解，"倘若人际交谈（或交往）缺少了'见面'，无论是个人还是社会都可能遭受关乎人性的心理损害"②。该项 ODR 制度对企业吸引力主要在于解纷商誉塑造

---

① 《全国 12315 互联网平台在线消费纠纷解决企业管理暂行办法》（2018 年 3 月 15 日施行）。

② 面对面交谈有助于提升三个主要的人性价值，分别是：增强自信或自知、同理心、群体体验。这三个价值是数码交谈所不能增进的，不但不能增进，而且还会削弱和破坏。参见 Sherry Turkle, Reclaiming Conversation：The Power of Talk in a Digital Age, Penguin Books, 2015, p26.

与认证带来的整体商誉和品牌价值提升，增强市场竞争力。对于消费者投诉评价满意度高的 ODR 企业，市场监管机关可推荐为放心消费创建示范点或消费维权服务示范站，纳入放心消费示范单位给予宣传或挂牌公示。当然，和解效能与意愿低下的 ODR 企业也有相应的退出机制。从企业 ODR 推广的程度来看，各地工作力度强弱有别，甚至在同一省份差异也很大[①]。由于此一制度仍处于初创阶段，目前，市场监管部门尚未完全建立对 ODR 企业统一的综合效能评价机制，因此大多也没有按照规定对平台内 ODR 企业的综合效能评价情况组织对外公示。该制度的实际绩效还有待进一步观察。

二、调解机构督促和解机制的评价与完善

早在 2006 年 3 月，工商总局即明确要求促进、引导行业组织制定消费维权自律管理制度，指导经营主体建立消费纠纷和解机制。中消协同样倡导并推动业者建立消费者权益保护部门，配备专门人员，建立消费纠纷和解机制，制定公开简易快捷的投诉处理程序，方便消费者投诉，主动承担担保责任，公正解决消费争议[②]。在这样的背景下，消费纠纷督促和解机制在全国很多地方纷纷得以试点实施并得到推广，其制度影响力随着网络的助力已然在全国层面进一步得以彰显。

（一）督促和解机制在一定程度上能够实现消费者、业者和调解机构的"三赢"

督促和解机制实现了行政执法、行业自律、社会监督三位一体的维权机制，强化和完善了消费纠纷和解机制，能够更好地维护消费者的合法权益。

首先，对于消费者来说，解铃还须系铃人，消费纠纷的和解也好，调解也罢，最终平息纠纷本质上要求业者的负责的态度和消费者的理性求偿两个要素同时具备，非理性维权的消费者在实践中毕竟属于极少数，那么问题的症结就在于业者是否能够积极履行企业社会责任、维护消费者权益。因为督促和解机制的受督促业者往往与调解机关自愿签订了契约性的协议，这无疑

---

① 例如，截至 2020 年 8 月 24 日，山东省共计发展 ODR 企业 3434 家，临沂、淄博、聊城、泰安、烟台居前五位；其中，临沂市发展 2229 家，占全省的 64.91%；全省在线自行和解消费争议共计 1920 件，办结率 93.29%。参见杜长永：《山东省市场监管局多措并举 加快推进在线消费纠纷解决（ODR）机制建设》，《中国食品报》2020 年 9 月 1 日。

② 中国消费者协会：《良好企业保护消费者利益社会责任导则》，2007 年 3 月 15 日。

会从正面提升这些业者与消费者和解解决消费纠纷的意愿。调解机构作为官方机构或有官方色彩的组织，其督促和解行为再加上其对于违背协议的业者可以给予处罚、曝光、取消评优评先资格以及剔除督促和解协议名录等措施惩罚，又从反面强化了业者协商和解的积极性与主动性。因此，基于上述分析，督促和解解决消费纠纷可能会比单纯自行和解或调解机构调解更为快速、更富有成效。比如前文所述实例，消费者向调解机构投诉后坐等业者主动上门解决问题，省去自行交涉或有权机关组织双方调解的过程。同时督促和解解纷的成功率也比单纯自行和解提高很多，并且业者在潜在的"权力的眼睛"的关照下被督促解纷，这种"受监督的自我标榜的自律"很大程度上会使其协商和解行为更加规范，平衡业者与消费者之间天然的不对等关系，缓解在单纯自行和解过程中业者依托其强势地位对消费者的"二度伤害"问题。

　　其次，对于业者来说，消费纠纷督促和解机制：①可以更迅速地解决消费者的实际问题，从而维护了业者品牌，提升了信誉，打造业者诚信负责的形象，获得消费者的信任。避免了投诉升级、媒体报道等影响企业商誉的情形产生。②市场监督管理机关或消协每年的宣传表彰或续约以及有关加盟标牌的使用等于免费的广告，提升了业者的知名度，宣传了企业诚信度，具有经济上潜在的收益。③设立消费者权益服务站很好地提升了业者在和解中的公信力，有的地方业者处理消费纠纷速度明显加快，消费投诉也明显减少。实际上，业者正是借助调解机构的公信力，使得自己的客服站点更有说服力[1]，这种信任感会使消费者在协商中更理性、更少情绪化，这些都有助于和解的有效达成与矛盾的息解。④这一机制让业者负责人第一时间知道自己所售

---

[1] 深圳苏宁电器群星广场店孙店长讲述了服务站快速和解一宗消费纠纷的实例。顾客王小姐在苏宁电器买了一部手机，使用一星期后发现手机有质量问题，要求免费退货。这时，消费者权益服务站的协商和解员告诉王小姐，根据国家"三包"规定，手机使用超过7天以后退货要收取一定的折旧费。一开始，王小姐很难理解，认为是商场乱收费，坚决不同意出折旧费。后来，协商和解员告诉王小姐，消费者权益服务站是工商部门和商场联合设立的，如果王小姐对收取折旧费的说法存在疑问，可以直接打工商所监管员的电话咨询或投诉。王小姐一听这种情况，立即相信了协商和解员的话，欣然付了5%的折旧费，并在商场营业员的介绍下，买了另一款手机。孙店长说，根据以往的经验，如果消费者权益服务站没有工商部门的背景，顾客绝对不会相信协商和解员的话，也绝不会掏钱支付5%的折旧费。双方吵到最后，要不就是商场妥协，替消费者垫付折旧费；要不就是顾客拒绝支付折旧费，闹到不欢而散，这种情况下，顾客也绝不会在商场选购另一部手机。而且在争吵过程中，也很容易给其他顾客造成不好的印象。孙店长认为，是消费者权益服务站让商场赢取了顾客的信任，并最终留住了顾客。参见陈莉：《深圳工商部门探索消费争议和解工作机制》，《深圳晚报》2007年6月20日。

商品或提供服务的真实情况。如是假冒伪劣，采购员、进货渠道、验收环节、仓储环节有无问题，可以举一反三，改进企业内部管理，堵住漏洞；如是一般质量问题，可以把信息反馈给生产者以改善产品；如果是服务问题，可以就此监督考核员工。⑤消协或行政机关可帮助业者培训员工，提高其维权意识、法律知识、职业道德及处理纠纷的方法技巧，为业者节约此类培训成本。

最后，对于行政机关和消费者协会来说，它们是督促和解制度最直接和最显著的受益者。传统上，消费纠纷调解占用了行政机关和消协大量的时间、精力、人力和物力，使其难以抽身投入市场监督、消费者教育、立法调研、比较试验、产品鉴定与消费警示等方面的维权活动。督促和解制度形成了行政机关、社团、业者共同参与消费维权的工作格局，把传统的调解为主，逐步转向协商和解在先；把传统对业者重处罚轻教育，转向对业者教育培训为主，从而大幅减轻调解机构的负担，并达到降低管理和解纷成本，提升维权层次，扩展维权领域的目标。

（二）机制创新名义下的"击鼓传花"

1. 督促和解最核心的制度动因是为现行的法定调解机构减负

作为受理申诉与进行调解不收取任何费用、日常消费维权的数量多寡与质量好坏并不影响政府拨款额度的市场监督管理机关、消费者协会，出于"经济人"的理性，必然或多或少都有不愿接受和承揽大量消费纠纷调处任务的心态，对日常微小琐碎的纠纷有一种日积月累的厌恶和不耐烦的情绪或潜意识。同时，纠纷多、调解难度大与调解机构人、财、物等解纷资源配置不足的客观矛盾也使得上述心态和意识更加深化。

深圳市工商局局长曾表示，"以前消费者只要有消费争议，就找政府部门处理，争议金额不足 100 元的申诉很多，让政府部门疲于应付，无暇顾及老百姓最关注、反映最强烈的房地产市场等高端市场。《规定》转变工商行政管理部门处理消费者申诉、投诉的处理模式，将原来的着重具体消费争议的处理，转换为着重对经营者履行消费者权益保护法义务的监管，从而解放了基层执法单位的力量，降低了行政成本，有更多的精力、人力、物力关心、处理更加影响市民生活、生存的问题"①。权益服务站成立，给行政监管资源来了次大"松绑"。"大量的申诉拖了我们'后腿'，下一步可以腾出更多精力

---

① 冷雪冰、金璐、丘文：《消费投诉，倡导和解在先》，《羊城晚报》2007 年 3 月 14 日。

去加强对市场、对企业的监管了。""松绑"后并非放手不管，而是将工商部门原来着重对具体消费争议的处理，转为对经营者履行消费者权益保护法义务的监管①。太仓市消协表示，"消协工作人员面对的是投诉多，投诉案件调解处理难，整天陷在乱哄哄的无休止争吵中而不能自拔，非常被动。为改变这种被动局面，……我们认为建设诚信的经营企业，是最切实际的选择，同时也是最贴近消协履行职能的一种选择。'零投诉'活动的开展，我们消协工作人员体会最深的是，彻底从无休无止的争争吵吵、哭哭闹闹调解中解脱出来，可以静心地思考我们的职能，筹划我们的工作"②。

上述观点比较具有代表性，调解机构将自身对消费纠纷的调解职能视为"疲于应付"的负担和"乱哄哄""哭哭闹闹""无休无止"的麻烦，从减轻负担、减少麻烦的动机出发，于是产生了各种督促和解和案件移送的所谓新机制，这是设计和推广督促和解机制的根本原因。到底"花落谁家"是个大问题，有权机构都不愿接受而希望转移被称为"负担"和"麻烦"的消费纠纷，可谓机制创新名义下的击鼓传花。一方面这一机制满足了调解机构制度创新的政绩需要，另一方面确实也能在很大程度上降低其调解纠纷的数量，但是对消费纠纷的具体情况不做区分一刀切式转移处理，以及法定调解机构自我赋予小额纠纷"调解豁免权"则可能存在对我国《消费者权益保护法》和相关行政法规的曲解与违背。将小额消费纠纷与房地产纠纷这种所谓"高端市场"纠纷对立起来，显示出对小额纠纷"另眼相看"的歧视性态度，其中固然有解纷资源合理配置的科学考量，但也把问题过于简单化了，实际上小额消费纠纷也可能蕴含复杂、重大的法律问题，也可能造成广泛、恶劣的影响甚至引发群体性事件，也可能是关系"市民生活、生存的问题"，不能将其看作"低端"纠纷任其自生自灭。而所谓从"哭哭闹闹调解中解脱出来，可以静心地思考我们的职能，筹划我们的工作"则是对消协法定职能的偏颇的认识，只要相关法律、法规没有修改，地方各级调解机构就不应自我规划、有选择地开展工作，而应完整、充分地履行其包括个案维权在内的全部法定职能。

---

① 饶洁、邱文：《消保维权新模式　一举三得创和谐》，《深圳特区报》2007年6月19日第A01版。

② 太仓市消费者协会：《以建设诚信企业为目标开展"零投诉"活动　拓展消协维权领域》，http：//www.jsgsj.gov.cn/jsxx/readnews.jsp? InfoID=1009&st_id=009。

笔者注意到，深圳工商机关表示，"和解在先"并不意味其甩手不管。如商家对纠纷不积极处理，消费者可向工商举报，接到2次举报工商部门就会发出消费争议协商解决的函，作为提醒发给商家的投诉中心及负责该业务的高层经理人员、老总，敦促其及时处理①。但笔者认为，这一"提醒"显然无关痛痒，效力轻微。督促和解内含的运作机制，尤其是消费者经过协商和解不成功投诉到调解机构又被推回业者处，或者消费者投诉到调解机构被推往业者处处理，如果不经调解机构释明，这种程序倒流或程序变轨很容易使消费者误认为行政机关、消费者协会不愿管我的事，在推诿搪塞。那么一旦督促和解无法达成纠纷息解，消费者很可能就不愿自找麻烦、重复无用功地去再找调解机构调处、投诉，以免再次碰软钉子。如果一桩消费纠纷存在着多次变轨的制度设计，每经过一次变轨，可以说消费者的解纷意愿都可能会进一步下降，因为随着时间的推移和程序的变换，消费者的解纷成本也在攀升。因此，调解机构认真对督促和解的消费纠纷进行全程跟踪和监督显得尤其重要，如若不然，这一机制在实践中很可能会发生变异和扭曲，影响消费纠纷解决的成效和消费者维权的积极性。

2. 督促和解是半强制性的消费纠纷分流机制

有调查表明，"如果在消费过程中遭遇不满经历，97.9%的被访消费者表示会采取不同的维权手段，但34.5%的被访消费者在遭遇问题时没有与企业交涉的意愿"②。对于这些不愿面对业者协商和解的消费者，督促和解可能蕴含着强制的因子。笔者认为，督促和解机制在程序启动上对业者具有类契约性的强制性，必须配合接受督促和解消费纠纷的类契约义务或道义责任，对于消费者则可能或多或少具有一定程度的强制性，限制了消费者的程序选择权。程序的过程对业者具有道义性的强制性，业者有责任与消费者协商，对消费者则无强制性。至于是否一定要达成和解这一结果，则对双方均无强制性。

无论是单纯自行和解还是媒体协助和解，发动消费纠纷解决程序的主体均为消费者，消费者是主导程序启动的人。而督促和解制度中，不管是迫于

① 徐维强、任笑一、付可、孙涛：《12315/12358 今起统一接听 全市各工商分局、工商所的投诉电话将全部取消》，《南方都市报》2007年03月15日。
② 上海市质量协会：《2008年上海市民消费经历满意度调查报告》，2008年10月8日。

形势还是为提高企业的商誉，与调解机构签订督促和解协议承诺接受调解机构对纠纷的督促转办、负有协商和解义务的业者的企业自主权是得到维护的，也是遵循其自由意志的。但是各地的督促和解制度都没有明确消费者是否有选择解纷程序的权利，相反，许多地方宣传的做法和标榜的经验是和解前置甚至是小额纠纷不予调解。"依照当事人是否主动通过一定的行为进行选择，可以将当事人行使程序选择权的选择行为分为主动选择与被动选择。主动选择是指当事人按照自己的意愿，积极地、自主地对程序作出选择，而被动选择则是在他人提出选择某一程序的建议后进行选择。"① 从更广泛的纠纷解决机制的视角来看，当事人对寻求诉讼还是非诉讼以及何种非诉讼纠纷解决机制来解决纠纷同样具有程序选择权。但具体到督促和解制度，当事人几乎不可能主动选择，因为主动选择的结果必然是消费纠纷双方自行协商和解，当事人没有必要先行到调解机关申诉再要求其移转纠纷回到自行协商状态徒增烦扰，而会直接与业者进行交涉。

那么督促和解是否是消费者听从他人建议后进行的一种被动选择呢？笔者认为，督促和解机制在实践中可能有三种既不尊重当事人的主动选择权，也不尊重当事人的被动选择权的情形：①"被和解"。像前文所述案例，消费者提请有权机构调解消费纠纷，调解机构未告知其纠纷将会被督促和解，消费者在完全不知情的情况下等来了业者工作人员的联络和协商要约。②强迫变轨。消费者没有与业者协商和解，直接提请有权机构调解消费纠纷，调解机构明确告知其投诉的是督促和解签约业者，不能请求调解而必须先自行和解，纠纷将会转给业者。③被逼倒流。消费者与业者先行协商和解失败，转而提请有权机构调解消费纠纷，调解机构明确告知其投诉的是督促和解签约业者，不能受理调解而必须由调解机构将纠纷转给业者，消费者被迫回到老路再次与业者协商和解。在上述三种情况下，消费者反感、不信任业者，不愿与其协商和解或者与其协商后不欢而散，从而希望消协或行政机关主持公道对消费纠纷进行调解，如果调解机构半强制性的督促和解，甚至对小额纠纷不予调解，则会损害消费者的程序选择权。

与前述的各种督促和解机制相比，"网上和解＋强制调解模式"是一个很有趣的对照。全国一些地方如杭州、宁波、北海等地消协网站上，消费者可

---

① 李浩：《民事程序选择权：法理分析与制度完善》，《中国法学》2007 年第 6 期。

通过在"协商和解"界面输入投诉信息及主张与经营者沟通。消费者可能只需花几分钟时间登录并发布和解信息，就可等商场主动联系上门①。督促和解包括前述企业 ODR 都是调解转自行和解，而"网上和解+强制调解模式"笔者则将其定义为"第三方（如消协）虚拟平台和解接续强制调解"。

就笔者掌握的资料，扬州市对此制度推广最有力、最有代表性，扬州消协开通了"放心消费承诺企业联盟"网站，其中收入了房产家居、公共事业、商贸流通等各行业的商家名录，消费者遇消费纠纷时，只需点击该商家名录，进入该商家页面，即可在线投诉。消协规定，商家在接到投诉 5 个工作日内纠纷未能解决或消费者认为商家处置不当，该投诉将自动转入消协处理。商家处理不当造成投诉未解决将在网上产生一次不良记录，连续多次不良记录将被消协列入"黑榜"向社会公示，并从企业联盟中剔除②。消费者在线投诉后系统自动转至被投诉单位，处理结果也会自动反馈至消协投诉系统存档。消费者可通过再次登录网站的方式查询答复内容。联盟已吸引了 3000 多户企业加入③。此外，网站还具有发布业者信息的功能④。

"网上和解+强制调解模式"无疑不属于督促和解（也不属于其中的网络转办、维权绿色通道或企业 ODR），而是一种和解与调解的"无缝对接"。这一模式的比较优势在于，首先，尊重了消费者的程序选择权，没有强制和解前置或强制督促转办。"无缝对接"解决了达不成和解后消费者怕麻烦不愿进一步申诉调解的问题，为消费者提供了快捷、高效、无成本的程序变轨方案。其次，消协承办网站以及其强制接续调解的功能保留了潜在的"权力的眼睛"的监督，对业者践行社会责任，推动协商和解达成有一定的约束和促进作用。再次，对减少消协的调解纠纷数量也具有正面意义。笔者认为，作为一个和督促和解机制相竞争的解纷制度，"网上和解+强制调解模式"应该进一步进行探索和完善，尤其是在制度宣传推广、源头业者处理规范化、避免平台的商业化、强化制裁措施与业者培训、县域

---

① 王春艳：《百姓维权省劲了　企业信誉维护了》，《中国工商报》2007 年 3 月 15 日第 T14 版。
② 毛品湘、张晨：《扬州开通消费纠纷自助协商平台》，《新华日报》2007 年 8 月 23 日第 A05 版。
③ 扬州市消费者协会：《充分运用互联网，搭建消费维权网上和解平台》，http://www.jsgsj.gov.cn/jsxx/readnews.jsp? InfoID=1556&st_id=019。
④ 杨萧：《搭建协商平台　畅通投诉渠道》，《扬州日报》2007 年 9 月 11 日第 C03 版。

资源布点等方面。

（三）健全和完善消费纠纷督促和解机制的主要措施

针对消费纠纷督促和解机制的发展，笔者认为以下几个方面是进一步完善和规范该机制时应予以重点把握的：

1. 继续推广深圳与太仓在布点方面的有益经验和做法

各地应加强宣传，动员经营性企业尽可能地建立和解组织，配备专门人员和办公场所，细化协商和解的相关承诺与义务。要深入企业和行业进行宣传，提高消费者、经营者的知晓度和认同度。在主要消费纠纷易发行业和大中型经营实体中广泛地设置和解平台——市场监督管理机关或消协的维权服务站，由业者的员工①专职进行运作。消协和行政机关选择一些有一定营业面积、自律性较强、有相对良好社会信誉的经营者，与其签订消费纠纷督促和解协议书和消费纠纷和解意愿书，建立投诉转办机制。尤其是要注意覆盖小商品市场、农贸市场以及农村地区的有一定规模的商场和市场，具体标准应根据各地经济、社会发展水平制定。想方设法鼓励更多的业者参与其中，践行企业社会责任。签约业者在其门厅接待处或收银处等地方设立明确表明其是维权服务站点的标识，在其经营场所的醒目位置设立公开承诺板或者在购货凭证（服务单据）上注明处理消费纠纷的相关制度（规定）和服务承诺，列出消费纠纷和解流程和客户服务（投诉）热线电话，接受消费者监督。要优化工作流程，尽量快速高效地进行协商和解。

2. 尊重当事人的程序选择权，不应强制或半强制地督促和解

笔者认为，通过征求意见、取得消费者同意的程序可以化解督促和解制度的强制性问题，提升程序的正当性、合法性，赋予其程序正义的品格。消费者不同意与业者协商和解，明确要求市场监管机关或消协处理（调解）的申诉或投诉，原则上由辖区市场监管机关或消协进行处理调解。

---

① 南通市海门工商局和海门市消协指导企业建立协商和解的三级组织体系，由企业负责人负总责，部门经理具体负责，各柜（班）组客户服务人员兼任和解员，具体操作协商和解工作。参见吴亚彬：《四个对接促成消费和解》，《工商行政管理》2008 年第 17 期。笔者认为，这一做法将协商和解的主体泛化以及纠纷管理层级的非扁平化，体现不出专业化与高效的要求，可能降低协商和解的品质和效果。此外，柜（班）组和解员存在着销售提成的利益因素，与消费者的矛盾可能激化，也不利于协商和解的达成。

最好统一制作纸质或电子类委托和解转办单或表格①，在上面列明消费者知情同意所需要的信息，由消费者勾选是否同意督促和解。同时，在征求意见的过程中，调解机构工作人员也可进一步阐明督促和解的优势，做好制度推广工作。"勿以善小而不为"，调解机构不应对小额纠纷采取"调解豁免"的不当做法。

3. 明确督促和解消费纠纷的范围，列明一些不适宜督促和解的消费纠纷类型或情形

有学者在谈到法院委托调解案件类型时明确指出："如果把重大、复杂、疑难的案件也委托给人民调解机构等组织调处，那么不仅对这些组织能否有效地调解纠纷存在着疑问，而且会给人以法院把烫手的山芋往外扔的感觉，这既会引起当事人的反感，也会引起受委托组织的不满。"② 同样，在督促和解中也是如此，如果消费纠纷涉及群体性纠纷、对消费者造成严重伤害等情形，不加区别地一律适用督促和解是值得商榷的。即使是签约业者的消费纠纷，在督促和解的操作流程规范中也应该明确赋予调解机构对于比较重大、复杂或疑难消费纠纷的自行调解权。也就是说，签约业者有接受督促和解的义务，而调解机构没有一定督促和解的义务，应该根据消费者申诉和纠纷的具体情形，有选择地督促和解，不宜凡接到涉及签约业者申诉一概推出门外。

4. 确保业者纠纷处理的公正性与满意度，严格反馈机制与回访制度

广州市"12315"指挥中心认为其转给部分维权社会网络成员单位协商和解的纠纷还存在一些不足：一是部分投诉的反馈内容过于简单；二是部分投诉未能得到处理和反馈；三是部分成员单位对投诉的处理不够主动③。由此可

---

① 实践中有的地方是由业者自行设计表格放置在调解机构内，如黑龙江省消协与省移动公司建立了定期联络制度。移动公司根据处理流程印制了移动客户投诉转办单、移动客户投诉调解意见书两种规范文本，统一发放到全省各级消协。参见刘传江：《黑龙江省消协：投诉和解联络机制快速解纠纷》，《中国消费者报》2008 年 12 月 3 日。笔者认为，这种方式主次颠倒，还容易让人误解消协被某一特定业者拉拢而丧失消保立场或中立立场，不利于督促和解机制的规范化，应由调解机构统一制作对所有督促和解签约单位都适用的转办表单，尤其是要列明知情同意所需的信息，尊重消费者的程序选择权。

② 李浩：《委托调解若干问题研究——对四个基层人民法院委托调解的初步考察》，《法商研究》2008 年第 1 期。

③ 广州市工商局：《指挥中心召开广州 12315 维权社会网络工作会议》，http：//www. gz12315. com. cn/lsztnews. aspx？ aid＝2889。

见，回访工作很有必要，目的在于监测、评估和考核业者处理消费者投诉的过程和结果的成效，内容应围绕消费者感受和意见需求设计。

笔者认为，业者对消费纠纷处理（协商和解）完成后，需要填写纠纷处理单，并将处理单以纸质或电子文档形式反馈到作为信息来源和交（转）办单位的市场监管机关或消协。如果是由各维权站点自己建立台账，供市场监管机关或消协在一个月或数个月的时间检查或抽查一次的话，则无法起到即时监督的作用，即使业者在协商中存在不当行为，也不会被调解机构及时发现，消费者可能怕后续的麻烦而选择隐忍，使纠纷成为消费者被害的黑数。因此，业者应该在纠纷和解解决后立即或两个工作日以内向督促和解的调解机构反馈协商和解结果、消费者对处理结果的满意度评价、承办的时间。为了防止业者对反馈的处理结果作假，市场监管机关或消协应安排相应的工作人员或短信平台对消费者进行电话回访或短信回访，询问其对协商和解的结果是否满意，业者是否存在违法或不当行为。

5. 强化督促和解的效力和对不履行督促和解义务的签约业者的制裁措施

深圳市工商局在监督"和解在先"业者履行责任时的做法是：向企业发出督促履行"协商和解"社会责任函，定期公布"被申（投）诉经销者排名"；组织召开经营者提醒会、培训会、分析会、告诫会。深圳市工商局开通的网上维权平台设有自动曝光系统，凡有效投诉在7个工作日内未得到商家答复，系统就自动将投诉内容及商家在网站上曝光①。

笔者认为，社会责任函、定期排名以及提醒会、分析会、告诫会更多的是一种软的约束，对无理拒绝协商或推诿敷衍的业者仅具有教育意义而无法起到制裁作用。网站程序系统自动曝光的设计固然比较简便、可行，但因为"答复"行为无法界定，如果业者仅仅敷衍性地答复消费者投诉而并未解决纠纷，系统也不会产生曝光效果。此外，市场监管机关网站的受众面过于狭小，即使曝光对业者的商誉影响也不大。真正的具有惩罚或制裁效果的曝光应该是，由市场监管机关或消协工作人员人工认定签约业者不愿协商或推诿塞责，调解机构购买一定的传统媒体版面定期予以曝光或召开新闻发布会由媒体无偿传播曝光讯息。同时要坚持定期对外公布消费者权益服务站接收登记单数、和解成功率、和解不成功移交率等信息，营

---

① 王春艳：《百姓维权省劲了　企业信誉维护了》，《中国工商报》2007年3月15日第T14版。

造全民监督氛围，制定先进单位评比考核标准，每年度进行考核，大张旗鼓地表彰履行协商和解承诺比较好的业者，取消协商和解不力业者的督促和解签约单位和维权服务站点资格。

和解意向达成后，双方应签订协商和解协议并签字确认，特殊情况也可口头协议，但业者必须做好记录备查。业者故意拖延或无理拒绝执行已经达成的和解协议的，消协和行政机关应督促业者执行，必要时可由行政机关进行处罚。业者故意拖延和无理拒绝，致使消费者损失扩大的，除应满足消费者协议要求外，还应对扩大的损失承担责任。此外，也要强化业者内部的协商和解工作的评比考核，将协商和解工作纳入内部奖惩考核机制和范围。协商和解人员对调解机构转来的消费纠纷，在接待态度、处理时间等问题上如果遭到消费者投诉，一经查实，应受到内部惩处。

6. 对消费纠纷督促和解赋予严格的时间限制

消费者对于纠纷处理的耗时是非常敏感的，研究表明，"消费者最希望在投诉时了解到投诉回复和解决的时间，投诉消费者普遍希望其投诉能在 3 个工作日内得到解决。"[1] 处理时间的差异对于消费者投诉心理预期有相当的影响。数据表明，"消费者在投诉后的 3 个工作日对于相关的处理部门、处理方式和处理结果都有比较强的了解欲望；当处理时间超过 15 个工作日后，消费者对信息的知晓欲明显下降，对本次投诉期望值下降。"[2] 因此笔者建议，可以规定业者对于简单的消费纠纷和解时限为 3 个工作日，复杂问题为 7 个工作日，超时不能和解的将通过消协或行政部门解决。消协和市场监督管理机关应当优先调解督促和解不成功的消费纠纷。另外还可以规定业者协商和解的次数：首次协商不能达成和解的，组织二次协商，仍不能达成和解的可以终止协商，征得消费者同意后将相关申诉及调查、协商情况移交市场监管机关或消协。这也是控制协商和解久拖不决的有效措施。

7. 加强对维权联络站点中协商和解人员的培训与业务指导

签约业者的有关纠纷处理人员必须进行上岗培训，时间不能过短，如果人员出现流动要及时对新任命的协商和解人员进行培训。培训合格可发放证书，协商和解人员一律持证上岗。岗前培训主要内容可以包括：有关消费维

---

① 上海市质量协会：《2008 年上海市民消费经历满意度调查报告》，2008 年 10 月 8 日。
② 任翀：《投诉处理为何很难"较满意"》，《解放日报》2008 年 10 月 31 日。

权的法律法规和业务知识；委托和解消费纠纷机制的受理、转交、办理（协商和解）和反馈的操作流程；解纷技巧；心理学知识等。应重点介绍一些常用的法律法规，讲解在日常消费纠纷处理中的疑点、难点问题以及重点服务领域、行业存在的问题，检测、鉴定的注意事项，法律责任的承担等。最好能通过案例来形象地说明消费纠纷和解的技巧和做好消保工作的重要性和必要性。不定期地组织开展对一些新情况、新问题、新法规的业务学习和讨论或者是针对个别行业相关问题的培训，传达有关政策文件，通报消费纠纷和解情况，解决出现的问题，更新操作处理规范与原则。定期召开协调会议、联席会议或上门指导，指导帮助业者处理投诉热点、难点问题。到业者处调研，倾听业者意见和建议，及时改进不足，完善服务站工作体系。对出现问题的业者，要加强监督、上门点评，责任界定后，与业者负责人一起分析原因、总结漏洞。着力帮助业者建章立制，建立和完善商品或服务质量控制体系、投诉处理机制等自律管理制度。所有培训与业务指导应当免费，不能与业者有任何经济利益上的往来。

从当前的消费维权形势来看，企业ODR与庞大的经济规模和千差万别的业态类型相比尚显不足，且企业ODR机制不能仅是云端的程序接转，其在业者层面的落地落实才是重中之重，因此，建立大量的企业监督联络站并加以规范化运作，仍是调解机构今后开展消费者权益保护工作的重点，是促进业者与消费者自行和解机制的完善、将业者与消费者矛盾消灭在萌芽状态的一项有效举措。与此同时，由于业者工作人员法律法规知识相对欠缺，投诉解决技巧掌握不够，可能导致大量的消费纠纷难以顺利协商和解解决。因此，强化对联络站工作人员的业务知识和技能培训，提高企业的自律意识和和解能力，是今后此机制顺利推行的前提。

第四章　消费纠纷民间调解机制

　　自由也意味着，国家要让人们自己去处置其生活的广阔的领域，因此他们既不必开展反对国家机构的斗争，也不必开展支持国家机构的斗争，他们最终会与国家机构一起借助市场经济共同促进生存机会。

——拉尔夫·达仁道夫①

第一节　消费纠纷民间调解机制概述

一、消费纠纷民间调解机制的概念界定与主要类型

　　一般认为，民间调解是司法调解、行政调解以及仲裁调解以外的调解制度的总称。有观点就民间与官方纠纷解决机制的区分认为，"公共的和私营的ADR项目的措辞有点模棱两可，公共理解为由国家运作，由公共机构设立或在其控制之下。最主要的区分标准是调解或仲裁程序/项目设立和运作的方式。私营指的是项目由自然人或法人行使他们的私人自治权建立的。仅仅是一个纠纷解决项目由私人创始但收到公共资金的事实，不能改变其私人的特征。私人项目的重要例子是特殊领域纠纷解决机制，例如由行业协会设立（如卢森堡汽车修理联盟仲裁机构、德国车辆修理仲裁委员会）"②。仲裁虽然

---

　　①　[英]拉尔夫·达仁道夫：《现代社会冲突》，林荣远译，中国社会科学出版社2000年版，第60页。

　　②　The Study Centre for Consumer Law-Centre for European Economic Law, An analysis and evaluation of alternative means of consumer redress other than redress through ordinary judicial proceedings-Final Report, Leuven, January 17, 2007, p76-77.

具有民间性，但在仲裁机构或仲裁程序内进行的调解如若不成，还是要进入仲裁程序，受其影响或被其吸收，并不存在独立的到此即完结的调解程序，因此不属于本章民间调解的范畴。

具体到消费纠纷的调解解决，针对我国国情，笔者认为消费纠纷民间调解指的是各种非官方的民间机构、组织对消费纠纷进行非强制性的调解解决的较为固定和正式的制度。至于当事人找到某些个人，例如律师、有一定社会地位的人对消费纠纷进行居中调停则不具有制度化的意义。同时，附设于法院的调解或诉前调解基本由法院主导，相对于通常意义的民间调解强制性更强、民间性较弱，因此绝大部分没有纳入本章的民间调解进行讨论。

就笔者掌握的资料，具体来说消费纠纷民间调解机制主要有以下几种类型：

（1）消费者团体的调解。例如我国的消费者协会调解。

（2）没有仲裁权的行业协会的调解或行业专门调解。前者指的是由设在行业协会内的调解机构调解，例如日本医师协会的调解，德国工商协会、手工业协会以及各种行业公会的调解所的调解。后者是指相对独立于行业协会设立的针对某个行业领域消费纠纷的民间调解机构，比如日本的诸多行业的产品责任中心（PL 中心）的调解，德国保险公司与医师协会联合成立的调解鉴定机构的调解，我国的上海银行业纠纷调解中心①、中证资本市场法律服务中心有限公司（系中证中小投资者服务中心有限责任公司的全资子公司)②、深圳市银行业消费者权益保护促进会、北京秉正银行业消费者权益保护促进中心等的调解。

---

① 该调解中心是在上海银监局指导下，经上海市民政局正式批复登记设立的民办非企业组织，于 2016 年 5 月 10 日成立。截至 2018 年 3 月 11 日，调解中心累计调解消费金融纠纷 1220 起，成功 997 起，调解成功率为 81.7%。其中复杂、疑难、矛盾较为激化的纠纷有 240 余起，约占调解量的 20%。调解中心还完成"诉调对接"案件 75 起，"仲调对接"案件 7 起。"诉调对接"实现上海中心城区三级法院全覆盖。参见孙琪：《"金融老娘舅"让纠纷不再烦人》，《青年报》2018 年 3 月 16 日 A15 版。

② 中证投服中心创设小额速调、单边承诺调解机制，凡加入该机制的证券期货经营机构、资本市场其他主体等与投资者之间的纠纷，投服中心可组织调解员提出调解建议，在投资者认可的情况下，机构一方应当自觉接受，有效解决纠纷"调成难"。参见 http://www.isc.com.cn/html/jfdj/。中证资本市场法律服务中心有限公司是经中国证监会批准设立的、我国唯一跨区域跨市场的全国性证券期货纠纷公益调解机构，注册资本 5 亿元，由投服中心全额出资，于 2020 年 1 月 17 日在上海注册设立。法律服务中心建立后，投服中心纠纷调解工作全部由新成立的法律服务中心承担。法律服务中心现有近 50 名专业调解员，并聘有 400 余名兼职公益调解员，与全国各地证监局、协会共建了 35 个调解工作站。参见 http：//lsc.isc.com.cn/tj-html/zxjs/。

（3）既有仲裁权力又有调解权力的民间组织进行的调解。比如美国较佳企业局（Better Business Bureau）对消费纠纷进行调解。"BBB 项目每年处理约十万件消费纠纷，其中最主要的是通过电话斡旋（telephone conciliation）的方式解决，在多数情况下，BBB 仅仅是提供消费者其可以联系的人，然后消费者直接与制造商或零售商协商。在另一些情况下，BBB 的员工在业者和消费者之间来回打电话以寻求一个解决方案的产生。"① 还有例如英国一些具有仲裁权力的行业协会进行的消费纠纷调解。这些机构本身也可以进行仲裁，是仲还是调主要依据当事人的申请和选择，调解不成并不进入仲裁，需要另行订立仲裁协议。因此调解和仲裁程序是完全独立和分离的，与各种形式的"调解与仲裁相结合"制度有显著区别，性质上属于民间调解。

（4）独立的机构、组织就消费纠纷的解决做出没有拘束力的裁决（decision）或劝谕（recommendations）。比如英国金融领域民间的独立监察官（Ombudsman）裁决、荷兰消费诉怨委员会（Consumer Complaints Boards of Netherlands）裁决、比利时铁路监察官（The Rail Ombudsman Service，SNCB）的劝谕、德国长途客运纠纷调解机构（The Conciliation Body for Long-Distance Travel）的劝谕。笔者认为这种纠纷解决机制介于仲裁和调解之间的过渡地带，这一机制的特点是如果业者得知被申诉后不能主动解决纠纷，则调解机构要进行较为正式的书面答辩、听证和证据调查，在听取双方当事人意见的基础上做出正式的形式上类似仲裁裁决或法院判决的裁决或劝谕。有的经历调解过程，有的可能不经调解沟通程序，不管是没有经过调解过程还是调解不奏效，后续都会出现明确具体的裁决或劝谕。但是这种裁决或劝谕本身没有拘束力，缺乏仲裁裁决的终局性与可执行性，本质上属于一种调解意见和方案。这样的机构和组织虽然可能受政府资助，但并非全由政府人员把持或听命于行政机关，在机构定位和人员组成上具有民间性，因此笔者将其归为广义的民间调解而非消费仲裁或行政调解。并不是说其他种类的消费纠纷民间调解机构不提出调解意见，而是说没有像此类型中的调解机构这样，负有提出明确具体处理消费纠纷的调解意见的义务。

（5）区域性调解机构的调解。例如美国的社区调解、近邻调解中心，澳

---

① Linda R. Singer, settling disputes：conflict resolution in business, families, and the legal system, Boulder, Colorado：Westview Press, 1994, p89.

大利亚的社区司法中心（Community Justice Centre）、德国的传统调解项目（Schiedsmann），我国传统意义上的设在村民委员会、居民委员会的人民调解等。区域性调解机构调解受其设置目的与自我定位、人员构成、专业性程度、距离消费纠纷的远近、宣传推广程度与社会形象、消费纠纷解决领域的社会资本与话语权等许多方面因素的限制，在消费纠纷调解方面作用有其限度。

应用于电子商务等领域①纠纷解决的在线调解或在线仲裁类的 ODR 制度有些存在新兴调解主体②，有些则是现有主体调解方式的线上化③或者"互联

---

①　笔者认为，消费纠纷 ODR 局限于 B2C 领域研究和讨论会限制其制度意义。纠纷解决实践也走在了传统 ODR 理论研究前面，例如证券期货纠纷 ODR：依托"中国投资者网"（www. investor. gov. cn）建设证券期货纠纷在线解决平台，并与人民法院办案信息平台连通，方便诉讼与调解在线对接。调解组织运用"中国投资者网"等现代传媒手段，把"面对面"与网络对话、即时化解等方式有机结合，研究制定在线纠纷解决规则，并总结推广远程调解等做法。参见《最高人民法院　中国证券监督管理委员会印发<关于全面推进证券期货纠纷多元化解机制建设的意见>的通知》（法〔2018〕305 号）附件第 17 条。上海银行业纠纷调解中心开发的"银行业一站式纠纷调解平台"于 2018 年 1 月正式上线运行。该平台通过构建调解申请、调解员确定、调解过程、调解文书生成等互联网技术支持模式，集调解规则导引、纠纷案例学习、调解资源整合、远程调解、诉调对接等多项在线纠纷功能于一体，并将逐步实现与法院、仲裁院有效对接，提升行业调解科技化、智能化水平及解纷效率。目前的调解步骤为：（1）调解申请。客户可通过调解中心微信公众号发出调解申请，填写纠纷调解请求，调解中心收到调解申请后，于 10 个工作日内确定调解受理。（2）调解员确定。调解平台中包含现有调解中心的所有调解员信息介绍，包括个人照片、所在机构、调解案例、擅长专业等。客户可通过"点选式"选择调解员、调解方式，让客户更能感受主动选择的调解过程。（3）调解过程。双方选定调解员后，调解案件信息会发送至调解员客户端，系统会引导调解员实施网络调解，以调解阶段任务的形式呈现给调解员，调解员根据系统提示完成调解工作。（4）调解文书生成。调解员完成所有调解任务后，调解系统会将所有调解资料整合成为一份调解档案，并自动编号、归档，形成电子档案。参见韩沂：《银行业纠纷调解实务研究》，上海人民出版社 2018 年版，第 182-184 页。

②　ODR 的实例是 1998 年推出的"网络和解"（Cybersettle）。这些案件通过一种名为"双盲投标"（double-blind bidding）的程序进行——索赔人与被告各自提出自己所能接受的最高与最低和解金额。这些数字不会曝光，但若双方的数字范围重叠，双方就能达成和解，而最后的和解金额通常都是双方出价的中间值。另一种在线争端解决机制是在线仲裁。或许因为各方所在的地点问题，或许因为相较于纷争的规模，把当事各方聚在一起协商的费用过高，使得面对面的仲裁有实际执行的困难时，在线仲裁就可以派上用场了。参见［美］理查德·萨斯金：《明日世界的律师》，麦慧芬译，（台湾）商周出版 2014 年版，第 173-174 页。

③　比利时在 2011 年设立了调解消费纠纷的比调网（Belmed/Belgian Mediation），截至 2014 年底，已有 26 家 ADR 机构与 Belmed 平台签订合作协议，包括比利时国民在内的欧盟地区消费者和业者都可在该网注册，完成注册便可按照平台提示申请在线调解服务。当申请提交后，Belmed 平台会自动将纠纷转交至有执业资质的签约调解组织。当事人不必再费力寻求适宜的调解组织。Carlos Esplugues & Louis Marquis, New Developments in Civil and Commercial Mediation：Global Comparative Perspectives, Springer, 2015, p105. Stefaan Voet, Belmed：The Belgian Digital Portal for ConsumerA（O）DR, April 2013, SSRN Electronic Journal.

网+"线上线下相结合。"作为扩大解决纠纷的渠道、实现正义的新途径，ODR 带来了纠纷解决形式在实践中的'三个转变'。第一，从物理上的面对面形式，转变为虚拟在线的形式；第二，从调解员介入调解程序和当事人达成调解协议，转变为以软件程序辅助纠纷解决的形式；第三，从强调调解保密原则，转变为强调数据收集、使用和反复利用，防止纠纷再次产生的形式。从纠纷解决三角形来看，第一个转变主要是指便捷性的提高，第二个转变是关于专业性提高，第三个转变关乎解决建立信任体系所面临的特殊挑战。随着科学技术在纠纷解决过程中的引入，三个转变逐渐成为纠纷解决的一部分。"① 从世界范围来看，消费纠纷 ODR 推广范围、适用成效、生存模式与生命力都相对比较局限，有待进一步观察与累积经验。相应的，各种技术手段与在线诚信体系设计似乎更为根本和奏效，② 囿于本书篇幅，笔者对消费纠纷 ODR 机制暂不展开讨论。我国目前消费纠纷民间性的调解机制主要的还是消费者协会调解以及部分行业和领域的人民调解。本章也以这两类机制为探讨的重点。

除了这些各国共通或类似的消费纠纷民间调解机制，有的国家比如我国还有一些特有的机制。近些年，我国一些地方的人民调解组织在部分行业和领域甚至在消费者协会内部也存在制度化的运作实践，这可以视为人民调解与消费者团体调解或行业调解的混合协作，如果以调解主体、调解协议性质等观察，其本质属于人民调解，是人民调解在新的时代背景下的扩展与机制创新。另外，实践中不少地方还存在"诉调对接"的实践，例如法院委托消费者协会调解消费纠纷、消费者协会协助法院调解消费纠纷。"协助调解是指法院邀请调解人参与诉讼调解，请调解人帮助法官做当事人的思想工作，以促进纠纷的调解解决。协助调解其性质从根本上说它仍然是以法院为主导的

---

① ［美］伊森·凯什、［以色列］奥娜·拉比诺维奇·艾尼：《数字正义：当纠纷解决遇见互联网科技》，赵蕾、赵精武、曹建峰译，法律出版社 2019 年版，第 66-67 页。
② 笔者认为，由于在线调解或在线仲裁都需要业者的首肯与配合，加上网络身份的隐匿性与虚拟性，在缺乏有权威的第三方介入和监管的情况下，纠纷解决的难度比线下要大得多。在线诚信体系主要就是为了完善信用公示与信用评价制度，以发挥制约业者失范行为的作用。

司法性质的调解。"① 因此，笔者在本章中将对上述人民调解的新发展与委托调解进行讨论，而不涉及协助调解。

此外，我国消费者协会在市场、商家或者基层组织设立了为数众多的维权服务站点，笔者认为，由这些站点处理消费纠纷是否属于民间调解不应一概而论，这些站点里处理消费纠纷的人员不是消费者协会工作人员，而属于站点所在机构本身的工作人员，比如业者的客服人员或者社居委工作人员、村主任等。站点开展业务工作受消费者协会指导，人员一般受其培训。站点设置在实践中五花八门，根据站点设置场所不同性质不同：类型一，正如上文对督促和解制度的分析，如果站点设置在业者、商家处或医院中处理消费者或患者投诉，属于商家、医院与消费者单纯自行和解或商家、医院受督促和解；② 类型二，如果站点设置在基层市场监管机关，则在性质上易被行政调解或者说市场监管机关的红盾维权站点所吸收，发生明显的性质混同而不宜定位为民间调解；类型三，如果站点设置在厂矿、学校处，主要调解厂矿职工、学校师生与单位外商家发生消费纠纷情形，则应属民间调解；类型四，如果站点设置在城市社居委或农村村委会处，由主任或其中的工作人员对消费纠纷进行调解，显然属于民间调解；类型五，如果站点设置在行业协会而非个别业者、商家处，那么应当属于民间调解类型中的行业调解，不属于业者与消费者自行和解或受督促和解。类型三、类型四和类型五虽属民间调解，但不同于一般意义上人们所理解的消费者协会调解。挂牌设立站点的厂矿、学校、城乡基层组织、行业协会中的调解人员更多的类似消费者协会聘请的消费维权志愿者，从最广义的视角也可纳入消费者协会调解范畴。随着计划经济的瓦解和单位制的淡化，类型三已不多见，类型四则是目前受提倡的一种站点设置形式，本章也将涉及此一类型。类型五并不多见，将在下文的行业调解部分予以讨论。

---

① 对那些已经起诉到法院，法院在立案前委托人民调解组织调解的民事纠纷来说，尽管存在着法院的委托行为，但调解的主体已经不是人民法院，调解在性质上已成为人民调解，除非当事人请求法院确认调解协议的内容，否则所达成的调解协议便是人民调解协议。即使是那些委托调解成功后，根据当事人的请求，法院通过确认程序，把调解协议转化为法院调解书的案件，真正的调解主体，也是受法院委托的组织或个人。李浩：《法院协助调解机制研究》，《法律科学》2009 年第 4 期。

② 有些所谓的行业性维权站点实际上主要是设在垄断性企业如电信、邮政，笔者仍将其纳入这里的类型一。

二、消费纠纷民间调解机制的价值与比较优势

（一）与协商和解相比，更具连接与平衡的价值

调解就是在有第三人帮助下进行的交涉（negotiation）[1]，是中立第三人协助双方当事人达成协议解决纠纷的有组织的协商[2]。也有学者将调解定义为由公正第三人促进当事人沟通及谈判，并促成当事人自愿做成决定的程序[3]。或由一公正第三人担任"触媒"角色，帮助当事人有建设性地阐述，并尝试解决争议、提出计划，以及试图确认其关系[4]。经合组织（OECD）的一份报告中将调解定义为一个通过中立第三方使双方当事人之间交流更加便利，以帮助其达成协议的交感的（consensual）过程[5]。调解的定义大同小异，基本上都包含着第三方、中立者、辅助人、交流等要素。这也是调解相对于双方协商谈判的价值所在，即提供当事人一座沟通彼此的桥梁。通常当双方当事人认为他们再也无法靠自己解决纠纷时，他们就会发动第三方介入。当一方当事人要求有人介入时，这个过程必须对所有处于纠纷的当事方都是可以接受的。如果只有一方认为有必要要求第三方介入的话，通常其必须劝说另一方同意调解人的介入。

纠纷双方的自行交涉容易使不平衡的力量固化和深化，并且会存在着诸多交流的障碍与困难。摩尔认为，在下列一些情形出现时，第三方介入纠纷会有帮助："可能存在妨碍解决问题的强烈情绪；糟糕的沟通渠道，超越了双方修复沟通的能力；存在阻碍有效交流的错误认知或偏见；重复出现的负面行为（恼怒、诽谤、责备他人等）在双方之间制造了障碍；对于数据的重要性、收集和评价存在严重分歧；对纠纷问题的数量或者类型存在分歧；双方不能够协调的现实或者感觉到相互冲突的利益；使双方相区隔的不必要的（但被其看作是必要的）价值观差异；缺乏清晰一致的谈判过程或议定书，或者未能充分利用已建立的程序（如预备会议或者冷静间歇）；启动谈判或者在

---

[1] S. Goldberg, F. Sanders, N. Rogers, Dispute resolution. Negotiation, mediation and other processes, Aspen, Gaithersburg, NY, 1999, p123.

[2] K. Burton&S. Angyal, Dispute resolution methods, Graham & Trotmann, 1995, p1.

[3] John D. Feerick, Standards of Conduct for Mediators, 79 Judicature 314（1996）.

[4] Carrie Menkel-Meadow, Dispute Resolution-Beyond the Adversarial Model, Aspen 2005, p266.

[5] OECD, Consumer Dispute Resolution and redress in the global marketplace, 2006, p10, http://www.oecd.org/dataoecd/26/61/36456184.pdf.

僵局状况下进行谈判存在严重困难。"①

　　只要纠纷足够公开或者对周围社会的影响达到一定程度或者当事人自身不能自行解决并结束纠纷而希望求助外界力量，就有可能导致第三者的介入②。第三者介入纠纷解决过程，可能是因当事人的请求，也可能是出于第三者的主动，一般消费纠纷民间调解都是依当事人（往往是消费者）申请而启动程序。无论如何，第三者的介入意味着纠纷的发展与解决被放到了一个新的空间和层次中。有德国学者认为，根据实际情况，调解员可扮演的全部或部分角色有十项之多③。关于第三方主体在纠纷解决中的作用也可参见表4-1，从中能看出第三方可以改善当事人交流的质量、化解争点、矫正失衡、修复关系、见证与威慑不法不端行为。

---

①　C. Moore.，The Mediation Process：Practical Strategies for Resolving Conflict. 2nd ed.，San Francisco：Jossey-Bass，1996，p13-14.

②　纠纷者选择第三方解决方式，主要受这样几个因素影响：首先，纠纷类型和性质影响人们的选择，对那些复杂的、难以自行解决的纠纷，如经济及合同纠纷以及新权益主张之类的纠纷，通常需要有权威第三方出面解释和裁决。其次，纠纷者对公正的态度和渴求程度。人们在寻求第三方解决纠纷时，不仅仅为了保护个人利益，而且也为了获得公正的价值，也就是人们常说的"讨个说法"。再次，纠纷者双方当事人的力量差别。在纠纷过程中，如果纠纷受损者处于弱势，而侵害者处于强势，力量相差较大，纠纷中的受损者会倾向于寻求第三方力量的支持。最后，纠纷者的社会经济特征。由于纠纷者在动用第三方力量来处理纠纷问题时，必须花费一定的社会资源，所以，那些拥有社会资源如关系资源、人力资本和经济资本越多的人，比拥有这些资源较少者更倾向于选择通过第三方力量来解决纠纷。陆益龙：《转型中国的纠纷与秩序：法社会学的经验研究》，中国人民大学出版社2015年版，第244-245页。

③　（1）商讨论坛（forum for discussions）。调解员为当事人的商讨提供中立和可靠的环境，克服事务性障碍，如谈判地点、时间和议程无法达成一致。（2）商讨调停者（moderator of discussions）。调解员可减少当事人的进攻性行为，引导当事人合理行事，防止紧张、对抗的情绪升级。（3）情绪"避雷针"（"lightning rod" for emotions）。使当事人在一个受控的气氛里发泄情绪，强调一方在阐述时不得被打断，并且不使用侮辱性语言。（4）沟通管道/译员（communications channel/translator）。充当信息沟通的工具，同时也可把当事人特定的主张"翻译"成不含偏见的语言或反映当事人潜在的利益主张。（5）"催化剂"（catalyst）。帮助当事人拟定解纷方案，充当提高当事人解纷技巧的"催化剂"，帮助当事人了解纠纷的根源以及双方的利益所在。（6）顾问（advisor）。除可进行中立评估外，还可为当事人提供一系列分析方法和决策工具。（7）实情代理人（Agent of Reality）。作为局外人，调解员可对当事人的假设、看法和判断提出质疑，减少当事人过高的期望，注入务实性精神。"现实性检验"（reality-testing）是调解员最有效的调解技术之一。（8）"替罪羊"（scapegoat）。在即将取得某种一致意见或提出建议时，出于情感上的顾虑，当事人可以授权调解员提出或接受一项解决方案。（9）起草人（draftman）。一旦达成协议，调解员可以帮助当事人明确地表达协议内容，避免在协议文字方面出现争议。　（10）遵守协议的监督者（compliance monitor）。Christian Bühring-Uhle，Arbitration and Mediation in International Business：Deszgning Procedures for Effective Management，Kluwer Law International，1996，p287-293.

表 4 - 1　第三方起到的十种作用①

冲突为何升级		改变冲突的方法
阻　止		
挫败的需要	←→	提供者
糟糕的技能	←→	教师
脆弱的关系	←→	搭桥者
解　决		
冲突的利益	←→	调解者
纠纷的权利	←→	公断人
不平衡的权力	←→	均衡者
受损的关系	←→	医治者
抑　制		
未注意	←→	见证人
无限制	←→	裁判员
无保护	←→	和平维护者

　　具体到调解机制，调解为当事人提供与协商和解程序一样（甚至更多）的充分陈述自己主张的权利和机会，从而使得当事人能够有条件深入地厘清所有争点。在最低程度上，第三方涉入纠纷至少能够提供（或者加强）当事人双方为了解决纠纷所需要的平和、礼貌和前瞻性的倾向和氛围，尤其是在有关纠纷的核心问题争论不休和分歧巨大、谈判陷入僵局或无法继续的情形下更是如此。具体而言，有学者认为第三方的介入能够提供一些普遍的利益："①营造出喘息空间或者使头脑冷静的间歇；②重新建立或者加强沟通；③重新聚焦在主要问题上；④补救或者修复紧张的关系；⑤挽救已付出的代价；⑥增加谈判者对冲突解决过程及其结果的满意程度和贡献程度。"② 即使是双方激烈对抗、关系严重受损，难以在将来继续打交道和维持关系，看似无法和好与达成协议的情况，有能力的第三方调解人的介入也能首先使双方减少敌意与对抗性、稳定他们的情绪并在关键问题上取得一些进展和效果。

---

①　William Ury, The Third Side, Penguin, 2000, p190.

②　［美］罗伊·J·列维奇等：《谈判学》，廉晓红等译，中国人民大学出版社 2006 年版，第 421-422 页。

（二）与消费诉讼和消费仲裁相比，更富自主性与更具效益

从尊重当事人的主体性和解纷成本等角度，有学者指出，调解与判决相比其优势至少包括：自愿性、和解性、协商性、开放性、保密性、简易性和高效性、灵活性和多样性、费用的低廉性[1]。"当调解是强制施加的而非自愿参与的时候，它的优点就丧失了。比丧失优点更严重的是：调解变成了一只披着羊皮的狼。它以温和的，更加授权性的选择，而非对抗制诉讼来掩饰自己，实际上却依赖于强制，并无视争议的内容。"[2] "现代调解制度最重要的价值是自由和效率。这里的自由表现在以下几个方面：第一，是否以调解方式解决纠纷，完全由当事人自由选择决定，即当事人有程序选择权。第二，调解过程的进行由当事人自主决定。第三，调解的结果即调解协议，完全取决于当事人双方的合意。效率指的是对于当事人来说，通过调解解决纠纷，可以花较少的时间、费用、精力获得纠纷的圆满解决。"[3]

"我们大多数的人使用的语言倾向于评判、比较、命令和指责，而不是鼓励我们倾听彼此的感受和需要。"[4] 与诉讼相比，调解是一种更为温和、理性的交流方式，既面对问题本身又不易激化矛盾，纠纷解决的过程更有利于当事人接受。事实上当事人双方都可能有着想解决当下问题的共同目标，"即使表面上的论点是对立的，在背后双方的问题意识或许都具有共通要素。而且因为碍于面子问题或因误解，不必要的愤怒等原因，或许对立只是表面化，一旦采取像诉讼之类的手段，只会扩大误解或情绪上的反应"[5]。调解是当事人在场与当面进行的，其情感较容易得到宣泄和慰藉。与诉讼程序不同，"调解将纠纷解决从争辩型转变为问题解决型模式，当事人双方一起秉着诚信的

---

① 李浩：《构建和谐社会与调解、判决》，载徐昕主编：《纠纷解决与社会和谐》，法律出版社2006年版，第18-19页。

② Trina Grillo, The Mediation Alternative: Process Dangers for Women, The Yale Law Journal, 1991, Vol. 100, No. 6.

③ 在对调解制度价值取向的认识上，我国理论界和实务界存在着模糊的认识，即将和谐、秩序看作调解制度最重要的价值，认为调解就是为了防止矛盾激化，恢复当事人友好关系，保持社会安定团结，维护社会秩序。这种认识与对传统调解制度价值的认识并无二致。基于这样的认识，调解者就耐心细致地做双方当事人思想工作，对当事人进行法制教育，通过"和稀泥"来劝导当事人发扬风格谅解让步。参见刘敏：《当代中国的民事司法改革》，中国法制出版社2001年版，第191-195页。

④ ［美］卢森堡：《非暴力沟通》，阮胤华译，华夏出版社2009年版，第23页。

⑤ ［日］和田仁孝、前田正一：《医疗纠纷处理与实例解说》，陈虹桦译，（台湾）合记书局2003年版，第38页。

原则创造性地探讨可能的协议选择。人比纠纷本身要重要得多。如果人们能够在不解决谁在过去做了什么的前提下同意和平共处的话，那么谁在过去做了什么就显得不那么重要了"①。这种面向未来的取向与更平和、冷静的态度也会有助于纠纷的化解。经验丰富、素养较高的调解人能够针对纠纷提出科学合理和富有建设性的解决方案，调解人的介入柔化和重构了当事人之间交换意见和看法的过程，当事人双方有机会冷静听取关于纠纷的另外两种不同声音，使得他们能够更理智地重新审视和评估己方观点，从而能够尊重并吸收调解人和对方当事人对纠纷处理的意见和建议。

与消费仲裁相比，民间调解在解纷成本-收益方面也不一定处于劣势，许多调解本身免费，而仲裁的费用则相对高昂，仲裁所费时间也相当可观。同时更重要的是，仲裁程序除了启动受当事人控制之外，对其过程和结果当事人均丧失主导权，主体性不彰。而调解不具有很强的强制性。在此过程中当事人仅放弃对过程的部分控制而维持对程序启动与结果的控制权。当事人双方保留对真实结果或者解决方法的控制，必然会提高其履行的意愿。即使消费仲裁程序免费，仲裁协议的达成也非常困难，同时仲裁制度在不少国家的辨识度、美誉度和接受程度也无法与调解同日而语。

（三） 与其他一些种类的调解制度相比，也有特定的比较优势

棚濑孝雄将调解分为判断型、交涉型、教化型和治疗型。他认为调解面临着两难的处境与合意贫困化的危险：如果调解人不积极介入调解过程，当事人间的不平衡地位难以改变，当事人权利主张可能轻易碰壁，要不然就是被迫接受不合理的妥协。而如果调解人积极主动介入甚至压服当事人，则又可能影响当事人合意的纯度，产生程序正义方面的困扰。判断型与教化型调解会导致合意异化为是否接受调解人所提方案的"同意"。教化型和治疗型会产生合意"好意"化，使多数人增加恢复秩序、修复人际关系的负担。而交涉型调解则会使合意变为强势一方软硬兼施、操弄技巧的"恣意"②。

笔者认为，消费纠纷本身不含有很多共同体的价值或牵涉较多人际关系和情感因素，消费纠纷民间调解显然不属于教化型和治疗型调解，应属于介

---

① ［英］迈克尔·努尼：《法律调解之道》，杨利华、于丽英译，法律出版社 2006 年版，第 22-23 页。

② ［日］棚濑孝雄：《纠纷的解决与审判制度》，王亚新译，中国政法大学出版社 2004 年版，第 46-73 页。

于判断型与交涉型之间并偏向判断型的调解，其中主要是第三者积极介入、依法判断和调解，而较少双方当事人"恣意"交涉的色彩。

一方面，与传统的中国民间调解和现代社会的邻里、亲属纠纷民间调解相比，消费纠纷民间调解不需负担额外的"好意"，更注重过错区分、责任认定和当事人实体权利的维护与切实化，也可能更富有效率。

古代民间调解和现代邻里、亲属纠纷民间调解是在一种"权力的文化网络"① 中展开的，这一调解过程不仅仅是一个分清是非、界定权利义务的过程，更重要的是，"在处理纠纷时，将相关的社会因素全部关照进来，注重社会关系的重建，而个体权利的伸张则退居次要地位。在现阶段的中国，所谓'维护社会稳定'的说法就是传统解纷模式的翻版"②。"乡村调解遵循的基本原则是化解矛盾、消弭纠纷，讲求的是以情为重、以和为贵。摆平意味着纠纷双方各自让步，顾及对方的情面。明辨是非固然重要，但这却不是调解所要达到的根本目的，和——即通过调解恢复双方的正常关系才算调解的成功。"③ 而大多数人民调解更多地与社区、生活共同体和亲源相契合，更强调防止矛盾激化影响社会稳定，对人际关系的修复不能不做深入的关照。而消费纠纷民间调解则很少考虑这些问题。当然，消费纠纷民间调解也具有维护和强化企业社会责任的教化功能与修复消费关系的可能性，但这些都是附带的可能结果而非调解所围绕的焦点和着力点，商业伦理的劝谕是附着于业者的法律义务上的。

另一方面，与消费纠纷行政调解相比，消费纠纷民间调解在专业化上没有明显劣势，而其程序自治性、调解人中立性与公正性、使用者亲和性甚至更强，组织效能也可能更强。依托行政机关的公权力，行政调解强制性大于

---

① 杜赞奇在分析 20 世纪前半期的中国乡村时提出了这一概念，这一文化网络是由乡村社会中的多种组织体系、塑造权力运作的各种规范、人际关系网等构成的各种关系与组织中的象征与规范，这些象征与规范包含着宗教信仰、相互感情、亲戚纽带以及参加组织的众人所承认并受其约束的是非标准。［美］杜赞奇：《文化、权力与国家：1900—1942 年的华北农村》，王福明译，江苏人民出版社 2003 年版，第 15 页。

② 杨方泉：《塘村纠纷：一个南方村落的土地、宗族与社会》，中国社会科学出版社 2006 年版，第 139 页。

③ 吴毅：《村治变迁中的权威与秩序：20 世纪川东双村的表达》，中国社会科学出版社 2002 年版，第 278—279 页。坚持依法办事其实可以被认为是在明辨是非，但事情的最终解决还是在明辨是非基础之上地对乡情的尊重，即依靠一种"回避法律的策略"来重建乡村社会内部的人际关系。吴毅：《小镇喧嚣：一个乡镇政治运作的演绎与阐释》，生活书店出版有限公司 2018 年版，第 426 页。

民间调解，使当事人的解纷主体地位产生一定的动摇。同时由于可能的官僚制的拖延与怠工、政府俘获与权力寻租等种种政府失灵状况的存在，行政调解在实体正义、程序正义和程序亲和等方面都可能存在缺陷。至于司法调解和仲裁调解，则是附设于诉讼制度或仲裁制度中的调解，具有明显的强制色彩和过程性、附属性，在这里没有将其视为与消费纠纷民间调解等量齐观的独立制度。

（四）解决纠纷以外的培育与扩展社会自我治理能力的价值

"政治国家没有家庭的自然基础和市民社会的人为基础就不可能存在，国家是从作为家庭成员和市民社会成员而存在的这种群体中产生的"，"市民社会是全部历史的真正发源地和舞台"①。从经典马克思主义理论与别国的教训②出发，社会的发展与自治能力的培育是社会主义社会的应有之义。

由于我国长期处于总体性社会③，国家统一调控资源，高度统合个人与民间社会，这种垂直整合社会的一个后果是个体间缺乏制度化的横向互动、协作精神及彼此的信任。"中国农民在维权时更倾向于将问题引向'官治化'而非法律化，究其原因，在于他们对现行权力来源及其设置的特有认识。"④"人们逻辑地形成了信任'上'移的品行和性格。如果发生纷争，他们往往选择'官方人'来决断是非，而不轻易请求某个民间社团或自己的同类人来公断。"⑤"在一个成熟而健康的社会中，个人和国家之间往往存在着一股强大的社会中坚力量，这就是各式各样、独立自主的社团和组织。它们不仅为个体的独立、发展与提升提供了渠道与机遇，也使市民风范（civility）逐渐成为协调相互关系和行为的规范和准则。"⑥民间调解可以充分体现现代社会中社会成员自主、平等、合作的精神，使当事人有更多的机会和可能主导纠纷

① 《马克思恩格斯选集》第1卷，人民出版社1995年版，第88页。
② 国家完全吸纳社会，社会却未得到应有的发展，失去了自主性和独立性，完全成为国家依附物，会产生严重的政治后果。郝宇青等：《苏联国家与社会的关系研究》，华东师范大学出版社2014年版，第220页。
③ 孙立平：《转型与断裂：改革以来中国社会结构的变迁》，清华大学出版社2004年版，第5页。
④ 张永和、张炜等：《临潼信访：中国基层信访问题研究报告》，人民出版社2009年版，第196页。
⑤ 周少青：《中国的结社权问题及其解决：一种法治化的路径》，法律出版社2008年版，第135页。
⑥ 庞金友：《现代西方国家与社会关系理论》，中国政法大学出版社2006年版，第232页。

的解决，提升个体参与自我治理的意识和经验，提升社会团体自组织的能力，培育和扩展社会自我治理能力的内涵与层次。

允许民间调解的存在，事实上也就等于国家承认了民众对自身事务拥有一定的自治权利。民间调解、诉讼、仲裁、和解及行政调解，都有解决纠纷、维护当事人实体权益和实现法目的的功能，但只有仲裁和民间调解，尤其是民间调解才具有促进民间团体、行业组织成长与发育，健全社会自我治理的作用。消费纠纷民间调解的存在和发展必须依托和植根于消费者保护民间团体和行业组织的建立、健全，而消费者与业者对民间调解的需求又会刺激和推动相关民间团体和行业组织进一步成长与壮大。"市场越是扩展，社会就越是试图保护自己免受市场的损毁，并将日益'脱嵌'的市场体系重新置于社会的掌控之下。"① 我国在国家-市场-社会三者关系上，一直是国家和市场力量较强，消费者和各种非营利组织较为弱小，为了克服消费维权领域的政府失灵和市场失灵，必须进一步强化和完善消费纠纷的民间调解制度，并进而服务于培育与扩展社会自我治理目标。

三、消费纠纷民间调解机制的不足之处

诚如棚濑孝雄的论断，消费纠纷民间调解主要可能存在权威与效力不彰、压制伴合意贫困这两个方面的不足之处，此外民间调解还可能因为其秘密性损害消费者权益和公共利益。

（一）调解人的主动性与调解的强制性不足

消费纠纷民间调解可能存在调解人不太积极主动而较为放任的情形，会导致当事人力量对比失衡难以达成解纷协议，也可能存在调解过程和调解协议效力对不良业者强制性不足的问题，这些都会导致调解效能的低下与解纷资源和当事人成本的无谓浪费。"ADR 只有在当事人双方有诚意采用此一模式解决彼此纠纷时，始有其实益。否则纵使一方'落花有意'，但是'流水无情'的他方往往会以此作为达到其他目的而使用的手段，在这种情形之下，ADR 模式反倒会浪费彼此的时间与金钱，而成了'Another Drain Resources-

---

① 罗强强：《社会博弈与策略均衡：以 Y 市电表厂家属区拆迁安置为例》，中国社会科学出版社 2015 年版，第 157 页。

ADR'（意即另一种资源的浪费）的代用语。"① 拉文赫姆认为，调解可能具有快速、低成本、保密、灵活、低紧张度、高服从率等优势外，也可能存在弊端，比如非强加性的解决方案，既可能是调解的优势，在某些情况下，又可能是调解的不足之处。例如当事人达不成调解协议时，可能花费了一定的时间、精力却未能解决纠纷。另一方面的问题就是力量失衡。如果一方在经济、知识、谈判技巧、情感等方面力量较小，在调解中就可能存在显著的不利，除非调解人有意愿和能力帮助弱势一方阐明（articulate）其观点并细致地评估任何被提议的解决方案以确保其公平。大部分调解人都关心力量失衡的问题，但是却用不同的方法处理它。一些调解人对此的快速的劝谕是不要试图和力量太过强大的人进行调解，他们的理论是这就好像将羊送去屠宰一样。其他的人则更轻松一些，认为害怕羊被屠宰的想法是太夸张了，一名经验丰富的调解人的出现通常会对弱势的一方当事人提供充足的保护，并且，调解以外的选择（什么也不做、直接的谈判、诉讼）基于一系列原因可能会产生更坏的问题②。因此，为了解决上述问题，必须强化调解人的专业性与权威性，强化调解协议的效力，倡导调解人更加积极主动地介入纠纷调解过程。

（二）压制性与强迫性调解对当事人主体性的损伤

问题的复杂性在于，加强调解过程和调解协议的权威性与强制性会降低当事人合意的纯度和对调解的控制力度，影响程序正义的实现程度。实践中，很多国家部分种类的消费纠纷民间调解制度往往是当事人自治性不强，第三方强制性不小。笔者认为，对此问题应有辩证的思考，这两个方向互相拉扯的不足之处是无法完全克服的，必然要有所侧重。合意的贫困化是第三方纠纷解决机制与生俱来的弱点，如果坚持纯之又纯的合意，最后只能导致第三方作用的彻底弱化与取消。协商和解尚且是在"法律的阴影下"进行，而只要第三方的真实身影进入纠纷解决场域，即使其行为非常消极，哪怕仅仅是个见证者、旁观者，也会给当事人增添程度不同的压力与强制，使其行为有所顾忌，受到一定的规范和制约，而不同于双方自行秘密协商和解。自由本身不是唯一值得制度设计追求的价值，在诸价值间进行权衡与排序很多时候在所难免，基于消费者被害黑数众多、当事人严重的不对称性、纠纷解决的

---

① 蓝瀛芳：《诉讼外解决争议的方法（ADR）之现代功能与展望》，《"全国"律师》1999年第3期。

② Peter Lovenheim, Mediate Don't Litigate, Berkeley, CA, USA：Nolo, 2004, p45-46.

社会公益性与市场规制性等特点，不应一味追求合意的纯度，而应将关注点更多地投向消费者权益的维护与法律实现的程度、纠纷解决的成本收益等更广泛的领域。按照权利义务的倾斜性配置、提高消费者解纷收益与成本的比值等原则进一步完善消费纠纷民间调解制度，应当是很有必要的。

依据法律和事实进行调解，即使存在强制及合意仍然贫困的情况，在很大程度上也实现了法的目的和维护了社会总体价值。与弱势一方权利无法得到维护和实现相比，强势或违法一方当事人的意思自治的减损可能是不得不付出的有益的代价。实际上，诉讼和仲裁自不待言，就是司法调解、仲裁调解和行政调解，它们的合意贫困化都更加明显；相比其他调解种类，民间调解已经是合意最"富裕"的一种调解机制了。如前文所述，消费纠纷民间调解基本不存在"好意"化、"恣意"化的问题，而合意的"同意"化有时恰恰是克服消费纠纷民间调解权威性不足和提高其效能的不二法门。当然，这种强制和效力的提升是一定程度内的，并应以事实和法律为基础，同时也要满足权利告知、举证、双方陈述等基本的程序正义要求。

（三）调解保密性对公共利益的损害

调解保密性是一项调解制度理论上的优点，也是维系调解制度生命力的重要因素。但这一点有时可能会造成纠纷以外的主体和社会的利益受到不利影响。尤其是在诸如消费纠纷这样一种市场规制性和公益性比较强的纠纷的调解中，严重的消费侵权行为可能会被秘密调解所掩盖，最终不利于消费者群体和社会公共利益的维护。

"调解人是否有权在法庭上提供证据的问题，欧洲委员会的部长委员会建议将其留给国内法规定。不过，其建议调解人没有义务就调解的内容和讨论做官方报告。"[①] 欧盟在 2004 年 10 月提出了有关调解的指引草案的建议，更全面地处理了这一问题。指引草案第 6 条（Art. 6. 1 of the Directive Proposal）建议"禁止调解人（以及其他涉入调解服务的人）在民事司法程序中提供有关下列事项的证言、证据：（1）一方当事人邀请进行调解或一方愿意参与调解的事实；（2）有关于纠纷可能的解决方案，一方在调解中表达的观点或作出的建议；（3）一方当事人在调解中所作的陈述或承认；（4）调解人的建

---

① Comments on the different part of the recommendation, in Mediation in Civil Matters. Recommendation Rec（2002）10 and explanatory memorandum, Council of Europe Publishing, Strasbourg 2003, p19.

议；（5）一方当事人表示愿意接受调解人解决方案建议的事实；（6）仅仅为调解的目的准备的文件"①。可见，不公开调解与不在随后的诉讼程序中作证是调解人的职业伦理和职责所要求的。

但是，也不能因此就使调解保密原则绝对化，"原则上法院或其他司法机关无权命令指令第6条所指的信息的开示，而且如果这些信息作为证据被提供是违反了指引第6条，证据必须被作为不可采纳对待。然而，指令草案在下列情形允许披露或作为证据被认可：①为履行或执行作为调解直接结果达成的协议的目的而必需的；②因为压倒一切的公共政策的考虑，特别是为了确保儿童的保护或预防对一个人身体或心理完整的伤害；③如果调解人和当事人另外同意"②。这一规定基本在2008年5月21日欧盟正式颁布的调解指引的第7条得到了体现③。笔者认为，欧盟制定的调解保密的三点例外是一个值得借鉴的解决调解保密与公开两难、区分二者分际的合理标准。具体到消费纠纷调解，上述例外一，可以针对当事人尤其是业者在达成调解协议以后反悔不执行的情况，通过公开提高调解协议潜在的强制力和约束力，促使当事人双方遵守调解共识。例外二则明确定立了保护儿童和身心伤害两个衡量公共利益是否存在的标准，在业者产品或服务可能造成儿童受害或造成消费者身心受创的情况下，调解过程与其中的观点、证据就是应当公开的。例外三则是为尊重三方主体合意的意思自治。

此外，纠纷本身的具体情况或当事人本身的需求可能会造成纠纷不太适合调解，有学者认为，"如果有下列情况的话，调解可能不是解决纠纷的最佳选择：①你希望辩护（Vindicate）自己的权利或立下法律先例。②你希望获得丰厚报偿（Go for the Jackpot）。③一方当事人拒绝调解、缺席或不适格。④纠纷涉及严重的犯罪。⑤你需要一个法庭命令阻止即刻的损害发生。⑥案件在小额法院会处理的更好。⑦你在普通审判程序或仲裁中能轻易获胜"④。实际上，这些纠纷很可能不会寻求调解，所以也并不能成为调解机制的重要缺点。

①　Art. 6. 1 of the Proposal for a directive of the European Parliament and of the Council on certain aspects of mediation in civil and commercial matters, 2004.

②　Art. 6. 3 of the Proposal for a directive of the European Parliament and of the Council on certain aspects of mediation in civil and commercial matters, 2004.

③　the Directive 2008/52/EC on certain aspects of mediation in civil and commercial matters, 21 May 2008.

④　Peter Lovenheim, Mediate Don't Litigate, Berkeley, CA, USA: Nolo, 2004, p54-58.

第二节 消费者团体调解

一、消费者团体存在的意义与功能

单个人构不成社会，也无法生存和发展。所以，人们"要寻找出一种结合的形式，使它能以全部共同的力量来卫护和保障每个结合者的人身和财富，并且由于这一结合而使每一个与全体相联合的个人又只不过是在服从自己本人，并且仍然像以往一样地自由"①。人需要在公共领域活动，"在阿伦特看来，公共领域是存在的戏剧的发生地点，它的舞台是'彼此的利益'。这是一个'现世的空间'，在分离个体的同时又将他们联合起来。因此这是多样性的基本条件，它提供了一个场所，一个人的'生命本质'在这里借助话语与行动之流展示自我"②。人们互相的利益关系提供了公共领域以空间，而公共领域整合个体的一种形式就是由个体组成社团。

利益分化的社会，人们更有寻求共同体支撑的需求和愿望。现代社会中，社会主体多元并立，相互间的利益取向、价值预设、行为方式趋于高度分化、个别化和差异化。但与此同时，"社会行动主体也因其异质性的增强，而产生更强烈的互补、互惠、合作的诉求和愿望。这就要求一种共享的文化观念、秩序、制度和设置，来最大限度地协调和满足社会主体的这种诉求和期望"③。"偏差行为及偏差行为者使社会中大多数人对规范更清楚，可以把社会中无偏差行为的人团结起来，人们经由团结创造出社会资本，也就是可彼此依赖以共同达成目标且彼此关联的一群人。"④ 在面对强势业者的问题上，利益分化的消费者个体可以在维权的目标下整合，创造 1+1>2 的社会资本，并实现社会资本的再生产。

---

① ［法］卢梭：《社会契约论》，何兆武译，商务印书馆 1980 年版，第 23 页。
② ［加］菲利普·汉森：《汉娜·阿伦特：政治、历史与公民身份》，刘佳林译，江苏人民出版社 2004 年版，第 75 页。
③ 杨敏：《社会行动的意义效应：社会转型加速期现代性特征研究》，中国人民大学出版社 2005 年版，第 260 页。
④ ［美］凯瑟琳·科根、乔纳森·怀特：《进击的社会学家》，赵倩译，（台湾）群学出版 2014 年版，第 127 页。

消费者团体的建立是消费者实现结社权这一宪法性权利的具体表现。"西方现代社会的形构是经由人民各自的抉择而彼此出于自愿结合成多端多样的社群，这使得现代社会不易塑造出一'极度集中的权力'，多端多样的结社所形成的'分途分散的权力'正是自由的保障。"① "社团的发展能使公民自知、自主、自力、自为的意识空前增强，从而将'国家至上'变为'人民至上'，政府'包办一切'变为'人民共建'，'自上而下'的行政指令逐渐让位于'自下而上'的自觉行动，公共权力收缩在合理范围内并使权力创租与寻租的能力大大降低，同时自觉起来。'建制化'的人们能更自觉、更有力地保护公共利益，监督公共权力。"② 不容许言行的沟通与行动的结合，人民"一方面无法检验回顾其集体行动的结果，反省、批判其生活共同体的传统，另一方面则无法产生为往后世代筹划新事物的视野与实践"③。建立社团将单个的人与分散的利益整合与组织起来，个人才可能有组织和更富有成效地参与社会治理和自我治理，并将权力置于社会控制之下。同时也能通过行动主体的沟通、辩论和交往的过程，凝聚共识、化解分歧，养成良好的素养和风范，开创社会运作、个体行动与群体生活的新局面。在不少国家，很多社团组织经过长期的历史发展，已承担起了社会管理、社会自律的职责，起到弥补政府监管与市场规制缺失的作用，成为社会进步的重要内容。

消费者权利保护之所以成为问题，主要是因为"消费者是个体、游离、散在的，相对于企业经营者在财力、人力以及资讯力上的优势，现有法律体系对于其权利之维护自然鲜有能力。因此，筹组消费者团体以集合力量，并由法律赋予其一定权限使其成为一个与企业经营者相互拮抗的对手，乃是确保消费者权益最重要而且亦是最直接、有力的方法之一"④。"关于消费者主权的沦丧及消费者主义发展的障碍等种种事实，虽为消费者所意识到，但是衡诸实际，在消费者交易过程中，消费者因无组织，其个人的交易能力，不足与企业经营者抗衡。解决的办法，固然可以激发企业经营者的自律与道德，

① 许纪霖：《共和、社群与公民》，江苏人民出版社2004年版，第193页。
② 毕监武：《社团革命：中国社团发展的经济学分析》，山东人民出版社2003年版，第48-49页。
③ 蔡英文：《政治实践与公共空间：阿伦特的政治思想》，新星出版社2006年版，第125-126页。
④ 朱柏松：《消费者保护法论（增订版）》，（台湾）翰芦图书1999年版，第28页。

促其体认企业与消费者共存共荣的道理，然而，最为有效的方法，莫如换回消费者的权利意识，联合消费者成立组织，有计划、有目标、有策略地展开恒久的行动。"① 因为健全的消费者保护团体：①平时可以从事消费者教育、比较检验、分析消费品的品质与价格，供给消费者所需要的信息。②在发生消费纠纷时，听取消费者申诉和抱怨，以组织的力量与企业经营者进行协商或介入纠纷进行调处。③当有重大消费侵权事故发生时，可提供消费者法律协助（包括问题解答、经费援助、代为诉讼）。④可以提出立法草案，运用舆论力量使议会和政府通过保护消费者权益的法律法规。换言之，只有消费者团体的功能运作良好，才能保证消费者权利的真正实现。

消费者团体具有消保和维权的作用并不是说其一定要具有调解消费纠纷的功能，纵观世界各国的消费者团体，可以发现一些国家的消费者民间团体没有调解消费纠纷的职能。笔者分析其原因，可能是其在制度设置时更强调法院裁判和行政性保护这样比较有强制力的维权手段，而消保团体相比司法与行政并不具有中立客观处理纠纷的立场，完全是从维护消费者权益角度进行组织定位。

比如，美国最有影响力的消费者保护民间机构是消费者利益委员会，其主要工作是提供消费者报道、信息及情报，着重研究有关消费者利益的法律、政策，出版《消费者业务杂志》。该委员会因属民间机构，在解决消费纠纷时，往往采取向新闻媒体曝光、代表消费者向法院起诉等手段。此外，这类组织还监督法院审判程序，向法官提交备忘录以说明消费问题的重要性等②。英国全国消费者委员会（NCC）为接受政府经费补助进行议题研究的民间团体，研究报告供政府做政策之研拟参考。NCC 不做检测服务，另一消费者组织 "Which?" 及各地方政府之交易标准单位（Trading Standard Center）有提供检测服务。NCC 依规定不能处理个别申诉案件，故亦不会提起诉讼，仅就申诉案件了解是否涉及整个产业的通案性议题（例如整个产业交易方式等）。

---

① 李伸一：《消费者保护法论》，（台湾）凯仑出版社 1995 年版，第 217–218 页。

② 消费者利益委员会、消费者联合会、消费者联盟是美国三大消费者民间机构，消费者利益委员会成立于 1953 年，总部设在密苏里大学。消费者联盟现有员工 500 人，工作内容包括：信息整理（包括比较试验、消费调查和测评）、信息发布（杂志和各种出版物的出版、网络）和消费者教育。参见马东威、孙树森、负汝太：《美国消费者权益保护组织机构及法律特点》，《中国工商报》2007 年 5 月 22 日第 A04 版。

英国消保团体多从事市场调查与研究，而非以受理申诉为主轴。其调查结果发布前，均预先告知相关政府机关及业者，以建设性的诉求，促请政府主管单位落实执法、相关业者遵守规定，建立良性的互动关系，进而共创良好消费环境，以维护消费者权益①。澳大利亚消费者协会与新西兰消费研究所均不直接处理消费者投诉个案，对消费者主要是提供消费信息和法律咨询服务②。当然，不少国家的消费者保护民间团体是具有调处消费纠纷的职能的，有的甚至解决了绝大部分向其提出的消费纠纷。"南非消费者协会 CISA 系于 1997 年 1 月成立，该协会为一民间资助的消费者研究及游说组织。该协会设有一般申诉部门，由律师、专家，借调解方式，处理约九成之消费争议纠纷；未能调解成立者，可向消费者法庭提起诉讼"③。

二、消费者协会的性质、机构设置与解纷效能

（一）消费者协会是民间性为主的社会组织

1983 年，河北省新乐市出现了我国第一个消费者协会，1984 年 12 月 26 日，中国消费者协会成立④。

"消费者协会和其他消费者组织是依法成立的对商品和服务进行社会监督的保护消费者合法权益的社会组织。"这是《中华人民共和国消费者权益保护法》第 36 条对消费者协会和其他消费者组织性质的界定⑤。从这一定义来看，消费者协会的性质是社会团体组织，不是政府部门，亦非企业单位。我国消

---

① 我国台湾地区"消费者保护委员会"：《访察英国消费者保护制度与电子商务运作机制》，2007 年 1 月 2 日。

② 钟萧谐：《澳大利亚、新西兰消费者权益保护掠影》，《工商行政管理》2002 年第 20 期。

③ 我国台湾地区"消费者保护委员会"：《南非共和国消费者保护业务考察报告》，2000 年 8 月。

④ 1981 年 6 月，国家商品进出口检验局外事处处长朱震元在参加完联合国亚太经社理事会"保护消费者磋商会"后，写了一份报告建议我国建立消费者保护组织，这份报告得到当时 6 位副总理的圈阅同意。但由于种种原因，一直到 1984 年年底，中国消费者协会才正式组建。中消协初建时的工作人员大多来自工商机关的各个部门。任震宇：《中消协首任秘书长王江云讲述中消协成立前后的故事》，《中国消费者报》2008 年 9 月 16 日。

⑤ 《中华人民共和国消费者权益保护法》中关于消费者权益保护组织的界定是"消费者协会和其他消费者组织"，实践中各地关于消费者权益保护组织的称呼不一致，如国家一级的叫中国消费者协会，省及其以下的组织有的叫消费者协会（如北京、辽宁、浙江等地），有的叫保护消费者权益委员会（如四川、云南等地），有的叫消费者权益保护委员会（如重庆、上海等地），还有的直接叫消费者委员会（如广东等地）。在本书中，除非特指，一律用"消费者协会"或"消协"指代我国现有的消费者权益保护组织。

费者协会是不具有行政性质的。然而，从我国消费者组织的形成、设置和人员组成等角度来看，一般学界观点通常认为，消费者协会具有半官半民的性质。也就是说消协是由政府发起组成，经费大多来源于政府和挂靠的行政机关，成员很多具有行政人员身份，功能上也是代替政府履行消费者保护的职责。但具体而言，是官民混同无法区分还是以官为主抑或以民为主，则没有形成共识，且往往强调其官方的一面。

有论者认为："我国消费者组织是一种具有行政性质的'官意民办'组织，它不是由消费者独自组成，也不是由消费者自发形成，还不是依靠消费者自身力量来维护权益的组织。换言之，它不是真正意义上的消费者自己的组织，并没有代表消费者的利益。"① 笔者认为，人人皆是消费者，以消协并非消费者独自发起和组成，而推论其不是消费者自己的组织且没有代表性的结论略显武断，从消协成立迄今的实践来看，其一直是以消费者利益的代言人自居，所作所为也基本能够反映其消保组织的定位。

也有学者认为消协其实是官意官办而非官意民办："从比较法上考察，中国消费者协会相当于日本的国民生活中心和韩国的消费者保护院，后二者都是经费由政府拨给、干部由政府任命的实施消费者保护政策的准行政组织。地方消费者协会，相当于日本地方政府的消费生活中心。"② 这一观点比较具有代表性，消协行政性倾向的结论主要是从其人员构成和经费来源角度分析而得出的。笔者认为，上述类比是值得商榷的，日本的国民生活中心和韩国的消费者保护院本身具有行政职能和行政职权，属于行政机关③，与我国的消协组织具有本质的不同。不仅是中国的消费者协会性质有争议，国外的类似

---

① 刘清生：《论消费者组织问题》，《江西社会科学》2002 年第 6 期。

② 梁慧星：《中国的消费者政策和消费者立法》，《法学》2000 年第 5 期。该文认为，消协不同于一般民间团体，是由各级政府发起成立的半官方的组织，协会工作人员和经费由工商局配备和提供，在同级工商局领导下开展工作，属于"官办的社会团体"。中消协第二届理事会会长曹天玷于 1999 年 12 月 23 日在中消协二届九次理事会工作报告中说：中消协不同于一般民间团体，是"有法定名称、法定性质、法定职能、法定行为规范的官办社会团体"。可见，中消协还说不上是消费者依据消保法第 12 条规定的"消费者结社权"所自愿成立的民间消费者团体。

③ 日本的国民生活中心和消费生活中心是分属中央和地方的消费者行政机构。参见〔日〕铃木深雪：《消费生活论》，田桓、张倩、高重迎译，中国社会科学出版社 2004 年版，第 34—36 页。韩国消费者保护院（KCPB）隶属韩国财政经济部，属于特殊公益法人，韩国另有众多民间消费团体。参见我国台湾地区"消费者保护委员会"：《"消费者保护委员会" 2002 年度韩国消费者行政业务访察报告》，2002 年 9 月 18 日。

组织同样可能引发不同的定性，有时甚至是近距离的观察与访问，也可能得出截然相反的两种结论。比如一份考察报告认为挪威的民间消费者组织消费者委员会调解处理了大量消费纠纷①，而另一份考察报告则认为上述的消费者委员会（Norwegian Consumer Council）是行政机构，挪威并无民间消费者保护组织，有关消费者保护仍由政府机关负责执行②。笔者查阅该组织英语出版物和消费者国际（CI）网站各国成员名单，发现该组织已有50多年历史，其自我定位为一政府资助的企业（a publicly-financed enterprise）和独立的消费者利益团体（an independent consumer interest group），可见后一份报告存在着明显的错误③。之所以出现这些定性的争议，是因为消费者保护的公益性与规制性，使得相关团体组织在初始设立过程、资源获取、组织人事和职能定位上与官方具有各种牵连，不宜也不易做简单的官民区分。

从理论上说，NGO和政府组织有两个重要区别：①政府官员是通过选举或任命产生，而NGO可自主地确定负责人和雇用工作人员。②政府拥有行政职能和强制权力，这种权力是NGO所没有的。有学者认为："所谓'民间性'包含三重含义，即'自主性'、'自愿性'和'自治性'，所谓'自主性'，是指非政府组织可以自主地确定自己的负责人，自主地雇用自己的工作人员，自主地决定自己的事务。所谓'自愿性'，是指公民或法人是否参加某个社团、是否为社团捐献自己的财产或提供志愿服务，完全取决于他自己。所谓'自治性'，是指社团不是政府的组成部分或分支机构，也不承担政府的职能，在遵守法律或不违法的前提下，社团的决策和行为不受政府的影响。"④ 也就是说，此观点认为区分官民的重要标准是人事自主权和有无行政强制力。另有学者认为，"完全与社团无益的职能不可能成为它的基本职能。因此，从功能分析的角度，我们可以说中国社团组织的'民间'色彩重于'官方'色

---

① 邱建国：《中国消费者协会代表团赴挪威、丹麦考察消费者权益保护工作报告》，2008年4月25日。

② 我国台湾地区"消费者保护委员会"：《芬兰、挪威消费者保护行政机制及民间组织运作情形考察报告》，2000年10月28日。

③ 参见 The Consumer Council of Norway STRATEGIC PLAN 2005-2010, http://forbrukerportalen.no/filearchive/strategiplanEngOppsl.pdf。

④ 康晓光：《权力的转移：转型时期中国权力格局的变迁》，浙江人民出版社1999年版，第203-204页。

彩，尽管在组织上它们大多表现为半官半民的性质"①。这里，职能标准大于组织人事标准，所以民间性强于官方性。

笔者认为，衡量一个消费者保护组织是否为民间组织以及民间性程度，首先应该看组织章程的自我定位和组织成员在日常活动中以什么名义开展活动，其次应该看组织的职能，再次应该看组织成员的身份，至于经费从何而来，则不应该成为衡量消费者组织民间性程度大小的指标。如果从这几点来看，中国消费者协会是一个民间性为主的社会组织，虽然其在人员组成上具有一定的官方色彩。

首先，中消协的章程中规定其为"履行《消费者权益保护法》赋予的公益性职责，对商品和服务进行社会监督，保护消费者合法权益的全国性、联合性、非营利性社会组织。"全国、省、市、区县四级消协的工作人员在开展调解或其他工作时，一直是以消协的名义进行，不管其工作人员是公务员编制、事业编制还是聘用人员。消协组织调解达成协议也属于民间调解而非行政调解。消协活动大多是自主开展而非根据其挂靠单位指令从事。

其次，各级消协依照《中华人民共和国消费者权益保护法》第37条履行下列公益性职责：①向消费者提供消费信息和咨询服务，提高消费者维护自身合法权益的能力，引导文明、健康、节约资源和保护环境的消费方式；②参与制定有关消费者权益的法律、法规、规章和强制性标准；③参与有关行政部门对商品和服务的监督、检查；④就有关消费者合法权益的问题，向有关部门反映、查询，提出建议；⑤受理消费者的投诉，并对投诉事项进行调查、调解；⑥投诉事项涉及商品和服务质量问题的，可以委托具备资格的鉴定人鉴定，鉴定人应当告知鉴定意见；⑦就损害消费者合法权益的行为，支持受损害的消费者提起诉讼或者依照本法提起诉讼；⑧对损害消费者合法权益的行为，通过大众传播媒介予以揭露、批评。消协不从事商品经营和营利性服务，不以牟利为目的向社会推荐商品和服务。我们可以将这八项职责划分为两个方面，即服务职责和监督职责。其中第①④⑤⑥⑦共五项职责属于"服务职责"；第②③⑧三项职责属于监督职责。第②项职责说明消协只有参与权，并无独立的监督、检查权，更多的是一种见证和监督。这八项职责

① 王颖、折晓叶等：《社会中间层：改革与中国的社团组织》，中国发展出版社1993年版，第129页。

中并没有管理、规制、处罚和审批等方面的行政权能。

第三，从组成人员身份上来看，具有一定的官方色彩，但各地做法也并不统一。比如，"贵州省编委于 2000 年和 2001 年分别给全省县以上消费者协会核定事业编制 277 名，经费由省财政全额预算管理。重庆市、四川省、云南省均为事业单位。成都市则作为工商局内设机构，人员均为公务员"①。根据王赢的研究，东北中心城市 S 市消协系统经历 3 个阶段的演变：成立初期（1986—1996 年）具有浓厚官方色彩，但属于社会团体身份；中期（1996—2003 年）与工商局消保处"两块牌子，一套人马"，完全重合，人员全部为行政编制，具有行政机关和社会团体双重身份；近期（2003 年至今）工商局消保处与消协分离，消协工作人员由行政编制全部转为事业编制，具有事业单位和社会团体双重身份②。就笔者掌握的资料来看，消协系统近几年来改革调整的目标是减少官方色彩，人员编制大多由行政编制转向事业编制或者是少数行政编制加聘用制，尤其是在国家、省、市三级。而区一级由于编制和预算有限，许多还与市场监管机关人员重合或者只保留少量正式工作人员。笔者认为，消协工作人员是何编制不重要或者说没有决定性的意义，主要应该看其以什么组织的名义进行调解，如果其以消协名义受理调解、填写消协相关文书，调解人员以消协工作人员自居，就应视为民间调解而非行政调解。

最后，政府补助的经费比例和消费者组织民间性程度没有对应关系。非政府组织自给自足这一流行观念只是一个认识误区，根本没有事实依据。现实恰恰相反，民间组织如果没有政府资助或其他的营利及捐赠来源，将难以维持自身的生存和发展，消协也不例外。根据收入来源不同，有学者将非营利部门所属国分为三种：一类是会费、收费和商业活动收入构成了其总收入的最大一部分。这类国家往往集中在拉美和一些转型中国家，因为这些国家政府缺乏支持力度。第二类是澳大利亚、芬兰、日本和美国等，特点是除了会费、服务费和商业收入等收入来源外，政府补贴是第二大收入来源，且私人捐款也比较多。第三类是社团经费主要依靠政府，这在西欧和北欧非常普遍。如德国和法国，政府补贴分别占非营利部门收入总额的 64.3% 和

① 丁世和：《我国西南地区各级消费者协会积极探索努力开拓新形势下的消费维权实现"十个方面"的创新》，http://www.148com.com/html/4005/419105.html.
② 王赢：《功能、组织与关系网络——对一个市级消费者协会纠纷解决的实证研究》，载王亚新等：《法律程序运作的实证分析》，法律出版社 2005 年版，第 491-492 页。

57.8%。比利时非营利部门支出的近80%是由政府资助的。瑞典非营利组织收入有2/3以上来源于政府。瑞士非营利组织几乎完全依靠政府拨款。综合以上，在许多国家，政府资金是如此重要，以至于非营利组织只有在那些可以获得这类资金的领域才能繁荣昌盛①。在有关文献中，常常有这样一种假设：社会组织和政府之间与生俱来就是一种相互对立冲突的关系。但公共资源资助社会组织是一个不可否认的事实，这意味着，政府和社团组织的关系可以是一种合作互补关系。因此，政府补助不但不会减损社团组织的民间性，实际上反而可能促使其发展。组织资源来自官方，并不会抹杀其民间性色彩。

（二）消费者协会的组织与人员构成

我国消协基本上是按照行政区划设置的，从目前来看，各级消费者组织都是独立的法人，有的在当地的民政部门注册，有的在当地的人事部门注册。其主要有四级，即在国家一级设立中国消费者协会，各省、自治区、直辖市设立省、自治区、直辖市消协，地市级设立地市消协，地市以下设立区县级消协。许多地方的乡镇、街道亦设立相应的消协分会，但一般不具备社团法人的地位。至于设立在基层市场监督管理所、企事业单位、学校、村民或居民委员会的消协分会或维权站点也不具备社团资格，很多还被其所在机构所吸收而不属于严格意义上的消费者组织。这些基层机构往往被并称为市场监管、消协系统"一会两站"（即消费者协会分会、消费者投诉站和"12315"联络站），往往是一个机构、几块牌子，性质混同比较明显，其中人员往往是所在机构自身工作人员或市场监管机关人员，没有消费者协会工作人员。

在人员构成上，行政介入表现在社会组织的首脑方面，有学者称之为"社会的官方化"②。消协领导机构为理事会（或委员会），理事由有关部门和社会各方面代表组成，会长由同级市场监管机关领导担任，名誉会长一般由同级人大常委会或政府的领导同志担任。理事会下设办事机构，日常工作由秘书长负责。比如，广州市消费者委员会的领导机构为委员会。委员会会长由同级市场监管机关领导担任，名誉会长由市人大常委会和政府领导担任，委员会委员由商检、技监、物价、卫生等行政管理部门的同级领导和新闻、

① 王绍光：《"公民社会"祛魅》，《绿叶》2009年第7期。
② 刘能：《等级制和社会网络视野下的乡镇行政：北镇的个案研究》，社会科学文献出版社2008年版，第211页。

总工会等社会各界的代表组成。实行秘书长负责制，下设综合部、投诉部、新闻与公共事务部、消费指导部、商品服务监督部①。消协组织通常挂靠在同级市场监管机关，比如《中国消费者协会章程》第8条规定，本会接受业务主管单位国家市场监管总局和登记管理机关民政部的业务指导和监督管理。

全国大部分地方消协也是实行理事制，挂靠在市场监管机关。比较特别的是上海和厦门：2004年3月，上海市消保委进行了改制，脱离工商局的上海消保委由相关政府职能部门、来自不同群体的消费者代表和经营者代表三部分人员组成，经费由市财政予以保障，在组织、人员和经费上具有相对的独立性；组成实行"三三制"架构②。厦门市将其消保委、"12315"消费者申（投）诉举报中心、工商局消费者权益保护处"三消合一"，并作为新做法和经验予以介绍③。笔者认为，上海消保委的"三三制"吸收业者参与的出发点可能不错，但客观上也易导致消费者组织身份的模糊和稀释，不应为追求组织的中立色彩而减损其代表性。厦门的"三消合一"不同于给消协人员公务员编制的做法，后者消协还是独立的组织，只是工作人员有行政编制。"三消合一"实际会导致消协与行政机关界限丧失，消协组织独立性丧失，只是节约市场监管机关资源的权宜之际，并不适合作为普遍经验推广。

（三）消费者协会解决纠纷的绩效

笔者认为，衡量消费者协会解决纠纷的绩效主要看两个指标：受理消费纠纷数量和纠纷解决的成功率。下面以一些代表性的数据来进行说明：消协从成立到2008年底的24年里，全国消协受理投诉总量突破1000万件，累计

---

① 《广州市消委会简介》，http：//www.gz315.org/aboutus.asp？id＝654&cid＝10。
② 上海市消保委组成人员拟定为43人。秘书长拟由市工商局委派，副秘书长分别拟由市质检局、市药监局、市工商局委派的处级干部担任。与消费者权益保护相关部门的代表15人，拟由市高院和市经委、市建委、市旅游委、市教委、市府法制办、市府新闻办、市公安局、市工商局、市卫生局、市房地局、市通管局、上海检验检疫局、上海保监办等部门的有关处室（部门）负责人担任。消费者群体代表和个人代表10人，拟由市总工会、市妇联、团市委、新闻界等各委派1人担任和人大代表、政协委员、劳动模范、律师、学者等担任。经营者组织和行业协会的代表9人，拟由市工商联、市工业经济联合会、市商业联合会、市质量协会、市经纪人协会、市房地产行业协会、市食品行业协会、市家庭装潢行业协会、市家具行业协会等单位各推荐1人组成。参见《上海消费者协会从工商局改制脱钩具有示范意义》，http：//www.fsa.gov.cn/web_db/sdzg2006/MAP/EAL/zfcx047.htm。
③ 《全国消协在厦交流经验，"三消合一"引起关注》，http：//www.xmxbw.org.cn/zxdt/sxbhxjgzdt/200811/t20081105_1917.htm。

挽回损失超过 77.4512 亿元①。2019 年全国消协组织共受理消费者投诉821377 件,同比增长 7.76%;解决 614246 件,投诉解决率为 75%,为消费者挽回经济损失 117722 万元。其中,因经营者有欺诈行为得到加倍赔偿的投诉 3160 件,加倍赔偿金额 1607 万元。全年接待消费者来访和咨询 140 万人次②。2020 年 1 月 20 日至 2 月 29 日,全国消协组织共受理涉疫情消费者投诉180972 件③。

从地方的消协系统来看,20 年来上海市消费者组织共受理消费者投诉35.9 万余件,接受来电、来信、来访咨询 266.1 万余人次,为消费者挽回经济损失 16727.9 万余元,解决率达 94%④。2019 年,上海市消保委共受理投诉 201114 件,教育培训、汽车销售、酒店住宿、文化票务、家用电器、交通出行、"医疗"美容、网络促销等成为 2019 年消费投诉关键词⑤。2019 年全年深圳市消费者委员会共收到 220496 宗投诉,同比增长 69.77%,增速约为2018 年同比增长率的 4.7 倍,接近 2017 年与 2018 年投诉量总和⑥。2019 年安徽省各级消保委共受理消费者投诉 13881 件,已解决 13262 件,解决率达95.54%,为消费者挽回经济损失 3915.92 万元;共接待消费者来访、咨询158336 人次⑦。2020 年上半年,安徽省各级消保委共受理消费者投诉 10386

---

① 任震宇:《万家忧乐系心头——改革开放 30 年消费者组织依法维权纪实》,《中国消费者报》2008 年 12 月 19 日。

② 中国消费者协会:《2019 年全国消协组织受理投诉情况分析》,2020 年 1 月 17 日。

③ 其中,按投诉性质分:涉及价格问题 81581 件,占比 45.08%;合同 35260 件,占比 19.48%;质量问题 21136 件,占比 11.68%;售后服务问题 10521 件,占 5.81%;假冒问题 6412 件,占比3.54%。按商品和服务类别分:涉及口罩类投诉 79368 件,占比 43.86%;蔬菜粮油类投诉 15039 件,占比 8.31%;餐饮服务类投诉 13829 件,占比 7.64%;网络购物类投诉 10139 件,占比 5.60%;出行服务类投诉 9067 件,占比 5.01%。参见中国消费者协会:《疫情期间消费维权热点问题及相关案例》,2020 年 3 月 19 日。

④ 肖蓓:《上海消保委 20 年替消费者讨回 1.6 亿元》,《东方早报》,2006 年 2 月 15 日。

⑤ 上海市消费者权益保护委员会:《2019 消费投诉热点发布》,2020 年 2 月 28 日。

⑥ 从投诉量变化情况来看,互联网及通信行业服务、文体旅游服务、教育培训及化妆品/美容美发/整形四个行业投诉量同比增长超过 50%;公共设施服务、日用商品、服装鞋帽以及医药卫生保健四个行业投诉量同比下降超过 10%。其中公共设施服务类的减幅最大,为 38.29%,主要原因为共享出行行业洗牌,部分企业退出市场,投诉量随之下降。由于腾讯公司总部位于深圳,该公司旗下的QQ/微信用户总数接近 19 亿。2019 年深圳市区消委会共收到腾讯公司的相关投诉 103334 宗,占互联网及通信行业服务投诉的 83.37%,与 2018 年相比增加 73354 宗。深圳市消费者委员会:《深圳市消费者委员会 2019 年消费投诉情况分析报告》,2020 年 3 月 25 日。

⑦ 安徽省消费者权益保护委员会:《2019 年全省消保委系统投诉分析报告》,2020 年 1 月 15 日。

件，较去年同期的 6506 件上升了 59.64%；已解决 10111 件，解决率达 97.35%，为消费者挽回经济损失 1505.19 万元；共接待消费者来访、咨询 45387 人次①。甘肃省消协组织 2019 年共接到消费者投诉 10445 件，调解处理 10083 件，解诉率达 96.53%，为消费者挽回经济损失 15761138.06 元；接待来访、咨询 29487 人次；不予受理案件 144 件；加倍赔偿案件 51 件，赔偿金额 60358 元；支持消费者起诉案件 28 件；接到表扬信、锦旗 23 封/面②。这里我们可以发现，中西部地区一省消协系统受理和解决的消费纠纷还不到沿海地区一线城市一市消协系统解纷数量的 5%，显示出消费纠纷解纷图景的地区差异。

根据吴卫军的实证研究，C 市 Q 区消协只有 1 名专职人员，另外 5 名兼职人员都是工商局 12315 的工作人员，Q 区消协 2004 年 1—6 月处理消费者投诉约 300 件③。根据王赢的实证研究，东北中心城市 S 市消协系统 2004 年 1 ~ 5 月共受理投诉 1734 件，调解成功率为 99.77%④。

学者朱景文指出，根据消协提供的数字，1999—2005 年全国消协系统共受理消费者投诉 496 万件，解决 474 万件，解决比率为 96%，支持起诉 73996 件。如这些案件集中到法院通过诉讼解决，后果将不堪设想。同一期间法院所受理的一审民事案件中属于权属、侵权纠纷案件的总数为 312 万件，其中相当大比例不属于消费者权益案件，可见消协在处理消费纠纷方面起到了重要的分流作用。传统的非诉讼纠纷解决机制，人民调解和仲裁无论在总量上还是在与诉讼的比重上都在弱化。消费者协会作用的突起是一个值得注意的信号⑤。

笔者十分赞同消费者协会调解机制对诉讼产生明显分流作用这一论断，但是对于各级消协统计的纠纷数量和特别高的调解成功率还是持有一定的保留态度。

---

① 安徽省消费者权益保护委员会：《安徽省消保 2020 年上半年投诉分析报告》，2020 年 7 月 13 日。
② 甘肃省消费者协会：《甘肃省消协组织 2019 年全年消费者投诉情况分析》，2020 年 3 月 10 日。
③ 吴卫军等：《现状与走向：和谐社会视野中的纠纷解决机制》，中国检察出版社 2006 年版，第 68 页。
④ 王赢：《功能、组织与关系网络——对一个市级消费者协会纠纷解决的实证研究》，载王亚新等：《法律程序运作的实证分析》，法律出版社 2005 年版，第 500 页。
⑤ 朱景文：《中国诉讼分流的数据分析》，《中国社会科学》2008 年第 3 期。

首先，将"一会两站"调解消费纠纷全部纳入统计并不科学，因为越到基层，消协的组织、身份越与市场监管部门及其维权站点相混同，很多消协分会设在基层市场监管部门或乡镇、街道，维权站点设在村民或居民委员会、企事业单位、学校等，按性质应该分别属于行政调解、消协以外的民间调解或督促和解，而不能一概纳入消协统计的口径，且易与市场监管部门行政调解的统计相重合。

其次，由于消协调解机制中没有建立达成调解协议后的跟踪回访制度，调解协议是否得到履行或者是否得到百分百的履行不得而知，如果业者反悔或打折扣履行其调解承诺而消费者愤而起诉或予以容忍，这一部分没有真正调解成功或彻底解决的纠纷并未纳入消协统计的视野。实践中就存在这种情况，上海市消保委家装办曾接到了多起消费者的来电，反映装潢公司处理投诉或者履行调解协议不到位，由此引起消费者的不满并导致重复投诉[①]。镇江市消协在对多起家电类投诉回访中，从消费者那里了解到，一些家电商场在办理退货手续时，要求消费者提供原包装物，否则在退款中扣除 50～100 元不等的包装费[②]。如果消费者未进行重复投诉或消协未组织回访，这一部分没有解决或者没有圆满解决的纠纷是无法纳入消协相关报告的。

第三，随着社会的发展，某些种类的消费纠纷近些年来数量上升很快，而这些热点纠纷则是公认的调解难点，必然会导致总体的调解成功率下降。比如，中消协的分析报告显示，汽车投诉量呈上升态势，而投诉解决成功率相对较低[③]。消费者在购房过程遇到纠纷，维权难度较大，维权成本较高。相

---

① 经调查问题原因主要有：一是装潢公司在网上表示已办结投诉，但具体操办人员并没有落实解决，使得消费者再次向消保委投诉催办。二是装潢公司在履行调解协议时"打折扣"，只履行协议部分内容，致使消费者一次次来电反映要求尽快解决。参见《家装办关于投诉调解履行率问题的专题分析》，http://www.315.sh.cn/news/20091229/20091229005.html。

② 孙林美、赵军、薛庆元：《江苏省镇江市消协：100% 回访率赢得 98% 满意度》，《中国消费者报》2008 年 10 月 29 日。

③ 张震：《汽车消费维权依然难》，《中国消费者报》2008 年 1 月 18 日。2007 年中消协直接受理的汽车投诉中，涉及国际知名大品牌的车型占 80% 以上。某大品牌的轿车竟然出现车身覆盖件漏雨情况，让人匪夷所思。还有多起高档轿车、轻型越野车发生自燃等重大质量问题。由产品缺陷引发的消费者对某一品牌共有问题的投诉逐渐增加。部分企业缺乏社会责任，面对质量问题，常以目前国内无相关技术标准、没有相关法律规定或国际惯例等借口推卸责任。消费者与汽车厂商之间信息不对等，对技术把握的水平差异悬殊。出现质量问题纠纷，经营者往往要求消费者举证或要求消费者寻求第三方检验。而汽车检验成本过高，受理程序又不直接面对消费者，检测难、鉴定难，使得消费者送检无门。

关投诉难以解决①。"据中消协不完全统计，在中消协接到的房地产投诉中，解决问题的成功率只有20%～30%，这远远低于90%的消费投诉总体解决水平。"② 中消协尚且如此，地方消协可想而知③。据统计，从1995～2001年的6年中，北京市消协受理了上千件商品房投诉，但解决率仅为投诉量的25%左右，其中调解退房的仅占1%～2%④。辽宁省消协系统接到了大量关于平板电视的咨询和纠纷，其中部分纠纷在调解过程中遭遇法律空白，生产商、经销商、维修商常常借此推诿，使调解无果而终，有些调解成功的案例也是费尽周折⑤。深圳消协系统接到不少宠物血统造假的投诉后，感到十分棘手，不受理，责任心过不去；一旦受理，解决起来难度太大。因为宠物消费方面鉴定难度太大⑥。甚至比消协调解更富权威性和潜在强制性的市场监管机关行政调解，对汽车配件质量纠纷这样的问题的调解成功率也只有60%⑦。由此

① 张文章：《商品房消费纠纷成维权难点》，《中国消费者报》2007年3月12日第D03版。

② 钟昱：《房地产投诉解决率最低》，《中国财经报》2005年3月15日。

③ 2006年5月12日，由成都市消协牵头，联合市人大、市委宣传部、市法院、市房管局、市工商局、成都仲裁委、迪泰律师事务所6家单位联合组成的成都市消费纠纷临时调解小组，实施了成都房地产消费投诉的第一次公开调解。本次公开调解的四个纠纷均涉及开发商涉嫌违规违法收取燃气入户费问题。涉及的开发商包括丰林、名人、宏城等。仅名人公司到场参加调解但未能达成任何协议，其余3家公司更是拒绝到场、回避调解，导致现场公开调解没有取得实质性结果。没有任何强制性措施的消协遭遇了房地产企业的冷漠应对。刘浏：《开发商缺席 消费者维权落空》，《成都日报》2006年5月13日第A06版。

④ 贾君：《投诉披露制度首次推出的台前幕后》，《中国消费者报》2004年12月13日第A02版。

⑤ 王文郁：《平板电视投诉多 调解难》，《中国消费者报》2007年3月26日第B01版。1995年出台的"三包"规定电视机享受"整机一年，主要部件三年"的"三包"有效期，但由于平板电视当时没有问世，"三包"规定中没有对平板彩电的维修范围、保修期限等做出明确界定，由此引发平板电视"三包"执行难的问题。加之其主要零部件大多以进口为主，免费更换成本大，厂家往往不愿为维修买单，因此引发的消费争议越来越多。厂家对电视的包修期限、使用功能和有关技术参数等没有统一标准，一些厂家在随机附带的材料中单方注明"易损耗零件不保修"等条款并以此规避责任。因为没有法律依据，在调解未果的情况下，消协只能无奈地终止调解。

⑥ 目前国内没有任何一家宠物经营机构能提供真正的名犬血统证明。经营者与消费者一般是靠经验，看宠物的毛色、形态来鉴别出真假。一旦发生纠纷，真假名犬只有靠"DNA"方法来鉴定，这种方法费用又太高，纠纷的双方都难以接受。而在香港发生宠物消费纠纷时，消费者会寻求宠物协会的帮助。香港宠物协会有十几年的运作经验，其出示的证明一般具有权威性。另外，宠物健康方面的投诉也有增加。有的消费者买了宠物以后才发现宠物健康有问题，可经营者一般都不会认账，因为消费者没有在购买前和经营者一起带着宠物去宠物医院进行健康检查，事后再去，经营者就有理由不承担责任。刘维善、赵新海：《深圳：宠物消费纠纷难解》，《中国消费者报》2004年1月16日第A05版。

⑦ 胡江南、启昌、秋华、紫薇：《汽车配件投诉四成无"果"而终》，《长江日报》2007年8月30日第5版。

可见，消协作为民间身份进行调解的成功率不可能非常高。另外，譬如人格尊严投诉①、电子商务纠纷、电视购物纠纷、涉及主导性外资企业②、垄断型国有企业或公用事业的纠纷等调解难度也是很大。

　　第四，业绩是组织存续和不断获取资源的生命线，调解纠纷的数量和成功率往往是逐级上报，但并没有从上至下的检查、抽查或核实，也易让人产生怀疑。与之类似的民间调解如一般人民调解，就有学者在分析官方公布的人民调解成功率普遍高于90%，甚至有的地方达到98.9%时指出，这一官方数据令人深表怀疑。该书作者认为，首先基于日常生活经验的感性认识，人们以及身边的亲属、邻居、朋友都没有任何通过人民调解委员会成功解决纠纷的实例。接着作者组织了108位大学生在各自家乡进行调查，仅有2位学生报告了3起人民调解案例，其余均表示没有相关经历甚至见闻。作者在进一步实证调查和访谈后发现，调解委员会调解过的纠纷可能是登记数字的若干倍，因为大多数经各种程度调解的案件均以失败告终，这样的结果是在官方的统计数据中是看不到的。官方统计的程序、方法、特别是其意图表达的先定的思想，都决定了呈现在大众面前的必然是一幅生机盎然而又不尽真实的调解图画。高得离谱的调解成功率只是另一颗"人造卫星"③。人民调解"放卫星"的结论虽然在逻辑上不够严密，笔者对消协调解纠纷效能的认识也没有与官方数字相反的总体实证研究来佐证，但已有地方统计的调解成功率

---

　　①　发生"商家服务态度不好""侮辱消费者人格尊严"等情况，首先遇到的难题是界定难，怎样的语言、行为属于是人格污辱，污辱到什么程度应该给予精神赔偿，这些具体操作层面上的法律仍有空白之处。其二是取证难，此类纠纷一般发生在消费进行过程中，发生后找不到其他在场的证人，消费者总是陷入有口难辩的状况。

　　②　清华大学法学院课题组实地调查了7省、市消协后得出结论：各级消协对企业的干预，尤其是垄断性行业企业和不注重商业信誉企业的干预一般不能起到根本的作用。因为垄断企业的服务和产品定价、售后服务等不是企业自身能够完全作主的，而不注重商誉的企业只追求短期经济效益，所以对消费者投诉和消协干预会采取回避或坚持固有做法的态度，加重与消费者的冲突。而消协对于这种极端行为却缺少有效的措施，只能束手无策。例如2006年，柯达问题相机群体投诉事件，虽然中消协召开了听证会，也联系了柯达公司，但柯达并没有给出准确答复。之后，中消协想请柯达公司跟消费者共同协商这个问题，也遭拒绝。除了抵触，还有企业对消协的干预采取应付态度，结果只是在表面上解决了争议，而不提供根本的解决方案，因此后患不断。参见陈文玲：《我们需要什么样的消协?》，《中国经济周刊》2007年第2期。

　　③　康怀宇：《现状与前瞻：人民调解的微观考察》，载左卫民等：《变革时代的纠纷解决：法学与社会学的初步考察》，北京大学出版社2007年版，第127-150页。

是在90%以下，江苏全省消协曾统计其调解成功率就是81%①，这可能距离实际情况更为接近。

综合上述分析，笔者认为，消协纠纷解决的总体成功率很难维持98%以上这样的高位，实际成功率应该有相当幅度的降低；而解纷总量在去除掉其他主体通过民间调解、行政调解、督促和解等机制解决后，也会有所下降。但即使是这样，消协调解消费纠纷的效能也是非常卓著和明显的，全国消协系统每年受理了大量的消费纠纷，大部分投诉到消协的消费纠纷都得到了妥善的解决。而对那些业者态度恶劣，侵权行为严重，纠纷事实和法律复杂，消费者比较弱势和困难的消费纠纷，经调解无果后，消协则会选取一定的比例，采取多种途径支持消费者诉讼或亲自起诉。

三、消协调解消费纠纷的原则与基本程序

通过对规范性文本（消协有关规定）② 的分析，消协调解消费纠纷的原则概括起来有以下几点：①自愿与理法兼顾。调解以双方自愿、合法、合理、公正为基础。②调解以事实和证据为依据。③消费者举证与证明责任适当减轻。消费者投诉，有责任提供证据，证明购买、使用商品或接受服务与所受损害存在因果关系。对造成损害的产品的质量缺陷和服务中存在的具体损害原因，不应当强求消费者举证。④无偿服务。

消协调解分为确定管辖—决定受理—对纠纷事实的调查与鉴定—调解—结案归档五个主要步骤。

1. 管辖

消协受理投诉，实行以地域管辖为主、级别管辖为辅、就近受理的原则。消费者投诉一般由被诉经营者所在地的市（地级市）级或市级以下消协受理，被诉经营者注册地与经营地不一致的，由经营地消协受理。对非辖区内经营者的投诉，一般应转给被诉经营者所在地消协受理，也可告知消费者直接向

---

① 前述上海市消保委公布的调解成功率就在不断下降，已降至90%以下。另据江苏省消协系统统计，2008 年，江苏全省消协共计接受消费者咨询 307371 人次，共受理投诉 44623 件，成功解决 36148 件，投诉解决成功率达 81%。参见《构建和谐消费 省工商局副局长许一新、消协秘书长童天武做客政风热线》，http://www.jiangsu.gov.cn/gzcy/zfrx/ftsl/200903/t20090324_318037.html。

② 本部分主要依据中国消费者协会：《消费者协会受理消费者投诉工作导则（修订）》（以下简称《工作导则》）（2014 年 10 月 25 日）；《中国消费者协会受理消费者投诉规定》（以下简称《规定》）（1995 年 12 月 1 日）；《中国消费者协会受理农机产品质量投诉规则》（2001 年 11 月 30 日）。

被诉经营者所在地消协投诉。中消协、省级消协以受理跨国、全国或本辖区内重大、典型投诉和下级消协书面上报的涉及面广、有地域限制或具有普遍性的疑难问题投诉为主，对普通投诉也可受理。上级消协对下级消协的受理投诉工作进行协调、指导和督办，对下级消协提出的疑难投诉问题应及时研究答复；下级消协应受理上级消协转办的投诉；上下级消协可联合处理投诉。

2. 受理

消费者投诉要递交文字材料或有投诉消费者签字盖章认可的详细口述笔录①。投诉材料应包含以下内容：①投诉方和被投诉方的基本信息，包括投诉方的姓名、身份证号码、地址、邮编、联系电话等；被投诉方的单位名称、地址、邮编、联系人、联系电话等；②损害事实发生的时间、地点、过程及与经营者协商的情况；③有关证据，即消费者要提供与投诉有关的证据，证明购买、使用商品或接受服务与受损害存在因果关系，法律法规另有规定的除外；④明确、具体的诉求。对投诉要件缺乏和情况不明的投诉，消协应及时通知投诉方，待补齐所需材料后再受理。消协应在收到投诉材料之日起七个工作日内决定是否受理，特殊情况需要延长审查期限的，应及时告知消费者，延长期不得超过七个工作日；符合受理投诉规定的，予以受理，并告知消费者；需要由其他消协或有关行政部门处理的，转给其他消协或有关行政部门处理，并告知消费者；或者告知消费者向其他消协或有关行政部门投诉；不符合受理投诉规定的，不予受理，并书面告知消费者理由，将投诉信退回消费者。10人或10人以上的群体消费者投诉，可由消费者推选2~3名代表进行投诉。代表人（持全体投诉人签名的授权委托书）的投诉行为对其所代表的消费者发生效力，但代表人在决定变更、放弃投诉要求或进行和解时，应当经被代表的消费者特别授权。

实践中，消协除了受理消费者的投诉外，还受理部分从市场监管机关或法院等机构转介来的消费纠纷，性质上属于法院委托调解或行政机关委托调解，可谓诉调对接或"调调对接"。其中主要是受托处理部分申诉到市场监管机关又被分流出来的消费纠纷。比如，深圳市曾规定工商局（物价局）

① 消协调解机制将投诉者限定为消费者也即意味着业者不能主动将其与消费者的纠纷投诉到消协寻求调解，但这一隐含的规定似乎过于苛刻，实践中也有业者主动找到调解机构希望对消费纠纷予以调解，主要是由于业者对纠纷成因的解释与解决方案难以被消费者理解和接受，希望借助于调解机构的公信力尽快平息纠纷。

12315/12358 申诉举报中心统一接听登记属于工商物价机关职责范围内的申诉、举报，对属于国家规定实行"三包"的商品质量消费争议，由消费者委员会先行调解①。有学者调查东北中心城市 S 市发现，"工商局的消保处管理的 12315 判断哪些投诉要由自己处理，哪些投诉要由消协处理。在实际的操作中，消保处往往倾向于把不易处理的情况、复杂的投诉或者针对单件商品的情况简单的投诉分配给消协处理。通过这样的安排，工商局一方面可以避免因受理情况复杂的投诉而把自己引入难以调和的纷争之中（例如群体性的投诉等），另一方面，将对单件商品的投诉交由消协办理可以节约工商局的办案成本，从而将更多的人力物力投入到查办大宗案件中去。尽管工商局的这种理性计算令消协的一些工作人员颇有微词，但是从客观上来说，这样的分工却是一种有效率的安排，也恰恰是因为工商局不愿或者无力处理全部的消费者权益纠纷，消协才有了其存在的理由和发展的空间"②。笔者认为，虽然实践中这种分流消协普遍会予以接受，但消协作为社会团体在纠纷解决方面和行政机关应该具有互不隶属的平等关系，接受转办不应该成为一种义务而剥夺消费者或消协的自由意志和（在法律法规范围内的）选择权。深圳工商机关主要分流实行"三包"商品质量的消费纠纷，规定了消委会的先行调解义务，强制性有余，灵活性不足，人为缩小了行政机关调解消费纠纷的范围和先行的责任，并不合乎相关法律规定。当然，将有明确规定的纠纷分流而将涉及没有"三包"规定的商品的消费纠纷自行处理本身尚属较为合理的分工，而上述 S 市的做法则是明显具有推卸行政调解责任的色彩，主观性和随意性有余，科学性不足。

3. 对纠纷事实的调查与鉴定

对已受理的投诉，要及时调查，充分听取争议双方陈述，严格审查相关证据，对争议问题进行核实，准确定性。调查可以采取电话、函件、现场察看、当面询问等方式。外出调查一般两人以上，情节简单也可安排一人。必要时，消协可向投诉方、被投诉方及其他有关人员发出投诉调查（调解）通知书，明确告知被投诉方自接到通知之日起七个工作日内就投诉事项向消协

---

① 深圳市工商局（物价局）：《深圳市 12315/12358 统一接听登记若干规定》（2007 年 3 月 15日）。

② 王赢：《功能、组织与关系网络——对一个市级消费者协会纠纷解决的实证研究》，载王亚新等：《法律程序运作的实证分析》，法律出版社 2005 年版，第 490 页。

做出答复。被投诉方接到通知，未在规定时限内做出答复的，消协应向被投诉方发出催办函；对被投诉方无正当理由推诿、拖延、拒不接受消协依法调查的，消协应及时告知消费者，并可通过履行反映建议、揭露批评、支持诉讼等其他法定公益性职责处理。对疑难、重大等投诉，消协可就投诉事项向有关部门进行查询。在解决投诉争议过程中，经与争议双方协商，消费者协会可就投诉事项涉及的商品和服务质量问题，委托具备资格的检测人或鉴定人检测、鉴定，并督促检测人或鉴定人出具检测报告或鉴定意见。所需费用由当事人书面约定垫付，责任方承担。如双方均有责任的，按责任大小分担费用。对凭借生活常识即可判断的责任不应委托检测、鉴定。争议任何一方对检测、鉴定机构做出的结论有异议申请再次检测、鉴定的，消协应组织双方再行协商。协商不成的，消协应告知消费者通过其他合法途径解决。必要时，消协可应消费者的请求出具公函送检、鉴定。

4. 对投诉事项进行调解

调解地点一般应在消协办公室，消协参加调解人员一般为二人以上，情节简单的也可一人，调解过程应作笔录。调解双方及调解人应在调解笔录上签字或盖章。调解人是双方当事人的亲属或与当事人有利害关系，可能影响投诉公正处理的，应当回避。通知投诉方和被投诉方参加调解可以采用电话方式。必要时，应向投诉方和被投诉方发出书面投诉调查（调解）通知书。参加调解的应为争议双方当事人；如因特殊情况不能亲自到场，须委托代理人参加。被委托人必须向调解主持人递交有效委托书，并出示身份证明。通过调解达成协议的，由调解主持人填写投诉调解协议书。由于争议双方分歧过大，无法达成一致意见，由调解主持人填写投诉终止调解通知书，同时告知双方解决消费争议的其他渠道。投诉调解协议书在争议双方签字后，由调解主持人签名并加盖消费者协会投诉专用章，一式数份，交争议各方和消费者协会留存。《规定》要求处理本地一般性投诉，一般在半个月内有明确结果。《工作导则》则放宽了要求，规定消费者协会受理投诉后，一般应在四十个工作日内结束调查调解。疑难复杂的投诉，调查调解时间可适当延长，但延长时间不得超过二十个工作日。消协在调查、调解下列投诉事项时，可以组织听证：（1）当事人一方或各方就投诉事项要求听证的投诉；（2）调查取证困难或者侵害责任难以认定的投诉；（3）当事人各方分歧意见过大，一般方式调解难以达成一致意向的投诉；（4）因商品或服务质量缺陷，造成人身、财产损害且争议金额较大的投诉。对涉及面广、侵害事实清楚、情节恶劣、无法调解的投诉，消费者协会可在调查核实后采取下列措施：向有关部门反映，提出合理建议或要求依法查处；通过大众传播媒介予以揭露、批评；发布消费提示、警示；支持消费者诉讼。

有学者在经过调查后认为，消协处理消费纠纷的过程，在"解决问题"思想的指导下，没有发现严格遵循程序的痕迹，更没有出现诉讼中常见的一些程式化的做法。消协受理案件，是基于消费者的电话投诉，有关调解的进程安排，也是通过电话方式通知的；调解的地点，就是消协工作人员的办公室；调解开始时，没有诉讼中惯常的权利告知步骤；调解的进行，没有律师参与，是通过一种非常宽松、随意的谈话形式展开的；调解的结案，是一种非常简单的签字交接程序。几乎所有的纠纷（极个别复杂、影响广泛的案件除外）都是通过这种非程序化过程进行调处的①。

笔者认为，调解和诉讼对程序化程度的要求本来就不应等同，在程序方面的灵活性是调解机制富有活力的表现，也是降低消费者维权和解纷成本的必然选择和要求，不必将诉讼和调解两者各自的特点分出优劣。实际上，打电话投诉和调解、到办公室调解、谈话、签字这些本身即是消协调解纠纷的程序，消协调解并非没有规范而是有详细具体的规定，只要没有违背《规定》和《工作导则》，出现程序疏漏或明显有违程序正义原则的行为，就不能认为消协调解是非程序化的。而且，随着纠纷处理程序规定的更加完善的《工作导则》的推广，许多地方已推出修订的更加完善的消协受理和调解纠纷程序。此外，实践中消协调解活动和程序非常丰富多元，并非上述观点所概括的那样简单，这一点将在下文中予以分析。

四、消协调解消费纠纷的策略和特点

很多人直觉地以为调解人若与双方都有一定程度的关系，较能调解成功，其实未必尽然。"与双方当事人素不相识，毫无渊源，但深谙调解制度原理与

---

① 吴卫军：《现状与走向：和谐社会视野中的纠纷解决机制》，中国检察出版社2006年版，第66-67页。该学者在这里所说的程序化，是指按照比较规范化、固定化的方式实施某项行为；非程序化就是指行为运作过程没有强制性的规范加以限制，权变性较强。

说服技巧的调解人，其调解成功的概率或许更胜过运用社会关系从事调解的调解人。"① 调解的技巧和方法从理论上归纳出的经验非常多，比如有论者概括出六种调解方法：心理缓和法、矛盾疏导法、批评教育法、因案制宜法、直觉观察法和合力调解法②。有研究总结美国调解技巧为：挖掘立场背后的利益；固定已经达成的成果；视觉化诉讼风险分析；利益排序，找出最优替代方案与最差替代方案③。有论者指出，应该将心理学的人格特质分类方法作为性格分析工具，针对不同当事人的不同性格特点和情绪状态，采取不同的调解策略，选择适当的调解方法④。具体到消协调解机制，也有其独特性，包含一些特有的解纷策略和制度，不能做泛泛的研究。这里的策略和特点更多的是一种与其他纠纷解决机制或通常意义上的民间调解相比较所独有的具体制度或特色，其中有些特点和消协官民二重性的身份特征是分不开的。以往的研究中，学者更多地提到消协组织的维权策略和特点是借助和运用各种外界资源⑤，笔者认为，借助外部资源并不是消协调解机制的唯一特点和全部内容，同时，也不是说这些特色内容就是消协日常处理所有纠纷都要运用的具

①　理律法律事务所：《诉讼外纷争解决机制》，（台湾）三民书局股份有限公司 2012 年版，第 7 页。

②　沈志先：《调解精品案例选》，法律出版社 2012 年版，第 172 页。

③　程波：《美国调解技巧的社会心理学解读》，湘潭大学出版社 2016 年版，第 117–129 页。利用诉讼的风险达成和解是美国调解的一项重要技巧，指的是调解员引导当事人进行诉讼的成本、风险和收益分析。这项技巧在中国调解实践中也常被用到，但美国调解在这点上做得非常细致与科学化，在分析诉讼的成本、风险和收益时采用了数学模型（决策分析），能将每一种可能以图表的方式表现出来。调解员可引导当事人考虑诉讼获胜的可能性、诉讼获胜获得 100% 赔偿的可能性、获得 50% 赔偿的可能性、败诉的可能性、律师费的数额等。参见廖永安、覃斌武、［美］罗伯特·史密斯：《如何当好调解员：美国调解经典案例评析》，湘潭大学出版社 2013 年版，第 23–24 页。

④　常规的调解方法：1. 规劝法；2. 赞美法；3. 震慑法；4. 暗示法；5. 批评教育法；6. 换位思考法；7. 利弊分析法；8. 冷却隔离法；9. 宣泄法；10. 借助外力法；11. 亲情唤起法。参见刘爱君：《调解沟通艺术：用 DISC 性格分析工具辅助调解中的当事人沟通》，中国政法大学出版社 2016 年版，第 113–123 页。

⑤　社团的影响力主要来自四个方面：第一，组织形象。第二，专家权威。第三，诉诸舆论。第四，借助政府权威。参见王颖、折晓叶、孙炳耀：《社会中间层——改革与中国的社团组织》，中国发展出版社 1993 年版，第 96–97 页；消协之所以"无权有威""狐假虎威"，是因为其分享国家立法、行政和司法资源，借用媒体力量和专家权威这样的社会资源。参见宋功德：《消费者协会的自治悖论》，载沈岿：《谁还在行使权力——准政府组织个案研究》，清华大学出版社 2003 年版，第 318–326 页；王颖和吴卫军在之后的研究中也重复了类似的观点，更将"借力发力、以势压势"称为消协解纷过程中的重要技术。参见吴卫军：《现状与走向：和谐社会视野中的纠纷解决机制》，中国检察出版社 2006 年版，第 69–78 页。

体方法，而是会依个案情形有所选择，有所为有所不为。如果纠纷事实清楚、法律明确、业者配合度高，则消协调解的过程和手段与一般民间调解没有太大区别，也体现不出相应的特色。经溯源、梳理，笔者认为，消协调解机制的主要特点包括：

（一）独立调解与合力调解相结合

对于一般日常的简单消费纠纷，消协人员通常自行进行调解而不需要借助或援引外界力量。但"公民团体或社会运动在行动时，必然会和国家、所处的环境结构以及其他社会行为者的关系网络进行互动"①。由于本质上的特性使然，消费者保护运动乃呈现"说话的少数人"的现象，相对于"沉默的大多数"，乃至"冷眼旁观、坐享利益的消费群"，除非消费者组织的活动具有明确的目标，及达成目标的适当策略，并妥善利用各种社会资源——尤其是大众传播媒体，否则不但难以达到预期的结社效果，反而会有损组织的生命②。因此消协在维权时"引进外援"就是很自然的选择。引进外部资源可以是直接作用于调解过程本身，也可能是起辅助作用，甚至可能只是起潜在的或象征性的作用，但无论如何都强化了消协调解消费纠纷的功效，在广义上都可称得上是合力调解。

消费者协会借助外界各种社会资源既是其组织获取社会资本、提高维权能力的需要，也是在行使其法定职能。因为许多"借力借势"的行为本身是有法律依据的，与其说是策略和技术，不如说是应尽的职责，消协对于行政、司法、传媒和专家资源的运用皆是如此。

1. 行政资源

《中国消费者协会章程》（2011 年版）第 5 条委婉地表达了消协对于行政资源的重视："中国消费者协会在工作中与工商行政管理、技术监督、进出口商品检验、物价、卫生、农业等部门保持密切联系，并得到它们的协助和支持。"③ 概括而言，笔者认为消协利用外部行政性资源可以分为以下 5 种情形：

（1）参与行政检查。《中华人民共和国消费者权益保护法》第 37 条明确规定，消协具有"参与有关行政部门对商品和服务的监督、检查"的职能。

---

① 苏彦斌：《墨西哥的社会运动与民主化》，（台湾）翰芦图书 2006 年版，第 12 页。
② 李伸一：《消费者保护法论》，（台湾）凯仑出版社 1995 年版，第 219 页。
③ 2015 年修改后的《中国消费者协会章程》第 4 条出现了"发挥桥梁纽带作用，凝聚各方力量"的表述。2021 年版本章程第 5 条延续了这一表述。

有的地方不满足于"参与权",如吉林消协甚至曾成立消费者维权执法大队,具有行政执法权①,显然模糊了消协的组织性质,是违背消法的越权行为。

（2）反映问题与移送纠纷。消法规定消协就有关消费者权益问题,可"向有关行政部门反映、查询,提出建议"。地方的有关规定则更进一步,《北京市实施〈消费者权益保护法〉办法》第16条第1款规定:"经营者不接受调解或者不履行调解协议的,消费者协会可以根据消费者的要求,将案件移送有关行政部门处理。"类似这样的"移送处理权"的规定增加了消协调解的权威性与强制性,为业者施加了一定的配合调解的压力②。同时,不可否认的,消协移送纠纷也为行政机关提供了行政处罚的情报来源、案源和业绩,可以说是一种互取所需的利益共生关系。另一方面,移送纠纷的情况在实践中是比较少见的,除非业者行为性质特别恶劣且该省、市有移送的相关规定。仅仅是调解不成一般是不存在移送问题的。严格地说,"围魏救赵"的移送行政处理方式也未必都能解决消费纠纷的民事赔偿问题,这毕竟是两个不同的法律关系。而且业者同意调解解决消费纠纷,消协就不移送行政处理则又有包庇业者和以赔代罚之嫌。

（3）消协理事单位的活用。消协在调处消费纠纷过程中寻求理事单位的

---

① 吉林消协工作人员表示,成立执法大队是受省工商局委托,其成立的法律依据是吉林省人大20世纪90年代出台的一个法规,该法规规定像省消协这样的组织在一定条件下可以获得执法权。据了解,吉林省消协与省工商局12315消费者申诉举报中心基本为一套班子。参见陈煜儒:《既维权又执法缺少公正基础 吉林消协拥有执法权惹争议》,《法制日报》2007年3月19日。

② 例如,消费者孙某花5000元预订了一套家具,经销商承诺10天内交货,但20多天过去了,经销商却没能给出一个确切的交货时间。在交涉未果的情况下,孙某向莒南县消协投诉。消协组织双方进行调解时,经销商态度强硬,拒绝调解。消协人员立即请求莒南县工商局消费者权益保护科介入调查处理,经调解,经销商退还了5000元的购物款。刘伯涛、尹训银:《抓住"四点"整体推进维权工作》,《中国消费者报》2008年8月20日。实际上这个例子中的纠纷已经从消协调解转变为行政调解。再如,消费者程某向浙江东阳市消协投诉,其从某手机店购得的手机因质量问题无法正常使用,要求消协帮助解决。消协受理投诉后即向该手机店以书面形式发出于指定日期到消协办公室进行调解处理的通知书。该手机店接到调解处理通知书后超过5个工作日不做答复。于是消协将此案移送东阳市12315,东阳市12315会同经检大队,经局长批准对该事件进行立案查处,执法人员经过细致的调查取证后做出了责令改正、罚款5000元的行政处罚。当事人经工商部门的处罚和有关法律、法规教育后,后悔不已,认识到不能把消协的调解处理通知和消费者的权益当儿戏。5000元买个教训,并表示服从工商部门的处罚,自愿放弃行政复议与诉讼程序,主动对消费者有问题的手机做退款处理。参见王安心、陈同瑜:《消费者如何索赔》,法律出版社2007年版,第108页。本案中消协对纠纷的处理和工商局对经营者的处罚都是依据《浙江省实施〈中华人民共和国消费者权益保护法〉办法》这一地方性规范。

支持，共同参与纠纷的调查与调解。消协的常务理事单位主要都是相关的行政机关①，这为消协寻求行政机关支持提供了正当性与组织便利。消费者协会是保护消费者权益的社会团体，理事会是消费者协会的最高领导机构，而常务理事会是在理事会闭幕后，行使理事会职能的常设机构。但在实际运行过程中，常务理事在常务理事会结束后基本上不介入消协工作，大量的调解消费纠纷、消费调研、消费指导等工作只有依靠消协办公室工作人员。也就是说"理事不理事"是经常发生的情况，理事单位并没有法定的配合消协处理纠纷的义务，笔者认为实践中出现行政机关与消协协作调解的个案也多是出于部门关系、领导私交、给消协的挂靠单位面子、政府领导批示等等各种无法常规化、制度化的原因。

针对上述问题，有的地方消协作了整合与强化理事维权资源的探索。2008 年江苏仪征市消协正式推出常务理事坐班制度。消协常务理事坐班，每期 2 人，时间 1 个月。常务理事坐班期间，妥善安排好所在单位的工作。如有特殊情况，可以委派所在单位的消协理事或工作人员，完成坐班期间的相关工作。市消协常务理事坐班期间的主要职责是：会同市消协会长、秘书长主持消协工作，督察消协网络的运行状态；完成上级消协交办或市领导批示的相关工作；处理消费维权热点、难点、焦点问题；组织召开相关工作座谈会；组织召开常务理事会；组织召开新闻发布会；发布月度"消费警示"，曝光侵权案件；在市政府网站与消费者对话，通报月度消协工作；邀请市领导和市消协名誉会长、名誉顾问，定期与消费者双向交流②。

---

① 有的地方消协将理事单位无限扩大，比如抚顺市消协聘请了 260 名理事，200 多家理事单位涵盖了社会的各个层面。参见王文郁：《调动社会力量参与维权工作》，《中国消费者报》2008 年 7 月 2 日。笔者认为这一做法形式主义色彩较重，实际作用不大，应该有重点的寻求相关行政机构、媒体、重点行业协会和垄断性企业的支持。

② 设计常务理事坐班制度的灵感主要源于两个案例：在一起采光权纠纷中，39 户消费者认为开发商违反了《商品房买卖合同》条款，起诉到法院无果，39 户消费者到政府上访，仪征市政府将这起纠纷批转到市消协进行处理。仪征市消协邀请建设局、规划局和土地管理局等消协常务理事单位共同参与调解，最终获得圆满解决。另一起消费者管某在仪征金穗大酒店参加婚宴发生食物中毒的纠纷，因管某住院治疗 5 天，原定与爱人赴北京旅游的计划也泡汤。在要求旅行社取消旅游合同时，旅行社扣除其违约金 500 元。管某认为是酒店耽误了她的旅程，应该赔偿她的违约金损失。但酒店只赔偿了管某医疗费，拒绝赔偿其违约金的损失。多次协调无果，管某投诉到市消协。市消协邀请常务理事单位卫生局参与调解，在查处酒店食物中毒案件的同时，也顺利地帮助管某讨回 500 元违约金，消费纠纷得到了圆满解决。参见林永贵、丁宝、王芳：《常务理事坐班 服务和谐社会——江苏省仪征市创新消费者协会常务理事工作制度综述》，《中国工商报》2008 年 10 月 14 日第 4 版。

（4）消协牵头或居于从属、配合地位的消费纠纷"大调解"。所谓大调解是指由党委政府主导的各有关机关和部门协同解决纠纷的工作机制，可能是由消协牵头，大多是由消协参与、政府牵头①调解消费纠纷。而借助行政资源合力调解的"终极版"就是消协报政府批准同意，建立消协与其他的有关各部门联动和一起工作的常设性的联合办公制度或消费维权工作小组在受理重大、复杂、疑难消费纠纷后进行调解。实际上在政府或消协牵头的"大调解"中，消协主要作用是配合有关行政部门一起进行调解，其主要作用是在纠纷处理的前期，即消费纠纷的受理、调查、调解（失败）、汇报等方面，在消费纠纷的最终解决方面起主导作用的是行政调解或行政调解与民间调解的混合，而不能称之为民间调解。"由于大调解的推进方式是政府的社会动员，不仅成本很高，而且调解纠纷的能力和效果取决于上级的重视程度。当上级行政领导推进不力，或者经费、人员不能落实时，各部门对调处纠纷就明显缺乏热情，出现推诿扯皮现象。"② 因此其很难具有制度化推广的普适意义。

（5）从行政机关获取人、财、物和象征性符号。消协组织的人员很多由行政机关调配甚至与之重合，在日常办公经费与办公设备配备等方面都要寻求政府的支持才能有效运转，这些人力资源和物质基础都是消协调解活动得以开展的前提。同时，"调解有、却不完全是技术或知识问题，还取决于调解者的身份、地位和权威"③。有些地方的消协工作人员具有市场监管机关公务员身份甚至身着制服，消协办公场所设在同级市场监管机关大楼内，这些符号性资本对业者服从调解来说，或多或少具有一定的强制性作用或心理暗示，甚至不乏"误会"之下的"将计就计"。当然，随着下一步消协体制改革的推进，消协组织与行政机关如此密切的特殊联系将会弱化，消协调解中的权

---

① 在新疆塔城一起 136 名消费者集体投诉热力公司和房地产公司供暖不达标的消费纠纷中，消协通过调查走访发现调解难度非常大，就将调查情况向市政府领导及信访办进行了汇报，积极争取政府支持。2003 年 11 月 4 日，由政府牵头、消协主持召开了由塔城市政府郑刚副市长、市信访局局长、光明小区 10 名消费者代表、合作区泰安热力公司经理参加的调解会。调解会上经营者负责人向消费者代表表示了道歉，承诺今年供暖温度一定达到国家标准。调解会后双方所有达成的协议还以塔市政办〔2003〕18 号文件的会议纪要形式下发。参见新疆维吾尔自治区塔城市消费者协会：《供暖温度低于国家标准 集体投诉减免取暖费》，载中国消费者协会：《保护消费者权益案例精选集》，中国工商出版社 2005 年版，第 392-395 页。
② 吴英姿：《法官角色与司法行为》，中国大百科全书出版社 2008 年版，第 339-340 页。
③ 苏力：《关于能动司法与大调解》，《中国法学》2010 年第 1 期。

力符号资本也会逐步流失。

2. 司法资源

省级以下消协利用司法资源主要包括三种形式：一种是消协支持消费者起诉制度；第二种是法院在同级消协设立消费纠纷巡回法庭、常设法庭或合议庭；另一种是在某些地方"诉调对接"的实践中，法院委托消协调解消费纠纷后对消协予以工作指导。其中最常见和通行的是第一种形式。公开支持诉讼是消协的一项职能，也即是在本级行政区域内，消协支持、帮助消费者就消费纠纷向法院起诉。虽然是一项法定职能，但绝大部分地方没有就此制定专门规范。根据陕西省的相关规定①，该制度的要点如下：①支持起诉应具备的 5 项条件：消费者为了保护自身合法权益，自愿向法院起诉的；消费者要求消费者协会予以支持的，或是消费者协会认为应该支持的；须有充分的具体损害事实、理由、证据和主张的；符合诉讼的法律规定和诉讼时效；须经消协秘书长审核决定。②支持诉讼的范围：消费者受到损害适合向人民法院起诉的；消费者协会调解未果的；经营者拒绝消费者协会调解的；经经营者协会调解后，经营者反悔或拒不履行调解协议的。③支持诉讼的 5 种方法：为消费者提供相关的法律咨询服务；以消费者协会的名义，将有关证据、调解书面函告人民法院；向法律援助机构申请支持；可以接受委托，代理不特定多数消费者，对损害消费者合法权益的行为提起诉讼；对确有困难的消费者，按照消费者协会的规定，提供法律援助金支持②。

---

① 参见《陕西省消费者协会支持消费者提起诉讼的暂行办法》（2004 年 3 月 15 日）。有的地方的支持起诉制度规定了更为严格的条件，要求"原则上该案件市消协已经在大众传播媒介予以揭露、批评"。参见《哈尔滨消费者协会维权律师团工作规则》（2008 年 7 月 7 日）。从中可以看出支持起诉制度作为消协解纷职能"杀手锏"的自身制度定位。

② 类似的援助金条件较为苛刻，一般是和申请法律援助的条件相似。比如广东顺德消委会的"公益诉讼基金"申请人必须属于是低保对象、残疾人或者是贫困的外来务工人员。申请人的申请材料经顺德消委会审查通过后，由消委会所确定的律师事务所代理诉讼。参见唐奇、康淑燕：《设基金助维权 顺德困难群体消费诉讼政府"埋单"》，《佛山日报》2005 年 1 月 13 日。这对于有基本收入但无力承担大额诉讼与鉴定费用或者是诉讼收益与成本比值过小而没有动机起诉的消费者则帮助不大。有的地方的援助还存在返还的规定。如成都市消协消费者法律援助基金规定，受援助者胜诉或经非诉讼调解得到赔偿后，应按规定或约定偿还消协垫付的部分费用（如为调查、取证等支出的差旅费、化验鉴定费、查询费等）；受援助者胜诉或经非诉讼调解而获得较大利益时，应向消协返还所垫付的全部费用。参见《成都市消费者协会消费者法律援助基金管理办法》（2005 年 8 月 16 日）。又如，烟台市消协可为经济困难的消费者与商家打官司先行垫付有关费用（鉴定费、检验费、律师代理费和诉讼费等）。参见《烟台市消费者协会消费者权益救济法律支持金实施办法》（2004 年 3 月 15 日）。

实践中每个地方的消协做法不一，大部分地方并没有制定总体的规范，但其支持起诉的实践一般都包括提供法律咨询、律师援助和诉讼费用（包括鉴定费用）援助①。当然并不是每个地方都存在支持起诉的实践，该制度正常运作的前提条件是消协经费充裕，能够有固定的人员和经费实施日常化的支持起诉行为，而不是点缀性的罕见个案。实践中支持起诉数量较多的消协往往是在经济发达地区。笔者认为，制度化和常态化的支持起诉能够对消协调解纠纷起到一定的促进作用，使业者有所顾忌而对其产生一定的服从调解的压力与潜在强制性。而点缀型的支持起诉实践对业者的威慑力与强制性则十分有限，甚至可以忽略不计。当然，即使消协支持起诉实践不多，但调解人在调解过程中对业者有意无意提及此一制度，也会起到一定的"心理战与宣传战"的效果，更有利于获得业者的配合和调解协议的达成。

3. 媒体资源

消协系统本身是有杂志、报纸和大量网站的，除了这些自身的媒体资源，消协更看重外界的传媒在纠纷解决过程中的影响力。其利用媒体资源主要有三种形式：一种是常规的宣传，宣传消费常识、进行消费警示和消费者教育、评点消费热点问题、定期公布典型的消费侵权案例；第二种是与媒体合办固定栏目，既进行上述的消费教育，也可能会受理消费者来函、来电的投诉，有的甚至可以当场与业者连线进行调解；第三种形式是针对调解不成的纠纷或屡次受到投诉的业者联络媒体进行曝光（投诉公开披露制度）②。第一种形式可以扩大消协的社会影响力，保持与媒体的良好合作关系，吸引消费者投

---

①　北京市消协法律支持中心邀请了全国人大法工委、市人大法工委、社科院法学所、中国政法大学、市律协及司法界9名法律权威人士作为专家顾问，聘请了一批律师作为法律工作者，同时北京交通大学法律系的30名大学生自愿成为维权志愿者，为有困难的消费者提供免费法律服务。法律支持中心能免费提供消费维权方面的法律知识咨询服务，让消费者了解"打官司"时如何取证、怎么起草法律文件、有没有诉讼的必要等；接受经调解无结果或经其他途径仍无法维护自己合法权益的消费者的委托，选派律师，代消费者起草法律文书，代替消费者出庭诉讼等；对经济上没有来源、生活具有一定困难的下岗职工、无业以及残疾消费者，对其实行优惠或风险代理诉讼以及提供必要的司法援助。确实无力支付诉讼费用的，由消协以"法律支持金"支付诉讼费用。公开支持的都是一些带有普遍性和典型性的案例，以引起社会广泛关注，使类似问题能逐步减少。参见窦红梅：《北京消协全面成立法律支持中心帮消费者打官司》，《北京日报》，2005年10月14日；廖爱玲：《市消协首次公开支持告车商》，《新京报》2006年11月30日。

②　《案例211：京东商城公然售假　推诿拖延消极对待》，载《全国消协组织投诉调解案例精选（2017–2019）》，中国消费者协会2019年9月自印版，第281–282页。

诉并使其了解维权常识。第二、第三种形式对消费纠纷调解的作用则更为直接和有力。

媒体作为现代社会的"第四权"对日常生活的影响越来越深刻和广泛，"社会同意可以在我们的价值准则上盖上赞同的印记，正是这种印记使我们的价值准则生效。社会舆论界定了信念是正确的还是错误的。尽管对人们来说，面对相反的公共舆论坚持自己的信念是可能的，但这样做是最困难的"①。消法就消协职能明确规定，消协可"对损害消费者合法权益的行为，通过大众传播媒介予以揭露、批评"。《受理消费者投诉规定》授权消协"通过大众传播媒介定期或不定期公布消费者投诉情况，凡公开点名曝光的必须慎重，要以消费者投诉事实或必要的调查、鉴定材料为依据，要有必要的组织审批手续。必要时，可以事先反馈给被批评者按一定手续进行核实"。《受理农机产品质量投诉规则》也规定"如被投诉者逾期不予答复，农机投诉站则发催办通知。连续三次催办不予处理的，可公布有关投诉材料；对于一些典型案例，或影响面较大、问题严重的投诉案例，可以通过媒介单位公开批评"。

消协在实践中已经慢慢将此项权能制度化了。2001年6月16日，北京消协首开全国消协系统投诉披露制度先河，3家开发商被正式点名通报。北京消协面对商品房纠纷调解成功率低的情况，经调查发现，侵权经营者，不怕行政执法机关罚款，罚了他可以再赚回来；不怕吊销营业执照，吊销了他再登记；不怕消费者诉讼，诉讼他拖得起。但他唯一害怕的，就是社会舆论的监督，就是在社会上公开曝光。北京消协因此做了如下规定：一是被投诉方具有侵害消费者合法权益的事实，且拒绝接受消协调查处理的；二是严重侵害不特定多数消费者合法权益的行为，如垄断性行业或依法具有独占地位的经营者侵害多数消费者合法权益的行为。以上行为均可进行公开披露。2002年，中消协将这一做法转发全国消协系统②。有的地方规定的可适用投诉披露制度的情形更为具体，还包括：①行规或格式合同涉

---

① ［美］布劳：《社会生活中的交换与权力》，李国武译，商务印书馆2008年版，第108–109页。

② 贾君：《投诉披露制度首次推出的台前幕后》，《中国消费者报》2004年12月13日第A02版。为把投诉披露制度落到实处，对每一次披露的事实，北京市消协的工作人员都要认真调查，反复取证。取证中遭遇白眼，甚至公开抵制都是经常的事情，但为了落实其中的细节，消协的工作人员有时会跑三四次。正是因为这种扎实的取证，使得被曝光的企业在事后也口服心服。

嫌侵权。②被投诉方故意推诿、拖延，超过 30 日不予处理的。③被投诉方拒不配合，甚至阻挠、干扰、不接受消协调查的。④被投诉方收到消协"投诉转办函"，在规定期限内未予答复，且不说明原因或无正当理由的。⑤被投诉方没有异议但又拒绝接受调解意见或已接受调解意见，并在调解协议上签字，超过 30 日未履行的①。

4. 专家资源

所谓专家是指某方面具备专门知识的人。消协利用专家资源主要有两种形式：一是利用法律专家和律师提供法律意见、接受咨询、进行论证及代理诉讼等。二是邀请或委托其他各领域、行业的专家就涉及纠纷的事实给予检测、鉴定或提供相关意见。专家本身可以是消协理事或长期聘请的，也可以是临时聘请的。专家资源可以按照行业形态予以分类，并通过律师团、专家小组、专家工作委员会、专家鉴定委员会等形式予以整合。专家的具体工作可能包括：对消费维权领域中的热点、难点问题进行讨论、研究；对重大消费维权事件及时发表观点；为消费者提供相关法律、专业信息和义务咨询服务；对严重损害消费者合法权益的案件义务代理诉讼或提出相关行业的专家认定意见；参与重大或典型投诉案件的分析研究和调查调解；参与消协与有关部门及有关行业组织的协商对话；参与消协对各行业经营者进行的法律宣传和专业培训；对消协履行法定职能的活动提供法律、专业意见和支持；对损害消协合法权益的行为提供意见，必要时代理法律诉讼。

5. 人民调解资源

引入人民调解资源指的是在消协内部成立消协人民调解委员会调解消费纠纷，本质上属于两种民间调解机制的嫁接或者更准确地说是人民调解机制在消协场域的具体运用。其早期的法律依据是 2002 年实施的《人民调解工作若干规定》第 10 条"人民调解委员会设立可采取的形式"中的第 4 款"根据需要设立的区域性、行业性的人民调解委员会"。实践中对这一条款做扩大化解释，将消协也纳入进来，实际上从字面文义和立法目的来解读略显牵强。2011 年实施的《中华人民共和国人民调解法》弥补了这一问题，该法第 34 条明确规定："乡镇、街道以及社会团体或者其他组织根据需要可以参照本法有关规定设立人民调解委员会，调解民间纠纷。"

---

① 《江西省消费者协会投诉披露制度》（2004 年 2 月 25 日）。

　　把人民调解机制引入消协工作最早是从上海市消委会开始的，早在2003年3月成立的上海消委会人民调解委员会三年共受理调解案件1000余件，绝大部分均成功调解，其中有不少属于标的较大、群体性、典型性的投诉①。2007年，上海市各级消保委受理投诉76935件，其中运用人民调解程序的1012件，解决1008件，高于所有投诉的平均解决率（88.19%），为消费者挽回经济损失260.73万元②。江苏省司法厅、省工商局、省消协在2005年7月1日联合下文要求全省各级消费者协会（委员会）在2005年底前都要成立人民调解委员会。委员会由委员5人以上组成，设主任1人，副主任1~2人；组织设立和人员组成报同级司法局核准；消协人民调解委员会在本级消协（委）领导下开展工作，由同级司法行政机关负责业务指导。消协人民调解委员会委员、人民调解员从消费者协会、工商局工作人员和懂法律、有专长、热心人民调解工作的社会志愿人员中选聘③。2008年江苏省运用人民调解程序处理消费者投诉案件1955件，为消费者挽回经济损失2164.46万元④。2008年底，福建全省近50个县市、区级以上消委会建立人民调解委员会，其中南平、三明和莆田三地县市、区级以上消委会全部成立人民调解委员会，其他各设区市消委会也有选择先行试点，其中一些县市还在乡镇、街道成立了人民调解工作小组，充分利用人民调解机制解决消费纠纷⑤。

---

　　① 吕勇、郭兆峰：《各地消费者组织合力维权，强化消费维权整体效果》，《中国消费者报》2006年8月21日第A01版。另一个较早引入人民调解资源的是吉林图们市，2003年9月在市司法局指导下，图们市消协成立了人民调解委员会。施春花：《吉林图们市消协充分发挥人民调解在消费维权中的作用》，《中国消费者报》2008年12月10日。

　　② 《上海年鉴》编纂委员会：《上海年鉴（2008）》，《上海年鉴》编辑部2008年12月自版。

　　③ 人民调解员的选聘，由消协依据人民调解有关规定选择初定，经省辖市消协、司法局组织培训考核合格后聘用。调解文书统一使用司法部2002年《人民调解文书格式》示范文本。消协人民调解委员会应根据实际情况，设置调解室。调解室要设置首席调解员席、调解员席、记录员席、纠纷当事人席、旁听席。室内还应公示人民调解委员会组成人员名单，人民调解委员会任务、基本原则、工作纪律、纠纷当事人权利和义务、调解工作程序等。参见江苏省司法厅、江苏省工商行政管理局、江苏省消费者协会：《关于在全省各级消费者协会成立人民调解委员会的通知》（苏司基〔2005〕5号）。

　　④ 《构建和谐消费　省工商局副局长许一新、消协秘书长童天武做客政风热线》，http://www.jiangsu.gov.cn/gzcy/zfrx/ftsl/200903/t20090324_318037.html。

　　⑤ 任震宇：《2008年全国消协组织消费维权工作十大亮点》，《中国消费者报》2009年3月13日。

　　引入人民调解资源"调调对接"主要不是因为人民调解对当事人来说更可信赖或者调解水平更高、更能促成调解双方达成一致意见，而是因为2002年以后人民调解协议的效力从立法上得到了强化，引入人民调解资源可以很大程度上解决消协调解协议效力不足、对当事人约束性不强的弊端。从总体上看，大部分地方的消协还没有引入这一资源，引入人民调解组织的消协中绝大部分消费纠纷也没有采取人民调解的方式解决，从解纷数量来说这一制度并不太重要。但是"好钢用在刀刃上"，一般采取人民调解解决的消费纠纷都是重大、复杂和争议较大的，消协一般是为了防止当事人对达成的调解协议反悔，造成前功尽弃的局面而适用此机制。从维护协议效力稳固的角度来看，其成效也可称为突出。但是随着 ADR 法制的发展，消协调解消费纠纷达成的协议也已经具备了合同效力①，困扰消协调解机制的"老大难"问题实际已经得到初步解决，下一步就是制度的落实和执行问题。当然，笔者并非主张在引入人民调解的初衷得到解决后，人民调解资源在消协调解机制中就失去"利用价值"而可以被"抛弃"了，从引入人民调解的人力资源和经费补助的角度，仍然应该保留并继续推广这一解纷机制。

　　6. 志愿者资源

　　消协调解机制引入志愿者资源指的是消协聘请热心消费者保护工作的普通居民，要求其无偿完成监督消费市场、报告业者不法行为和信息、参与调查和调解消费纠纷或授权其直接调解消费纠纷等方面的任务。实践中各地对受聘人员叫法不一，比如深圳市称为"消费者委员会消费维权义务监督员"②、浙江舟山称为"社区志愿者"③、浙江富阳聘请的是"外来务工人员消

---

　　① 最高人民法院《关于建立健全诉讼与非诉讼相衔接的矛盾纠纷解决机制的若干意见》（法发〔2009〕45 号）。

　　② 《深圳市消费者委员会消费维权义务监督员队伍建设实施办法（试行）》（2006 年 9 月 8 日）。

　　③ 金芳：《浙江定海区消委会发展社区志愿者提高居民维权意识》，《中国消费者报》2008 年 9 月 17 日。

费委员会监督员"①、绍兴市称为"临时调解员"②、厦门市称为"消费者权益保护委员会义工"③、云南省和无锡市称为"消费维权志愿者"④。

　　尽管名称和聘请的人员范围可能有所区别，但其聘请的人员性质和工作任务都是一致的，其行为具有自愿、无偿、为他人和非职业的特点，并且任务中都包含了受消协委托调解消费纠纷的内容。笔者认为，志愿者受托调解这样的工作机制本身虽然没有法律依据，消协转让调解权也存可议之处（社会团体与个人之间的"委托调解"），但只要业者接受其调解，又能缓和消协纠纷多人员少的矛盾，则并无太大不妥。热心公益的人士在人群中的相对比例不高但绝对值很可观，需要提供合适的制度平台诱发与实践公益之举，在调解消费纠纷过程中的道德愉悦、自我价值肯定与确认本身就是对志愿者的正面回馈和积极情绪体验，因此这一机制是具备可行性的。但也应当注意这一机制只能居于从属和补充地位，更多的应该起到消费者教育的作用而不是着眼于依赖其降低消协自身解纷工作量。由于没有明确的法律定位，目前引入志愿者资源调解消费纠纷的消协还不多，很多引入志愿者资源的消协也只是停留在规章制度上，实践工作中富有成效的很少，其应该成为今后各地消协大力宣传、推广的一项工作。

　　消协借助和引进上述六种外部资源可以根据纠纷处理的具体情况，运用

---

　　① 王力、姜群、夏叶锋、严琦：《想"糊弄"富阳的外来务工者？难了!》，《杭州日报》2007年6月20日第2版。经过长达一个月的自愿报名、选拔和培训，富阳区从外来务工人员自己的群体中选配了首批7名消费维权监督员，分布在富阳三个大型企业及四个民工公寓区内。外来务工人员一旦遇到消费纠纷，可以找监督员进行调解，监督员可以代表消协进行监督，有权对民工公寓内或者工厂周围的商店进行商品质量检查，做到让民工不用出门就能维权。

　　② 郑铁峰、陈红梅、吴伟：《聘消费者担任"临时调解员"》，《中国消费者报》2006年7月10日。

　　③ 厦门市消费者权益保护委员会：《厦门市消费者权益保护委员会义工管理规定》（2007年6月22日）。

　　④ 《云南省消费者协会3·15消费维权志愿者规定》（2006年11月8日）；《无锡市消费者委员会关于招募无锡市消费维权志愿者的公告》（2008年9月12日）以及《无锡市消费维权志愿者管理办法》。

一种或几种外界资源①，形成合力调解的局面。这些资源服务于调解活动并不是整齐划一的，各地的具体做法和引入外界资源的多寡均有所不同，但合力调解的印记和风格都有存在。应当允许和鼓励在不违背法律法规和影响消协定位与职能的前提下继续这一方面的探索和实践。

（二）快速调解与反复调解相结合

对于一般纠纷，消协调解往往通过电话调解、通知双方或一方前来消协调解等方式做当事人的工作，快速解决消费纠纷，体现出消协调解的效率。但如果业者不愿配合调解或欠缺诚意、双方对纠纷解决方案分歧较大或者纠纷比较疑难、复杂、影响较为重大，消协工作人员则可能会不惜时间、精力，反复做一方或双方的工作②，具有极强的工作韧性和耐心。笔者在对 A 省 H 市消协的调查中了解到一起汽车质量纠纷。H 市消费者协会介入调解达 11 次，并在当地媒体《H 市晚报》及《某某消费者报》进行多次曝光。

据成都市消协的统计，其"每年均有约 1/6 的消费纠纷要经过两次以上

① 例如江苏扬州宝应县消协在调处一起养殖户投诉"菌毒先锋"鱼药造成其 150 亩塘鱼全部死亡的消费纠纷中，除了消协工作人员现场调查，还涉及县水产局现场调查、县工商局对无营业执照的经营户的行政处罚、农业部兽医局对产品批文真伪的回复等多种行政资源的介入。参见赵银忠、孙林美、薛庆元：《投放鱼药后百亩塘鱼死亡　多部门介入调查》，《中国消费者报》2008 年 7 月 14 日。又如安徽一起"智能钾"复合肥导致长丰县、肥西县及寿县 71 户农民农作物严重减产的消费纠纷，最先受理的肥西县消协联系安徽省质量检验协会，委托该协会安排专家到受损农户田地实地查看鉴定并出具鉴定报告，会同县工商机关查询销售经营户徐某的进货渠道，在工商局查询到生产者绿丰公司已经被吊销了营业执照。在经营户徐某没有赔偿能力，而销售厂家法人代表又下落不明的情况下，肥西县消协向县政府汇报请求公安局协助，取得两位副县长批示。2008 年 8 月县政府办公室召开协调会，肥西县工商局、公安局、农委、物价局、消协以及高刘镇政府有关负责人参加了会议，会议要求各部门联合想方设法为这 71 户农村消费者维权。经县物价部门评估，71 户农民损失总额为 30.6 万元。后经县公安局的多方努力，终于找到绿丰公司法定代表人王某，2009 年 1 月在消协和工商机关调解下，王某赔偿了农户损失。参见洪敬谱：《71 户受损农民获赔 30 余万元》，《中国消费者报》2009 年 3 月 4日。

② 河北省邯郸市一消费者因使用燃气热水器一氧化碳中毒死亡，死者亲属将灵车开到了出售热水器的商场门口，围观群众达上千人。得知情况后邯郸市消协投诉部主任刘从军马上赶赴现场，当时死者亲属情绪激动拒绝开走灵车，而商场方面称负责人在外地开会，无人出面。为避免事态扩大，刘从军耐心地给死者亲属做工作，直到其同意先将灵车开回。随后，他立刻电话联系商场负责人，让其坐飞机连夜赶回处理此事。后来，由于双方就赔偿问题难以达成一致，消协的调解工作陷入僵局。此时，刘从军完全可以停止调解，由死者亲属与商场对簿公堂，但他想再做一次努力。刘从军将双方请到消协并安排进两个房间，从早上 9 点一直到次日凌晨 3 点，他在两个房间往返奔波 20 多趟，分别进行沟通。最后，终于促成双方达成协议，由商场代厂家赔偿死者亲属 8 万元。参见李健：《调解消费纠纷有"军规"——记转业军人、河北省邯郸市消协投诉部主任刘从军》，《中国消费者报》2007 年 8月 1 日第 A02 版。

的调解才能办结"①。在一本中消协主编的案例集中，根据笔者的统计，76 件消协调解的案例中，至少有 30 起案例出现"多次调解""长达几个月的多次调解"等字眼②。有时，甚至在司法机构或者行政机关已经做出相关的事实或法律认定的情况下，消协工作人员通过深入调查和反复协商、调解，仍然可能使纠纷的解决出现向着有利于消费者权益维护方向的逆转③，显示出消协调解特殊的价值。

反观诉讼调解和行政调解，诉讼中由于法官承办案件数量的不断增长和审限的要求，加之调解不成法官有判决权力，因此法官对个案做较多次数调解的情况十分罕见。而行政调解，根据笔者对某市 12315 工作人员的访谈，市场监管部门工作人员对消费纠纷的调解一般以两次为限，调解不成不会反复做工作。对比上述两种调解，消协调解可称为具有反复调解的特点。反复多次调解可以在很短的时间段内进行，也可能延续的时间比较长。虽然中消协颁布的《投诉工作导则》规定，消协受理投诉后一般应在 40 个工作日内结束调查调解；情况复杂的投诉可适当延长，延长时间不得超过 20 个工作日，但这一规范本身没有强制约束力，主要目的是倡导和督促消协人员提高调解效率。实际上根据笔者计算，中消协在处理 S 牌汽车质量纠纷和日航事件时都超过了 60 个工作日。如果今后有强制性规范规定超过 60 个工作日调解不成必须归档结案，可能改变长期调解的情况。但反复调解的工作形态不会因为严格执行调解期限而受到影响。

---

① 张学勇：《消协人民调解协议具法律效力》，《中国消费者报》2009 年 1 月 14 日。

② 中国消费者协会：《保护消费者权益案例精选集》，中国工商出版社 2005 年版。书中共有 114 件消费纠纷案例，经笔者统计，扣除案例 12 的工商调解和 37 起法院审判和调解结案的，在余下的 76 起消协调解案例中出现多次调解字眼的约有 30 起案例，有些法院审判处理的消费纠纷也是经过消协多次调解无法达成一致才导致消费者起诉。虽然此案例集有一定的选择性，但结合笔者从报纸、刊物收集的很多其他消协调解案例，可以发现反复多次调解确实是实践中消协解决消费纠纷的一种常规手法。

③ 在浙江一起消费纠纷中，17 位消费者与房产公司签订商品房《认购协议书》，交纳房价总额 10%～15% 认购金后，房产公司要求重新办理认购手续并加价一倍的。消费者姚某起诉至下城区法院要求房产公司继续履行原认购协议，被法院驳回。后有九名消费者到省消协投诉，省消协经过反复调解，终于说服业者一揽子解决，按原协议价履行，包括部分已领回认购金的消费者和一审败诉的消费者，共为 17 位消费者挽回经济损失 1052 万元。参见浙江省消费者协会：《保障消费者千万元利益 皆因开发商诚信为本》，载中国消费者协会：《保护消费者权益案例精选集》，中国工商出版社 2005 年版，第 38–41 页。另可参见《案例 91：电话推销问题多 几经周折终退款》，载《全国消协组织投诉调解案例精选（2017–2019）》，中国消费者协会 2019 年 9 月自印版，第 121–122 页。在该起购买保健品引发的纠纷中，南京市消协连续一个月每天打电话联系业者，后消费者终获退款处理。

由于资源和成本的限制，以及大部分业者能够接受、配合消协调解的实际情况，反复调解不可能过多地运用，但一旦调解出现反复不断的情形，就像乐曲中的复调，不断造成与强化影响，无疑会给双方当事人一定的心理压力和实际影响。这种影响可以从"教化"和"侵扰"两个方面来分析：一方面消协本身社会公益性和非营利性的角色定位、消费者利益代言人的天然道德优势、挂靠行政机关与依法律和事实调解的权威性与公正性，种种这些加上不计成本与不求回报的反复调解构成一种"言传身教"，会使业者处于道德上的劣势地位和"被教化"者的地位，提出过高或不合理要求的消费者也可能处于类似的"道德洼地"和"被教化"者的地位，易于接受调解。同时，当事人双方的"负疚感"还源于并和消协调解人投入调解的时间和人力成本成正比，也就是说反复调解更能提升和召唤双方当事人的"负疚—给面子—补偿"之情，而当事人服从消协调解并达成调解协议无疑是对反复调解行为最佳的"补偿"。另一方面，反复调解对业者的经营与消费者的生活也是一种"干扰和打搅"，强化当事人尤其是业者一种"重复面临麻烦—下决心解决问题—摆脱麻烦"的思考逻辑与心理暗示，也有助于二者配合与服从消协调解。当然这种影响更多的是一条与依据法律和事实进行的一般调解行为相交织的潜在的副线，并不是说消协调解主要诉诸道德教化。

（三）消费者举证与消协职权调查相结合

查明事实是成功调解的前提，"一切论证，无论它们涉及的是法律问题和道德问题，还是科学假设或艺术作品，都要求同一种相互寻求真实性的组织模式，其目的在于通过争论，凭着更好的论据使主体间相互信服"[①]。消协调解以证据和事实为基础，《投诉工作导则》中规定"消费者要提供与投诉有关的证据，证明购买、使用商品或接受服务与所受损害存在因果关系"，《受理消费者投诉规定》中也明确了"对缺少凭证和情况不明的投诉，应及时通知投诉人，待补齐所需证明材料后受理。"也就是说消费纠纷调解程序启动的前置条件是消费者履行一定的证明责任，包括：购买商品或服务的凭证、缺陷

---

① ［德］哈贝马斯：《交往行为理论》，曹卫东译，上海人民出版社2004年版，第36页。

商品或瑕疵服务、损害事实、使用商品或接受服务与所受损害存在因果关系①。但《受理消费者投诉规定》又指出："对造成损害的产品的质量缺陷和服务中存在的具体损害原因，不应当强求消费者举证。"说明对消费者的证明责任做了减轻和缓和。消费凭证和损害事实尚在消费者证明能力可达范围，而商品是否具有缺陷、服务质量是否存在瑕疵以及因果关系并非其能轻易证明，如果在受理投诉时让消费者履行完全的证明责任，则无异于取消消协调解制度。笔者认为，消费者投诉只要能够提供消费凭证和损害事实的证据（包括对该商品或服务存在缺陷的叙述）以及理论上该商品或服务可能造成这一损害，就已经完成了初步和表面的证明，满足了消协受理投诉所要求的证明责任。在业者对因果关系没有自认的情况下，具体的致害原因与是否具有因果关系则需要进行现场调查或鉴定，这显然不是消费者投诉时能够独自完成的，因此也就需要消协介入，在调解过程中进行职权调查。

有学者认为，如果按照最不积极到最积极的顺序给调解人的不同工作和角色列个单子，那读起来就像一本日记。在真正的调解过程中，一位称职的调解人要做以下一系列事情（大致排序如下）：督促争端各方谈判；帮助他们理解调解的实质及目的；传递信息；帮助各方达成议事日程，如果各方意见不一致，就帮助他们重新拟定一个日程；为谈判提供一个合适的场所；帮助争端各方找出问题所在及分歧的由来；打消他们不切实际的幻想；帮助争端各方制定解决方案；帮助他们进行谈判；提出解决方案的建议；最后，建议他们接受一个具体的解决方法②。显然，在其看来最积极的调解人的工作也没有包括查明纠纷事实。但消协调解制度中的调解人在很多时候则比一般民间调解中的第三方主体更加积极主动，在业者和消费者对纠纷事实存在争议的情况下，消协不满足于消费者投诉时提交的证据，而是会采取"职权探知主义"的态度来面对纠纷事实。

---

① 实践中也有证明责任倒置的规定，如信息产业部发布的《关于信息服务类用户申诉调查处理的实施细则》，明确规定了手机用户的投诉受理程序和退赔原则，明确基础运营商对于用户短信投诉负有举证责任；用户投诉短信欺诈和乱收费，需由相关运营商和SP共同举证，若不能提供用户自主定制证据，将被判为违规定制，并向用户作出赔偿。在电信增值领域中首次明确举证责任倒置原则，电信运营商和SP成了举证责任人。王晓雁：《短信投诉将实行举证责任倒置》，《法制日报》2006年10月12日第4版。

② ［美］约翰·阿利森：《避免争端诉诸法律的五种方法》，载《谈判与冲突化解》，北京新华信商业风险管理有限责任公司译校，中国人民大学出版社2004年版，第163-164页。

　　社会民事诉讼思想的奠基人、奥地利法学家克莱因曾指出，对于不精通法律而又没有熟知法律的朋友可供委托的穷人而言，当事人的权限及其对诉讼材料的支配根本就是一个很容易伤害到其自身的武器。因为当事人不知道如何使用这些武器，国家的救助并不是在做出判决时才提供的权利保护，而是应当自程序的第一步起就提供救助①。同样，调解中第三方主体的积极介入对于弱势一方的当事人可能起到救助的作用，消协职权调查在多数情况下会帮助消费者履行证明责任就是一例。消费者行使证明权困难重重，其本身通常不具备侵权商品或服务领域的专门知识和法律知识，调查与证明事实可能又要耗费其大量的金钱、时间而得不偿失，还不见得能取得业者对调查与鉴定意见的认可。而消协职权调查则可以很大程度上降低消费者的证明成本和解纷成本，缓和纠纷解决过程中的"达尔文主义"现象，为消费者维权奠定了坚实的基础。同时，"在事实认定活动中，司法介入得越多，当事人双方的对抗紧张性就越低，害怕一方歪曲信息的恐惧似乎就不那么直接了"②。也就是说，第三方主体的职权调查本身及其调查结果就具有更强的可信度，也可以减少当事人在事实调查方面的纠纷与争执，缓和对立情绪与对抗心态，有利于双方当事人接受调查结果和服从调解意见。

　　消协职权调查包括自行调查和委托鉴定两个方面。直接调查事实往往针对的是无须送交鉴定的情形，调查可以采取电话、函件、现场察看、当面询问等方式，可就投诉事项向有关部门进行查询。认真履行调查职能有时甚至可以推翻行政机关的意见和结论③，深圳市罗湖区消委会的杨剑昌和他的同事，对于一些群体性消费侵权的案件的调查取证工作甚至取代或者引发了随后的行政执法和刑事司法程序④，显示出消协组织职权性调查取证的重要价值。

---

　　① ［德］鲁道夫·瓦瑟尔曼：《社会的民事诉讼—社会法治国家的民事诉讼理论与实践》，载米夏埃尔·施蒂尔纳：《德国民事诉讼法学文萃》，赵秀举译，中国政法大学出版社 2005 年版，第 91 页。

　　② ［美］达马斯卡：《漂移的证据法》，李学军等译，中国政法大学出版社 2003 年版，第 111 页。

　　③ 在沈阳某消费者与大韩航空公司因为登机前 72 小时没有确认而导致无法办理登机手续的消费纠纷中，东北民航管理局认定大韩航空公司无责任，辽宁省消协不轻信行政机关，经过多方调查终于使得大韩航空公司向消费者当面道歉并赔偿损失。参见辽宁省消费者协会：《航空公司确认失误　消费者有权索赔》，载中国消费者协会：《保护消费者权益案例精选集》，中国工商出版社 2005 年版，第 281－283 页。。

　　④ 胡振栋、周洁：《他的维权行动惊动两任总理》，《中国老区建设》2007 年第 10 期。

《投诉工作导则》规定消协工作人员"对凭借生活常识即可判断的责任不应委托检测、鉴定"。这一规定赋予了消协调解人员凭借经验法则直接认定事实的权利，无疑为当事人节省了不少解纷成本，也有利于提高调解的效率、快速化解纠纷。与此类似的，《辽宁省实施〈中华人民共和国消费者权益保护法〉规定》第17条规定："消费者和经营者发生消费争议涉及的商品或服务质量，直观可以确认的，由受理单位确认；直观难以确认的，可以由双方约定或者受理单位指定的质量检验机构鉴定。"该条赋予了消协调查纠纷事实时的"直观确认权"①。此外，现场调查本身还能够给当事人双方带来调解人严谨、认真、负责并进行较多劳动的印象，对双方都存在一定的教育和感染作用，增加"理亏"一方的负疚感，对调解成功具有查清事实本身之外的一些帮助。

根据我国《消费者权益保护法》对消协职能的规定，消协对于"投诉事项涉及商品和服务质量问题的，可以委托具备资格的鉴定人鉴定，鉴定人应当告知鉴定意见"。"应当"明确了鉴定人的相关义务，实际上是对消费者协会"委托鉴定权"确认②。消费者协会履行委托鉴定的职能，主要有三种情

① 辽宁省岫岩县一起小学生自行车前叉断裂致人伤害的消费纠纷中，县消协工作人员接投诉后立即出现场调查，制作了现场勘验笔录、投诉者询问笔录、自行车经销商询问笔录、现场目击者和学校老师的证实材料，又查验了购买自行车发票等相关手续。综合情况分析，消协采取直观确认的方法，给该自行车经销商下"直观确认意见书"，内容为："消费者古龙小学五年级学生王某于2003年3月21日早晨，骑着在你自行车商行购买的某厂生产的'驰骋牌'26型多彩自行车上学，在笔直平坦大道上正常行驶时，突然自行车前叉断开，王某摔伤住院。按《辽宁省实施〈中华人民共和国消费者权益保护法〉规定》第17条规定，经县消费者协会直观确认，前叉断裂处焊点出厂时存在严重瑕疵，不是人为所为。因此，按照《中华人民共和国产品质量法》第44条之规定，应当赔偿王某医疗费、治疗期间护理费。因原自行车架子焊接点在保修期二年内，该自行车应当给予退货或者更换处理。"业者接受"直观确认意见书"的事实结论与调解意见，受伤男孩获得3800元的赔偿金并更换了一辆自行车。参见辽宁省岫岩满族自治县消费者协会：《直观确认质量责任 摔伤男孩车商担责》，载中国消费者协会：《保护消费者权益案例精选集》，中国工商出版社2005年版，第304-307页。
② 委托鉴定可以不通过机构，而采取邀请专业人士鉴定的方式，如对于钻石脱落的责任，消费者和经营者往往存在着较大争议。对于此类纠纷，目前还没有明确的解决办法。为此，上海市消保委在相关协会的支持下，从行业中挑选了10余名技术过硬、经验丰富的专家组成专家组，志愿为消费者进行鉴定，以解决投诉。为保证透明、公正，每位专家检验后，均独立发表评鉴意见，并以书面形式汇总。消保委参照鉴定结果，根据责任的大小来进行协商调解。目前，这种解决方法已经得到了企业的认可和消费者的肯定。2002年以来，已经采取该方式解决了120多起投诉，挽回消费者经济损失60余万元。2006年7月27日，上海市消保委黄金珠宝专业办公室特地邀请9名珠宝鉴定专家共同免费为消费者鉴定珠宝，界定责任。在这次免费鉴定活动中，专家组共检测镶嵌类饰品9件，根据鉴定结果，由厂家负全责的3件，厂家负主要责任的3件，厂家与消费者各承担一半责任的2件，消费者负全责的1件。宦艳红、朱琦：《上海专家"会诊"钻石脱落》，《中国矿业报》2006年8月5日第B02版。

况：第一种，"在解决投诉争议过程中，经与争议双方协商，消费者协会可就投诉事项涉及的商品和服务质量问题，委托具备资格的检测人或鉴定人检测、鉴定"。（《投诉工作导则》第 25 条）这种情况下双方当事人对于鉴定机构选择一般没有争议。第二种，消费纠纷发生后，争议各方无法就鉴定机构的选择达成一致，经双方授权，由消协指定检测机构。这种做法在《中华人民共和国消费者权益保护法》中并没有涉及，但在一些地方性法规中有所体现①。第三种，消费者单方面请求消费者协会出具相关证明，以便到有关鉴定机构进行检测。出现这种情况，主要原因是仍有很多鉴定机构只对组织委托的问题进行鉴定，还有的情况是消费者不信任业者下属的鉴定机构②。从履行委托鉴定的职能以及服务消费者的角度讲，消协应当出具相应证明。但是由于这种鉴定是消费者单方面送检，在程序公正性上存在一定隐患，可能不被业者认可或在诉讼中不被法院采信。因此，消协在出具证明材料时应向消费者做出特别说明，以避免产生不必要的麻烦。消协向鉴定人委托鉴定，既是消协的职能，也是法律赋予消协的权利，但是在履行此项职能、行使此项权利的过程中，消协一定要严格按程序行事，以免"好心办坏事"造成消费者新的损失或因为处置不当使自身的形象受到影响。

（四）不公开调解与公开调解相结合

　　调解的一项原则和优点是保密，但消协调解消费纠纷并不总是遵循这一原则。从维护消费者权益、促成调解及消费者教育等角度出发，消协公开调解消费纠纷并不罕见也不令人意外。公开调解有三种形态：①一般是指消协组织在调解纠纷时，向有关单位和新闻媒体公布调解时间、调解场所，邀请相关部门参加，允许媒体旁听的调解方式。采用公开调解一般是针对社会普

---

　　① 例如《北京市实施〈中华人民共和国消费者权益保护法〉办法》第 11 条规定"消费者与经营者因商品质量或服务质量发生纠纷，由双方约定送检测机构检测，双方不能就检测机构达成一致的，可以由受理案件的机关指定。"这一指定检测机构的方式，必须经双方当事人同意，因为对消协是否属于"受理案件的机关"可能存在不同理解，为尊重当事人在调解过程中的自由意志必须征得其同意。

　　② 实践中，有些产品如手机的检测机构大都设在厂家售后维修部门，如北京一起手机质量纠纷，消费者不相信业者提供的手机检测和几次维修结论，到消协投诉，消协受理投诉后为消费者出具了"商品检验函"，要求其到信息产业部电信设备认证中心对手机进行鉴定。经鉴定，确认该手机进网标志为伪造，经消协调解，消费者获得了满意的赔偿。参见北京市西城区消费者协会：《伪造手机进网标志　消费者获得双倍赔偿》，载中国消费者协会：《保护消费者权益案例精选集》，中国工商出版社 2005 年版，第 411-414 页。

遍存在的侵害消费者权益的问题而进行的有普遍教育意义的活动。调解前要做好业者的工作，使其配合。这样的调解一般都会达到意想不到的社会效果。②消协工作人员在媒体的固定栏目上调解消费纠纷。③除此之外，前述投诉披露制度也具有将可归因于业者的调解不成或难以调解的状况公开化，以迫使业者同意调解或重回谈判，可称为以公开促调解，在广义上也属于公开调解的一种形态。非公开调解则是指消协调解人员在只有当事人在场而无其他人参加的情况下进行的调解，这种调解方式便于保护纠纷当事人特别是业者的隐私权与商誉，是常用的消协调解形式，业者通常愿意采用这种调解方式。

《投诉工作导则》第34条规定了消协在调查、调解4种投诉事项时，可以组织听证：当事人一方或各方就投诉事项要求听证的投诉；调查取证困难或者侵害责任难以认定的投诉；当事人各方分歧意见过大，一般方式调解难以达成一致意向的投诉；因商品或服务质量缺陷，造成人身、财产损害且争议金额较大的投诉。这也即是狭义的消协公开调解的纠纷范围。至于听证的具体程序，《投诉工作导则》并没有规定，江苏省盐城市盐都区消协专门制定了相关的公开调解办法，规定消协在处理重大疑难消费者投诉时，可以会议形式组织或邀请专家、学者、法律工作者、记者或消费者代表等参加，对投诉事项进行听证，以此为消协调解消费纠纷提供论证和意见①。此外实践中还有采取当事人聘请律师的模拟法庭的公开调解方式②，与上述盐城市盐都区消协的方式本质上一致，都是一种正式的"诉-答-调+旁听"的类诉讼机制，而且调解人不是"独任制"，是"合议制"，调解人也可以不是消协工作人员

---

① 参加听证会的特邀听证人员和纠纷当事人各方人员代表由消协确定，与会人员应具有广泛性、专业性和代表性。参会人数及人员结构比例，视听证事项而定，纠纷涉及各方的人员代表应占一定比例。听证实行合议制。听证合议庭成员由消协指定人员和特邀听证人员共同组成。当事人自签收消协发出的《消费维权听证通知书》后，未能事先说明理由不按时参加听证的，视为放弃听证权利。听证会一般按照下列程序进行：①主持人宣布听证会的注意事项，介绍听证代表、记录员，宣布听证事项和事由，告知听证参加人的权利和义务，宣读有关维护消费者合法权益的法律法规和政策依据等；②由投诉人陈述投诉事项、理由和维权主张并提供相关证据；③由投诉相对人进行答（申）辩、举证并发表意见，提出和解意见或调解建议；④特邀听证员对纠纷各方当事人陈述的事实、证据、理由等听证内容发表意见，并可提出和解或调解建议；⑤纠纷各方当事人做最后陈述；⑥主持人召集合议庭人员进行合议，形成《消费维权听证建议书》，《消费维权听证建议书》是否当场告知纠纷当事人并组织调解，或约期另行组织调解，由主持人决定。媒体可对听证过程行使舆论监督权，但不得以消协名义就如何处理该投诉纠纷发表结论性意见。当事人应主动承担合理的听证费用。参见《盐城市盐都区关于重大疑难消费者投诉处理听证实施办法》（2006年1月1日）。

② 洪敬谱：《安徽淮南消协模拟法庭公开调解重大投诉》，《中国消费者报》2008年9月17日。

而是外界专业人士，类似"参审制"。

笔者认为，类诉讼化的公开调解必然会比不公开调解成本更大，但却值得肯定，因为其符合重大复杂消费纠纷的特性与要求，反而可能节约当事人总体的纠纷解决成本。正因为使用公开听证调解的消费纠纷重大复杂，业者的配合度就十分关键，当事人的举证、质证、辩论与调解人审查判断、提出调解意见都不会很简单和轻易，调解不成当事人诉讼的意愿也比较高。与其反复私下调解或调解不成走上综合成本更高的诉讼之路，不如邀请专家与行业人士协助，在媒体见证下进行一次性集中调解解决纠纷。"仪式化的维权表演，不但具有定义政治现实的认知效果，还有激发情绪的情感效果。维权的力量可以在维权中获得再生产。"① 公开调解与听证的目的和作用是通过类似法院庭审的形式，充分听取专家和当事人意见，查清事实，吸引媒体关注和引进社会力量监督，通过"众目睽睽"的社会评价机制唤起业者配合调解的企业社会责任，通过集中"审理"和"引智审理"，使调解更富有效率和成果，这些也正是此一制度的价值所在。当然，实践中调解听证制度运用的地域和解决的纠纷数量都十分有限，还不能称为一个普遍的制度，但其发展前景无疑是可以预见的。

消协人员在媒体上调解消费纠纷也不常见，虽然这种方式比较高效且节约当事人成本，但受理归档、举证、调查事实、签署调解协议、监督履行等方面都难以在媒体上实现，只适合处理事实简单、争议不大、业者配合调解的消费纠纷。实践中最常见的是业者拒不配合调解或调解失败时消协联络媒体予以曝光，声誉惩罚只是曝光的附带效果而非目的，曝光的最终目的还是促使业者配合或参加调解，使消费纠纷得以妥善解决，因此曝光相当于消协希望的下一步的配合调解的前奏，也就是"调解中"的曝光，因此也属于广义的公开调解。

面子是中国人的精神纲领②。有学者将社会控制分为三类："基于法律威

---

① 邓燕华：《中国农村的环保抗争：以华镇事件为例》，中国社会科学出版社2016年版，第115页。

② 美国社会学家塞林（M. Thelin）研究认为，中国人的价值观念包括六个方面，即家族主义、尊老、人情主义、礼貌、脸面、男性中心，他认为其中的脸面居于核心（the most central）。转引自翟学伟：《人情、面子与权力的再生产》，北京大学出版社2005年版，第130页。

慑的控制、基于他律的'面子'控制、基于'耻'感的自我控制。"① 调解听证从正面诉诸业者尊重听证参与人、配合调解，保持自身面子与给他人面子的心理机制，而曝光则从反面诉诸业者面子的损伤。"日常谈话、流言蜚语和咒骂等等都是最常用的公众制裁形式。"② 而无论是在传统社会的小社区还是现代社会的大共同体中，主动或被动的面向不特定多数人的减损名誉的"丢面子"行为无疑是对"丢面子"者更严重的公众制裁措施，因为其具有严重、快速、广泛、权威可信的名誉损伤特点，远比口耳相传的负面评价要严重得多。毛泽东在《湖南农民运动考察报告》中谈到打击地主的方法时提及一种诉诸个体"面子"与尊严的惩罚机制，就是公开曝光式的名誉贬损机制："把土豪劣绅戴上一顶纸扎的高帽子，在那帽子上面写上土豪某某或劣绅某某字样。用绳子牵着，前后簇拥着一大群人。也有敲打铜锣，高举旗帜，引人注目的。这种处罚，最使土豪劣绅颤栗。戴过一次高帽子的，从此颜面扫地，做不起人。故有钱的多愿罚款，不愿戴高帽子。"③ 也就是说，地主宁愿接受经济惩罚和金钱损失，也不愿接受名誉惩罚和面子损失。在消费纠纷中一般业者的心态也是如此，这也是公开调解富有成效的内在心理机制。

公开调解看似丧失调解制度的优点，实则不然，其反而契合消费纠纷解决的实际。不公开调解使得业者得以回避诉讼对声誉（和商业机密）的损害而保持商誉，但由于消费纠纷的特性，提起消费诉讼进而损害业者商誉可能性很小，大多只能停留在理论上，这使得不法业者可能肆无忌惮，不愿配合调解。业者选择秘密调解是因为害怕公开诉讼，而一旦消费者公开诉讼在经济上或举证上不可行，业者对秘密调解也就无须热衷了。针对消费纠纷调解中的业者调解意愿"贫困化"这一不良现象，公开调解可以通过贬损（缺乏调解意愿）业者商誉的方式赋予其配合调解、挽回声誉的强烈动机，从而促进纠纷的调处解决。

---

① 陈之昭：《面子心理的理论分析与实际研究》，载杨国枢编：《中国人的心理》，（台湾）桂冠图书公司1988年版，第176页。如果从受害者的视角，对加害人的负面道德评价也是其希望获得的。甚至有学者认为，"法律惩罚的一个重要作用在于，它为违法者在我心目中道德地位的降低提供了社会的认可：作为受害者，我最大的满足莫过于目睹这一认可"。参见慈继伟：《正义的两面》，生活·读书·新知三联书店2001年版，第210页。

② 朱晓阳：《罪过与惩罚：小村故事1931-1997》，天津古籍出版社2003年版，第201页。

③ 《毛泽东选集》（第一卷），人民出版社1991年版，第25页。

（五）依法调解与灵活调解相结合

消费纠纷与传统民事纠纷最大的不同，在于其更多地强调利益衡量，正是因为这点，反而削弱了情感催化在消费纠纷调解中的分量，加大了民间调解难度。消费纠纷调解很少存在需要维系人际关系和宣示共同体规范的情形，因此调解消费纠纷主要依据的是事实、证据和相关法律，可称为依法调解①。依法调解可能会设想诉讼大致的结果，"采取交涉中心型模式，不能使谦让者受损，霸道者受益。在有可能造成这样的局面时，要依照法律进行判断。也就是说，要经常把判决的结论置于脑海中，使劝说具有说服力，必要时还要采取非常坚决的态度"②。在法律和判决的影响下调解会给民间调解带来更多的智慧和权威，有时依法调解本身就成了一种调解技巧，对纠纷双方充满了行动的暗示与潜在的压力。

但现实生活中的纠纷情形复杂多样，有的消费者证据不足且举证不能，有的纠纷涉及高昂的鉴定费用，有的纠纷涉及的产品或服务没有三包规定或质量标准、法律规定滞后。面对这些情形，大多数消协调解人往往要求消费者拿出充分的证据或者是直接宣布无法调解、调解失败，但也有一些消协工作人员遵循消保法的原则和精神，从维护消费者"合情合理"的诉求和权益的角度出发，灵活地把握依法调解原则，在不违背法律和尊重事实的前提下，采取多种方式，灵活调处消费纠纷，显示出消协调解机制对具体纠纷的制度弹性与适应性。例如，一起新疆塔城地区的拖拉机质量纠纷，消协人员害怕质量鉴定对消费者不利，不仅不能解决纠纷，消费者可能还将承担高额鉴定费用，因此采取成本低廉的巧妙方法（同样马力而不同品牌拖拉机在同一块耕地的"对比试验"）调解纠纷，体现出明显的倾斜性调解的特点和倾向。在尊重事实的基础上，想方设法降低消费者的负担，为消费者的利益着想。而

---

① 也有观点认为，在调解实践中，成功的调解很少真正严格符合法律的相关规定，只是由于没人追究是否严格依法，因此我们就逻辑推定依法了。要想促进调解的发展，就必须适度摆脱法条的约束，放松对调解的"依法"要求。第一，调解可以依法，但着眼点不是依法，而是调解成功。第二，从社会角度来看，背离了法律的调解不一定就不公正，相反可能丰富对法律的理解，创造新的法律。第三，在不关注是否依法的调解中，法律仍然在起作用——现行法律规定始终会成为调解双方讨价还价的筹码。第四，调解只要求作为调解者的法官不能从中谋利、有意偏袒一方，调解结果基本公道，距离中国社会的基本道德共识不能差距太大或过于迁就陈规陋习。参见苏力：《关于能动司法与大调解》，《中国法学》2010 年第 1 期。

② ［日］草野芳郎：《调解技术论》，韩宁、姜雪莲译，中国法制出版社 2016 年版，第 203 页。

在另一起种子质量纠纷中，在事实难以查明的情况下，塔城消协仍然继续进行调解，使消费者诉求得到满足①。同样的，有的消协调解人员为降低消费者举证成本开动脑筋，活用、巧用调解的艺术，采取没有花费分文但又为双方当事人接受的方法查明了事实、化解了纠纷②。有的纠纷标的物没有实体法的质量标准，但确实又存在瑕疵，消协人员可能会诉诸情理进行调解③。

调解能提供的往往是个案性的、特殊性的、个人化的正义，而不是普适性的、抽象的、无差别的正义。过分追求程序化，往往会降低调解的效率，从而跟调解这一解纷模式的属性相背离④。灵活调解本身并非反程序化或"非法化"，没有违背真实、合法、自愿的原则，调解人只是在法律和相关投诉规范没有规定的空间内采取"自选动作"（法律和投诉规范没有禁止的程序和方法）调解纠纷，是否能达成合意最终还是取决于当事人双方的自由意志。笔者认为可以从三种不同角度来分析"依法调解与灵活调解相结合"的问题。具体而言：

（1）调解惯习的视角。借鉴布迪厄的"场域-惯习"理论⑤，可以将消协调解人所处的调解空间视为一个不同调解行动者构成的调解场域，将消协调解人的调解依据、调解经验、有助于调解的自身各方面素质和日常进行调解

① 参见塔城地区消费者协会：《以受理解决重大农资投诉为重点 全力维护农村消费者合法权益——塔城地区近年受理解决重大涉农投诉回顾》，http：//www.xj315.com/article.asp？id=1021。
② 消费者姚某到浙江温州鹿城区消费委投诉，其到市区五马街某商场以16065元价格购买的一只"欧米茄"男表，一周内走时误差半小时。调解过程中，经营者认为已将该表送往上海特约经销店进行测试，发现这块表的质量没问题。后来又将表放在"上调机"上进行测试，结果也是正常的。鉴于双方意见不统一，鹿城区消费委根据这一情况巧妙提出由双方指定的中间人进行试戴，经双方协商同意后指定当时在场的旁听记者夏某某为中间人。第二次调解会上，由于经试戴方试戴该手表出现走时误差2分30秒，不符合手表质量规定的走时误差范围，双方达成的协议由被诉方无条件调换一只同一款式的"欧米茄"手表。参见王琼玛：《浅议消费调解的技巧》，http：//www.cca.org.cn/web/gddt/newsShow.jsp？id=12960。
③ 杜慧：《浅谈新时期如何做好消费投诉调解工作》，http：//www.zbgs.com.cn/Article_A3_View.Aspx？id=295ed6dc-a127-4e30-acca-dc2f910ed711。
④ 张勤：《当代中国基层调解研究：以潮汕地区为例》，中国政法大学出版社2012年版，第205页，182页。
⑤ 根据场域概念进行思考就是从关系的角度进行思考。惯习（habitus）不是习惯（habit），它是深刻地存在于性情倾向系统中的作为一种技艺（art）存在的生成性（即使不说是创造性的）能力，是完完全全从实践操持的意义上来讲的，尤其是把它看作某种创造性艺术。参见［法］布迪厄、［美］华康德：《实践与反思：反思社会学导引》，李猛、李康译，中央编译出版社2004年版，第133页，第165页。

时常用的行为方式等的综合视为调解惯习。理论上和理想状态下的调解惯习是一种对法律、经验、情感和调解技巧的融会贯通后产生的调解艺术，而调解人自然也就是"调解艺术家"了。当然这只是理论上的理想境界，但无疑好的调解人都是通过不断的调解实践的累积在有意无意地向着这一融贯性的目标迈进。

"庖丁解牛"的关键是要做到了解对象、经验丰富、技巧高超这三点。技巧和经验能够使当事人信服，而信任是产生调解合作的基础。好的调解人调解消费纠纷也是在"解牛"，其对调解对象的纠纷争点和当事人心理的把握以及对各种法规、政策、经验与技巧的综合运用无疑是极富策略性、灵活性和巧妙性的，只要不违背事实和法律，怎么好用怎么来，什么管用用什么。调解依据可能包括法律法规、消协系统的规范性文件、政策规定、行业习惯、消费习惯等。而调解经验、个人素质与行为习惯则可能包括运用情理与道德、运用舆论压力、运用心理学知识、语言艺术、耐心恒心诚心等情感因素。

在消协工作人员调解消费纠纷过程中，有时在实体法律或相关"三包"规定不完善、消费者举证不能、业者态度极其消极、消费者过度维权等情况下，凡是优秀的消协调解人在调解中都将情理发挥得淋漓尽致，调解人以情理为工具进行耐心、细致的疏导，强调将心比心、换位思考，能够使大多数业者和消费者逐渐摆脱情绪激烈对抗和失控，回归情理上的恰当与平衡，最终协商出一个让双方当事人都能接受的调解方案。"调解人为了化解纠纷往往采用一种实用主义的方法，利用社区居民的舆论促使当事人退让、协商，达成调解协议。舆论压力的源要素主要有：人情、面子以及关系。"[①] 同样，消协调解也会诉诸舆论和道德，强调声誉受损的影响与企业社会责任，以促进纠纷的调处。

（2）不同话语工具的切换和混用。有学者在研究美国纠纷处理中的话语时指出：在法庭上，法律、道德和治疗性三种话语在对特定问题的讨论中时而浮现，时而隐匿。在调解或法庭听证过程中，话语的三种模式在讨论中通常都会显现，会由不同的当事人提出以尝试其效果。当事各方在为案件而争论、为其行为辩护、谴责对方的行为并力图获得调解员或法官支持时，他们

---

① 瞿琨：《社区调解法律制度：一个南方城市的社区纠纷、社区调解人与信任机制》，中国法制出版社 2009 年版，第 214 页。

会交替变换着各种话语以估量每种话语的效果。调解员、书记官和法官也试图建立和保持一种特定的话语，每当一种话语似乎未达到应有的效果或引起了麻烦时，他们就会转换为另一种话语①。

这一描述更接近纠纷处理的实态，不同的是，在诉讼里较为沉默的第三方主体在调解时则不能沉默，而要主动发言。消费者也好，消协也好，更多的是采取一种工具理性的态度来面对不同的话语，针对纠纷的具体情况和对方当事人最在乎或顾忌的"痛脚"，在不同的话语或者说情、理、法之间进行切换，并不一定是机械地围绕着法条和证据来进行调解和交涉。

（3）"个案性知识"和国家法互动与排序的视角。消费调解以法律为依据，但又不完全依照法律或者说不只依照法律规定来进行，而是综合地运用情、理、法。有学者在分析乡村调解时指出，调解人在"情、理、法"之间寻找到平衡点是调解的规则。情、理、法之间的平衡点实际上是地方性知识和国家法律"大传统"互动后形成的②。

而消费纠纷调解显然不是依据地方性知识，而是由消协调解人员依个案的具体情形选择"情、理、法"之间的平衡点，笔者将之称为"个案性知识"。具体而言：①在纠纷事实简单、证据及法律依据充分的个案中，"法"自然得以凸现；②在消费者诉求合理但举证不能或相关法律规定滞后和有缺陷的情形下，调解人更多的要诉诸"理"来圆满解决纠纷；③在业者与消协人员或业者所在行业协会与消协之间交往密切、熟识，消协对业者评比挂牌，业者与消费者还存有后续交易可能性等情形下，调解人则会强调以"情"动人，说服业者；④如果业者故意不承担社会责任、漠视消费者合法权益，消协调解人则可能寻求展示强"力"，迫使其正视纠纷、承担责任。

五、现行消协纠纷处理体制与机制的完善

虽然消费纠纷的消协调解体制与机制可以称之为是一个比较成功的制度，

---

① ［美］萨利·安格尔·梅丽：《诉讼的话语：生活在美国社会底层人的法律意识》，郭星华等译，北京大学出版社 2007 年版，第 153 页。

② 所谓"情"指的是人情世故和人际关系，"理"指的是是非对错观念和道理，"法"则主要指国家的成文法。不同类型的村庄中，"情""理""法""力"的排序和作用不一样。重"情"的地方，纠纷解决的成本最低；重"理"的地方次之；重"法"的地方成本最高；而对"力"更加倚重的地方最无序。参见董磊明：《宋村的调解：巨变时代的权威与秩序》，法律出版社 2008 年版，第 32–33 页。

有其自身的运作逻辑和优长，但也并非完美无缺，消协人员有时甚至会对消费纠纷采取推诿和回避的态度①，笔者认为，消协调解从自身定位到调解原则、从调解程序到相关制度都有进一步完善和规范的空间。具体来说消协纠纷处理体制和机制的不足之处包括：①消协自身定位与定性莫衷一是，实践做法混乱。②人员素质与经费掣肘。③调解原则对消费者权益保护的倾向性不足。④消费者选择调解纠纷的成本仍有降低空间。⑤具体程序和相关制度尚不健全。

（一）消费者协会体制改革的走向与消费者组织的二元化

1. 基本维持现行的消协定位

官民二重性的消协组织究竟应该如何改革，存在很多争议。代表性观点两极化明显，即主张完全民间化或者完全行政化。

完全民间化的主张源自自由主义的思想谱系，将市民社会与政治国家截然对立②。实际上市民社会可以存在不同的类型和阶段，有学者将亚洲国家的市民社会分为三类：（1）法理型的市民社会（Legitimate Civil Society）；（2）受控的和收归团体所有的市民社会（Controlled and Communalized Civil Society）；（3）受抑制的市民社会（Repressed Civil Society）。可见不同国家中政治国家与市民社会的关系是有很大区别的③。而在我国现行体制和国情的框架内，官民二重性社团自然就会应运而生。

在社会转型过程中，民间社团不可避免地需要现有体制的承认与肯定，与官方组织机构保持密切联结，从而使其染有官方性。同时其又是新兴的群体利益代表，是民间社会群众性组织，因此必然又具有民间性。"官民二重性实际上是国家、社团以及个人三者博弈的结果，其中的'官方性'降低了个

---

① 山东淄博消协人员认为，受理消费者投诉必须有端正的思想。消协成立之初，工作人员中曾存在着消协是二级单位，人员属编外人员的思想。在这种思想的支配下，受理投诉出现了把调解有难度的推向法院、把数额较小的推向柜台、把说话过急的推向门外的"三推"现象。参见杜慧：《浅谈新时期如何做好消费投诉调解工作》，http://www.zbgs.com.cn/Article_A3_View.Aspx? id = 295ed6dc-a127-4e30-acca-dc2f910ed711。

② ［美］安·塞德曼、罗伯特·塞德曼：《发展进程中的国家与法律（第三世界问题的解决和制度变革》，冯玉军、俞飞译，法律出版社2006年版，第217页。

③ 第一类包括日本、韩国、印度、印尼、菲律宾，第二类包括马来西亚、新加坡、斯里兰卡，第三类包括巴基斯坦和缅甸。Muthiah Alagappa, Civil Society and Political Change in Asia: Expanding and Contracting Democratic Space, Palo Alto, CA, USA: Stanford University Press, 2004.

人之间组成社会团体的成本，与此同时'民间性'又使政府在社会管理中节约了大量的行政管理成本；同时，社会团体一旦形成以后，就具有了相对独立性，这种官民二重性给社会团体自身的存在以及有效运转提供了便利。"① 实践表明，官民二重性是一种利益互惠的组织定位，也有利于消协解决消费纠纷功能的发挥，如果纯民间化的改革导致消协运用外部资源方面能力的下降和自身权威性的减损，对于调解消费纠纷的有效性来说，绝非消费者的福音。官办社团需要挂靠的背景来增强自身的行为合法性和社会权威性，从而突破大多数纯民间社团缺乏物质基础和社会信任的不利条件的限制，将官方资源和社会组织角色两方面的优势都发挥出来。

有舆论针对 2009 年湖北省消委会"3·15"网站收费后屏蔽消费者投诉信息以及哈尔滨消协组织虚假消费者代表出席水价听证会的"被代表"丑闻，将事件归咎为消协组织"半官半民"的身份。认为"半民"的存在，使得消协难以真正对不良商家产生杀伤力；"半官"的存在，则使消协可以轻易地沿用行政手段施展权力寻租。因此要加快去行政化的步伐②。笔者认为，去行政化可以化解"被代表"的问题，但无法解决权力寻租问题，如果去行政化导致消协组织生存艰难，则可能会造成更加不堪的局面。健全监督、制约机制和建立多元化的消协组织竞争机制应该是治理权力寻租问题更为根本的措施。

另有论者认为消协活动能力太弱，消协及其工作人员甚至与非法经营者狼狈为奸，暗中勾结。官民二重性使消协丧失了独立性，限制了其活动空间，削弱了它的活动能力。消协损害消费者利益或获取不当收益的情况时有发生，消协工作人员以各种手段追求私人利益。消费者群体不认同、接受和支持消协。消协应摆脱官民二重性，在人、财、物等方面基本独立，政府对它的支持不是额外的恩赐，而是政府的法定义务。其与政府之间是一种建立在法律规定上的工作合作关系，既相互依赖，又相互独立③。笔者认为，上述分析和表述非常武断和片面，且缺乏论据。目前的问题是消协组织普遍地缺乏经费

① 于晓虹、李姿姿：《当代中国社团官民二重性的制度分析——以北京市海淀区个私协会为个案》，《开放时代》2001 年第 9 期。

② 赵志疆：《消委屏蔽投诉敛财源于身份尴尬》，《西安晚报》2009 年 3 月 27 日；苑广阔等：《疑似"挟丑闻以令财政"拷问消协公信力》，《新民晚报》2009 年 3 月 27 日；赵志疆：《"半官半民"的哈尔滨消协准备替谁道歉?》，《燕赵都市报》2009 年 12 月 19 日。

③ 严宇：《政府的伙伴：新型消费者协会》，载《中国行政管理学会 2004 年年会暨"政府社会管理与公共服务"论文集》，第 833-836 页。

而非随意挥霍，消协工作人员寻租或与不法业者勾结的情况非常罕见，不是制度运行的常态。与社会其他领域或者其他半官半民团体相比，消协人员显得十分廉洁和敬业，在消费者中的知晓度、满意度等方面的表现也是非常优异，尤其是在消费纠纷调解方面，每年化解了大量的纠纷，绩效十分明显。官民二重性没有使消协丧失独立性或者削弱其活动能力，反而起到了扩权和增权的效果。所谓"不欠政府人情"的新型消费者协会，其人、财、物等方面还是无法独立于政府，且其组织权威立足点与解纷绩效的演变亦令人担忧。根本上否定现行的消协机制及其运行实践是没有实际证据与逻辑支撑的，容易流于虚妄之言，违背客观事实的论证是难以得出科学、客观的结论的。

虽然主流观点总是从理论预设和"应然"的角度倡导半官社团彻底民间化。但也有观点很冷静地指出去官方性并非大势所趋或不变的规律，而是应该更深入地分析这一问题，"必须将某些社团向民间性的转型与整个社会结构中心的转移区分开来。与民间性趋向共存的另一种可能性是，尽管社团的发展趋势很强劲，但是有的社团依然继续在人员和财政等方面保持与政府的密切关系，并且从政府那里寻觅权力的合法性来源。也就是说，社团的官民双重性并不是改革过程中暂时具有的特征，它很可能是一种持久性的社会现象，并由此构成中国国家与社会关系的特色"①。笔者比较赞成这一预测，并且认为消协体制改革恰恰就是上述的"另一种可能性"，与政府的联系不会逐渐削弱殆尽，而是始终会保持一定的关联，这也符合消协组织自身的利益和愿望。

与上述去官方化观点形成鲜明对照的是，另一种观点主张应将消协行政化。有学者指出，业务主管部门与社团组织的关系具有双重含义。一方面，它是社团获得政府支持的一种形式，特别是在政府掌握着较多经济和社会资源之时，这种循着业务主管联系而建立的与政府的固定关系显得尤为重要。因此绝大多数社团都没有把业务主管部门当作"婆婆"而力图摆脱；相反，是执意密切与主管部门关系，争取得到更多的支持。另一方面，主管部门也是政府实现对社团进行控制的一种途径②。社会团体这种密切联系官方的心态发展到极致就出现了主张消协全盘行政化的主张："在现存的民主意识与法制

---

①　景跃进：《政治空间的转换：制度变迁与技术操作》，中国社会科学出版社 2004 年版，第 72 页。

②　刘忠定：《一种官民二重的结构模式——社会转型时期的"第三部门"分析》，《南京师大学报（社会科学版）》2003 年第 3 期。

环境下，让消费者协会回归其民间性会对消费者权益保护不利。我们应该把消费者协会变身为行政部门。"① 颇有意味的是，消协人员大都希望强化消协的官方性直至彻底改造成为新的行政机关。如在消费维权领域颇有影响力的深圳罗湖区消委会工作人员杨剑昌，针对消委会常陷入"无权无人无力"的尴尬境地和在维权时阻力重重，希望将之改革为行政事务监督部门②。中消协工作人员撰文认为，消保组织的体制将会向如下方向发展：或者成为政府的一个行政执法机构，类似于美、日、英、瑞典、香港等经济发达国家和地区的消费者组织现在的模式；或者成为一个受党委或政府直接领导的社团机构，采取共青团、工会、妇联的模式。大量的基层消费者组织网络将完成其历史使命；消委员的工作重点也将以受理投诉转向为消费者提供法律、商品知识及科学消费的咨询服务上来③。实际上，从资源获取的角度也是能够理解消协组织期望行政化的冲动的，消协工作人员及消协组织本身从经济人的立场出发，希望通过行政化改革一劳永逸地解决人员编制、收入待遇、级别以及组织权力、活动经费等问题，但这样的体制改革和工作重点的转向无疑对于现行的消协调解工作是不利的。

从组织中立和公正的角度，必须强化其民间性；从权威与效能角度，则又有必要保留官方性。面对这种两难局面，笔者认为，消协无论是彻底成为民间团体还是变身为行政机关，都可能为消费纠纷的调解活动带来负面效果。消协如果彻底民间化，其号召力、权威性、强制性与整合社会资源、协调各类行政机关和部门的能力必然会下降，进而影响调解消费纠纷的效能。而如果消协向着前述协调议事的行政机关或事前预警职能转变，会在很大程度上弱化现有的维权调解资源与能力。如果消协变为行政执法部门，则和现有的各相关行政机关职能重合，难以找到合适定位，反而丧失其民间组织的立场与社会资本。因此笔者支持消费者组织的二元化设置，在保持现行消协机构的定位与法定职能的前提下，完善其编制体制并加强其经费保障，同时鼓励和培育各种纯民间的消费者保护组织，与消协形成良性的竞争与互补关系。

在现阶段针对行政、事业编制混杂，基层消协与市场监管机关混同的局

---

① 崔玉隆：《对消费者协会回归民间性的质疑》，《法制与经济》2007年第8期。
② 《深圳人大代表建议将消委会改为政府机构》，《南方都市报》2005年12月16日。
③ 王前虎：《关于消费者组织性质的确认与体制架构的设想》，《中国工商管理研究》1998年第3期。

面，应该进一步予以厘清，笔者主张现阶段消协组织仍可挂靠在市场监管机关，条件成熟时改为挂靠同级政府。对于县区级及以上的消协应与市场监管机关分离，按所需人员配置事业编制，人员不足部分采录聘用制人员，条件成熟时对于县区以下的消协分会和站点进行独立建设。目前，很多基层消协的工作人员是由市场监管机关人员兼任的，影响了消协工作的开展也分散了行政机关的精力和人力。除了调解消费纠纷，消协还有消费者教育、分析调研等方面的工作，这些在基层消协基本无法开展。而行政机关人员的日常监管与其他行政行为也会受到影响。身兼双方职责的"一套人马"想要履行任何一方面的全部法定职能都是心有余而力不足的，人员不足甚至会发生出现场与坐班的矛盾以及节假日难以排班、调休假等严重影响工作开展的情况。同时行政机关行政调解与消协调解在程序甚至表格文书等方面都是有一定区别的，让市场监管机关人员身兼两职也会导致两种性质的调解混淆不清。这些都迫切需要从组织人事上予以充实和划分清楚。

2. 鼓励和培育各种民间性的消费者保护组织

单一的官办消费者组织无法真正培养消费者充分的自主维权意识和实现真正的社会自我治理。社会整合、利益的分化和冲突以及人们对安全感的强烈追求，使社团成为现代社会中新的参与形式，结社成为一种新型的竞争工具、一种组织化的利益表达渠道。在"利益分化的政治时代"，是否拥有此种组织化的或结社的权利，成为竞争制胜的关键因素之一。因此，平等地保护不同群体的结社权利，使他们在相对公平的平台上展开竞争与合作，寻找自身的利益和定位，从而达到社会发展的相对均衡和稳定就成为法治的一项重要目标。在这里，法治是通过直接保障和规范人们结社的权利和义务来实现对社会利益分配间接控制的[①]。消费者群体也存在着多元化的组成、多元化的利益和兴趣，消费者组织的职能也是多元化的，因此应当鼓励和允许消费者根据自身情况有所侧重和选择地进行联结。这有利于扩大消费者保护的广度和深度，动员更多的消费者参与维权，发挥自我治理的力量，使消保工作覆盖更多的区域和人口。也能与官办团体之间形成竞争与互补的局面，提高组织绩效，扩大纠纷解决机制的容量，减轻现有的各种纠纷解决

---

① 周少青：《中国的结社权问题及其解决：一种法治化的路径》，法律出版社 2008 年版，第 94—95 页。

机制的负担，进一步降低消费者被害黑数，推动国家治理体系和治理能力现代化。

与官方或半官方的消费者组织相比，民间消费者组织与消费者具有一种"信托"关系，是一种基于"信任、公益的资源支持与委托代理关系"[①]，多元化的民间消费者组织在许多国家和地区都普遍存在，譬如在我国台湾地区，目前消费者保护民间团体总共有 11 个[②]。"例如消费者文教基金会成立后，很多消费者写信给基金会说明其所购买之商品具有瑕疵，基金会即函请出产工厂或公司赔偿。工厂或公司如予赔偿，则纷争某程度亦获得解决。由是可知，解决纷争之诸制度尚有相当发展之可能性及机能互补之必要性。"[③] 在日本，根据消费者厅 2014 年发表的消费者团体数，共有 2121 个，其中 857 个团体取得法人资格，有 2/3 是非营利活动团体（NPO 法人）[④]。韩国有 10 个民间消费者保护团体，此 10 个团体联合组成消费者保护团体协议会。协议会主要功能在于担任政府与民间消保团体的沟通管道，举凡政府补助民间消费者保护团体处理申诉案件的经费、委托办理相关消费者保护活动或民间消费者保护团体向政府提出施政建议、要求事项等，皆由协议会居中协调，民间消费者保护团体并不直接与政府联系。各消费者保护团体若有重大消费讯息需要发布、举办活动或出版消费者月刊等事项，亦由协议会统筹办理[⑤]。瑞典全国共有大小 50 多个消费者组织，如家庭消费、家庭主妇、退休者、残疾人、环保与消费等消费者组织，其中的 15 个还组成了全国性消费者组织理事会[⑥]。全法国现有 18 家合法注册的消费者协会，这 18 家"消协"分为三类：第一类是像 UFC（大意是"选择什么"）和"住房、消费及生活环境协会"这样的全国性协会，规模和影响都比较大；第二类是为特定类型的家庭提供

---

① 王名：《社会组织论纲》，社会科学文献出版社 2013 年版，第 100 页。

② 参见我国台湾地区"消费者保护会"网站（数据截至 2023 年 5 月），http：//cpc.ey.gov.tw/。

③ 邱联恭：《口述民事诉讼法讲义（一）2008 年笔记版》，许士宦整理，台湾大学 2008 年自版，第 79 页。

④ 参见日本消费者厅消费者教育与地方协力科：《平成 26 年度消费者团体名簿》（2014 年）。

⑤ 这 10 个团体分别是韩国消费者联盟、韩国女性团体协议会、大韩 YWCA 联合会、大韩主妇 Club 联合会、全国主妇教室中央会、韩国消费者教育院、韩国 YMCA 全国联盟、绿色消费者连队、韩国消费生活研究院及韩国研究消费问题市民同盟。我国台湾地区"消费者保护委员会"：《"消费者保护委员会"2002 年度韩国消费者行政业务访察报告》，2002 年 9 月 18 日。

⑥ 刘飞、钟声、吴爱民、刘维善：《瑞典消费者权益保护状况概览》，《中国消费者报》2008 年 10 月 8 日。

服务的协会；第三类是作为工会分支的消费者组织。"住房、消费及生活环境协会"在法国有 3 万名会员，规模仅次于"UFC"，通常只为协会会员提供服务①。

在帝制时代，"对普通臣民来说，仅仅是组成团体去追求特殊的社会利益便构成了政治上的风险"②。改革开放前，一元化、总体化和等级化的国家治理的无穷膨胀，排斥了丰富的、多样的和自主的治理技术，造成了贫乏的日常治理技术与广泛的政治运动的并置和交替③。而随着政治文明和市场经济的发展，社会内部必然出现知识水准与经济力量增强的中间阶层和团体对社会参与的需求。"社会生长的现状决定了政府的社会管理不能简单地建立在维稳和综治模式之上，正相反，这两种模式作为被动的社会边界守护，只能在非常状态下才能发挥积极作用。"④ 社会生长与政府治理之间并不矛盾，一个成熟的政府治理体系与结构需要一个成熟的社会相支撑。近代各国纷纷对社会公益性团体"去意识形态化"。我国现行的《消费者权益保护法》就明确赋予了消协以外的其他消保组织存在的法律依据，该法规定，消费者享有依法成立维护自身合法权益的社会组织的权利。消费者协会和其他消费者组织是依法成立的对商品和服务进行社会监督的保护消费者合法权益的社会组织。依法成立的其他消费者组织依照法律、法规及其章程的规定，开展保护消费者合法权益的活动。

"中国的社会团体往往采取多要素相结合的策略实现自身的生存与发展，即组织自律、自觉的'去政治化'政治立场以及对非正式策略与关系的依赖。"⑤ 这种本土化与植根国情的社团发展与组织策略决定了民间消保组织在理论上大有可为。中央党校（国家行政学院）权威智库研究指出："各类非政府组织、非营利性组织既是社会治理的重要力量，也对增加就业、促进社会和谐、丰富社会生态具有积极的正向作用。应当继续贯彻做活存量、做大增

---

① 高鑫诚：《法国"消协"在政府、企业与消费者之间游说》，《社区》2008 年第 3 期。
② ［美］孔飞力：《叫魂：1768 年中国妖术大恐慌》，陈兼、刘昶译，上海三联书店 1999 年版，第 302 页。
③ 应星：《村庄审判史中的道德与政治：1951-1976 年中国西南一个山村的故事》，知识产权出版社 2009 年版，第 168-169 页。
④ 姚尚建：《风险化解中的治理优化》，中央编译出版社 2013 年版，第 63 页。
⑤ ［荷兰］皮特·何、［美］瑞志·安德蒙：《嵌入式行动主义在中国：社会运动的机遇与约束》，李婵娟译，社会科学文献出版社 2012 年版，第 22 页。

量策略，大力发展各类社会主体，形成更加广泛的社会治理多元参与氛围。进一步加大对社会组织的孵化培育扶持力度，完善政府购买服务、项目外包等制度。消除对社会组织的歧视和不公平待遇，减少对社会组织人、财、物、活动等的过度管控。"① 民间消保团体的设立是具有社会基础、法律基础与组织基础的，消费维权领域民间社会的发展只会越来越蓬勃，社会对于自发形成的消费者组织和消费者保护水平的提高永远不嫌多，不存在数量"天花板"的问题。支持消协组织二元化发展是在消保领域健全共建共治共享的社会治理体系的必由之路。

有学者就期待通过扶持和发展民间消费者组织，构建多元消费者权益保护组织体系，解决消费者协会存在的性质模糊、独立性及公信力不足、代言人与调解者的角色错位等问题②，虽然目前的政策与制度设计对于民间消保组织的发展并无鼓励③，但民间消保组织的性质决定了其可行性较强，制度空间与实际空间都较为开阔，未来发展值得乐观。有学者预测，中国非政府组织在未来可能会出现三种不同的发展状况（好的、坏的和令人窘迫的状况）："政府与私人组织在多方面加深合作也可能提高管理的有效性——更加公开、透明，更有责任感——并由此形成良性循环，符合政府对于更稳定发展的要求。"④ "不同的社会组织应对政府权威的能力不同，而且为社会提供的公共物品也不同。所以，一个追求自身利益最大化的政府，必然会根据各类社会组织的挑战能力和提供公共物品的种类对它们实施不同的管理方式。"⑤ 消费者保护组织所提供的公共物品如果不是政府所急需的，起码也是其所需要的。对于不会大量耗费政府资源的民间消保组织，政府对其可能会采取鼓励、支持的策略或者是放任政策。

---

① 龚维斌：《中国社会体制改革报告 No. 8（2020）》，社会科学文献出版社 2020 年版，第 15 页。
② 陈婉玲：《市场监督组织法律研究：以非政府组织市场调节为视角》，上海人民出版社 2014 年版，第 79-83 页，第 97-99 页。
③ 2007 年底，在公益诉讼领域颇有知名度的李刚和丘建东联合发起成立纯民间消费者保护组织，未能成功。参见《筹备新型消费者保护组织启事（附简章）》，http://www.ngocn.org/? action-viewnews-itemid-23191。
④ ［美］德鲁·汤普森等：《中国发展中的公民社会：从环境到健康》，高华、张东昌译，《国外理论动态》2009 年第 3 期。
⑤ 康晓光、韩恒：《分类控制：当前中国大陆国家与社会关系研究》，《社会学研究》2005 年第 6 期。

国家既是一个理论上的单一体，也是一个实践上的由不同国家机构和官员构成的集合体。其中不同的国家机构、官员，对 NGO 的态度和行为也是不同的。当地方的需求远远大于 NGO 所可能带来的问题时，二者之间的合作是非常可能发生的。这是中国基层政府允许 NGO 与它们一起参与公共事务的一个重要的原因。提供公共服务的领域将是中国的 NGO 发挥作用的最有可能的空间[①]。实践中，有的地方在社团管理方面已出现了变化。如深圳市的工商经济类、社会福利类、公益慈善类社会组织均可向民政部门直接申请登记，而不必像过去在双重管理体制下还需寻找挂靠单位[②]。笔者认为，消费者保护民间组织虽然不是官办 NGO，但其提供的公共物品恰恰能够与政府需求相契合，长期来看政府是会采取放松管理的态度，其发展空间和前景应该说是相当广阔的。

"市民自主、自发维权活动增多表明中国民间社会在成长，市民自主、自治意识在加强。……但从历史和现实分析，中国不会像西方某些国家那样：国家与社会相对立。更大的可能性是，民主、自治的因素不断增加，但政府以新的连接方式将民间组织融入自己组织系统的整合方式，基本不会改变。"[③] 有学者称这种模式为"国家主导的社会多元主义"，该理论强调国家适当对社会赋权，令不同类型的社会组织与国家进行双向沟通，形成互相监督、影响和帮助的合作机制[④]。这一模式突出了国家（政府）的主导性地位，社会组织存在、发展并开始扩大独立空间和多元化，同时扮演市民与政府之间的桥梁，在为国家承担一定任务职能（如消费者教育、解决消费纠纷）的基础上，谋求自身组织的发展。

笔者认为，纯民间性的消保组织，政府不宜过度干预，可以通过一定的准入机制、评价机制给予审核与监督，同时通过项目招标的方式鼓励团体组织之间的竞争。民间性消保组织的设立应该不拘一格，可以是全国性的，也可以是某一地域的；可以是全部群体的，也可以是针对某一类人群的；可以

---

①　赵秀梅：《基层治理中的国家–社会关系——对一个参与社区公共服务的 NGO 的考察》，《开放时代》2008 年第 4 期。

②　钱昊平：《深圳试水社团"无主管登记"》，《新京报》2010 年 1 月 25 日。

③　俞可平等：《中国公民社会的兴起与治理的变迁》，社会科学文献出版社 2002 年版，第 28 页。

④　胡洁人：《使和谐社区运转起来：当代中国城市社区纠纷化解研究》，上海人民出版社 2016 年版，第 176–177 页。

是跨行业的，也可以是针对某一特定领域和行业的消费者保护问题而结成的。就现阶段的国情和社会发展进程而言，不必贪大求全，可以以特定领域、行业、人群或地域的消保组织为优先鼓励和发展的重点。

　　民间消保组织可以具有调解纠纷的功能，也可以不具有此职能，而从譬如提供法律咨询与法律援助①、提供产品检测和鉴定②等角度支援消费者维权，也可以兼具多种职能。台湾汽车消费者保护协会就是既进行消费纠纷调解也进行汽车质量纠纷的专业化鉴定。如果消费者提出申诉，汽车消保会与车商或厂商协商，约有70%的申诉案件能获得圆满处理；消费争议以电话联络厂商，大约1～3天可解决问题；如消费者与厂商分歧较大，则要开协调会，大约10天（行文7天）内可解决；如要鉴定车辆，从申请到鉴定大约25天便可完成；但未能解决者，提出消费诉讼，汽车消保会聘有的义务律师会帮忙，耗费之时间及金钱已属为最经济③。笔者认为，民间消保组织在调解消费纠纷时可以采取消费者代理人的立场与业者交涉协调④，不必拘泥于中立立

---

　　① 据保守估计，珠三角地区至少有25～30家草根农民工维权NGO。法律援助是大多数受访NGO的核心职能。在处理农民工权益受侵事件时，NGO一般遵循"法律咨询—起草文书—公民代理"三个步骤提供帮助。参见和经纬、黄慧：《珠江三角洲地区农民工维权非政府组织描述性分析》，《香港社会科学学报》第三十五期（2008秋/冬季）。

　　② 例如专做产品检验和鉴定的德国商品检验基金会（Die Stiftung Warentest）可以说是德国最具知名度的基金会。它于1964年由联邦政府组建，但是私法团体。其目标是营造品牌透明度，以客观比较商品和服务的价格、性能及环保性来向消费者提供咨询。基金会将商品和服务交由专家进行测评后向消费者公开。生产者和服务提供者都非常重视基金会的评测结果。在德国常常可以看到商品的包装或广告上有"商品检验基金同类产品检验冠军"这样的宣传语。这样就形成了企业-基金会-消费者之间的良性循环，基金会也确实起到了监督企业的作用。参见何丽杭：《德国消费者食品健康保护组织体系》，《德国研究》2005年第4期。

　　③ 汽车消保会的九名鉴定委员都限制要有20年以上实际从事汽、机车修理经验的技术人员才能担任。诸如汽车暴冲、火烧车、安全气囊展开时间等事例，都需现场鉴定、勘查，了解天气、地形，甚至现场模拟，确认是否人为因素造成，同时须面对消费者的陈述与车商工程专业人员的辩论，之后再经由九人鉴定委员会，以中立、合情、合理、合法的原则来判断事发原因，促进双方良性协调。目前法院、财团法人车辆研究测试中心、台湾金属研究所、各大学车辆工程系及各汽车厂商所受理仪器无法鉴定的车辆瑕疵案，大都会建议到汽车消保会以目测观察法、实际理论法，加上鉴定人专业研究汽车几十年的经验做出鉴定，而大部分的车商与消费者都会尊重汽车消保会的鉴定。参见赖鼎元：《如何保护汽车消费者之权益》，载我国台湾地区"消费者保护委员会"：《消费者保护研究（十）》，2004年版自版，第117-118页。

　　④ 比如在瑞典，消费者自己主动联合起来成立了租房者协会。协会由具有专业水准的住房市场或法律方面的专业人士组成，一方面代表租户和房东商谈租金标准；另一方面，在租户与房东发生矛盾时，代表租户出面交涉，维护租户利益。参见马世骏：《政府　民间　媒体　瑞典消费者权益保护的三驾马车》，《中国社会报》2007年6月11日第7版。

场。既可调解所有消费纠纷，也可以针对组织定位，专就某一领域、某类商品或服务产生的纠纷进行调解。调解形式也可以灵活多样，通过维权实践和声誉累积，民间消保组织的影响力和权威性也会慢慢提升，只要消费者组织没有歪曲事实，在业者确有责任的情况下其大多会接受调解。条件成熟时，还可以考虑修改有关法律，赋予经核定的民间消保团体提起团体诉讼的权利，进一步扩大与充实现行消费公益诉讼的机能。

（二）经费保障问题

自治亦是需要付出成本的。如果自治成本过高（不仅是金钱、时间成本，也包括破坏原有的社会关系网络），主体寄希望于心"善"者"为民做主"，又何尝不是一种不得已却成本极低的选择①。在提供公共服务方面，尽管政府一直会是一个重要角色，但不会是、也不应当是唯一的角色。很多服务还是要由社会本身来提供。只有社会参与了社会服务的提供，社会力量才可分享政府的责任，减少政府的负担，这既可以提高公共服务提供的效率，更可使得公共服务的提供具有可持续性②。因此，社会提供解纷服务的前提是解纷成本与投入资源的良性运转。

一个消费者团体的运作，显然要考虑很多实际问题，既有客观环境（政府的态度、社会普遍的认知、消费者的反应等），也包括主观条件（组织自身的财力、技术、动员力量等）。巧妇难为无米之炊，经费不足制约了消协的制度供给，很多检测鉴定、比较试验、支持起诉、基层组织建设与布点等工作都无法充分开展。

笔者并不是说大部分消协组织经费不足、捉襟见肘。每个地方的具体情况并不相同，大部分地方的消协经费由市场监督管理机关拨付，与行政机关脱钩的消协如上海的消委会则由政府财政安排。但是也有学者分析了消协经费来源的其他几个渠道：①收取会员费。有的地方行政机关出面强制向企业收取"消费者协会会费"。②调解收费。如某省则制定和发布过涉及有偿调解收费方面内容的文件。③通过举办评比、集会等活动争取企业赞助③。笔者认

① 谭同学：《双面人：转型乡村中的人生、欲望与社会心态》，社会科学文献出版社2016年版，第329页。
② 郑永年：《保卫社会》，浙江人民出版社2011年版，第121页。
③ 王赢：《功能、组织与关系网络——对一个市级消费者协会纠纷解决的实证研究》，载王亚新等：《法律程序运作的实证分析》，法律出版社2005年版，第508-510页。

为，收取会员费和调解费在目前已非常罕见，且直接违反消协有关规定。因为大部分消协组织都是理事制，实行会员制的消协也无强行收取会员费的法律依据。同时调解收费更是违背消协无偿调解的原则，不具有可行性。目前，实践中企业赞助情况也不多见。总体来说，经费问题一直困扰着消协，制约其工作的开展。即使是中消协，也面临着经费紧张情况，可见其他的地方性消协的经费并不会很充裕。中消协律师团团长邱宝昌介绍，中消协一直在资金紧张的环境里开展着各种维权活动，其没有功能齐备的实验室，国家的财政拨款非常有限，基本按人头办公费划拨。中消协为保持公信力，在其办的杂志《中国消费者》上，从 20 世纪 90 年代就取消了广告，其盈利部分很难支持消协开展的产品试验①。

2006 年的"欧典地板事件"导致消协长期累积的公信力流失，"3·15 认证"被叫停使中消协失去了最重要的筹资渠道。因此，2007 年中消协改为财政全额拨款单位，成为迄今唯一一家享受此待遇的在民政部注册的社团组织。可见此前中消协运作经费无法依靠行政补助维持，也需要通过举办评比活动筹措。如果是纯民间性消费者团体，经费问题更是攸关组织存续，如台湾汽车消保会，每年由理事长补贴 40 万才不至于关门②。

2001 年版《中国消费者协会章程》第 23 条规定其经费来源为：①政府资助；②社会捐赠；③在核准的业务范围内开展的活动或服务的合法收入；④其他合法收入。2008 年版《中国消费者协会章程》第 23 条修改为"本会经费来源主要由政府资助，同时在不影响公正性的前提下接受社会捐赠及取得其他合法性收入"。为什么会做这样的修改呢？中消协解释说，中消协是公益性社会组织，保护的是不特定多数消费者权益，本身没有会员，且不得从事商品经营和营利性服务，不得以牟利为目的向社会推荐商品和服务，为确保中消协的公信力，经费由政府拨款予以保障③。笔者认为，删除"在核准的业务范围内开展的活动或服务的合法收入"的内容有利于消协组织的中立性与合法性的提升，但"取得其他合法性收入"的模糊含义还是可以将其涵盖，这样的修改更多的具有宣示色彩而无太大实质意义。倒是"经费来源主要由

---

① 西陆：《中消协变身事业单位背景：公信力被质疑》，《中国经营报》2007 年 4 月 14 日。

② 赖鼎元：《如何保护汽车消费者之权益》，载我国台湾地区"消费者保护委员会"：《消费者保护研究（十）》，2004 年版自版，第 119 页。

③ 任震宇：《中消协章程有新变化》，《中国消费者报》2008 年 6 月 30 日 A02 版。

政府资助"将消协担心政府资助不稳定，希望通过修改章程将之固定化的心迹表露无遗。而增加"不影响公正性"则进一步限制了消协从业者获得赞助的可能性。为了解决消协经费不足的问题，提高消协调解机制的效能，应该从以下几个方面进行完善：

1. 加大政府财政的补助力度

根据中国青年报社会调查中心与腾讯网的一项联合调查，在1349名受访者中，52.4%的人认为中消协享受每年750万元的全额拨款，对消费者来说是件"坏事"。有专家认为，中消协不应该由政府拨款，这是一次逆向改革①。其实，消协不允许从事经营活动与停办评比活动，而出版杂志和报纸发行量不大且无法刊登广告，最理想的结果当然是让自己吃上"皇粮"。保持消费者组织的独立性很重要，但这并不意味着不需要政府的支持。消费者组织功能的发挥有赖于政府的支持，这也是世界很多国家和地区的普遍做法。

《中华人民共和国消费者权益保护法》第37条规定："各级人民政府对消费者协会履行职责应当予以必要的经费等支持。"政府对消费者组织支持的最主要方式之一是财政支持。由于较多国家和地区的消费者组织很难有大量固定的经费来源，如果没有政府财政支持，其工作的开展就会受到严重影响。因此财政支持一直显得十分必要，如德国消费者协会2003年经费为1600万欧元，其中800万欧元为政府拨款，另外800万欧元通过帮助德国政府部门和欧盟做调查等获得，其主要任务是协调各州消费者中心和22个团体的工作，解决具体问题主要靠分布在16个州的消费者中心。16个州的消费者中心每年经费共6000万欧元，80%来自地方政府，另外20%通过提供服务获得。政府拨款也是香港消委会最主要的资金来源，近几年特区政府每年财政拨款达8000多万元；同时政府还每年拨1000多万元专款设立"香港消费维权基金"②。美国联邦政府每年为消费者保护组织提供4400多万美元的活动和办事经费。拨款大部分用于产品检测和对检测技术、设备及设施等方面的投资。美国消费者联盟有自己独立的实验室，可对消费品做各种性能检测，并在《消费者报道》上公布。③ 挪威消费者委员会不实行会员制，其经费90%来自

---

① 杨格文：《中消协变身的示范效应》，《南风窗》2007年第10期。

② 应飞虎：《信息、权利与交易安全：消费者保护研究》，北京大学出版社2008年版，第222页。

③ 西陆：《中消协变身事业单位背景：公信力被质疑》，《中国经营报》2007年4月14日。

国家专项拨款（现在每年拨款相当于 9000 万元人民币），另外 10% 来自其杂志《消费者报告》的收入。政府每年在预算中规定消委会的拨款项目，但政府不干涉这些经费的使用，而是由消委会董事会决定①。芬兰目前有一大一小两个综合性消费者保护团体，主要由政府资助成立。芬兰消费者协会为最大的全国性消费者保护民间组织，该协会在全国共有 60 个小团体（分会），只有位于赫尔辛基的总会有办公室，其余小团体（分会）并无办公处所，而是借用临时性的场地，如公司、家庭等，以委员会的形式，因地制宜，以不同主题来倡导消保理念，提供法律帮助和免费律师咨询服务。其四分之三预算来自工商部，欧盟及其他非营利组织或基金会亦提供部分预算，来自个人之捐助很少。由于出版刊物或书籍，其质量难与官方相比，无法以之筹措财源，故较少为之，主要工作成果系以提出报告为主②。除了拨款经费，对业绩优秀的消费者组织还可考虑予以特别奖励，以激励消费者组织更好地工作。如我国台湾地区"消保法"第 32 条规定："消费者保护团体办理消费者保护工作成绩优良者，主管机关得予以财务上之奖助。"实践中，对于纯民间的纠纷解决社团给予补助和由政府出面购买其服务的情况在我国某些地方也已经出现③，补助、奖励和购买服务可以解决消保组织资金不足的问题，有助于其生存和发展，同时也降低了政府的行政成本，并满足其公益服务的对象的需求，可以说是一种三赢的举措。

消费者组织每年所需经费与其他领域的庞大公共开支相比十分有限，目前我国中央财政和不少地方的财政收入能够匹配 GDP 的增长额度，预算外收入规模也相当庞大。政府财力与若干年前已不可同日而语。同时，财政支出中公共财政与民生支出比例仍然偏低，行政管理与基建等方面支出偏高。通

---

① 任震宇：《挪威消费者委员会的机构与工作》，《中国消费者报》2008 年 8 月 20 日。

② 我国台湾地区"消费者保护委员会"：《芬兰、挪威消费者保护行政机制及民间组织运作情形考察报告》，2000 年 10 月 28 日。

③ 在深圳外来打工者较多的宝安区，由于劳资纠纷不断出现。为打击"黑律师"、"黑劳动争议机构"，宝安区扶持了 10 家理性维权的社区民间组织。2008 年《深圳市宝安区公益慈善类、社区维权类民间组织培育专项资金管理暂行办法》出台，该两类民间组织在成立初期可申请 1 万至 3 万元的启动资金；已登记的此两类组织，按章程开展活动获得较好社会反响的或承接政府购买项目的，可申请 2 万至 5 万元活动资助；工作开展较好的，年终可申请 2 万元资助。目前，这 10 家维权组织共获得扶持资金 36 万元。2008 年，深圳市社工机构共获得市、区两级政府购买服务经费达 5000 多万元，2009 年达到 7000 多万元。参见钱昊平：《深圳试水社团"无主管登记"》，《新京报》2010 年 1 月 25 日。

过进一步优化财政支出结构而无须增加绝对的财政预算是完全可以解决消费者保护经费投入不足问题的。另外，随着经济结构性调整，大规模基本建设高潮的逐步退去和基础设施的逐步完善，这一部分财政预算今后应会有所降低。因此，加大政府财政的补助力度不存在"差钱"的问题。具体来说，消费者协会首先要配备充足的人员编制和办公设备、检测鉴定设备，应该根据其人员工资、日常办公开支与每年固定活动（包括一定比例的鉴定和比较试验费用）所需经费编制年度预算交由政府部门审核拨付，其余活动与受委托行为则通过临时申请、参加招投标的方式获取。为了减少地方保护主义和受地方财政收入的影响，经费不宜由同级财政安排，而应由消协系统获得补贴后统一分配给各地方。对于纯民间的其他消费者保护组织，可以考虑设立一定的招投标项目予以资助，同时对于履行调解职能的这类组织，可以考虑计件补助。

韩国为目前唯一由政府补助消保团体处理申诉案件经费的国家（指计件补助），其运作方式系通过民间消费者保护团体所共同组成的消费者保护团体协议会向政府申请，以及核拨经费。韩国消费者联盟调解消费者申诉案件，通过消费者协议会，每件补助韩币 2250 元。韩国研究消费者问题市民同盟（CPACK）调解消费者申诉案件，通过消费者协议会，每件补助韩币 1500 元。该协议会的功能除汇整各消保团体意见，以向政府提出施政建议或向消费者发布消费信息外，因其成员为各消保团体的代表，亦具有相互监控的作用①。由于不是所有纯民间消保组织都具有调解消费纠纷职能，且纠纷领域、类别和调解难度不同，受理纠纷数量也有多寡和变动，采取计件方式较为科学，同时对复杂程度不同的纠纷应划定不同的补助标准。另外，可以采取每年评优的方式对调处消费纠纷等方面业绩突出的消保组织给予奖励。

2. 允许消协以外的消保民间组织收取会费或调解费

消协《受理消费者投诉规定》第 1 条第 5 项规定，受理消费者投诉，一般应坚持无偿服务的原则。这一规定实际上预设了两层含义：一是在一般情况下，消协受理投诉、处理纠纷，不应当向当事人收取费用；二是在特殊情况下，可以收取相应的费用，但如何收费？向谁收？标准是什么？没有具体

① 我国台湾地区"消费者保护委员会"：《"消费者保护委员会"2002 年度韩国消费者行政业务访察报告》，2002 年 9 月 18 日。

规定。另外，该规定也明确了做鉴定所需的费用一般由鉴定意见的责任方承担。如双方均有责任的，由双方共同负担。如果经过改革，消协组织获得国家较为充裕的财政支持，就更加没有理由收取会费或调解费了；但其他纯民间组织则应该让其自由选择是否收取会费或调解费而不应一概加以限制或禁止。

以珠三角地区的众多草根农民工维权 NGO 为例，基本上均接受了外部援助，如世界银行、联合国开发计划署、乐施会等。资助项目都需每年提出申请，资金一般也不能涵盖办公场所租金、水电费用等，每月几千至几万元不等。很多 NGO 同时靠多个资助项目以维持运作①。接受外国资助不便于政府管理，不如让类似组织受本国资助。笔者认为，调解收取费用也只能是较低标准的而非营利性的，至多补充一些日常办公经费，大部分经费还是应该通过申请政府项目获得；同时地方政府应拨出一部分社会治安综合治理方面的经费来补助一些具有调解纠纷功能的社会团体，毕竟这些组织履行职能本身就是在帮助地方政府维稳。

如果不采取会员制，对于所有调解都可酌情收取一定的费用。如果采取会员制，一般对缴纳会费的会员不再收取调处纠纷费用，而对于非会员则可以收取调解费用或拒绝进行调解。例如，新加坡消协受理投诉有严格规定和程序，消费者要投诉必须首先成为其会员并交纳会费。不同类别成员每年须交纳 8～1200 新元不等的会费，消协给予不同等级的信息和指导。新加坡消协设立了电话投诉中心和调解中心，只有 12 名全薪职工，其余均属志愿人员。靠自行筹款、政府资助和服务收费解决经费问题②。会员费可按照月费、年费、终身会员费等不同档次收取，同时，由于消协以外的消保组织可能相较消协更加专业化或更加勤勉，收取一定的调解费用并不必然导致无纠纷向其申诉。当然，如果经费充裕也并非一定要收取费用。

3. 完善经费的其他获取途经

消协对于报刊出版收入与获捐赠所得应列出明细、制作账目，作为弥补

---

① 和经纬、黄慧：《珠江三角洲地区农民工维权非政府组织描述性分析》，《香港社会科学学报》第三十五期（2008 年秋/冬季）。

② 任震宇：《对消费领域所有事都喜欢"插一手"——新加坡消协简介》，《中国消费者报》2009 年 5 月 13 日。新加坡消协调解中心有 100 名调解员，消协与志愿人员签订协议并对其开展业务培训，颁发证书，2005 年共处理案件 18650 件，调解成功率达 80%。参见戴崴：《出访新加坡消协工作交流情况》，http：//www.cca.org.cn/web/gjjl/newsShow.jsp? id=6539。

开展活动不足的部分经费，结余应纳入设立的消费维权基金或法律援助基金统一管理。除此之外，在不影响公正性的情况下尽可能地获取业者捐赠，可以借鉴加拿大的做法，采取企业统一赞助的方式，在"全国成立一超然性基金会组织，由该基金会请消费者保护团体协助提供企业经营者所需要之相关信息（如消费者需求等），以为其企业经营政策之参考，并接受企业经营者之捐款；另全国各消费者保护团体每年均研提其年度预算需要补助款项，由该基金会统筹分配、核拨，故单一消费者保护团体均无法得知其补助款之来源厂商，以维持团体运作之客观性与公正性"①。这样一种基金会可以防止消协与业者发生直接"勾兑"与利害关系，影响调解消费纠纷的立场。同时也可以根据消协和其他纯民间消保组织所从事的活动和业绩在不同组织之间分配经费。

另外，还要考虑扩大经费获取途径，比如采取罚金转移支付的方式。俄罗斯消保法第13条规定："如果消费者协会或地方自治机关提出了保护消费者权益的申诉，销售者、生产者因侵害消费者权益而被处以罚金，则被处罚金的百分之五十转汇给消费者协会或地方自治机关。"② 借鉴此一做法，可以考虑立法将市场监管机关查缉业者不法行为的罚没所得按一定比例分配给上述统一设立的基金，并且可以考虑加大消费欺诈行为在调解和诉讼中的惩罚性赔偿的倍数，将其中部分用于消费者组织法律援助基金或检测鉴定费用，鼓励更多的消费者维护自身合法权益。

对于这一消费维权基金，应该严格管理。该基金不得用于任何形式的经营性投资，增值收入也应纳入其中。同时可邀请中立、专业人士组成基金管理委员会实行独立会计核算，并编制单独的财务报表。消费维权基金年度预算分配、决算报告，要报管理委员会审议批准，并接受财政、审计等部门的监督检查。消费维权基金来源于捐赠、资助的，应当根据资助、捐赠人要求，定期向其通报基金使用情况和提供相应的会计资料，同时可每年通过网站向

---

① 我国台湾地区"消费者保护委员会"：《加拿大消费者保护业务考察报告》，1999年6月。
② 这一规定旨在鼓励和发展保护消费者权益机构的体系，无疑对保护消费者权益是有利的。在保护消费者权益的诉讼上，消法规定，不仅消费者免交诉讼费，而且消费者保护机构为了保护单个消费者、消费者群体或某个范围内的消费者的利益而提起的诉讼，也免交诉讼费。参见严华：《扩大了消费者的权利　加大了生产者、销售者的责任——介评俄罗斯联邦的〈消费者权益保护法〉》，《国外财经》2000年第4期。

社会通报一次基金的使用情况。基金管理委员会的负责人离任时应当按照有关规定接受审计。

（三）强化纠纷解决的消费者保护取向，明确规定适度倾斜的调解原则

根据现行的消协有关投诉规定，消协调解主要应遵循四个原则：①自愿与理法兼顾；②调解以事实和证据为依据；③消费者举证与证明责任适当减轻；④无偿服务。实际上这些原则已经在一定程度上反映出消协调解工作中保护消费者权益的倾斜性立场，包括前述消协调解的特点和策略，主要目的也是为了能够更有效地维护消费者权益。但实践中也有部分消协的工作人员从减轻工作量的自身利益出发，没有很好地理解法律对消协调解工作的定位，一味地强调客观公正、不偏不倚，结果可能造成机械地适用法律和对消费者施加苛刻的证明责任①，然后以没有法律法规、行业质量标准、三包规定以及证据不足为由，拒绝受理或者匆忙宣布调解失败，造成消费者权益的二度被害，没有从保护消费者权益的角度尽量寻求纠纷的妥善解决。为此，笔者认为消协调解机制在以事实和证据为依据的基础上，应该在受理投诉的相关规范中明确规定向消费者的合法或合理权益适度倾斜的调解原则。之所以强调合法或合乎情理，是因为如果消费者提出的诉求如"狮子大开口"，超出法律和情理所能容许的范围，消协调解人不应再向其利益倾斜，否则对业者明显不公，这样偏颇的调解实际上也是难以达成的。

学者指出，法官如何对待诉讼能力明显失衡的双方当事人是一个颇为困难的问题。法官严守中立虽然符合程序公正的要求，实体正义却可能因此而无法实现，但法官如果向弱势一方伸出援助之手，其中立性又会受到强势一方当事人的质疑。法官面临的这种困境实际上反映了程序公正与实体公正的矛盾与冲突②。"重程序、轻实体"同样是一种不正确的理念。要防止不恰当

---

① 例如年夜饭纠纷问题主要集中在价格虚高、数量和规格与预订不符、使用的原料不新鲜甚至变质等方面。为此，北京市消协要求消费者"注意细节好维权"，"预订前，首先要看清对方的营业执照和卫生许可证，如需提前预订单间，应在订单上明确表述就餐时间和地点；对每道菜的规格、质量都要进行详细的约定；已预订年夜饭的消费者要保存好相关的票据，以确保合法权益不受侵害"。参见曾祥素：《北京市消费者协会发布2008年第1号消费警示》，《中国质量报》2008年2月1日第8版。保存票据自属应该，但查验证照、对每道菜详细约定这样的要求对于普通消费者来说过于苛刻，实际上是将商家应尽的诚信经营责任和行政机关日常监管职责转换为消费者的充分戒备防范意识，对消费者施加了不公平的负担和证明责任。

② 李浩：《民事诉讼程序权利的保障：问题与对策》，《法商研究》2007年第3期。

地强调司法的中立性而减损实体公正①。同样，在消费纠纷的调解中，消协调解人也面临着这样的选择问题，区别在于，消协调解人的选择可能没有法官那样困难，因为消协本身定位为消费者的"娘家人"，是维护消费者权益的社会组织，其立场与活动过程不应严守形式中立，过分的中立姿态会损害消费者对消协的信任，也不利于消费者实体权利的充分维护。在尊重事实与法律的前提下，理应理直气壮地向维护消费者利益的方向做适度的倾斜。

有基层消协工作人员就认为，如果消协在消费纠纷中以中间人的身份出现，则背离了消协成立的目的，看似公正实则不公。在消费纠纷中，消费者总是受害者，所谓双方让步，大多数情况下只是消费者的退让，消费者降低了权利请求，如将退货变成换货，换货变成修理，而不是严格依法得到保护。我们不应把消协的调解同人民调解委员会、法院、仲裁机构的调解等同看待，后者不代表任何一方的利益，理应不偏不倚，但消协却是消费者利益的忠实代表。正如律师在担任一方代理人后仍然可就双方的纠纷进行调解一样，在查清事实、分清责任的基础上，可以站在消费者的立场上进行调解。消协应该像刑事诉讼中的辩护人一样，既维护当事人利益又具有独立性。如果调解不成，消协应该转入下一个角色——支持消费者起诉的诉讼代理人②。实践中消协调解可能也是有一定的倾向性的，比如上海市消保委秘书长曾表示，消保委调解时"在同等的情况下，我们可能给予消费者多一点的保护"③。

笔者认为，"站在消费者的立场上进行调解"这一观点有其自身的逻辑，但也存在一定的问题，尚不够科学，笔者将消费纠纷调解分为四种不同情形：

首先，消费纠纷调解不见得和民事诉讼过程中的法院调解一样，让步的往往是原告一方，很多时候消协介入调解就会对业者产生有形无形的压力，迫使其依法或依相关规定满足消费者的诉求，也就是说实践中消协只要依法调解，可能就会产生业者单方让步而不需要消费者让步的有利于消费者的结果。

其次，消费者并不总是受害者，且消费者由于对相关法律法规理解片面，

① 李浩：《实体公正与程序公正：偏差与回归》，《人民法院报》2008年7月15日第5版。
② 姜波、于范杰：《浅谈消费者协会在消费纠纷中的角色定位》，《中国工商管理研究》1997年第3期。
③ 赵皎黎：《营造一个良好的消费环境——解读〈上海市消费者权益保护条例〉》，《上图讲座专刊》2005年第3期。

其提出的权利请求可能也不尽合理，如果业者同意依法承担相应责任，则消协调解就应该积极说服消费者依法维权、适度维权以促成纠纷息解，这些情况下消协调解并不是完全站在消费者立场上，而主要是说服消费者单方面让步，同意业者的解决方案。

第三，如果消费者诉求合理，但因为证据不够充分、调查取证费用不足或法律知识、消费知识不足而被业者的不诚信行为钻了空子，陷于诉求主张不易实现或索赔困难的局面时，为了维护消费者权益，消协可以采取多角度施压、多种形态（职权调查、垫付鉴定费用、提供法律咨询指导）提供法律援助的方式进行朝向消费者一方利益的倾斜性调解。如果消费者诉求超出现行法律或相关规定，但尚属情理可容许范围之内，消协也可以根据双方当事人和个案具体情况灵活把握依法调解原则，适当地"站在消费者的立场上进行调解"。这是因为法律、法规和一些行业性规定在立法时可能过多的照顾了业者利益或者已经不适应相关市场、行业发展的现实情形①，还有一些领域根本无法可依，无从依法调解，还有的情况是消费者有特殊困难或情况②，这些都需要调解主体在具体纠纷处理过程中适度倾向于照顾消费者权益，尽量实现实质性的公平正义。因此笔者主张消协调解应该采取"依法和依证据调解基础上的适度倾斜"原则。当然，从某种角度说，这也是发挥消协调解的能动性，弥补现行制度缺陷的权宜之计，完善相关的实体规范可能才是更加根本的解决之道。但实体法发展总是滞后于实践和社会生活，因此在特定情况下的适度倾斜性调解总是必要和有益的。

---

① 如U盘、MP3、MP4、移动硬盘等电子产品，都不在2002年实施的《微型计算机商品修理更换退货责任规定》的"三包"商品范围内，导致这些商品都没有1年"三包"期。目前能够明确规定适用"三包"规定的商品不过100个种类，三包规定的不足给经营者恶意利用来减轻和免除自己的责任以借口，如商品房、维修服务等领域。而许多规定时间最长的已实施十几年，像产品退换货的折旧费率问题、产品包装箱问题、退换货的时间问题等，都没有明确规定或有规定但由于时代发展显得不合时宜。很多产品更新换代后检测标准过时或无法检测鉴定。三包规定对所纳入产品的主要部件都有明确的列举，于是一些企业就将新功能、新部件排除在主要部件之外，逃避三包责任。例如不少企业认为液晶电视显示屏不属于主要部件，只包修1年。一些产品的三包规定对经营者的要求越来越宽松。参见王峰：《三包规定面临时代抉择》；李燕京、王峰：《三包规定何去何从？》；桑雪骐：《有了三包做后盾 消费者维权也为难》，《中国消费者报》2009年3月15日。
② 例如，在一起影楼照片质量纠纷中，消协为聋哑消费者夫妇请来哑语教师以便沟通调解。参见河南省新乡市消费者协会：《聋哑夫妇有口难言 消协出面帮助维权》，载中国消费者协会：《保护消费者权益案例精选集》，中国工商出版社2005年版，第229-231页。

第四，不能认为消协秉持适度向消费者倾斜的调解原则就是要"横眉冷对"业者，现实生活中消协与业者打交道的次数显然比与某个单一纠纷中的消费者打交道的次数要多，这一特点利用得好是消协调解的优势，使得业者能够接受消协调解且易于让步妥协，反之则会影响向消费者倾斜的调解原则的贯彻落实。即使消协没有受到业者"勾兑"，仅仅从向消费者倾斜退回到固守形式主义的消极中立，就可能非常不利于消费者权益的维护。根据笔者对某市消协工作人员的访谈，该市消协甚至专门派出2名工作人员定期到企业讲座，讨论企业如何搞好服务、做好预防性工作，如何提高质量和服务水平，甚至包括如何创新品牌以及进行法律咨询等内容。由于消协工作人员学历较高（都是大专以上），都学习过法律知识，企业主比较买账、比较认同，使得发生消费纠纷时调解难度小。消协工作人员表示，以前不知道和经营者搞好关系，现在发现不能光打击他（指业者），也要搞好培训（针对企业负责售后或客服的人），进行道德和诚信教育。笔者认为，与业者的约谈和定期交流或进行培训并无不可，但进行消费者保护以外内容的培训则显然错置了消协的资源并模糊了其角色定位。因为熟人社会与"差序格局"的影响，越是消协与业者密切互动，就越是要强调向消费者适度倾斜的调解原则。

（四）消费者解纷成本的降低

1. 程序运用过程的成本

首先应当指出，前文消协调解机制5个方面的特点本身应当作为经验性的规则在全国消协系统进一步推广和制度化，因为其中不少做法并非全国性的制度而局限于数省甚至一市一区，推广这些做法会加大消协调解过程的成本和负担（包括增加整个社会的成本），但使得调解更富成效，对于消费者来说其解纷成本会显著降低，纠纷解决的可能性也会明显提高。同时对于整个社会来说也是有益的，因为其虽然增加一时一地一事的解纷成本，但长期来看则会规范业者行为，减少其侥幸心理与消费者被害黑数，这样反而会减少社会总体为消费侵权与企业失范行为所付出的综合代价。除了上述方面之外，笔者认为调解程序还可以通过以下一些方法改良，以降低当事人尤其是消费者的解纷成本：

（1）建立全国性的异地维权协作制度。消费维权大多是消费纠纷发生以后的活动，消费者往往对形形色色的消费陷阱预料不足，随着人员流动的增加和新兴购物模式的推广，异地消费的现象非常普遍，发生消费纠纷后形成消费者被害黑数的可能性比本地消费要高得多。有些是当时由于旅行或出差行程的安排不便于立即投诉，有的是消费者回到居住地之后才发现所购商品存在质量问题，有的是消费者通过邮购、网购或电视购物付款后发现外地业者所售商品存在问题。消费者异地购物发生纠纷，有两种投诉方式：一是直接向当地消协投诉，由于不熟悉当地情况，加之消协调查、协调需要时间，会给外地消费者带来诸多不便。二是向本地消协投诉，再转往异地消协。消费者向异地消协提供相关票据比较困难。纠纷双方身处异地，当商品需要检验时，双方就检测机构也很难达成一致。而且，不少业者常存有侥幸心理，利用外地消费者路途较远、投诉不便等因素，拖延或拒绝解决消费纠纷。如果两地消协之间再缺乏工作信息交流机制，消费者的诉求往往难以得到解决。因此，如何让消费者拥有异地消费本地投诉的便捷保障非常重要。

实际上，国内不少城市和地区间已经形成了跨区域协作的规则，如长三角消保委消费维权联盟①、沪杭苏旅游消费投诉绿色通道、环太湖城市消费维权网、苏皖八市（南京都市圈）异地消费维权机制、津深港澳消费维权合作"绿色通道"、"9+2"泛珠三角区域消费维权合作机制、奥运赛场城市的消协（消保委）消费纠纷快速调解通道、厦门与台湾本岛及金门消费争议申（投）诉协作机制、十五城市（地区）消费者协会（委员会）合作体等。但是上述协作机制基本上集中于大中城市或围绕经济发达地区设置，全国的大部分消费者事实上没有被囊括其中。而且很多的合作协议只是框架性的，只有原则而缺乏具体制度规定，加上不为人知，造成使用协作机制异地维权的消费者人数寥寥。在总结经验的基础上，应当在消协的投诉规范中明确规定异地协作的工作机制，规定消费者在全国任一地购买商品或接受服务，当其合法权益受到侵害时，可向其居住地的消协投诉。接到投诉的消协在 3 个工作日内将投诉通过传真等方式转给被侵权地的消协处理；被侵权地消协收到转办的投诉，在 5 个工作日内作出是否受理的决定。对受理的投诉，消协应对争议事实认真调查、核实，进行调解，一般纠纷应在 30 个工作日内处理完毕，并将结果及时告知消费者。消费者的身份和相关证据由其居住地消协核实并做

---

① 上海、江苏、浙江、安徽四省市消保委将建立消费信息互转及共享机制，建立长三角消费维权联盟官方网站、微信公众号等宣传平台，构建长三角消费维权宣传和投诉的一体化入口。参见齐志明：《长三角打造消费维权一体化入口》，《人民日报》2019 年 6 月 19 日第 19 版。

证明，也可扫描后发送给被侵权地的消协。这一机制的最终目的是要打破全国所有区域间的"地域壁垒"，实现消费维权全国一盘棋，应该通过多种手段广泛宣传这一机制（比如在旅游景点、机场、车站、港口、指定购物商店等张贴相关规定内容），让消费者知晓和学会利用。在条件具备时，可将全国各级各地消协联网，共享投诉、维权、调查、试验、分析数据等方面的信息，达到信息互通、资源共享和协作维权的程度（无纸化办公和软件程序也可以减少消协工作人员在日常文书传递、归档和统计方面的工作量，提高工作效率，加快整体的纠纷解决进程）。

（2）简易程序调解。明确规定调解的简易程序和普通程序。情况简单、事实清楚、涉案金额较小、争议不大的投诉，一般采用简易程序。对于快速调解可当场签订格式化的调解协议。对于重大、复杂或疑难纠纷以及其他消协认为必要的情形，则应立即安排工作人员进行现场调查和调解。

（3）电话调解。通过电话与双方当事人沟通进行调解，而不必通知双方到消协或者随消费者到业者场所进行现场调解。将双方当事人同意调解方案的意思表示通过电话录音记录下来，减少当事人舟车劳顿与时间耗费。一旦将来业者或消费者反悔，将作为后续消协或行政处理程序的参考依据，对于消费者反悔的可以考虑拒绝受理其投诉或申诉，对于业者反悔的可以考虑移送行政处罚、曝光或支持消费者起诉。

（4）网络调解。要充分利用新兴媒介手段，比如通过消协网站搭建网上调解与和解平台，消费者遇到纠纷，不用再花费时间亲自到消协，只要登录网上调解平台，就可进行投诉，受理消费者的投诉后，消协通知被投诉方，要求其在网络上进行书面答复，消费者与经营者可以在网上交换意见，消协也参与其中进行斡旋，发表观点和调解意见。消协根据事实，依据有关法律法规，在网站提出调解意见，如投诉双方接受调解意见，可共同来消协履行有关手续，也可以通过向消协发送确认协议电邮、电子签章签名，消协保存相关协议页面或聊天记录等后归档结案。如果一方当事人反悔需负担相关抗辩理由的证明责任；如不能达成一致，再到消协当面调解，从而进入传统调解进程，或在网站书面告知投诉方通过其他途径解决。条件成熟的消协可以开通业者—消费者—消协三方同步网络视频，将当事人的口头意思表示予以记录，建立快捷调解机制，降低消费者维权成本。网上调解，可省去消费者大量的时间、交通费用等，避免了少数不诚信业者为逃避责任而给消费者造成的负面情绪体验（如当面羞辱、不理不睬等），缓解当事人双方的对立情绪，并能以最快的速度沟通意见、调处纠纷。

（5）假日调解。可以将消协工作人员的休息日期改为周日和周一，方便消费者周六投诉和参与消协调解。

2. 检测、鉴定与举证成本

产品质量侵权诉讼不实行证明责任倒置，消费者的证明负担较大。《中华人民共和国消费者权益保护法》的修订没有解决购买六个月以上的产品质量侵权诉讼的证明责任问题，也没有解决非耐用产品消费纠纷中消费者的证明困难。"在产品责任的侵权诉讼中，受害人须证明：①加害人的产品有缺陷存在；②受害人的人身或财产受到了损害；③损害系被告有缺陷产品造成。被告欲免责，须主张并证明《中华人民共和国产品质量法》第29条规定的免责事由。但这恰恰是依据证明责任分配原则所进行的正置分配，要求产品的生产者就法律规定的免责事由承担证明责任是对证明责任的正置分配而不是倒置分配。"[1] 在消协调解过程中虽然可以适当减轻消费者的证明责任，即《受理消费者投诉规定》提出的"对造成损害的产品的质量缺陷和服务中存在的具体损害原因，不应当强求消费者举证"，但该条款本身就比较模糊，如何理解尚不明确，且与《投诉工作导则》中规定"消费者要提供与投诉有关的证据，证明购买、使用商品或接受服务与受损害存在因果关系"和《受理消费者投诉规定》中的"对缺少凭证和情况不明的投诉，应及时通知投诉人，待补齐所需证明材料后受理"条款可能存在冲突。

实践中可能存在三种对消费者不利的情形：①有的消协人员要求消费者必须履行完全的证明责任，而消费者证明不能导致纠纷无法解决。②有的消协人员在消费者具备初步证据时受理了投诉，但如果消协随后无法调查出纠纷事实情况，也难以给出明确的结论，消费者也证明不能，同样无法解决纠纷。③消协认为其已调查清了事实真相，但业者并不认可，拒绝消协的调解意见，消费者无法自行证明，调解失败。这三种情况归结起来就是消费者对于产品是否有缺陷和缺陷与危害的因果关系这两个要件证明不能，如果业者要求消费者严格履行证明责任，证明这两个要件之后才有资格与其协商调解，就会导致消费纠纷无法调解的局面。

---

① 李浩：《民事证明责任研究》，法律出版社2003年版，第182–183页。

因果关系与产品缺陷相比可能是更加难以证明的一个要件，有时在现有技术条件和人类认识方面也只能达到统计学和盖然性的程度，所以有的国家将这一要件倒置给业者证明。例如德国通过著名的"鸡瘟疫苗"案及随后的其他案例，以法官裁量方式减轻消费者的证明责任，将过错与因果关系要件倒置给业者证明，"受害人不需要阐明产品错误是否基于制造者违反了谨慎义务以及违反义务的行为以何种方式导致了错误的产生，受害人只需要证明损害是由制造者在管理领域造成的商品违规状况引起的即可。与此相反，类推适用民法典第836条，制造者对自己没有过错承担证明责任。如果制造者违反了指示义务、审查义务和结果保全义务，这种证明责任倒置也适用于产品瑕疵的因果关系。"[1] 笔者认为，因果关系要件固然重要，但产品缺陷要件更加具有前提性，如果产品无法被认定为有缺陷，因果关系就谈不上了。而如果产品被鉴定确有缺陷，则因果关系可以通过推定、数理统计等认识方法解决，可以交由法官或调解人来自由心证。缺陷要件需要通过科学鉴定和检测才能完全确定，这一要件就是消费者履行证明责任之路上的"头号敌人"。

消费者的损害事实和消费纠纷出现之后，业者如果自己具有售后维修部门和工厂，往往愿意通过其附设的机构免费出具检测报告，但其结论往往是将损害归为消费者人为因素，产品并无缺陷，因此难以获得消费者的信赖和认同，消费者往往希望调解协商或者将纠纷标的物送交中立的第三方检测鉴定机构，这时不愿承担责任的业者往往不同意调解或协商和解，也不同意负担或预先垫付纠纷标的物的鉴定检测费用，而要求消费者预付费用检测，然后再依据法定的鉴定意见确定其责任和赔付比例。曾有相关规定："下列申请人有权向省级以上质量技术监督部门提出质量鉴定申请：司法机关；仲裁机构；质量技术监督部门或者其他行政管理部门；处理产品质量纠纷的有关社会团体；产品质量争议双方当事人。"[2] 也就是说，消费者单方面委托鉴定得

---

[1]　［德］罗森贝克、施瓦布等：《德国民事诉讼法》，李大雪译，中国法制出版社2007年版，第854页。

[2]　国家质量技术监督局：《产品质量仲裁检验和产品质量鉴定管理办法》（1999年4月1日）。上述规定已于2018年废止，产品质量鉴定尚未纳入司法鉴定统一管理，相关部门对检测公司开展产品质量鉴定活动的监管不够。一些检测公司违法违规出具内容造假、包含专业错误、甚至故意偏袒一方申请人的产品质量鉴定。在产品质量发生争议时，当事人自行委托检验检测机构开展产品质量鉴定的，属于民事委托行为，除非双方当事人有约定，否则鉴定意见对双方当事人并不具备法律效力。在有约定的情况下，双方当事人对鉴定意见有争议的，也只能通过法律途径寻求救济。

出的意见是无效的，业者可以不予承认。而双方当事人就此达成一致，则必然会选择一个国家级的、非常专业和权威的机构，这样的机构其鉴定费用自然不菲。就我国目前的情况来看，消费者通过检测和鉴定来证明产品缺陷在理论上可行而在实际上不具备可行性。

首先，经济上不可行或风险较大。检测、鉴定费用普遍较高，对于普通消费者来说经济负担过重而不得不放弃维权。即使能够负担这一费用的消费者，一旦检测、鉴定得不出产品存在缺陷的结论，高额检测、鉴定费用对消费者来说无疑是二次损失、雪上加霜。显然，除非遭遇特别大的损失，如果鉴定费用相对于商品本身的价格相对较贵或者绝对值比较昂贵，一般消费者最后会选择放弃维权，自认倒霉。"委托鉴定权"虽然是消协的权利和法定职能，但消协也并无负担费用的义务，相反相关规定表明，"有关消费争议的商品检验费用按国家规定的收费标准收取。检验费用由争议双方当事人协商支付或者由消费者先行支付，责任确定后，依法按责任情况承担"①。而业者出于利己动机往往不会与消费者协商支付或自己先行垫付，这一负担就需要消费者独自承担。

如果鉴定费用低廉，倒也不会令人困扰，但很多时候，鉴定难首先反映为鉴定贵。比如有报道显示，鉴定一扇塑钢窗是否存在漏风、漏水等质量问题，包含气密、抗风压、水密三项的检测费用在 2500～4500 元，这相当于消费者自行更换窗户成本的 10 倍以上②。手机的鉴定费用可能也是购机款的数倍③。检测一瓶酒的费用需要 5000～10000 元④。因为需要开动相关检测设备，鉴定时间长，耗电、耗水量大，因此对于一套 1.5 匹家用空调制冷量的检验费用就是 5000 元，而这相当于一台柜机的价格了⑤。汽车仅一个转向系统检测项目需要 20000 多元，耗时近 3 个月。还有进口车车主反映，有的厂家要求提供国外检测机构出具的鉴定报告，费用高达数万美元。⑥ 除了汽车、房屋

---

① 国家工商行政管理局、国家质量技术监督局、国家出入境检验检疫局、国家国内贸易局、国家轻工业局：《有关消费争议的商品送检规定》（2000 年 3 月 10 日）。

② 潘从武、周琦：《高成本挡住多少消费者维权路》，《法制日报》2007 年 8 月 10 日。

③ 曹为鹏、赵舒：《650 元的手机鉴定费却要 3000 元》，《青岛晚报》2008 年 4 月 28 日第 13 版。

④ 董小军：《成本过高成消费维权难点》，《宁波日报》2007 年 10 月 9 日第 A08 版。

⑤ 桑雪骐：《家电消费维权遭遇鉴定难》，《中国消费者报》2008 年 8 月 18 日。

⑥ 谢莉葳：《汽车 3·15 年度报告：质量问题依旧是投诉热点》，《中国消费者报》2009 年 3 月 15 日。

等大宗商品面临鉴定的尴尬，鞋帽、衣服、玩具等不起眼的商品同样也面临着和其自身价值不相符的高额鉴定费用。

其次，国内缺乏检测鉴定机构以及检测鉴定机构分布不合理，人为地增加了消费者鉴定所花费用和时间，将本已不菲的鉴定费用又做了一次放大。例如，整个湖北省仅襄樊市有一家国家认可的汽车检测中心，但主要从事整车及性能检测，湖北省及各市其他质检机构尚无相关技术手段，均不能检测汽车配件的质量问题①。湖北省没有一家相关部门具备电视机产品质量检测资质。而是否是电视自燃导致火灾的证明需要经过公安部消防局火灾原因技术鉴定中心的鉴定，该中心位于天津，要做鉴定，必须将物证原封不动打包到天津，前期的费用就需 10000 余元②。

再次，有些问题目前难以检测鉴定或得出明确结论，如果要求消费者承担严格的证明责任，事实上使其权益无法得到维护。例如，电磁炉爆炸③、车辆自燃、安全气囊故障④等情况。一些进口产品更是缺乏相关标准和检测手

---

① 胡江南等：《汽车配件投诉四成无"果"而终》，《长江日报》2007 年 8 月 30 日第 5 版。

② 桑雪骐：《家电消费维权遭遇鉴定难》，《中国消费者报》2008 年 8 月 18 日。

③ 广州一位消费者在使用电磁炉时突然发生爆炸，该用户全身多处受伤。但在维权时，消费者遭遇到了鉴定难的问题：厂家自行检测认为产品质量合格，不可能发生爆炸，只愿意支付 3 万元的赔偿费。而消费者认为该电磁炉肯定存在质量问题，要求赔偿 60 万元。由于找不到合适的鉴定机构对电磁炉质量进行鉴定，给维权取证带来了麻烦，双方争吵的结果是消费者一分未得。参见王峰：《没有三包做后盾 消费者维权难上难》，《中国消费者报》2009 年 3 月 15 日。

④ 2008 年消协系统受理的汽车投诉中涉及汽车安全问题十分突出，厂商多将责任归咎于消费者操作不当，投诉调解成功率较低。以汽车自燃纠纷为例，消费者多怀疑是汽车质量问题，而汽车厂商则认为是车主改装或使用不当所引起，解决此类纠纷最大的难点在于：引起自燃的原因由谁来举证。吉林、山东、湖南、广东、河北、浙江、福建及南京市消协（消保会）在受理过程中，厂家清一色的要求消费者举证，除吉林省四平市消协、浙江省温岭市消保委和安徽省合肥市消协以协商解决外，其余投诉都不了了之。汽车自燃原因鉴定目前在国内还是难点，许多汽车自燃案件只能由消费者买单。气囊纠纷是汽车类投诉的一大难点，广东、安徽、河北、福建、河南及西宁市等地消协（消保委）受理了多起碰撞事故后安全气囊未打开的投诉，经销商和厂家往往以减速度不够、撞击力度和撞击角度达不到起爆标准等理由搪塞，当调解人员要求厂家出示气囊质量标准时，厂家以涉嫌商业秘密拒不提供。质量鉴定无门，责任难以界定。参见谢莉葳：《汽车 3·15 年度报告：质量问题依旧是投诉热点》，《中国消费者报》2009 年 3 月 15 日。

段，消费者有时需要寻求国外检测机构和信息的帮助才能维权①。

最后，即使鉴定机构出具的鉴定意见，有时也难保公正，因为目前鉴定机构和检测机构是统一管理，有些产品是否合格、达到相应的标准，检测机构会出具相应的检测报告。在随后出现消费纠纷时，消费者提请鉴定又遇到该机构，就会出现该机构自己判断自己的情况，易使人产生不信任感。实际生活中这种制度设计和检测程序的不合理，为人情检测、暗箱操作留下了空间和余地②。同一机构承担合格检测和纠纷质量鉴定，缺乏机构之间必要的制衡，使得鉴定意见存在问题也难以纠正。还有很多鉴定意见只做客观描述，没有起到应有的证明作用③。

鉴定难问题在消费纠纷中非常突出，高昂的检测费与维权实际收益的差距也是消费者鉴定路上的"拦路虎"。应该说，对产品质量进行科学的判断，从而确定问题的责任，从法律角度讲是合法的，不少情况下业者要求消费者出示相关鉴定报告的要求也是合理的，但这的确又导致了消费者维权困难。由于消费者鉴定难，一些明知产品可能存在缺陷的不法业者以提供鉴定报告

---

① 按照《进口汽车管理办法》有关规定，进口汽车如在保质期内出现质量问题，可向商检部门提出鉴定申请。但目前进口汽车的一些性能指标对鉴定设备要求较高，这给用户带来较大难题。如果通过物价部门进行评估，很多进口零件国内无法估价，甚至一些部件评估人员都未见过。广东一位车主驾驶某品牌越野车在时速 50 多公里时，左转弯翻车造成左胳膊截肢。在治病同时，她为举证花费了大量财力、精力。直到从网上得知在美国进行的这种车型试验中，发现存在设计缺陷，才得到有力证据。参见李臻：《投诉居高　汽车维权不轻松》，《江苏法制报》，2008 年 3 月 14 日第 6 版。消费者吴女士驾驶一辆丰田佳美在高速公路上行驶时，突然方向盘失控，车辆跑偏撞向护栏，车辆严重受损。事后她认为该车存在质量问题，但是厂家认为事故是驾驶者原因造成。由于僵持不下，技术鉴定成为双方共同的要求。由于国内无法对进口轿车进行质量鉴定，必须将该车托运到国外进行整车鉴定，仅鉴定费一项就远远超过该车本身，吴女士最终选择了放弃。参见明磊：《消费维权十大难题解读》《江苏法制报》，2008 年 3 月 12 日第 4 版。

② 例如，金银珠宝商品是一种贵重商品，多数消费者购买时特别注意其鉴定结论和检验报告。由于任务重、检测量大、技术力量有限，金银珠宝检测机构难以有效保证检测质量和水平，检测证书不规范的现象时有发生，个别检测机构存在不如实出具鉴定结论和检验报告、擅自拔高金银珠宝商品的等级、出具空白的鉴定结论由厂商填写等欺骗消费者的违法行为，影响了珠宝市场的规范、健康发展。参见《完善珠宝市场监管抽查机制　推动金银珠宝行业健康发展》，载国家工商总局研究中心：《国家工商总局市场监督管理参考》第 66 期，2006 年 11 月 1 日。

③ 一些检测单位在对送检的商品进行检测后，在鉴定报告上只会出现对检测时的客观情况进行描述，而不会对产生客观情况的原因进行判断，因为一是没有直接的证据，二是有点担心会承担不必要的判断风险。例如，检测单位在对受潮的手机进行检测后，结论往往只是"主板受潮"，而对手机主板究竟是如何受潮的则一般不敢下结论。这样就出现了一个问题，只对客观情况进行描述的鉴定报告对解决消费纠纷来说往往是没有实际作用的，但这一软肋却被个别厂商牢牢抓住，并作为把责任推卸到消费者身上的借口。参见罗仁宵：《维权遭遇"技术门槛"》，《中国防伪》2005 年第 3 期。

的方式作为解决问题的前提，显然也是在逃避责任和刁难消费者，是一种"有理取闹"。由于消费者的精力和财力有限，处于信息不对称地位，业者采取此一战术，消费者最终只能放弃实体权利。为此，笔者认为可以从以下一些思路着手改善这一"鉴定贵、鉴定难—证明难—主张被承认难—索赔难—激励业者固守和频繁祭出现行证明责任分配方法和先鉴定再索赔的主张—加剧维权难"的消费维权困境和"死循环"。

（1）立法上证明责任倒置。许多业者在出现消费纠纷和质量问题后往往不是从解决问题的角度出发，而是想方设法进行推诿、搪塞，敷衍了事。有些显而易见的质量问题，企业原本可以从生产环节进行有效控制，却没有采取积极的措施进行纠正，任由缺陷产品流入市场，把问题推向市场，由消费者承担。面对投诉则一味要求消费者出具证明或去鉴定，在消费者鉴定无门或无力的情况下，消费者被害问题就被固化和深化了，不满情绪累积到一定程度后消费者可能做出一些不理智的行为泄愤①。业者对产品的性能、制造工艺等方面具有比消费者更全面的专业知识，他们对可能出现的问题最了解，履行证明责任相对要容易得多。消费者在解纷资源和证明能力方面处于明显的弱势地位，解纷动机与行为更容易被解纷成本所抑制。

《中华人民共和国消费者权益保护法》第23条②规定的证明责任倒置从纠纷期限和商品范围两个方面进行了限定，虽然与之前的立法相比出现了显著进步，但还是反映出立法者试图平衡消费者与业者权利，控制消费者维权范

---

①　比如在公开场合砸大奔、砸液晶电视、砸冰箱、老牛拉豪车等近似行为艺术实则万般无奈的消费者泄愤行为。

②　经营者应当保证在正常使用商品或者接受服务的情况下其提供的商品或者服务应当具有的质量、性能、用途和有效期限；但消费者在购买该商品或者接受该服务前已经知道其存在瑕疵，且存在该瑕疵不违反法律强制性规定的除外。经营者以广告、产品说明、实物样品或者其他方式表明商品或者服务的质量状况的，应当保证其提供的商品或者服务的实际质量与表明的质量状况相符。经营者提供的机动车、计算机、电视机、电冰箱、空调器、洗衣机等耐用商品或者装饰装修等服务，消费者自接受商品或者服务之日起六个月内发现瑕疵，发生争议的，由经营者承担有关瑕疵的举证责任。

围与程度的意图①。从对消费者权益的倾斜性保护的原则出发，应该按照证明责任与证明能力相适应的分配方法合理分配证明责任，确立体现对弱者保护的证明责任倒置规则，即当消费者因商品或服务质量问题提出赔偿请求时，消费者的证明责任仅仅是提供购买商品或服务的有效凭证、疑似存在缺陷的商品或服务的证据（包括不需检测的展示缺陷或瑕疵）以及受损害的事实方面的证据，如业者对消费者被害有异议，应由业者负责检测、鉴定等工作并承担费用。

实际生活中有的商家如电视购物公司一般不提供购物凭证，即使提供也无明确的名称、地址、规格、保修等详细的资料，应该对此类商业行为进行行政处罚并制裁相关联的媒体和物流公司，杜绝此一现象。如果今后修改《中华人民共和国民法典》，将缺陷产品和因果关系要件倒置给业者证明，并配合产品责任保险制度等相关配套措施，无疑会从根本上改变这一困境，在消协调解中消费者对于鉴定问题也就无须操心了。但这一方式对于业者和产业界来说可能施加了过重的负担，也有鼓励滥诉之虞，立法阻力很大，在相当长的一段时期内可行性都不强，有待从多学科和多种角度做充分论证。建立合理的证明责任制度与消费纠纷的顺利解决关系密切，如果不能意识到消费纠纷不同于一般民事纠纷的特性和消费者保护的深刻意义，则立法观念可能长期得不到改正而容易忽视对消费者的倾斜性保护。

（2）允许司法裁量证明责任倒置，并就特定情形（比如规定对于造成消费者人身损害或重大财产损失的消费纠纷，可以倒置）形成案例指导，鼓励法官大胆适用。在相关法律和司法解释没有修改之前，司法也并非无可作为，而是可以在消费者保护方面"暗渡陈仓"。

有学者认为司法上适用证明责任转换的要件为："依事件特性（包括当事

---

① 例如金融服务消费者与金融机构在经济实力、信息收集能力、举证能力等诸多方面存在严重不均衡，有些交易信息甚至只存在于金融机构的后台数据库中，在数字环境下或者跨境服务中更甚。机械遵循"谁主张，谁举证"，造成金融消费者无法提供于己有利的证据而难以保护自身权利，消费者与业者的法律地位在实质上产生不平等。具体到金融消费纠纷中，可在下列情形中增加"证明责任倒置"标准的应用：一是与争议的金融产品或服务有关的交易数据、录音录像等由金融机构存储或掌握的；二是在银行卡盗刷等金融消费纠纷中，根据现有证据无法证明金融消费者存在故意或过失密码泄露等情节的，金融机构应对其已尽到安全保障义务承担证明责任。参见孙天琦等：《金融秩序与行为监管——构建金融业行为监管与消费者保护体系》，中国金融出版社 2019 年版，第 92 页，第 113 页。

人及事件本身之特性等）或非负举证责任一当事人之可归责行为，而认为依
一般举证责任分配原则所为之举证责任分配归属，依诚信原则、危险领域、
盖然性、武器平等、证据接近及实体法价值预设等考虑因素，若对于应负举
证责任一当事人之举证呈现显然无期待可能，而除举证责任转换之外，已无
足以实现公平正义理念之可能时，即具实务上创设举证责任转换之要件。
就此，实务上之运用，即应注意详为论证，必要时为指示或阐明，以避免突
袭。"① 显然在鉴定困难或明显不经济的情况下，消费者已无履行证明责任的
期待可能性，从实体法价值预设和信息不对称的角度，是能够对这一倒置裁
量做出充分合理论证的。

　　在司法实践中，对于产品缺陷和因果关系要件证明难的问题，有的法官
也做出了积极的回应，比如安全气囊未打开的责任这一老大难问题②。"消费
者友好"的司法裁量如同昙花一现，只具一时一地一事的作用范围，对业者
起不到任何作用。（下游的）法院必须在证明责任分配方面做有利于消费者的
倒置并形成案例指导，大量的类似判决产生消费纠纷当事人和社会公众可预
测的分配规则和惯例，形成实质上的判例法的效果，（上游的）消协或市场监
管机关按有利于消费者角度分配证明责任进行调解才能比较轻松和有说服力。

　　（3）改革消协调解中的鉴定程序的付费顺序，赋予业者必须与消费者配

---

① 姜世明：《举证责任与证明度》，（台湾）新学林出版股份有限公司2008年版，第102页。
② 2008年4月27日在山东省莒南县，卢某酒后驾车撞到路边房屋，造成副驾驶座刘某当场死
亡，卢某受伤，车辆部分损坏。该车前方两个安全气囊均未打开。事后，卢某以安全气囊存在明显质
量缺陷为由，要求汽车生产商赔偿经济及精神损失40万元，将不合格的轿车退给被告，同时要求汽车
销售公司承担连带责任。2008年9月19日，莒南县人民法院审理认为，安全气囊是具有保护功能的装
置，应在一定条件下发挥作用。涉案汽车发生交通事故，该车前方两个安全气囊均未打开，在事故中
没有发挥应有的安全保护作用，刘某死亡、卢某受轻伤的后果与安全气囊未打开存在民事上的因果关
系。卢某因酒后驾车存在过失，应承担部分责任。法院一审判决汽车生产商赔偿卢某损失239504.7
元，某汽车销售公司承担连带赔偿责任。发生碰撞后因气囊未打开而引发的纠纷屡有发生，消费者胜
诉的官司不多，汽车生产商或辩称撞得不够厉害，或辩称撞的位置不对。因为没有相关标准做后盾，
消费者难以在技术层面上证明安全气囊存在缺陷。另一方面，即使法院认定安全气囊存在缺陷，消费
者又如何证明安全气囊不打开与事故损害之间的因果关系？上述问题，往往让消费者维权时面临难题。
此案中，法院认定，"法律没有要求原告对缺陷产品的原因及技术层面的问题举证，被告没有就法律
规定的免责事由举证证明，应当视为车辆配置的安全气囊系统存在质量缺陷"。参见万晓东：《中国
3·15年度报告 判例篇：经典示范》，《中国消费者报》2009年3月15日。笔者认为，本案法官实际
上以业者没有完成免责事由的证明和消费者损害的事实就推论产品缺陷和因果关系在逻辑上和理论上
是有缺陷的，且在法有明确规定的情况下裁量分配证明责任尚存违法之嫌。但无疑这一分配结果是符
合证明责任倒置原理和实体法目的的，因此确有值得肯定之处。

合达成委托中立第三方鉴定的合意的义务以及预付鉴定费用的法律义务。由于消协调解规范对业者并无法律强制力，应在《中华人民共和国消费者权益保护法》中规定这一义务。如果经鉴定业者无责任，产品无缺陷或只承担部分责任，则允许其按消费者负担的责任比例向消费者求偿鉴定费。业者预付鉴定费用不同于上述证明责任倒置时的业者必须支付鉴定费用的情形，预付的情况下产品缺陷与因果关系要件仍需消费者证明，只不过其无须先行承担证明费用而由业者暂时代支，一旦鉴定结果对消费者不利，其仍需承担相关费用。

这样规定的缺点是可能导致业者回避、不配合消协的调解程序，因为其不愿先行承担鉴定费用。好处是通过鉴定费付费顺序的调整这一小的法律装置，实际上起到了减轻消费者行使证明权的负担和解纷成本的效果。而且业者考虑到即使不配合、不同意消协调解，法律在随后的诉讼程序中仍然要其预付鉴定费用，许多业者反而可能不再积极主张鉴定以拖垮消费者，而是更负责地面对损害与纠纷本身寻求解决办法，从而有利于消费纠纷的低成本解决与迅速平息。

（4）国家拨款支付一定比例或一定情形下的鉴定费用。由于维权成本较高，使得许多消费者处于两难的境遇之中，尤其是消费者处于低收入水平或者是鉴定费用超过纠纷标的物价值以及鉴定费用本身昂贵的情形，这些都造成较高的维权成本，往往使消费者被迫放弃维权。为了切实保障消费者的合法权益，及时有效地解决消费争议，应对上述情形中的消费者提供法律经费的支持。比如国家通过消协设置法律援助基金或维权基金，帮助消费者支付或预付鉴定费用，在财力不足的情况下，可优先援助：造成消费者人身损害或重大财产损失的产品与服务的鉴定；经济困难的消费者的鉴定申请；对于市场规制和相关产业健康发展有重要意义的鉴定申请；其他消协认为有必要给予鉴定费用援助的情况。另一种形式是国家补助现有的鉴定机构，让其承担免费为消费者鉴定的职能，比如各级质检部门免费为上述情况的消费纠纷涉及标的物进行检测、鉴定。

（5）国家出资新设鉴定机构、充实现有的鉴定机构、赋予更多机构鉴定职能。我国地域广阔，经济与科技发展不平衡，相关检测机构数量少，又大多集中在大城市，造成鉴定价格与在途费用居高不下。而形成竞争局面本身就可以降低一定比例的费用，为此可以从以下方面充实鉴定资源以"平抑价格"：

①为解决中小城市鉴定机构不足和布局不合理的问题，对一些热点投诉商品和常见商品增加设立更多的产品检测鉴定中心和实验室，如果仪器设备所占空间不大，也可以采取拖车移动实验室方式，到相关机构和设备薄弱地区巡回检测、鉴定。

②赋予消协组织或其他民间消费者组织检测、鉴定职能。检测、鉴定是国外许多消费者保护团体的职能甚至是主要职能，为此许多国家的政府都给予这些组织大量的开展检测、鉴定活动的拨款。法律对消协权利的授予和职能的赋予还可以再进一步，包括鉴定权。当然前提是消协获得补助能够建立自己的实验室和配备仪器设备。为了把握鉴定质量，可以限定级别，比如省级以上消协经国家有关部门检定具有鉴定哪些商品质量的资格，列出目录，便于管理。鉴定职能的履行不一定会大大加重消协的负担，可以想见，有鉴定权作为有力依托的消协调解成功率会有大幅度提高。至于费用，只要消协工作人员调解率与鉴定产品存在缺陷率保持在一定的比例，成本是可控制的。

③与大学、科研院所和各方面学者专家合作。质量鉴定组织单位可以是质检机构，也可以是科研机构、大专院校或者社会团体。随着国家对高等教育投入的加大和高校自身的自我建设步伐的加快，越来越多高校的工业类、化学物理类、生物食品类、环境类等专业和学科的实验室装备在不断完善，有些国家级重点学科和国家级实验室的仪器设备已达到国际一流的水平，应该活用这一部分资源，鼓励消费纠纷的当事人选择高校和科研院所的实验室作为鉴定机构，对于高校来说也能增加盈利，并从教学与实践相结合的角度对学生进行培养。同时对于达不成一致意见的情况也可由调解机构指定费用较为低廉的鉴定机构。

④在技术、设备和资金条件尚无法达到的进口产品及零部件的质量鉴定方面，可以考虑由消协或行政机构向其他国家的消费者保护组织、商品检测机构和政府消费者保护行政机关购买或索取相关产品的检测鉴定报告，便于消费者对这些产品的进行索赔。

（6）大力推广快速检验设备、开发新的快速检测技术，并赋予其检测结果一定的证明效力。通过快速检测产品，检验人员可对食品质量进行实时监控和随时抽检。由于技术的不完善，很多地方规定这一方式检测的结果只做参考和初查，不能作为定案和处罚的依据。笔者认为，快速检测方式检测出假性的不合格危害不大，其效率性与成本低廉是无法取代的优点，应当继续完善其技术，开发食品以外其他产品的廉价检测技术，并将快速检测设备提供给消协系统。通过相关规范规定，在消协调解中凡经过快速检测技术检测发现问题的商品，由业者承担后续的检测、鉴定费用，这样也可以作用于消费者维权成本的降低。

（7）鼓励和提倡直观确认鉴定法。上文中曾提到消协在调查纠纷事实时可以采取直观检测和确认的方法对缺陷产品予以认定，这一做法应当得到鼓励和推广。很多纠纷和侵权事实一目了然，凭借感官本身和生活常识即可做出判断，事实上根本无须鉴定，本着解决问题和承担企业社会责任的态度，业者完全可以不要求消费者另外出示检测报告，比如窗户漏水、手机通信质量太差、汽车油漆有色差、明显变质的食品、是否纯毛的面料、第一次穿着纽扣就脱落的衣服、电视显示效果等，完全可以运用经验法则和常情、常识、常理来进行判断。有些一般人难以辨别的事实，请该领域专家或行业资深人士过目，也能得出正确的结论而无需专业设备和仪器鉴定。如果业者坚持鉴定，则显然有回避、推延、拒绝赔偿和解决纠纷的故意。为了强化这一廉价的证明方法的效用，对于业者不认可直观确认结果的，消协可以采取披露、移送行政机关查处或行政处罚、支持起诉等多种方法，更重要的是应该通过司法解释的规范认可消协"直观确认意见书"的效力，使得受理该纠纷的法院对此问题无须调查和消费者举证而直接认定，除非业者提出相反的证据。这样事实上就将鉴定责任和费用转移到了业者身上，极大地减轻了消费者的维权负担并增加了调解达成率和消费者的胜诉率。

除此之外，应该尽快出台和完善现有产品的质量标准，因为标准是增强对业者约束力度的一个有效方法。对于鉴定机构应该分开管理，做前期检测的就不应做后期鉴定。机构职能分立才能使利益分开，给消费者一个比较公允的鉴定。

3. 执行成本

当事人达成调解协议，消协顺利调解了消费纠纷并不是彻底的成功，因为还有执行的环节。消费者在这一环节还可能面临一些尴尬：①迟来的正义就是打折的正义。有些消费纠纷涉及消费者生产、生活，迫切需要尽快获得赔偿，避免反复纠缠。而消协调解可能要经历调查、几轮协商调解过程以及随后的业者赔偿，整个过程耗时相对较长，不便于消费者实体权利的充分实现。比如种子质量纠纷，消费者损失严重，迫切需要获得赔偿再购种子，以免错过耕种季节。如果消协调解耗时过长，则会造成消费者机会成本的倍增。②业者撕毁达成的调解协议，之前消协和消费者在调解过程中所付出的时间、精力和其他成本全部付之东流，消费者如果此时再前往法院起诉，比起不经消协调解而直接起诉显然增加了大量不可挽回和无法获得补偿的解纷成本。③消协调解消费纠纷达成一致后如果没有当场履行，消费者还需等待业者履行协议，可能还需再次前往消协领取业者的赔偿。如果纠纷涉及数额不大，则因为执行增加的诸如交通费、误工费及其他机会成本会使得纠纷解决得不偿失，这也是小额消费纠纷被害黑数众多的原因之一。

针对上述问题，笔者认为可以从以下几个方面降低执行过程中消费者可能负担的成本：

（1）推广先行赔偿制度。所谓先行赔偿，是指消费者购买商品和接受服务，其合法权益受到损害而要求赔偿时，与业者协商不成或经调解不成，经保管业者质量保证金的单位受理查实后，由其依法给予先行赔偿，然后从业者缴纳的商品（或服务）质量保证金中扣除。不少地方都存在先行赔偿的实践，有的将保证金放于市场、有的将保证金放于消协、有的放于市场监管机关、有的放于行业协会，不管受理先行赔偿的单位是何种，其制度原理都是一致的。通过推广先行赔偿制度，在消协调解中消费者不必经受可能的反复协商调解、等待执行、业者反悔等情况而直接得到其投诉所希求的结果——获得赔偿，无疑大大减少了消费者的解纷成本和调解执行成本。这一制度的特点和优点就是"一经调解或和解不成——立即执行赔偿"。

笔者注意到，目前先行赔偿制度还只是局限在个别中型市场和商厦，对于一般业者和大型市场都没有覆盖，作用相对有限。而且具体的赔偿标准和条件比较模糊，有待进一步推广和完善，下一步必须依托行业协会推广或通过设立相应标志以激励业者加盟此项制度。质量保证金根据业者营业面积或营业额按一定比例收取，可以采取业者自愿向消协交纳一笔诚信专款的形式，由消协设立专门账户保管，专款专用，只用于处理消费纠纷中的预先赔付，同时必须严格管理保证金。是否通过保证金先行赔偿由消协调解人员自由裁量，一般应是事实情节较为简单、争议不大的。无论加盟业者是同意采取此一执行方式还是采取回避、拒绝态度，对于严重影响消费者后续生产、生活的情况，应优先获得赔偿。

（2）消协调解协议效力的再强化。根据现行法规，消协调解协议，经双方当事人签字或者盖章后，具有民事合同性质。协议经调解组织和调解员签字盖章后，当事人可以申请有管辖权法院确认其效力。当事人请求履行调解协议，请求变更、撤销调解协议或者请求确认调解协议无效的，可以向人民法院提起诉讼。经消协调解后达成的具有给付内容的协议，当事人可申请公证机关赋予强制执行效力。债务人不履行或者不适当履行具有强制执行效力的公证文书的，债权人可向有管辖权法院申请执行。对于具有合同效力和给付内容的调解协议，债权人可向有管辖权的基层法院申请支付令。

随着强化诉讼外调解协议效力的立法运动告一段落，司法实践又一次和理论拉开了距离，只不过这一次不是实践引领理论，而是实践的回调。有学者敏感地发现，司法确认类案件在一些法院近年来数量减少得厉害，究其原因，主要有三个：①司法确认程序进入《中华人民共和国人民调解法》和《中华人民共和国民事诉讼法》后，上级法院的硬性考核指标取消，基层法院对办理司法确认案件失去了压力和动力。②司法确认案件的考核权重不好计算，若确定得过高，其他法官有意见；若确定得过低，承办法官担心虚假司法确认的风险而不愿意承办。③部分司法确认案件针对的原纠纷的基础事实真实性很难确定，非诉调解组织的把关很难令法院放心，在办案质量终身负责的压力下，法官办理司法确认案件时不敢只进行形式审查，而进行实质审查不如让原纠纷直接通过争讼程序来解决①。

笔者认为，由于消费纠纷涉及虚假调解的情况少之又少，消费纠纷调解协议效力有必要予以强化。为了防止业者对达成的调解协议反悔，消费者申请法院确认调解协议效力、消费者提起违约之诉或者消费者与业者进行公证，都会产生相当的成本，有些情况甚至会可能导致消费者放弃维权。从维护消费者权益的角度，可以考虑赋予消协调解协议直接的强制执行力。当业者不履行调解协议时，消费者可依调解协议向法院申请强制执行。当双方当事人对调解协议有争议时，可请求法院根据法律预先设定的程序对调解协议的效力进行审查，法院只对调解协议进行形式审查，不符合形式要件的，法院可裁定调解协议无效，撤销调解协议。当然这一效力强化的方案需要对现行的基本法律进行通盘的改革而不只局限于消协调解，同时也需要民间调解工作

---

① 刘加良：《司法确认程序的生成与运行》，北京大学出版社 2019 年版，第 194-195 页。

本身的规范和调解人员素质的提高，这些在短期内恐难以实现，只能作为一个远期目标。

（3）探索多种形式的快速、简便执行方式。消费者向消协进行的小额纠纷投诉，经调解获得的赔偿，可能被来回一趟的车费所抵消，尤其是远在外地的消费者。为此，应该在消协处理投诉的规范中明确其可以采取汇款、银行转账、给消费者手机充值等方式执行业者的小额赔偿，然后将相关单据保留在消协存档备查。只有通过低成本的执行方式，才能鼓励消费者对于"针头线脑"的纠纷进行投诉，降低小额消费纠纷消费者被害黑数，提高消费者维权的可行性。此外，还可以考虑设立侵权损害最低赔偿金制度并加大企业违法成本，使得消费者维权不会"得不偿失"。

（五）调解人员专业化建设与程序的规范化

有消协工作人员认为，消协调解消费纠纷存在"糊涂维权"和"和稀泥"的情况，"常见少数消协工作人员在纠纷的调解中偏重急功近利，钟情于'短、平、快'，以当事人一方或双方不甚了解法律为基础，把达成双方当事人均能接受的调解协议作为调解活动的出发点和归宿，通常是'一打、二拉、三压、四哄'，甚至忽悠双方当事人，不是依法调解，只要双方勉强接受，调解便大功告成。究其原因，首先是调解人员综合素质不高，法律水平偏低，难以作出合理合情更合法的高质量调解。其次是工作责任心不强，认为消协调解是一种社会组织行为，无法律强制力，畏首畏尾，不愿动真，就事论事"[1]。

"调解说到底它是个体力活、经验活。"[2] 如果调解人解纷意愿、精力和素养跟不上要求，不愿耐心反复地调解或对于调解没有经验心得以及对自身知识结构与经验积累不自信，则易于出现追求上述不注意保护消费者权益的"快调、盲调"的情形。

消协人员进行的各种消费纠纷调解活动，应该是"情、理、法"的有机

---

[1]　该消协人员还提出，有些工作人员作风不实，工作不细，怕苦怕烦，不愿意做深入细致的工作，稍遇难度就退却，在许多小额纠纷（或者是非比较清楚的纠纷）调解中动辄要求检测、诉讼，将双方拒之"和解"门外，势单力薄的消费者，无形中被大大抬高了维权门槛。参见史纪宏：《浅谈消费维权领域存在的突出问题、成因及建议》，http://www.zj315.org/detail.cgi? id=22035。

[2]　高其才等：《乡土司法：社会变迁中的杨村人民法庭实证分析》，法律出版社2009年版，第306页。

结合，法为基础，情理相佐，以分清是非、明确责任为前提。然而"和稀泥"的调解方式以是非不清、责任不明为代价，对强势一方退让和妥协，其结果必然是降低调解质量，达成不公平的调解协议，对违约方不能予以应有惩处，受害方得不到足额补偿，导致人们对调解公正性产生怀疑，有悖消协维权的严肃性，同时也可能引发一些"再诉事件"。"糊涂维权"根源于消协调解人调解能力和水平不足，职业素养不高。为了减少此一现象，就有必要对消协调解人员队伍进行专业化的建设，并对调解程序进一步规范。

20世纪80年代末至90年代初，美国学者对于调解是否需要质量控制出现了对立的两种观点：赞同建立质量控制的人认为这可以服务于调解人、调解职业和整个公众。资格条件（qualifications）可以给那些把调解当作是职业的人以指引，使训练标准化，加强对于纷争当事人的可信度，并有一种专业主义的感觉。建立资格条件能给予调解职业以合法性领域，为持续的、有组织的调解实践的增长和调解过程与程序的规范化做准备。公众的控制能够维持，赔偿的基础也将创造。另一方面，对立观点对建立调解资格条件持保留态度，存在一种担忧，认为限定性的资格条件会阻碍ADR的使用和调解职业的创新，而且什么构成了调解中的成功是尚未确定的。此外资格条件会提升调解成本并且必然会限制调解人的工作①。

质量控制包括最初成为调解人的选拔；调解人训练与教育；检测与评估调解人能力；认知或颁发执照程序的规制；制定必须遵守的行为标准；责任的建立。这些因素如果正确地运用可以提高调解的质量②。有学者指出："一味追求规范化、职业化、程序化，不仅会增加民间调解等非诉讼机制运作和发展的难度，降低其利用的便利（可接近性），而且也会戕害非正式制度自身的灵活性和协商优势。"③ 笔者认为，消协调解本身已成为正式制度，其进一步发展需要质量控制，加强调解的质量控制不会影响消协调解灵活性的优势。具体到我国实际，这里的质量控制更多针对的是调解主体应当具备的技能和素质，而不是强调过多的干预调解的程序或使之严格正当程序化（类诉讼化）。

---

① Kimberlee K. Kovach，Mediation：principles and practice，St. Paul，Minn；West Publishing Co，1994，p202.

② Kimberlee K. Kovach，Mediation：principles and practice，St. Paul，Minn；West Publishing Co，1994，p203.

③ 范愉：《从诉讼调解到"消失中的审判"》，《法制与社会发展》2008年第5期。

专业化一词含义广泛，可能包括精通法律、商业知识、心理学知识、调解知识以及某些领域的专门知识等，专业化的知识可以使当事人尤其是业者对消协调解过程和调解方案更加的信服和尊重，能够提高调解的效率和调解达成的可能性①。只有尽量不说外行话，做到分清责任、胸中有数、对症下药，才能掌握调解的主动权。具体来说应从以下方面加强消协调解人员的专业化建设：①强化培训②。调解人的知识和素质已经成为维权工作关键的因素，必须勤研法律和业务，掌握履行调处职责所必需的法律知识与技能。消协应该通过举办培训班、经验交流、旁听观摩、定期例会学习、分析研讨等多种方式，加强对调解人员的岗前培训和在岗培训，提高其法律政策水平、调解工作技能和职业道德水平。通过培训来拓展工作思路、增加知识储备、完善知识和技能结构，更好地调处消费纠纷。其他相关单位包括行政机关、法院以及高校法律院系等可以参与指导和培训。②为调解人员设置职业资格。条件和时机成熟时，可以考虑开展民间调解人（包括消协处理消费纠纷的工作人员）资格考试与证书颁发，持证上岗，并对调解人评定相应的等级。当

---

① 淮安一消费者试穿连衣裙绽缝，导致商家强卖而消费者不愿购买，面对110警车送来的激烈对抗的当事人双方，问清原委的淮安消协秘书长张健对店老板说："顾客穿坏衣服有责任，作为店方看到客户体形和汗水时，应该有推荐衣服尺寸和穿着提醒的责任。再看这衣服布料，你说这细平布的经纬纱是多少支的？"小老板吃惊地抬头望望问话的人，摇了摇头。张秘书长接着说："这布的经纬纱在40支左右，织的密度较稀，穿在比较胖的人身上，接缝处很容易绽线，所以从这个方面说，顾客的责任小。再说她买回去还是不能穿。"看双方都不吱声，停顿片刻，张秘书长向店方提议："衣服的绽缝短，你找个技术好的裁缝把衣服修复一下，没问题的。"接着又问消费者，"裁缝的手工费你来给，衣服修补后肯定影响二次销售，你再出一点补偿费，没意见吧？"女顾客连忙点点头说："没意见。我出，我出100元。"前后不到半小时，两名女子平静地离开了消协。参见徐友彦：《化干戈为玉帛——淮安工商、消协维权促和谐纪事》，《江苏法制报》2007年3月30日第8版。应该说，是张秘书长在服装布料方面的知识，使那位店主改变主意而快速息解纠纷的。

② 奥地利是第一个针对调解员职业资格制定成文法的欧洲国家。对于依据《奥地利调解法》而获得联邦司法部授权的调解员，2004年5月1日生效的《民事案件调解员训练细则》详细规定了其训练的内容和知识储备的标准。该训练细则设置了对来自各不同学科背景的调解员申请人的课程要求，且参与者的职业背景不同，其训练要求也不尽相同。调解员要完成365个课时的法定调解训练。对于有法律、社会科学、会计、咨询以及工程学职业经历的申请人而言，如果他们在各自领域中具备3年实践经验，只需完成220个课时的训练。调解训练可分为两个部分：第一部分集中在调解理论基础方面（136～165个课时），包括沟通理论、性格理论、团队心理学、冲突分析、法律经济学和调解伦理；第二部分包括实践技巧训练、监督和同行业内辅导（peer counselling，84～165个课时）。申请人在申请参加训练时必须年满28岁，且为其日后主持的调解活动一次性购买价值4万欧元的保险。为确保在司法部的委任调解员名单上保留资格，获得资质的调解员每5年还需要参加50个课时的阶段训练。参见齐树洁：《外国调解制度》，厦门大学出版社2018年版，第196-197页。

然这一问题牵涉较广，必须充分论证、统筹规划。③通过聘任不断优化调解人员结构。吸引有能力、有专业知识、懂法律的高素质人才到消协工作，首先必须给消协开展日常工作以充分的经费保障并解决人员待遇问题，在此前提下才能优化消协工作人员结构。当然，也可以考虑外聘一些具有一定法律素养又热心公益的人员，有的由消协支付一定的报酬实行有偿调解服务，有的实行无偿志愿调解，从而建立专职、兼职与志愿者三结合的消协调解人队伍。兼职调解员与志愿调解员可能包括离退休的法律职业人士、法律院系师生、特定行业资深人士等。④设立专业办公室或委员会。实践中，有的地方消协针对单个行业消费纠纷，设立了专业分支机构，为消费纠纷的调解提供专业技术支撑。笔者认为，在省和市一级消协内部应当允许设立分支机构，专业分支机构不必贪多求全、盲目攀比，应该通过对消费者投诉情况的分析，根据本地热点、疑难纠纷情况设置，务求取得提高纠纷调解率的实效。

在调解程序方面，根据消协相关投诉规则，可以认为消协调解程序已经具备了较为完善的程序规范，且符合正当程序的要求。但这一程序却欠缺调解程序质量控制的关键一环——回访程序和当事人满意度调查。所谓回访程序，指的是对已经由消协调解终结的纠纷进行回访，了解双方当事人对纠纷处理结果的履行情况及满意度，征求当事人对消协调解工作的意见、建议。回访后得出的数据、结论和收集到的意见更能反映消协调解工作的绩效，也更有助于消协调解工作的完善。通过回访，如果消协调解工作、纠纷解决情况、当事人的评价最终得到落实和好评，消协调解整个流程才能实现"案结事了"的完满圆环。

具体而言，根据不同消协的人员和资源配置程度，可以采取普遍回访、抽样回访或者对重大纠纷进行回访这三种不同的方案。在回访形式上可以根据不同类型的消费投诉，进行不同形式的回访。对于一般投诉，采取电话回访或短信回访，在调解完毕后3天内进行；对于重大投诉，应上门回访，消协人员可在调解协议约定的履约日后3个工作日内，上门进行回访，跟踪了解履约情况。消协应制作专门的回访反馈单，注明回访时间、回访人、回访对象、投诉的问题、处理结果等，如果是信函或上门回访的应由回访对象签署意见。消协根据回访处理的情况再进行编号、分类和整理归档。通过对消费者和被投诉业者的回访，可以针对业者暴露出来的问题，帮助指导其完善各项规章制度。对于业者没有履行或没有完全履行调解协议的，可以及时发现并介入，降低消费者后续的维权成本，并督促业者及时履行义务。

虽然消协调处消费者投诉的基本程序已经完备，但对于调解过程中的一些具体制度和做法则还没有统一的规范。笔者认为，各地消协系统需要制定或完善的规则包括《委托鉴定规则》《投诉披露制度规则》《回访制度规则》《专家委员会管理规则》《消费者协会维权律师团工作规则》《消费者维权志愿人员管理规则》等。前三个规则是关于调解中的部分程序的规范问题的，后三个规则则基本不涉及程序问题，而是对主体资格、评聘奖惩、权利义务等方面问题进行界定和厘清。实践中各地消协制定的规则并不一致，许多工作职能并无规则规范；同时制定了相应规则的消协遵守情况也是参差不齐，这些都需要在今后予以健全和规范。

（六）"诉调对接"

早在调解社会化与调解衔接①的司法政策未明确以前，一些地方已经积极探索新的纠纷解决形式，将诉讼内外解纷资源整合，出现了"诉调对接"的实践，② 具体到消协调解，主要包括法院委托消协调解消费纠纷和消协协助法院调解消费纠纷这两种形式。

一般认为，协助调解主要是社会力量协助诉讼中的法院做好调解工作。作为协助调解通常概念的一个例外，2007 年北京市西城区人民法院和西城区消协联手制定了《消费争议调处实施办法》，双方当事人经消协调解达成一致后，可由法院出具有法律效力的调解书进行确认，如一方突然"变卦"，当事人可申请强制执行。双方当事人共同申请，或一方申请、另一方同意后，启动"消费争议调处快速通道"。消协工作人员在调解过程中，认为需要法官提供法律帮助或指导的，通知法官共同进行调解，这使行业调解更具有法律指导性。双方可选择在消协调解，也可直接约定调解时间到西城区人民法院进行调解，达成协议

---

① 人民调解、行政调解和司法调解"五个衔接"：组织网络、调解力量、工作制度、职能部门与社会资源的衔接。参见张延灿：《调解衔接机制理论与实践》，厦门大学出版社 2009 年版。第 5 页。

② "诉调对接"中委托调解的做法并非全新创造，其实在古代社会即存在委托调解的纠纷解决形态，晚清乡土社会介于官府司法机构调解与民间调解之间的半官方性质的纠纷调解，其通常的方式是"官批民调"。州县官在审理案件过程中，如认为纠纷事由主要涉及亲族关系，不便公开传讯，或者认为情节轻微，不值得传讯和审理，或者认为族长出面调停会产生更好的效果，有时当堂批令族长加以调处，并将调处结果报告官府。乡保调解也常采取"官批民调"形式。州县官对于有些情节轻微的案件，常常当堂批令乡保调解，如果乡保调解成功，则请求销案；调解不成，则需要禀复说明两造不愿私休，由官府提讯一干人证。参见春杨：《晚清乡土社会民事纠纷调解制度研究》，北京大学出版社 2009 年版，第 155 页；陈会林：《地缘社会解纷机制研究——以中国明清两代为中心》，中国政法大学出版社 2009 年版，第 384-389 页。

后，由西城区人民法院出具调解书①。这里消协工作人员邀请法官共同进行调解也可视为一种"协助"调解，本质上属于消费者协会民间调解。强化民间调解达成协议的效力的做法是值得肯定的，但由于司法资源的有限性，这一法官协助民间调解的规定的实践效果不容乐观，也不具备普遍的推广意义。除非是涉及面广、影响社会稳定的群体性消费纠纷，当事人诉讼意愿又比较强烈，甚至是政府出面协调的情形下，法院可能才有比较强的动力在当事人诉讼前去协助消协调解。由于协助调解通常属于法院调解概念的一部分，无关本章主旨，下面主要分析属于民间调解概念的法院委托消协调解机制。

消协受法院委托调解首先在江苏省形成了具体的工作机制，2008 年 3 月，江苏省消协联合省高级人民法院、省工商局下发了《关于委托、邀请消费者协会（委员会）调解消费者权益纠纷案件的意见（试行）》（苏高法〔2008〕74 号），正式将消费纠纷处理"诉调对接"机制引入全省司法与消协系统。2008 年，江苏全省各级消协运用"诉调对接"机制成功调解消费纠纷 117 件，为消费者挽回经济损失 180 多万元②。

笔者认为，消协自身现有的调解机制和调解手段是相对比较充分和完善的，委托调解机制最主要的问题就是落实法院对消协调解的支撑和帮助，而不应局限于单向的对接、单向的输出纠纷。从目前的消费纠纷解决机制设置来看，委托调解使纠纷从诉讼变为民间调解或行政调解，而消协和市场监管机关设计的督促和解机制则使纠纷由调解变为自行协商和解，一件纠纷经过不断地传递最终可能会回到私力救济的原点。虽然纠纷解决仍旧是在法律影响下进行，但第三方主体的解纷责任无疑得到了减轻，对于消费者合法权益的完全实现来说，并非一定是福音。消协调解纠纷的能力是有限的，法官诉讼调解比之消协调解无疑潜在的强制力更大、对法律法规的把握更准确，消协调解人和法官相比在能力和强制效力上可能并无优势，那么剩下的优势可能就是民间调解程序的柔和性和消协调解人的灵活与耐心以及法官可能不愿付出的时间、精力。但消协解纷资源和容量本身也是有限的，如果过多地接受法院、行政机关等委托调解并花费大量时间、精力解决此类纠纷，必然会挤占调处其日常受理的消费者常规投诉的时间和资源，对于常规投诉的消费者来说也是不公平的。所以委托调

---

① 窦红梅：《消协调解书可由法院强制执行》，《北京日报》2007 年 8 月 30 日第 7 版。

② 省宫尚、梁言：《2008 年消费维权亮点评析》，《江苏法制报》2009 年 3 月 13 日第 8 版。

解应该严格相关司法政策，使其控制在合理的限度内。

虽然很多制度的设计往往客观上体现出一种回避当事人纠纷的倾向，但完善的制度设计仍然可以最大限度地发挥这些机制的效用并减少其弊端，具体来说，法院委托消协调解应注意以下一些方面：①征得当事人和消协三方的同意，尊重当事人的程序选择权和消协的权利，有时被告因为必须通过判决才能进行保险理赔，也不希望调解解决。如果消协认为不属于其受理投诉的范围或者认为调解难度太大，可以拒绝法院的委托。②凡诉前已经过消协或行政机关调解的消费纠纷一律不允许再委托调解。③严格调解时限，不能久调不绝，在一定时间内（比如 15 天）调解不成，应迅速转入诉讼程序。④法院委托消协进行调解，应在调解前将诉状及证据材料的复印件送交消协。⑤法院应指定专人与消协联系，也可在消协建立保护消费者权益法庭或合议庭，消协受托调解后遇有疑难问题应得到上述法院专人和机构的指导与协助。⑥委托消协调解当事人成功达成调解协议后，应转换为法院的调解书，以法院的名义出具民事调解书以增强其法律效力。⑦平时应建立工作例会制度，定期商讨具体工作事宜，帮助消协处理疑难涉法问题。

（七）基层联络站点的建设

"当代中国乡村仍缺少成熟的自主治理结构，缺少自主化解矛盾与纠纷的机制，缺少现代慈善性组织、各种互助组织、支持乡村的各志愿性组织等机构"[1]，"乡村治理内卷化"[2]、"策略主义治理"[3] 与 "内生权威匮乏"[4] 需要维权、解纷资源下沉。农村消费纠纷解决问题一直是目前消费纠纷解决机制

---

[1] 祝灵君：《授权与治理：乡（镇）政治过程与政治秩序》，中国社会科学出版社 2008 年版，第 215 页。

[2] 陈柏峰：《乡村江湖：两湖平原"混混"研究》，中国政法大学出版社 2011 年版，第 276 页。

[3] 乡镇弱小的权力与匮乏的资源无法支撑压力型体制中各类庞杂繁重的高指标、多目标，尽可能对目标任务进行区分，采取"选择式政策执行"方式，集中一切资源应对那些附有严厉的考核和检查标准的"硬指标"，也即"中心工作"。无力顾及那些考核体系中的"软指标"，以及满足考核体系之外的乡村社会的治理需求，事件性治理和形式主义文牍化等策略主义的运作方式由此成为乡镇治理的基本进路。参见欧阳静：《策略主义：桔镇运作的逻辑》，中国政法大学出版社 2011 年版，第 239 页。

[4] 内生权威因为是嵌入在村社结构之中，调解权威具有恒定性与长久性。而外生性权威则是嵌入在具体的情境之中，调解权威具有情境性与暂时性。正是由于后者调解权威的外来性与情境性，因此当纠纷的一方发现调解人无法保障自己的利益时，他便可能收回自己让渡给调解人的权威，对调解人的意见置之不理，转而寻求其他的解决途径。参见狄金华：《被困的治理：河镇的复合治理与农户策略（1980—2009）》，生活·读书·新知三联书店 2015 年版，第 218 页。

的短板，因为现行机制主要是为城市设计，解纷资源也多集中在城市，农村居民维权成本高企，可以推论消费者被害黑数远超城市。同时农村居民整体消费水平和购买力偏低，导致通过价格信号把握商品和服务质量的做法在农村地区失灵，消费者被害问题更加突出。

"离开具体的社会环境我们根本无法真正理解纠纷，更无法使其得到良好的解决。那些想把纠纷从具体的社会环境中抽离出去，并予以解决的想法过于理想化。相反，不少案例还证明，当诉讼程序完成后，不少纠纷还得经由社会的再次解决才会终结。"① 结合纠纷情境与其存在的社会环境，解决农村消费纠纷最有效的手段就是大量建设基层联络和维权站点，聘用专兼职或志愿调解人与信息员。毫无疑问，消协基层联络站点应当扩充和广泛建设，但是笔者认为，由于经费的限制，消协自身建设已自顾不暇，基层联络站点不太可能由消协主导建设，而应该由市场监管机关牵头布点。之前的实践也多是和工商机关的红盾联络点合二为一，不管其名称如何，调解人身份和活动名义就决定了其性质上大部分属于民间调解。

基层联络站点属于横向维权机制，有的观点认为这一机制过于理想化，不切实际②。笔者认为这一构想本身是非常切合消费维权实际的，也是解决农村地区消费纠纷解决机制乏力问题的一个主要思路，但是此机制的落实却需要综合配套相关制度，否则容易流于形式。根据笔者调研了解，基层布点在有的时候是一种虚假的"数字繁荣"，满足于找间屋子、挂块牌子，没有真正的责任人，具体的规章制度也没有完善或者仅停留在纸面（文件或汇报材料中），是一种"虚拟"联络点，实践效果并不明显。大多数维权联络点无专职工作人员，只是由居（村）委会中某个工作人员兼任，其中不少还是年纪偏

---

① 王鑫：《纠纷与秩序：对石林县纠纷解决的法人类学研究》，法律出版社 2011 年版，第 185 页。

② 有市场监管机关人员表示，横向维权网络是 12315 网络与其他部门、机构之间的协作网络，包括公安、卫生、物价、质检等行政机关和新闻媒体、社会团体等组织，在这些机构和组织之间，如果能够做到信息共享，互相联动，无疑是理想的运作模式。但是这个网络的建立，需要各部门互相配合，拿出各自的信息数据库，提供人员，制定制度。也就牵涉到各单位的既得利益、人员设置、运行模式，要让这些机构摒弃利益壁垒，提供无缝连接式的合作，是一个非常庞大、非常艰巨的工程。要真正实现这一构想，应当由当地政府负总责，政府牵头，成立协调机构，动员社会各界共同参与。参见《关于 12315 行政执法体系建设的几点思考》，http：//bbs. aicbbs. com/viewthread. php？tid = 176075&extra = page%3D2。

大的人，知识水平不高，对相关法律不了解，缺乏调解需要的基本业务能力。这就要求必须落实站点经费和强化相关人员培训。

目前的问题是基层组织和其他单位的人员并没有调解消费纠纷的法律义务，这样的站点其调解消费纠纷的基础是比较脆弱的，笔者设想可以从奖和罚两个方面来落实这一基层民间调解项目：一方面可以计件给予调解人一定的收入或者采取政府购买调解岗位补助调解人的方式，调动其调解消费纠纷的积极性，特别是涉农资纠纷，联络站点调解对于农村居民来说是成本最低的消费纠纷维权方式，应该大力提倡。同时，要大力推进解纷资源与社会资本的强化，聘请志愿者或维权联络员。对于志愿者而言，聘请行为本身就是一种精神上的奖励①。另一方面，可以考虑将调解人的工作纳入基层政权日常考核、评比项目，计算分数，完不成建站与工作任务的要予以扣分和给予其他处罚。必须将联络站点与基层人民调解组织、社会治安综合治理活动等相结合，才能更好地发挥其功效。

第三节　消费纠纷行业调解机制

一、消费纠纷行业调解机制的概念与类型

所谓行业，往往是和专业性与专门领域等相联系的一个概念，"各种利益集团在结构、风俗、经济来源、社会基础等方面都互不相同，以社会基础和社会目标为标准，可将其划分为部落型、种族型、民族型、宗教型、行业-专业型、问题-政策型。其中最有影响力、最庞大、经济基础最雄厚的利益团体通常是以行业或专业为基础组成的团体，因为人们的前途和生计最直接地受到政府政策和行为的影响"②。行业是由共同领域的大量业者组成的，如果业者经过组织化，则会形成行会等社团组织形态。有学者指出，行业组织的产

---

① 笔者与某市消协工作人员访谈时，有工作人员表示其工作没有什么热情。实际上消协工作非常琐碎和细致，远离名利，确实需要一定的精神境界才能坚持和胜任。而聘请志愿者就是把那些热心公益的人从普通大众中挑选出来，这既能够增加解纷资源的供给，又有助于补足消协工作人员可能存在的惰息。

② 彭怀恩：《比较政治学》，（台湾）风云论坛出版社2001年版，第274页。

生源于两个不同方面的需求：一是基于成员的需要，执行为成员谋取利益的服务职能。二是基于政府的需要，履行服从国家利益的管理职能①。"历史上，每个行业都由同业公会运作，公会成员厘定自身的行业标准，精心守护他们的行业秘密，并且绝不容忍任何外界意见凌驾于他们的判断之上。"② 这样的组织很早就具有解决纠纷的功能，有学者在研究我国行会制度时指出，古代与近代的很多行会除了在社交、善举、宗教和经济方面的功能以外，在法律方面会仲裁会员间的纷议，这种解纷的评议有很大的强制力，且行会具有先行的处理权，会员如果不把纷争案件交于行会办理，而一开始就直接诉诸法庭，行会便会处罚他。同时行会在有关货品价格、包装、度量衡等方面都有一系列会员共同制定和共同遵守的商业习惯③。但古代行会的纠纷解决权处理的是会员之间的争议，而不涉及成员与外部消费者的纠纷。

现代行业组织的权力种类则要广泛得多，包括：制定行业自治章程权；许可批准权；日常管理权；参与编制本行业发展规划权；管理行业价格权；认证权；制裁权；纠纷处理权④。这其中就可能涉及调处行业协会成员与消费者的纠纷。

理论上通常没有行业调解的这一单独的概念，人们在描述和行文时一般通常会出现"行业性人民调解""行业性调解组织""行业协会调解"或者"物业管理行业调解"等词汇和概念。以物业管理行业调解为例，有研究将其定义为"是伴随着市场经济的发展和行业协会作用的提升，而发展起来的一种以物业管理行业协会为调解主体，凭借行业专家的专业优势和行业协会的公信力，参与物业管理纠纷处理的非诉讼纠纷解决方式"⑤。实际上这一定义还是将行业调解理解为行业协会主导的调解。

笔者认为行业调解的含义应该更加宽泛而不应被人民调解或行业协会的概念所局限，因此将行业调解定义为以行业为依托并以专门解决纠纷为宗旨

---

① 孙炳耀：《中国社会团体官民二重性问题》，《中国社会科学季刊》第一卷，1994年。

② ［美］詹姆斯·斯科特：《六论自发性》，袁子奇译，社会科学文献出版社2019年版，第177页。

③ 全汉升：《中国行会制度史》，百花文艺出版社2007年版，第110–113页。

④ 黎军：《行业组织与其成员间关系的研究》，载沈岿编：《谁还在行使权力——准政府组织个案研究》，清华大学出版社2003年版，第262–272页。

⑤ 中国物业管理协会行业发展研究中心：《物业管理行业调解机制研究》课题组报告（2008年10月）。

的民间组织对于某一专门领域纠纷的调解。这一定义强调：第一，行业调解的性质是属于民间调解的一部分，不应将其泛化；行政调解某一领域纠纷比如文化旅游局或旅游质量监督站调解旅游消费纠纷不属于行业调解，而是行使其行政职能的行为。第二，行业调解的主体是依托于行业，没有这一行业和专门领域，也就不存在这一调解主体，因此调解主体具有寄生性。第三，这一调解机制是专门解决某一领域、某一类别的纠纷。第四，调解组织是依托于行业，但未必隶属于行业或者是该行业组织系统的一部分，当然也可能就存在于该行业内部。第五，调解主体是以解决纠纷为使命的民间组织。同理，消费纠纷行业调解机制指的是以行业为依托并以专门解决消费纠纷为宗旨的民间组织对于某一专门领域消费纠纷进行调解的程序系统和体系。

此外，需要指出的是，行业调解与专门领域消费者保护团体调解相比，同样都是专门领域的民间调解，但笔者认为二者之间有两个重要区别：首先，行业调解主体是依托于行业而存在，许多主体以解决纠纷为唯一使命，除了调解（有的也有仲裁纠纷权）消费纠纷，其没有别的任务和职能。而专门领域的消保团体以保护消费者权益为使命，任务复合而多元，除了调解这一领域的消费纠纷，还从事其他和这一领域消费者保护有关的各项工作，包括比较试验、鉴定产品、调研与市场分析、游说立法、消费者教育和警示等诸多内容。其次，行业调解可能更为中立或者向业者倾斜，以解决纠纷而不以保护消费者权益为其宗旨。比如汽车行业的调解委员会与保护汽车消费者权益团体虽然都是在专门领域的消费纠纷民间调解机构，但后者可能会代表消费者与业者交涉，想方设法维护消费者权益，而前者虽然不排除为消费者维权的客观效果，但在主观目的、行为与程序设置方面，则更多具有居中调处的色彩。

消费纠纷行业调解机制并不等于完全由行业组成人员或相关行业的业者来进行调解，笔者在这里是使用了更加宽泛的概念对其进行界定。其类型通常可能包含以下三种：

（1）由行业协会主导调解。"行业协会是具有同一、相似或相近市场地位的特殊部门的经济行为人组织起来的，界定和促进本部门公共利益的集体性组织。"① 现代各国的行业协会具有的职能非常广泛，大致可以分为对内职能和对外职能。对内职能主要包括自律职能、服务职能和协调职能。对外职能

---

① 余晖：《行业协会及其在中国的发展：理论与案例》，经济管理出版社 2002 年版，第 8 页。

主要包括沟通职能和参政职能。自律职能被视为行业协会的首要职能，是行业协会在社会经济组织结构中得以存在的必要条件。行业协会的自律就是行业协会以规则、标准、决议等形式和相应的内部组织机制对其成员的行为进行约束、规范和管理，促进本行业和其成员的发展。市场失灵和政府失灵是行业自律职能在经济学上的理论背景。作为对市场失灵和政府失灵的回应和解决，行业协会这种中间调节机制日益受到重视。如何在市场力量与政府干预之间寻求平衡，是许多国家共同面临的难题，行业协会的自律为这个难题提供了解决之道，在政府法律规范的基础上，充分发挥自律的职能，有效克服市场失灵和政府失灵的问题①。调解消费纠纷，规范行业协会成员的经济活动和营销行为，是其自律职能的直接体现。

（2）由设在行业协会内的独立机构调解。这一类型的调解机构设在行业协会，但在经费、调解机构组成等方面不依赖行业协会，调解人员可以吸收行业协会成员，也可能包括不属于该行业的法律人士、消费者保护组织代表以及行政机构人员，比如日本的产品责任中心。

（3）针对特定行业领域纠纷设立专门机构调解。这种调解机制完全与行业协会无关，是完全独立且为解决特定行业消费纠纷而成立的，比如英国的金融业监察官、日本的财团法人汽车产品责任咨询中心等。

需要强调的是，行业调解的外延比较广阔，实践发展可能不限于上述三种形态，但这三种形态仍然是行业调解的基本类型。第一种类型中立性与公正性可能无法保证，难以为消费者所信任，目前一般较为少见；即使存在，其被人使用的频率也非常低，且可能从保护消费者权益的角度做了一定的完善和改良。第二和第三种行业调解可以称为"特定领域纠纷"的民间调解，但不能简单称之为行业协会调解，因为它们与行业协会的关系是非常松散或者疏远的，其运行主要不依靠行业资源，而是其他民间资源甚至行政资源。

二、域外代表性行业调解机制概述

许多国家的行业调解机制并不发达，现有的一些机制在消费者中的知名度不高，实际解决的纠纷数量也比较有限，根据笔者掌握的资料，本部分将

---

① 时建中：《反垄断法：法典释评与学理探源》，中国人民大学出版社 2008 年版，第 128-129 页。

对目前世界范围内比较有影响力和知名度的行业调解机制做一些概述。

（一）英国

英国的行业调解机制主要有金融监察官（Ombudsman）制度以及其他众多行业协会的调解项目，有部分行业协会还可仲裁消费纠纷，但和调解是完全分立的两个程序。

英国金融服务管理局（Financial Services Authority，FSA）具有法律授权的金融监管权，是一个独立、非政府的有限公司组织，直接对财政部及国会负责[1]。FSA 向消费者提供金融服务赔偿项目（Financial Services Compensation Scheme，FSCS）及金融监察官服务（Financial Ombudsman Service，FOS）。前者为因金融机构破产而蒙受损失的消费者提供赔偿，后者则是提供解决争议的机制，为简易、非正式、诉讼外纠纷解决机制[2]。

根据英国《2000 年金融服务与市场法》而成立的金融监察官服务吸收了8 种私立监察官项目，包括银行业监察官、建筑协会监察官、投资监察官等。监察官处理的纠纷数量是相当可观的，2003 年 4 月 1 日到 2004 年 3 月 31 日，金融监察官服务受理了 76704 件纠纷，而整个 2003 年在英格兰和威尔士的郡法院只有 15167 件审判和 52143 件小额听审。监察官服务有这么高的诉求率，部分是由于比较容易接近：除了必须首先向相关机构申诉之外，在接近性上是没有费用和其他条件的。不满的抱怨者不会被决定所约束（但是机构可能会被决定所约束）并可在随后提起诉讼。金融监察官服务可以最高判决100000 英镑，而小额诉讼有 5000 镑的管辖限制（与小额诉讼程序一样，金融监察官服务的诉求失败者也不需承担另一方诉讼费用）。监察官可以纠问式地处理纠纷并在法律以及其他制度、指引、标准、行为准则等基础上决定事情。但有时其覆盖的范围是有限的，例如不动产经纪监察官只覆盖了该领域 50%不到。除了解决消费者个人的诉愿，监察官可以建立行业内良好行为的基准点、提升行业标准并推动相关立法[3]。FOS 处理纠纷分为评估/调停阶段、调查/劝谕阶段和最终裁决这三个阶段。以 2003 年度和 2004 年度为例，第一阶

---

① 英国金融服务管理局网页，http：//www. fsa. gov. uk/Pages/About/Who/index. shtml。

② http：//www. fsa. gov. uk/pages/Doing/Regulated/Fees/fscs_ fos. shtml.

③ Ross Cranston，How Law Works：The Machinery and Impact of Civil Justice，NY：Oxford University Press，2006，p72-74.

段解决了 42% 的纠纷，第二阶段解决了 50% 的纠纷，真正做出裁决的纠纷只占 8%①。

英国与爱尔兰监察官协会提出了四条关键性的标准给想要获得其承认的监察官项目，这四条标准是独立性、效用、公平、公开义务。独立性指的是监察官是否独立于他所调查的主题。效用首先依靠的是覆盖面，希望行业内的全部业者都能参与；其次是监察官办公室必须有足够的职员和资金；第三是可接近性，程序必须是易于知晓、容易理解和免费的；第四是监察官必须有权在没有经过预先同意的情况下进行调查，并能够从调查中获得相关的信息和文件，伴随着监察官纠问式的程序，纷争者提供证据的要求就没有诉讼程序那样多了；最后，监察官的决定应该是法律上有拘束力的或者至少有它们会被遵行的合理期待（如果决定不被遵行，监察官应该有权公开不遵守者）。公平指的是程序是否遵循了自然正义的原则，而且决定须有合理的解释。公开义务指的是监察官的管辖、权力、任命方式和年度报告都需公开②。

在行业协会调解方面，英国政府通过鼓励各种各样的行业协会推动自愿行为准则（Voluntary Codes of Practice）将不同的商业领域交给它们自己规范，这也是一种改进商业实践标准的方法。自愿准则的发展可以被视为英国《1973 年公平交易法》保护个人消费者的最重要的贡献之一。《1973 年公平交易法》在 2001 年被废止，并被《2002 年企业法》之下的公平交易局（Office of Fair Trading）的新办法所取代。法律给局长（Director General）施加责任去鼓励行业协会准备和向其成员宣传（disseminate）行为准则，作为保护和推进消费者权益的指引。公平交易局在新办法实施前曾支持了 49 个行业准则③。

自愿准则是否比立法更好是存在争议的。从业界的观点来看，准则的优点就是允许他们监管自己，但这反过来可能成为对消费者的缺点。从公平交易局监管实践的结果可以很清楚地看到，不是每一个行业协会的成员都很尊重准则；更令人吃惊的是，不是每一个行业协会都会去检查上述问题以确保其成员遵守准则。依靠自愿方法的另一个严重的缺点是，即使所有的行业协

① 杉浦宣彦、徐熙锡、横井真美子：《金融 ADR 制度の比較法的考察——英国・豪州・韓国の制度を中心に》，www. fsa. go. jp/frtc/seika/discussion/2005/20050811-2. pdf.

② Ross Cranston，How Law Works：The Machinery and Impact of Civil Justice，NY：Oxford University Press，2006，p74-75.

③ Robert Lowe and Geoffrey Woodroffe，Consumer law and practice，London：Sweet & Maxwell，2004，p178.

会的成员都遵守他们的义务，在交易中违法的人（rogues）却可能不是会员，特别是汽车行业。公平交易局必须转向武库中的其他武器，例如在《2002年企业法》之下的执行令或者依照《1974消费者信用法》拒绝给予信用经纪执照（credit brokerage licence）。然而，这一办法的优点在于：①立法通常具有一个普遍的（general）性质，不适合对一个特定的领域制定精细的标准，例如汽车送货前的检查。②业者更可能遵守他们自己选择的规则而不是违背其意志强加的实体法义务。③准则可以通过再协商而改进。例如旅游业从业人员和旅行社准则（the ABTA Code）因为消费者投诉，一年后在过度收费和重复预定方面进行了修改。④准则超越了现行法而增进了消费者权利。例如洗涤业准则禁止了任何的免责条款（exemption clauses）。⑤调解和仲裁的机会提供了低廉、快捷的解决纠纷模式而不需直接到法院诉讼①。

一个越来越重要的问题是行为准则如何执行。我们可以看到绝不是所有的行业协会成员都遵守推荐的措施（recommended practices），对行业协会来说最明显的方式是它自己去处理不服从的（recalcitrant）的会员。有一些协会有非常广泛的权力，包括罚款和开除（expulsion），并准备好使用它们，从汽车零售协会和英国旅行社协会的活动可以看出这一点。与之相对的，鞋袜准则的发起者（sponsor）和汽车制造与贸易协会能做的仅仅是运用被同行社会性排斥（social ostracism by their peers）这一"俱乐部"式的威胁。因为自我规制和公平交易局支持的准则的推广所产生的早期的乐观主义在1990年代末期减退了。公平交易局在1998年的报告中认为太多的商人对此类的标准起作用，消费者难以分辨准则的优劣，因此建议引进一个适用于所有行业和部门的核心标准取代现有准则。一个关键性的因素是能够使消费者获得高效、低成本和独立的救济而不用依赖法院。英国贸工部1999年7月的白皮书认为行为准则在保护消费者权利方面能够扮演重要角色，能够提供比法律规定更高层次的对消费者的保护和服务。准则是企业确保消费者能获益的方法，如果有问题，也有有效的途径解决。对于商家来说，能够在广告中使用准则的标志使其获得了市场优势。消费者也知道他们打交道的是一个可靠的业者，如果有问题也是能够获得救济的。《2002年企业法》第8节第2款和第3款授权

---

① Robert Lowe and Geoffrey Woodroffe, Consumer law and practice, 2004, p179-180.

公平交易局核准（approve）准则并施加其具体化核准标准的义务①。

2002 年 5 月公平交易局发布了消费事务行为准则核心标准②。准则在独立性与纪律程序方面要求，必须有一个委员会，其中至少一半的成员是独立的。准则成员对准则的服从是强制的，准则的发起者必须有独立的纪律程序来有效地处理不服从的情况。在纠纷处理方面包括：①要求准则成员应该有一个快速、回应性的、能接近的和用户友好的程序处理消费者抱怨，并且必须同意一个具体的合理时限来回应抱怨。②要求准则成员提供最大限度地与消费者咨询的当地消费者顾问或任何其他中介人（intermediary）的合作。③调解服务的目标是形成一个被双方接受的决定。④项目不能拒绝当事人诉讼，同时准则成员受项目决定的拘束。在执行方面，准则发起者应该建立处理准则成员不服从准则的程序，并设置一系列的制裁，例如警告信、罚款、终止成员资格等。新的规定分为两个步骤，准则发起者例如行业协会去制定符合核心标准的准则，如果成功，他们会被公平交易局通知达到步骤一。然后他们被邀请参与步骤二，他们必须证明已满足步骤一的承诺。如果成功，公平交易局会支持（endorse）和促进准则，然后商家在市场营销中就可以展示"公平交易局核准准则"的标志。出现纠纷的消费者应该首先将纠纷提交企业的管理者。如果纠纷未被解决，那么可能会寻求标准交易官、消费者咨询中心或公民咨询局。如果纠纷仍然没有解决而业者是一个行业协会的成员，消费者应该要求行业协会调解，调解不收费。有的准则规定了仲裁的情况，消费者需要支付一定的费用，如果请求得到支持通常能返还这一费用，其他费用由行业协会支付。仲裁协议以书面为基础，仲裁员由仲裁人特许组织任命③。此外，从 2000 年开始，英国在天然气、电力、自来水等公用企业相继设立了消费者委员会（Council），这些委员会可以调解和处理消费者在各自领域的抱怨，如果执行行动是必要的，他们会将纠纷转给相关的规制性的行政部门④。笔者认为这应该属于政府立法并资助设立的对公用企业的消费纠纷进

---

① Robert Lowe and Geoffrey Woodroffe, Consumer law and practice, Sweet & Maxwell, 2004, p182, p183.

② Core criteria for consumer codes of practice: Guidance for those drawing up codes of practice (OFT390).

③ Robert Lowe and Geoffrey Woodroffe, Consumer law and practice, Sweet & Maxwell, 2004, p184, p186.

④ Robert Lowe and Geoffrey Woodroffe, Consumer law and practice, Sweet & Maxwell, 2004, p212.

行调解的民间调解组织。

（二）荷兰

荷兰在不同的消费领域设立了 33 个委员会。委员会在处理消费纠纷时会做出一个"拘束性的忠告"（binding Advice），也即一个合同。每一个委员会都由三类人员组成：主席（持有法律学位），一位被全国消费者组织提名的成员和代表有关业界的一个成员。所有的委员会都经过政府的核准和承认。委员会也可以成为审裁处，大部分的消费抱怨审裁处受在海牙的消费抱怨审裁处基金会（Foundation for complaints tribunals for consumers）的资助。基金会由行业与政府补贴。审裁处是以"拘束性的忠告"形式发布裁决，一个不便是如果债务人不愿履行，裁决便不能执行。另一个更重要的不便，不是所有的交易和行业都被很好地组织，因此企业也会不参加抱怨审裁处体系。有一些审裁处也提供调解服务。消费者和业者都可以提起这一程序，业者必须是经济领域国家代表团体的成员或在某部门委员会注册。启动程序必须要双方合意，业者的同意是通过全国组织成员资格或在委员会的注册而得到。在委员会的最终决定做出前，业者不能破产或停止存在。委员会做出一个"拘束性的忠告"，这一程序接近于一个仲裁程序。有一些委员会（例如律师委员会）提供一个真正仲裁，调解有些时候也会提供。如果双方当事人在程序中达成解决方案，委员会可以通过拘束性的忠告使之正式化。拘束性的忠告被认为是原先消费者和业者合同的一部分。

消费者通过填写标准化的表格启动程序，委员会通知业者并给予其一个期限（通常是一个月）去给出书面答复。如果委员会认为有必要或当事人一方申请，可以公开听证，当事人可以带证人和专家。委员会可以按自己需要收集信息，通过听取证人、专家意见，启动委员会或专家调查。委员会通知当事人这一决定，当事人可以参加听证。当事人有权请律师代理和提供帮助。重要的程序规则由法规规定，如果怀疑委员会成员不公，当事人可以申请替换。有 4 个委员会允许消费者使用新的通信工具提出抱怨。没有上诉程序，但决定能够被提交到一个普通法院做有限度的审查。如果委员会违反基本的诉讼法原则，例如听证权，法院可以宣布其决定无效。委员会认为有必要结束纠纷，可以做出任何决定，通常包括评定赔偿、命令支付、命令原来合同中某项义务的履行、解除合同、命令企业更换纠纷标的物、命令企业修理或支付消费者修理费等。拘束性的忠告没有仲裁裁决的强制执行力，但实践中这不成问题。业者所属的经济组织确保拘束性的忠告的执行，如果业者不执行决定，组织会代替它执行。提起抱怨处理程序要支付固定费用，金额主要取决于纠纷所属领域和争议金额。业者也要支付固定费用。程序通常持续5个月。当事人不得不聘请律师这一点对于弱势消费者是不利的。2005年大约处理了13000起消费纠纷。大部分纠纷在没有这一程序以前是不会走上法庭的①。如果消费者获胜，其付出的固定费用将由业者偿还。如果是业者提起程序（经过消费者同意），消费者要交纳一笔和他购买商品或服务尚欠业者金额数量等同的保证金（deposit），以确保消费者履行调解意见②。

（三）日本

日本在医药品、化学制品、煤气石油机器、家电制品、化妆品、汽车、住宅部件、生活消费产品、生活用品、清凉饮料以及防灾制品等产品领域都设立了诉讼外纠纷解决机构——产品责任中心（PL中心）。以在产品安全协会内设置的独立组织生活消费产品PL中心（以下称为PL中心）为例，PL中心的产品责任事故纠纷处理方法有两种。一是咨询（当面交涉的促进）。首先根据咨询者申述内容进行争点整理，提出建议、提供资料。向制造商等提出照会，以此协助解决纠纷。二是斡旋、调停。当面交涉很难解决纠纷的事件，由任何一方提出申请，并在取得另一方同意基础上进行受理。斡旋是事务局在律师的协助下通过对双方主张的调整提出斡旋方案以解决纠纷的活动，而调停是判定会（由法律专家、消费者问题的有识之士以及技术专家构成）通过审查提出调停方案解决纠纷的活动。PL中心要针对判定会要求进行相关事实调查、资料收集及协助探明原因。判定会活动是非公开的，以当事人提出的物证和书证为中心进行审查（各方当事人可以出席判定会陈述意见），原则上受理申请后3个月内要提出调停方案。调停方案不具法律约束力。咨询和斡旋是免费的，调停双方当事人各交1万日元。现场调查、试验所需费用由当事人负担③。

---

① National report of Netherlands in The Study Centre for Consumer Law–Centre for European Economic Law, 28 national reports, Leuven, 15 November 2006.

② Frank Alleweldt, Final Report to DG SANCO–Study on the use of Alternative Dispute Resolution in the European Union, Berlin, 16 October 2009, p485.

③ ［日］三枝繁雄：《生活消费产品的纠纷处理》，载［日］小岛武司、伊藤真：《诉讼外纠纷解决法》，丁婕译，中国政法大学出版社2005年版，第117–122页。

财团法人汽车产品责任咨询中心（汽车 ADR）原则上不能有政界人士、制造商代表以及和制造商有任何关系的人士担任理事，监事也不能由与制造商有关联的法人来选任。汽车 ADR 的业务内容分为"咨询业务"和"审查业务"，"咨询业务"又分为一般咨询业务和投诉咨询业务，"审查业务"分为和解斡旋程序和裁定程序。有关汽车性能、使用上的注意点等与产品投诉无直接关系的事项，由工作人员按一般咨询处理。产品投诉案件先按投诉咨询案件应对（建议、说明等），如不能解决就转入"当面交涉"，通过提出申述人和制造商之间的当面交涉来解决。当面交涉不成立的话，经双方当事人同意，进入审查程序。审查程序最初由事务局律师进行和解斡旋，不能达成和解的话由审查委员会进行裁定程序。审查委员会由律师 5 人、法律学者 4 人、工学学者 2 人及消费者问题专家 2 人构成，设置了第一和第二小委员会。审查委员分属某个小委员会。审查委员会对小委员会的裁定程序等进行综合性意见调整。但裁定程序不是仲裁裁定程序，不具有约束力。审查程序是事务局律师及审查委员会的专属权力事项，它独立于汽车 ADR 进行。审查申请的费用由双方当事人各支付 5000 日元①。

（四）　简要的评述

从上述代表性行业调解机制，可以发现许多值得借鉴之处。

1. 英国的金融监察官项目属于独立民间机构，这一机制的独立性较强，且采取职权调查，可以减轻消费者的证明负担，能够给出明确的结论性的调解意见，且这一"裁决"单方面对业者有一定的强制性，对消费者比较有利。

2. 英国的行业协会调解比较突出的优点是由政府来评价和审核行业协会制定的本行业消费纠纷解决所依据的实体规范和程序规范，也就是所谓的行为准则和消费事务行为准则核心标准。这样做的好处是将行业自治与政府管理糅合在一起：通过业者自己制定行为准则，尊重行业协会的自治权，易于为该行业成员接受；通过政府倡导的准则应该具备的核心标准去衡量各个行业协会的自订行为准则，以允许其发布优良准则标识的方式促进各个行业尊重政府的标准，可以保护消费者在良莠不齐的各行业行为准则前的知情权与行为决策的准确性，以免行业协会完全追求自身利益制定对消费者明显不利

---

① ［日］佐野正树：《汽车产品责任咨询》，载［日］小岛武司、伊藤真：《诉讼外纠纷解决法》，丁婕译，中国政法大学出版社 2005 年版，第 122–126 页。

或颇为偏颇的行为准则并误导消费者，导致消费者权益受损。

3. 荷兰的行业调解的优点在于：（1）独立于行业协会之外，调解机构的人员组成兼顾各方利益，更加平衡和中立；（2）各个行业的调解程序统一并且制度覆盖的行业领域广泛。（3）业者不愿履行调解意见时，行业协会除了制裁之外，还会代替它履行，从而保障得到有利于己调解意见的消费者百分之百获赔。（4）比较特别的是荷兰的行业调解通过缴纳固定费用、保障金等费用制约机制来强化调解意见的效力，同时对于业者为维权提起程序的问题也进行了巧妙的设计，不是一味地保护消费者权益，而是对消费者与业者利益作出了一种平衡与兼顾。但是荷兰的行业调解需要聘请律师，对部分消费者来说正当程序保障有余而程序亲和性不强。

4. 日本的两种行业调解机制的优点是：（1）调解机构独立性强，与荷兰的行业调解相比其没有相关行业利益的涉入，对消费者来说更加有利；（2）调解人强调专家组成，专业性非常强；（3）纠纷处理方法梯度性比较好，咨询、斡旋与调停的搭配有利于消费者根据纠纷或问题的具体情况行使程序选择权。

三、行业调解机制的优缺点

行业调解机制形态各异，从总体上分析，其优点如下：

1. 容易为业者接受

行业调解机制很多情况下是一种同业调解，行业调解与其所依托的行业有或多或少的联系，即使是独立于行业的调解机构，其调解人或专家鉴定人也可能有行业从业人员或行业内专家，如果是行业协会调解，其向业者利益倾斜的可能性则大得多。与行业以外的第三方主体调解相比，行业调解机制得出的调解意见显然更容易被业者所认可。也可以说，消费纠纷行业调解机制与消费者团体调解消费纠纷相比，更加中立或偏向业者，这对于业者来说自然是有益的，而消费者则对此种倾向保持一定的担心和疑虑。

2. 专业性强

"法官是法律方面的'通才'，其应当通晓所有法律规定，而不是在所有行业领域都具有较深的专业知识。行业纠纷解决的专业性在避免了刻板的统一适用的规则的同时，也同时能够实现纠纷解决的调适性。因为，主持行业纠纷调解的人与发生此类纠纷的人，有着共同的行业背景，有共同的行为规则模式，有共同的传统和习惯，相互之间能够较充分地沟通与交流，从而保障了纠纷解决在更接近实质正义的基础上进行，而不是一概以略显保守的法律来作为衡量的标准。"① 之所以纠纷各方寻求行业调解，很大程度上是因为调解主体可能会对行业内相关事务更加熟悉和专业，能够尽快地合理解决消费纠纷。在现代社会，专业分工愈加细致，行业调解主体对其行业的熟悉就成为纠纷解决中的一种最宝贵的资源。具有丰富从业经验的纠纷调解员，对于特定领域消费纠纷中的焦点问题更能从法律和技术角度厘清双方的权利义务关系，所以其调解就能比一般调解人员更加游刃有余。专业性和可接受性是一个问题的两个方面，正是因为同业或专家调解的专业性才使得业者更能接受行业调解。

3. 结论与时效性的确保

如果行业调解采取不必形成合意也可以由调解主体作出调解意见的"裁决"方式，虽然称不上程序简易方便，但却是"当断则断"，例如像上文提到的英国金融监察官、英国行业协会调解、荷兰以及日本的行业调解制度，不会因为久调不绝或最终无法达成调解协议而浪费时间，可以避免调解的延迟与提高纠纷解决机制的效率，确保调解的实效性。更重要的是，具备这种特点的行业调解不会像一般调解制度那样因为当事人双方达不成调解协议而使得调解人员和双方当事人的前期调解努力白费，加之对业者辅以一系列制裁措施，更能使调解意见结论化、切实化。行业调解意见可能是以明确结论的形式出现，而一般调解制度中的调解主体可能没有如此积极和"专断"，只是单纯斡旋或者提出的意见是闪现的、模糊的或者方向性的、单方征求意见式的。这种结论性的意见对当事人的指引作用无疑是很大的，虽然损失了自由，但有时不得不承认这种"调解父权主义"可能正是当事人所希望依赖的，如果调解人足够权威、专业和令人信服的话。

4. 程序的片面约束与强制裁

有结论不代表有结果，调解总的来说是一种软约束，行业调解的最终结果是双方当事人达成协议或者调解人出具调解意见，除非特别规定，一般对于消费者和业者来说都并非具有法律意义上的约束性和强制执行性。而普通调解的最终结果是双方当事人达成协议或调解失败达不成协议，也是没有法

---

① 宋朝武等：《调解立法研究》，中国政法大学出版社 2008 年版，第 32 页。

律约束性。为了一个更为确定的纠纷处理结果，行业调解还要寻求更多的强制。参与调解与否和是否达成调解协议是当事人意志融合之下的产物，这是一般调解制度的特点，也是调解制度的软性与自由的优势。而行业调解则有不同，大多数行业调解对业者具有单边的约束性，消费者可以不同意行业调解的调解意见，不会受到任何惩罚或遭受任何损失，而业者如果不按调解意见履行，则可能会受到行业协会甚至其他机构的制裁。

不服从重要机构建议可能会影响业者在自己行业的评级和全部声誉。行业调解的制裁主要是非法律惩罚，包括批评教育、责令赔偿损失、内部通报、公开曝光、道德谴责、开除会籍、扣押保证金等。这些制裁的指向性是单方面，消费者可以不遵从调解意见和结论，这样的片面约束无疑极大地保护了消费者的权益。同时，这些制裁综合来看，无疑力度不小，对比没有多少实质制裁措施的一般调解机制，其无疑是一种强制裁。

5. 发展行业自我治理，减轻其他解纷机制和政府管理的负担

《中华人民共和国反垄断法》第 14 条规定，行业协会应当加强行业自律，引导本行业的经营者依法竞争，合规经营，维护市场竞争秩序。这实际从法律上赋予行业协会维护竞争秩序的义务。在市场经济条件下，市场主体追求自身利益最大化的自然倾向使其可能采取有违公平竞争规则的行为，侵害消费者的权益，为了维护公平良好的竞争秩序，必须对业者的行为进行监管和约束。而监管的方式除了行政的、法律的方式之外，行业自律成为行业治理的有效手段。通过加强消费纠纷行业调解和行业协会对本行业成员的引导、规范以及对侵害消费者权益行为的判定与制裁，促使业者依法竞争、行业健康发展。另一方面，行业调解与自我治理可能减轻行政监管的压力，减少其他纠纷解决途径的纠纷处理数量，扩大纠纷解决的总体容量，有利于程序分流和纠纷解决资源更加合理的配置。

消费纠纷行业调解机制也存在一些不足与缺点。

1. 消费者信任度低

调解经常是由相关行业协会的雇员来施行，消费者就有正当理由怀疑是承担费用的人发号施令（pays the piper call the tune）[①]。美国的"医疗纠纷处

[①] Robert Lowe and Geoffrey Woodroffe, Consumer law and practice, London: Sweet & Maxwell, 2004, p213.

理机构在作出审查结论时，一般依据医生提供的证据对医疗过失进行分析判断，因此，患者存在着医生证据优先采用的恐惧感。"① 有德国学者曾指出："德国的当事人一般都会高度信任他们的法官的独立性和能力，与此相比，他们倾向于不信任调解委员会，因为后者一般（至少在目前）是由与案件有利害关系的商事、工业、建筑业以及医学界人士设立和组建的。调解人员被认为要么完全站在他们的组织者那边，要么对后者持同情态度，因此民众主动听从调解委员会的终局裁决的意向十分低。因此，从数字上来看，各种调解机构能起到的作用非常有限。"② 德国的行业调解机构"由 1 到 7 名调解人组成，他们应该独立和无偏私而事实上并非如此，在大部分情况下，业者部分的代表总是多于消费者部分的代表，主要原因是调解机构与行业协会有很强的联系，行业协会比消费者组织也有更多的金融资本"③。实践表明，消费纠纷行业调解机制在不少国家适用比较少、推广比较难，很重要的一个原因就是偏向业者利益的可能较其他调解机制要大，难以取得消费者的充分信任，尤其是在附属于行业协会，和本行业或行业协会在人员、资金等方面联系过于密切的情形下。一个无法赢得使用者信任的制度，其生命力和影响力必然是有限的。

2. 职权主义程序亲和性差

美国行业资助纠纷解决项目最早的是大家电消费者行动计划（the Major Appliance Consumer Action PlanMACAP），于 1968 年创设，由九名专家组成评议小组对消费者抱怨给出非拘束性的评估，这些专家没有一个全职受雇于家电行业。汽车消费者行动计划（AUTOCAP）的评议小组由零售商和消费者成员组成，消费者代表必须至少占小组成员一半。这样的人员组成已经基本上做到了中立与无偏私，但是有美国学者认为，行业调解的缺点是它们经常不能获得不负责任的业者的合作，以及通常缺乏业者代表和消费者面对面的接触。很多调解是通过电话进行的，当纷争者不能够看到纠纷解决者且其永不

---

① ［日］植木哲：《医疗法律学》，冷罗生等译，法律出版社 2006 年版，第 56 页。医疗纠纷处理机构由美国各州的医师协会和保险公司发起，其专家组成因州而异，主要是由医疗专家和法律专家组成。
② ［德］皮特·高特沃德：《民事司法改革：接近司法·成本·效率——德国的视角》，载［英］阿德里安·朱克曼：《危机中的民事司法：民事诉讼程序的比较视角》，傅郁林等译，中国政法大学出版社 2005 年版，第 224 页。
③ National report of Germany in The Study Centre for Consumer Law–Centre for European Economic Law，28 national reports，Leuven，15 NOVEMBER 2006，p2.

与对方直接交谈，那么是很难赢得纷争者信任的。有一些项目要求消费者提交书面的抱怨，这使得纠纷解决更缺乏可接近性和更难令人满意①。程序简化可能是一项优点，可以加快程序的进程和提高解纷的效率，但前提是程序本身要使程序利用者感受到主体意识和亲和力，具备基本的三方组合的构造和基本的程序正义因子，否则再简洁的程序，当事人也可能不愿意利用，一些行业调解机制为追求效率而走到了事物的反面，容易引起消费者的反感和担忧。

四、我国行业调解机制的现状与完善

（一）我国行业调解机制的起源形态与不足之处

消费纠纷行业调解机制在我国的纠纷解决机制的"武器库"中长期处于缺席的状态，进入新世纪以来，随着调解的复兴和社会转型期各种矛盾与纠纷的涌现与"更新"，我国一些地方开始探索和尝试通过各种形式的行业调解机制解决特定领域的消费纠纷。如细致划分，其代表性的形态有以下四种：

1. 行业性人民调解机制

根据《人民调解工作若干规定》第 10 条，可根据需要设立区域性、行业性的人民调解委员会，从而使与行业组织对应或者适应行业特点的人民调解得到了法律的肯定，成为一种正式的制度形式。首先出现的这类行业调解主要集中在医疗、物业管理和保险这三个行业和领域，比如成都市物业管理纠纷人民调解委员会、上海医患纠纷人民调解委员会、上海保险同业公会人民调解委员会、北京市物业纠纷人民调解委员会等。

行业性人民调解具有较好的公信力，其中立性一般不受消费纠纷双方当事人质疑，免费调解纠纷，调解协议具有较强的法律效力，但同时也存在着一些问题。这类调解机制的不足之处有：①运营经费完全依靠国家投资，不能很好地在大范围推广发展②；②调解人员组成随意性较大、不稳定，专业知

---

① Linda R. Singer, settling disputes: conflict resolution in business, families, and the legal system, Boulder, Colorado.: Westview Press, 1994, p88.

② 山西省医疗纠纷人民调解委员会成立于 2006 年 10 月 12 日，该调委会挂靠在山西省心理卫生协会下，脱离了社区街道，与司法行政和卫生部门都没有隶属关系，因此没有正常的经费渠道。主要通过调委会主任韩学军个人投入和借父母、亲戚的钱来维持，另外该调委会还通过举办医疗纠纷处理培训班、向医院提供医疗管理咨询服务等方式自筹资金。该调委会从成立到 2007 年 12 月，接到申请调解案件 548 件，符合受理条件 236 件，已处理 193 件，处理率为 82%。参见林文学：《医疗纠纷解决机制研究》，法律出版社 2008 年版，第 51-60 页。

识水平难以保证，有时对侵权行为与损害结果之间的关系不能很好地判定，权威性有所不足。③缺乏职权调查，与消协调解相比对消费者证明责任要求较高。④组成人员有的以行业从业人员为主（比如前述的上海保险同业公会人民调解委员会），以人民调解委员会名义活动，容易误导消费者。

2. 行业协会调解机制

比如保险消费纠纷的调解，采取由保险行业协会下设的纠纷调解处理机构主持、保险公司和消费者达成对双方当事人具有约束力的调解协议的运行模式。以北京保险行业协会北京保险合同纠纷调解委员会为例，该调委会于2008年3月25日成立，只要符合"申请调解的当事人为保险合同中的投保人、被保险人、受益人或保险公司，有具体调解请求及事实、理由，不涉及保险精算标准和生命表，未申请仲裁或提出诉讼的"等条件，均可向调解委员会申请调解。调解委员会承诺将在20个工作日内完成调解，消费者不需要承担任何费用[1]。

行业协会调解的主要问题有：①外界无利益关系调解人很少或没有，中立性不足，难以赢得消费者认可[2]。②行业协会本身覆盖面参差不齐，行业协会职能定位也较混乱，影响行业协会调解的推广和发展。③对业者的制裁乏力，且能否落到实处难以确定。④有的行业协会调解机制调解人属于无偿志愿行为[3]，显然无法建立长效机制或应付大量纠纷；而如果接受行业酬劳，则

<hr>

[1]　为保证调解协议得到有效执行，北京保险行业协会还同时组织近60家保险公司的代表，签订了《北京保险合同纠纷调解自律公约》。调委会接受北京保监局监督指导，由各保险公司北京分公司、各在京直接经营业务的保险公司总公司及外聘专家学者、北京保险行业协会秘书长组成，下设产险和寿险专业委员会，向业内及业外聘请了近百名专业资深的调解员，包括保险、律协、消协等各界人士。参见徐涛：《北京保险合同纠纷调解委员会成立》，《证券时报》2008年3月26日第A07版。

[2]　当被问及是否会引入第三方中立机构，联合组建调处机构时，中国保监会法规部主任杨华柏表示，保险行业协会的确是由保险公司组成的，是维护保险公司利益的。但保护好被保险人的利益，是从根本上保护保险公司的利益，就是说使得保险人和被保险人在一种公平的机制下来解决处理纠纷，这从根本上来说是保护保险公司的利益。所以，大家不必因这个协会是由保险公司人员组成的，就担心机制的公正性。参见《快速调解：免费的"午餐"为何没人"吃"？》，http：//insurance. cnfol. com/070605/135，1387，3030069，00. shtml。显然，这样的解释只是一种理论上的"应然"，略显苍白，对于打消消费者的顾虑没有什么说服力。

[3]　保险消费纠纷行业调解先行试点的上海、安徽、山东三地维持机制正常运转的工作经费由市或省保险行业协会解决，不要求当事人支付费用。委员会委员、主任、办公室常驻人员、调解员均不计报酬，虽有一定的办案费用分摊或补贴制度，但实践中很少执行。参见黄海晖、黄胜英：《保险合同纠纷的业内解决机制研究》，《南方金融》2006年第9期。

无疑又会强化其非中立性色彩。⑤有的存在数额等不少限制性条件①，主要定位于简单、少额纠纷。

3. 在行业协会成立消协或市场监管机构的维权联络站

广东佛山市消委会在 2006 年 11 月开始陆续与该市 11 家行业协会签订了维权公约，并设立了消费维权联络站②。具体做法为：一是消委会受理消费投诉后，属各行业协会成员企业的，可以转交各行业协会协助处理；二是各行业协会的消费维权联络站可直接受理有关本行业的消费侵权投诉，并进行调解处理③。

行业协会维权联络站调解实际上就是行业协会调解，之所以单独列为一类，是因为其是行业协会调解的一种特殊形态，这一机制将不同调解机构对接，选取的行业往往是自治能力较强或消费纠纷较多发的，并可能与消协或行政机关签订一定的承诺书。但其性质仍然未变，所以必然具有上述第二类

---

① 例如，保险行业规定，调处机构受理的纠纷应当是事实清楚，情节简单，适宜快速处理的案件，以适应快速解决保险合同纠纷的需要；同时，为确保处理机制在程序方面不会与仲裁或诉讼产生冲突，受理的纠纷还应当符合以下条件：一是保险公司对合同理赔纠纷有明确处理意见而被保险人不接受，且自保险公司作出明确处理意见起未超过 6 个月；二是未曾就同一事实申请仲裁或提起诉讼；三是不涉及保险精算标准及生命表等问题；四是纠纷所涉保险金数额，财产保险不超过人民币 20 万元、人身保险不超过人民币 10 万元（各地区可以根据情况确定具体金额）。参见中国保险监督管理委员会：《关于推进保险合同纠纷快速处理机制试点工作的指导意见》（保监法规〔2007〕427 号）。

② 行业协会涉及电器、建筑、房地产、通信、汽配、旅游、陶瓷等，均与市民生活息息相关。佛山市消委会、工商局与以上行业协会签订了消费维权协作公约。协作制度囊括了建立信息联络平台、信息互通机制、消费维权投诉受理和协作各方的联席会议制度等 10 个方面的内容。行业协会可以以"佛山市××行业协会消费维权联络站"名义直接受理有关本行业的消费侵权投诉。如果行业内企业无理拒绝调解或有违法经营行为，可提请消委会成员单位中的各行政职能部门协助进行行政执法。消委会、工商局 12315 受理消费纠纷后，属各行业协会成员企业的，可以转交行业协会协助调解处理。而行业协会应在 3 个工作日内给出是否受理的答复。如果受理，10 个工作日内行业协会就应给出调解或处理结果。参见阎锋、杨莉萍：《佛山工商与行业协会签约 协会可受理投诉》，《佛山日报》2006 年 11 月 1 日。

③ 佛山市南海区平洲珠宝玉器协会目前有会员单位 1 万多家，自从加入佛山市消委会的消费维权协调互助机制以来，该协会推出了诚信经营联盟，规定凡加入该联盟的店铺，若有欺骗顾客的行为遭到投诉，一经查实，除责令其向顾客全额退还售假货款、赔礼道歉之外，还处以售假货款相同金额的罚款，即假一、退一、罚一；重犯者对其实行假一、退一、罚二的处罚，所罚款项的一半给受骗顾客作为精神损害赔偿，另一半则存入该协会诚信经营联盟账户中，为赔偿其他受害消费者的经济损失和法律诉讼之用；再犯则告知当地工商局，注销其营业执照，禁止其在平洲地区的玉器市场经营，终止其负面影响。同时，该协会还与国家宝玉石产品质量监督检验中心合作，共同设立国检平洲咨询服务点，为消费者维权提供技术支持。参见黄褴：《广东省消委会让行业协会成为消费维权的主角》，《中国消费者报》2008 年 4 月 9 日第 A03 版。

一般行业协会调解机制的一些缺点和不足。当然其公信力较一般行业协会调解要强,因为其签订了相关承诺并悬挂消协或市场监管机关维权站点标识,较能取信于消费者(不排除一些消费者误认为是消协或行政调解)。

4. 业者发起设立的第三方调解机制

这一消费纠纷解决机制不是行业协会主导设立,而是个别或一些业者发起并联合外界资源设立的,其依托于行业但标榜是独立于业者的第三方纠纷解决机制。例如北京市卫生法学会和北京医学教育协会医疗纠纷调解中心①。调解中心不收费,原则上也不鉴定,调解人员以医学、法律专业人士为主,整体解决纠纷的成本较低。中心与保险公司合署办案、一站式服务,保险公司对调解结果直接认同。调解结束,也就意味着保险理赔结束,因此,患者权利的实现非常直接、快捷,不存在院方不履行调解协议的问题。但是有研究认为,这一机制存在以下一些问题:①非承保医疗机构的医疗纠纷不能通过中心调解。②中立性受到挑战。调解中心工作人员的报酬来自保险公司,调处经费也来自保险公司,尽管中心极力表明自己是"独立、中立的第三方",但其中立性始终受到人们质疑。③整个调处程序就是医疗责任保险理赔程序,调处程序缺乏自身制度和程序的设计。④患者对调解方式某些环节不满。有患者表示调解时,只是调解员与患方的谈判和协商,医院方根本就不出面,患者对此极其不满,连最简单地与医院沟通的机会都没有,医院对医疗过程不作任何的解释与说明。这样的调解,缺乏医患双方的沟通渠道,变成了患者与调解人员之间的谈判和协商,调解中心无形中被认为是医疗机构和保险公司的代表。⑤调解中心在计算赔偿额时严格按照《医疗事故处理条例》(以下简称《条例》)规定进行,而有不少医疗过错案件的赔偿应该按照最高院《关于审理人身损害赔偿案件适用法律若干问题的解释》(以下简称《解释》)进行,《条例》比《解释》规定的范围和标准窄而且低,对患者可

---

① 2005年北京市政府下发文件,要求所属的公立医疗机构全部投保医疗责任保险,其后在公开招标中,中国人民保险公司北京分公司和太平保险公司北京分公司中标,由于北京市推行的医疗责任保险要求保险公司第一时间到现场参与医疗纠纷的解决,在这种背景之下,北京市卫生局下属的北京市卫生法学会和北京医学教育协会医疗纠纷调解中心负责中国人民保险公司北京分公司和太平保险公司北京分公司的承包医院,成立了医疗纠纷调解中心,参与这些医院发生的医疗纠纷的调解处理工作。上述两家调解中心调解范围已覆盖全市60%以上的公立医院。参见邢学毅:《医疗纠纷处理现状分析报告》,中国人民公安大学出版社2008年版,第199页。

能不利①。此外，还存在业者向社会购买解纷服务和资源的情形，比如深圳多家市属医院共同从非营利机构"慈善公益网"购买了 8 位社工的服务，让社工调解和缓和医患纠纷②。

（二）完善我国行业调解机制的建议

从上述实践和制度设计来看，我国行业调解机制形态多元化，但适用领域、规模和解决纠纷的数量都是比较局限的，有待进一步完善和发展，为此笔者尝试从以下一些方面提出建议：

1. 培育行业自治能力

从历史发展的趋势来看，在政治国家与民间社会之间，将会出现权能的消长和职能的变迁，"NGO 应该随着政府职能的转变而不断发展，政府逐步退出一些领域的管理，而这些领域的管理空白就应该由 NGO 去填补。……政府应赋予行业协会规范本行业行为以及管理社会的更大的权力；赋予各行业协会评价和规范该行业中各企业的经济行为，保护行业品牌和区域品牌的权力。"③ 要想达到行业自我治理的目标和程度，必须首先具备完善、规范的行业组织和健全的行为准则。在此前提下，加强行业调解机制的建构无疑会培育行业治理能力和不断扩大民间社会的影响力。

目前各行业协会体制改革尚不到位，各项制度也没有充分建立健全，还不是完全意义上的行业自律组织，难以进行真正意义上的行业管理。部门或行业利益的驱使，也使得行业协会很难站在公平、公正的立场上制定行业标准和行业规范以及处理消费者投诉的问题。目前，行业协会所面临的问题在于其缺乏对自身作用和定位的科学把握，由于长期以来计划经济体制和思维观念的影响，造成过分依赖行政权对行业和业者的管理和规制的局面和意识，非官方社团或 NGO 生存发展空间狭窄，人们对发挥行业协会等自律性组织在行业治理中的作用也认识不充分。

多数行业协会是作为相关行政主管部门的派生而依附于有关部门，这就使得许多协会的官方色彩浓厚，缺乏独立性和民间化定位，在行政监督管理和行业自律管理混同而又缺乏权能的情况下，造成两者的双重缺失和进退失

---

① 林文学：《医疗纠纷解决机制研究》，法律出版社 2008 年版，第 74—81 页。

② 叶飙、刘勇：《深圳维稳部门起草医患纠纷处理草案备受关注》，《南方都市报》2009 年 7 月 15 日。

③ ［韩］李源晙：《中国特色的非政府组织：挑战与应对》，《世界经济与政治》2008 年第 9 期。

据。如果行业协会的性质是模糊的、定位是不明的，就会造成对自律、自治的轻视，因此必须明确其定位并进行职能改良与转变，树立行业自治意识，增强其自我治理的能力和手段。同时，也要明确国家对行业协会的监管职责。另外，还要扩大行业协会的覆盖面，行业协会代表行业利益并进行有效自律的前提条件之一就是行业内大部分业者成为行业协会会员。目前这类业必归会制度，在不同的行业施行情况还有很大差别。《深圳经济特区物业管理条例》规定，物业服务企业应当在取得资质证书3个月内加入市物管协会，这是在物业管理行业内首先在一个行政区域内实行了业必归会的制度。此制度的建立无论对行业协会的自身发展，还是对行业调解的成功实施，都有着非常重要的作用，应该进行推广。当然如果是业者数量庞大的行业则没有必要机械地照搬这一规定。

2. 确立行业调解的基本原则

这指的是在行业调解整个流程中应当遵循的基本准则。确立行业调解基本原则，对于合理、规范地开展行业调解活动，提高行业调解认同程度和纠纷解决率意义重大。具体而言，行业调解应坚持以下一些基本原则：①依法调解原则。依法调解指的是在行业调解过程中，调解的依据主要是法律、法规，当然也包括行业习惯和有关技术规范。虽然调解不像诉讼一样要严格依据法律、法规划分当事人双方权利义务关系，但在行业调解过程中还是应以实体法界定的权利义务为基准，尽量协调业者与消费者权益，调处纠纷。行业协会要争取各方对法定权利义务的认可，找出平衡点，使各方达成合意。这一原则在调解过程中的运用实施，是行业调解和司法调解衔接的基础。因为只有行业调解过程中尽量以法律、法规规定的各方权利义务为基础进行调解并达成合意，司法调解才更方便以其调解结果为基础形成司法调解书。②调解自愿原则。调解自愿原则是指在行业调解程序的启动、调解进程中以及最后达成一致协定，当事人都是依其自由意志做出决定。但是调解自愿原则不能排除行业协会对业者不遵从调解或调解意见的制裁。③中立调解原则。中立调解原则是指调解主体在调解消费纠纷时，客观求实，不偏袒任何一方当事人尤其是业者。不能因为自己是行业成员的利益代表就偏袒内部成员，要以整个行业长远利益为重，坚持行业调解的中立性原则，运用自己的专业知识努力促成调解协议的达成。坚持这项原则更能加强行业调解的可接受性。

④专业性原则。行业调解的专业性是其区别于一般民间 ADR 的特色和优长①。行业调解之所以为当事人青睐，主要原因之一是调解人能以行业领域的专家身份直击纠纷关键与症结所在。行业专家对本行业的技术和相关规定有着精深的把握和透彻的理解，并且积累了本行业大量的相关实践经验，这是其他民间 ADR 调处主体在短时间内无法习得的优势，也是消费纠纷双方愿意以行业惯例和相关规范化解消费纠纷的重要保证。⑤行业监督与自律原则。此原则指的是行业协会可以对不遵守行业调解意见的业者施以各种非法律惩罚，以迫使业者遵从行业调解，不能轻易忽视行业调解意见和结论。这一原则对于消费者权益的保护、提高行业调解信任程度和解纷能力非常重要。

3. 强化行业调解的中立性

尽管行业调解具有偏向业者的较大可能，尤其是行业协会调解的实际也印证了这一点，但中立仍然应该是行业调解所应当追求的目标和不断完善的着力点，因为消费者对行业调解中立性方面的评价，决定了这一调解制度的生命力。一方面，在经费来源上，不能由行业来主导，应该采取国家财政补贴②、行业自筹资金、向当事人收费等相结合。行业自筹资金包括会费、捐助、处罚成员的罚款等。向当事人收费可以采取业者多交、消费者少交或免交的方式。另一方面，在行业调解机构的人员设置上，要降低行业协会人员和业内人士的比例。对于业内专业人才，要优先选拔非管理层的技术人员，对于大、中、小经营规模的业者都应有代表作为调解员。还要进一步吸收法律、经济类专业人才和高等学校、科研院所的专家学者，尽量建立统一的调解员最低限度知识素质标准，由政府主管部门进行认证。同时定期进行培训，保证调解员的知识更新。

---

① 有论者指出，虽然某些地区的行业调解与诉讼调解结合有一定程度上的创新，但由于忽略行业调解及其他诉外调解的特点和规律，未能根据其特点建构良好的行业解纷运行机制，存在行业调解与人民调解、行政调解同质化倾向。具体表现在对各种调解程序设计相同的评价标准、激励机制和网络平台，对各类调解员制定了相似的资格准入条件，在培训中一律传授法律原理、规则和程序等，体现出单一化的价值目标和取向，致使行业调解及其他诉讼外调解难以发挥其专长和特有作用，不能使资源合理配置和有效利用。同时，对行业调解的管辖范围缺乏规制。对哪类案件应纳入行业调解，哪类案件应纳入人民调解、行政调解等没有明确规定，致使行业调解与人民调解、行政调解范围交叉、重叠，致使行业调解难以发挥应有作用。参见梁平、杨奕：《纠纷解决机制的现状研究与理想构建》，中国政法大学出版社 2014 年版，第 183-184 页。

② 笔者认为，政府可以通过对行业调解机构考核、评比后奖励，购买行业调解机构专职调解员岗位以及将部分市场规制所得罚金拨付给行业调解组织等方式进行资助。

4. 强化行业调解的规范性

由市场监管机关对行业调解机构进行设立审核①，并制定行业调解核心标准和规范，也即是最低限度的标准，各行业协会或行业调解主体自行制定的标准需要和此标准进行对比，只能比核心标准的要求更严格而不能更宽松。可以借鉴英国公平交易局制定的消费事务行为准则核心标准的做法，实行以下规定：①行业调解机构中人员至少一半是独立的。②行业调解需有简易书面审程序和听证程序供消费者选择。③行业调解必须有一个具体的合理时限（比如30天）。④行业调解应当给出具体的调解意见。⑤业者对调解意见的服从是强制的，行业协会必须有独立的纪律程序来有效地处理不服从的情况，并设置一系列的制裁，例如警告、罚没保证金、终止成员资格等。⑥行业调解不能侵犯当事人的裁判请求权，同时准则成员受项目决定的拘束。

具体到行业调解程序，包括以下方面：①行业调解程序的启动。行业调解可以通过司法委托、当事人申请、合同约定等形式开始。调解前，当事人双方要将主张与主要证据提交给行业调解主体，并可就调解日期、地点、调解程序等达成书面协议。②行业调解的进行。可以以听证会、分别会面或电讯视讯方式进行。调解员首先要听取双方陈述及主张，然后对案件进行初次评估（评估最好能结合专业知识而非仅仅是普通逻辑分析、事实分析或法律分析）。调解员将评估意见与双方沟通，然后再次评估并提出调解方案。调解程序没有严格规范的举证及质证程序，不实行严格的证据规则，证人也可不出庭。调解方案作成后，调解员向当事人发出通知，并要求其在确定的期限内给予同意或反对的明确答复。③行业调解程序的终结。纠纷双方达成一致后，需根据调解方案做成详细的调解协议。如无法达成一致，由调解员根据调解方案作出调解意见和结论，在消费者同意的情况下，向业者发出此意见并要求其履行。

5. 强化行业调解的强制性

行业协会和其业者成员承担社会责任不应听凭其自由意志完全自主抉择。

---

① 日本民间机构若想合法开展 ADR 业务，必须向法务大臣提出申请。但若该机构开展的业务是仲裁以及类似业务，无须运用交谈、协商等手段，则无认证的必要。日本《ADR 促进法》第 6 条规定，要取得认证，该机构须具备某个专门领域的知识背景和合适的程序实施者，所制定的规章应包括程序实施者的选任办法、回避制度、解纷程序流程等内容。如果法务大臣经过审查认为该机构具备相关的知识、能力、管理基础，应当给予认证。某机构未能取得认证，其实施的调解将无法产生特殊法律效果，人们对其信赖度和依赖性也会大大降低。参见齐树洁：《外国 ADR 制度新发展》，厦门大学出版社 2016 年版，第 367 页。

越是市场伦理不彰的地方和时期，就越需要政府积极推动和外界压力，否则行业治理与行业责任便可能流于心血来潮之下的对消费者的恩赐，是极不确定和随时可能消失的幻影。政府还是应该通过评级评优等评价体系引导行业协会承担社会责任并对其成员加强自律性监管。如前所述，应该通过多种途径强化对业者不遵从行业调解意见的制裁，业者一方一旦不遵从行业调解意见或反悔不履行调解协议，只由行业协会从对内部会员规制的角度加以影响，对于没有加入行业协会的业者来说约束力不大，可以考虑扣留业者质量保证金的方式强化调解的强制性。

至于强化行业调解协议效力问题（司法解释已赋予其合同效力），纠纷双方可以直接将行业调解协议提交法院确认，制作司法调解书，法院只需对其进行形式审查。如果一方对行业调解达成的协议反悔而对方起诉到法院的，法院受理后只需审查该协议是否具有《中华人民共和国民法典》规定的合同无效、可变更或可撤销等情形。如果协议存在瑕疵，法院宣告此协议无效，可以对此案件进行审理；如果不存在瑕疵，当事人反悔进入司法程序时，法院可以直接根据其内容制作相应的判决书。

6. 组建独立的第三方行业调解机制

应该在条件成熟的行业设立独立的行业调解委员会，委员会主席由法律专家（法学专家、律师、退休法官等）担任，组成调解委员会的成员需有三分之二是行业之外或者与该行业没有利害关系的人员（比如消费者协会及其他消费者保护团体人员、民间消费者代表、维权或公益律师及上述各类法律人士、在该行业或该行政区域没有相关利益的专家等），三分之一为行业协会代表、行业成员代表或行业协会聘请的专家代表、保险公司代表等。

7. 发展行业鉴定

行业调解在调解、听证程序运行上可能采取职权主义方式，但在证据收集与举证方面则严格恪守当事人主义。为此，应当发挥行业调解专业化的优势，行业调解机构也可以成立更加独立的行业专家委员会或鉴定委员会。在行业调解的过程中，如果遇到争议比较大的技术性问题，调解主体可以委托鉴定，费用由业者或行业协会负担。专家委员会的鉴定意见，作为相应领域技术问题的参考意见，会对纠纷各方共识的达成以及纠纷最终解决起到很大的帮助，也能减少行业调解缺少职权主义调查对消费者调查取证的不利影响。

第五章　消费纠纷仲裁机制

在雇佣、消费者和医疗渎职领域越来越多地使用仲裁是一个备受争议的问题。批评意见关注的是与强迫毫不怀疑的雇员、消费者和病人接受仲裁协议相联系的潜在不公平性。这些群体的支持者们把仲裁看成是诉讼的一种蹩脚的替代品，充斥着剥削这个社会最脆弱不堪的公民的机会。

——斯蒂芬·B·戈尔德堡①

第一节　消费仲裁制度的概念与优点

一、消费仲裁之概念界定

要讨论消费仲裁，首先必须对消费仲裁的概念进行界定。仲裁是基于意思自治原则而设立的私法纠纷自主解决的制度，具有民间性的特点，"系指契约当事人订立仲裁契约，合意将他们之间由一定法律关系所产生或将来可能发生之争议，提交双方所选任的私人仲裁人，由此仲裁人依照当事人所约定或法律所规定的仲裁程序，来判定纠纷的是非曲直，做成当事人应加以遵守且具有拘束力之仲裁判断。"② "仲裁权的性质只能是一元性的，即以当事人

---

①　［美］戈尔德堡等：《纠纷解决：谈判、调解和其他机制》，蔡彦敏等译，中国政法大学出版社2004年版，第252页。

②　林俊益：《国际商务仲裁浅释》，（台湾）永然文化出版股份有限公司1993年版，第14页。

之间协议为核心的民间性是仲裁权的根本属性。"① 我国过去和现在一些行政机关对仲裁的裁决更类似一种行政裁决而非仲裁概念的原意。

学者邱联恭认为,仲裁属裁决型诉讼外纷争解决制度的一种,"关于其定义虽在论者间难免有或多或少之差异,但大致上是指含有下述核心性要素者而言:①基于当事人间之合意(仲裁契约、仲裁协议),将已经发生或将来可能发生之一定法律上纷争,委由第三人即仲裁人为审理判断(判定如何解决纷争之具体内容);②当事人愿终局性服其判断(受仲裁判断之拘束)。此外,该第三人为私人一事纵可认为亦属原则性特征,但仅系附加性而非不可欠缺之要素。可知,仲裁之本质在于其系当事人为自主解决法律上纷争所私设之纷争解决手段,在此点上有所不同于使法官发动国家公权力所为公设之裁判。因此,非基于上述纷争当事人间合意,而系依法律规定或其所许一造当事人之申请所施仲裁即所谓强制仲裁(compulsory arbitration)或片面仲裁,尚非向来所谓之固有意义的仲裁。并且,纷争当事人之含意系仅将法律上纷争所涉前提事实委由第三人为确定(判断)之情形,则属所谓仲裁鉴定协议;又,依当事人之约定或法律之规定,假使第三人所为判断对于纷争当事人仅发生契约上效力,而尚不具有终局性解决法律上纷争之效力者,纵其亦采用仲裁之形式(具有仲裁之外观),则属所谓非正式仲裁或自由仲裁,均非固有意义的仲裁。要之,具有上述要素之仲裁被称真正仲裁或固有意义的仲裁,其中经仲裁法所认的发生终局性解决纷争之效力者称为正式仲裁;至于不具有上述核心性要素之仲裁或非属仲裁法直接承认其终局性解决纷争之效力者,则可称为非真正仲裁或准仲裁。从而,将包含此二者(非真正仲裁及准仲裁)在内之仲裁,泛称为广义(的)仲裁亦属无妨,此时亦可称正式仲裁为狭义(的)仲裁"②。这里邱联恭将仲裁分为狭义(固有意义)和广义(狭义仲裁

---

① 乔欣:《仲裁权论》,法律出版社 2009 年版,第 48 页。即使认为仲裁权具有某些司法性因素,根据主要方面决定事物性质的原理,仲裁权的性质也应当定位为民间性。因为仲裁权的行使以当事人合意授权为基础,没有仲裁协议,就没有仲裁权存在的基础,而且在当事人自觉遵守仲裁程序,自觉履行仲裁裁决,仲裁庭公正审理案件的状态下,仲裁的运行是不需要国家司法干预的,可以体现为纯民间性质。在需要国家司法介入的情况下,也主要体现在通过法律确定仲裁程序,认可仲裁庭解决纠纷的权力,赋予仲裁裁决法律效力以及当仲裁违背法律规定时予以纠正等方面。因此,从根本上说司法是为了保障仲裁的民间性而存在的,不能够成为确定仲裁权性质的主要方面。

② 邱联恭:《口述民事诉讼法讲义(一)2008 年笔记版》,许士宦整理,(台湾)台湾大学 2008 年自版,第 71 页。

+非真正仲裁）两种。可见消费仲裁可能意指终局性仲裁，也可能涉及非真正仲裁，必须首先明确其定义的外延，究竟是在什么意义上使用这一概念展开论述。

具体到消费纠纷的解决机制，有一项国外研究认为，消费仲裁裁决与法院确定判决具有一样的可执行力，通常不允许当事人提出上诉，除非双方当事人都同意这么做。有一些仲裁项目的裁决终结程序的拘束力和可执行性只是对业者一方的，而消费者如果不满仲裁结果，仍然保留将纠纷诉至法院的权利。这样的处理方式尤其受到消费者组织的欢迎，因为这可以抵消消费者与行业之间结果性的不平衡。单边约束仲裁项目最典型的例子就是德国车辆修理仲裁委员会的程序。还有许多非拘束性的（non-binding）仲裁项目，仲裁人就当事人之间的纠纷的解决发布建议（recommendations）。仲裁人建议非拘束性的特点意味着如果一方当事人不服从，依赖法院追索是必要的。捷克汽车交易与修理协会仲裁项目、希腊消费纠纷诉讼外解决委员会都是这方面的例子。仲裁人建议非拘束性的特点在许多 ADR 项目中未必产生自愿服从层面的担忧，非拘束性的建议通常都会被遵守。芬兰消费者抱怨委员会建议的平均遵守率是70%，但在一些特定行业（比如访问贩卖或邮购）遵守率就降到 30% ~ 40%[①]。显然这将消费仲裁的外延扩展到了非正式仲裁或者自由仲裁。

笔者认为，单边拘束性的仲裁从保护消费者权益的角度姑且可以纳入消费仲裁范畴，而非拘束性的仲裁项目则不应属于消费仲裁概念所辖内容。将仲裁概念推到最广义无助于辨识和运用相关概念分析消费仲裁问题，容易产生不必要的误解和混乱，还是应该从比较狭义的立场去理解消费仲裁的概念，也就是说，完全非拘束性的（只依靠行业协会非法律性惩罚或曝光、威胁起诉等）纠纷解决机制不属于消费仲裁，而应该属于消费纠纷民间调解机制。这种纠纷解决机制做出的裁决或劝谕本身没有法定的拘束力，缺乏仲裁裁决的终局性与可执行性，本质上属于一种调解意见和方案。而完全对双方当事人都有拘束力的消费仲裁则有可能加剧消费者的疑虑，减低消费仲裁的使用率，作为培育消费仲裁解纷机制的权宜之计，应当允许只对业者具有法定拘

---

① The Study Centre for Consumer Law-Centre for European Economic Law，An analysis and evaluation of alternative means of consumer redress other than redress through ordinary judicial proceedings-Final Report，Leuven，January 17，2007，p143-144.

束力的消费仲裁机制存在。回到仲裁概念的原义，仲裁就是当事人合意选定第三人，以判断彼此间所产生的纠纷，并接受其判断的一种纠纷解决方式。因此笔者主张消费仲裁制度应定义为：消费者和业者合意选定仲裁机构或仲裁人以裁决消费纠纷，并使业者或双方受其判断拘束的制度。

消费仲裁概念可能在两种不同意义上使用：一种可能就是一般商事仲裁制度用以解决消费纠纷；另一种也可能是单独针对消费纠纷特点设计有别于一般商事仲裁制度的专门性消费仲裁机制解决消费纠纷。从应然的角度上说，消费仲裁的概念首先应该指向后者而非前者。当然无论是否设计专门的消费仲裁机制，这两种意义的消费仲裁都具备而不改变仲裁制度固有的特性：合意性与拘束性。

二、消费仲裁理论上的优势

在仲裁程序中，一方面需要简洁、灵活和速度，另一方面追求程序正当、遵守法律要求和形式，两者的较量是仲裁程序的核心。这种较量和仲裁程序的本质属性使得仲裁被置于特别的地位，有人说"仲裁既没有调解那么不正式，也没有法庭诉讼那么正式"[①]。从理论上看，运用仲裁制度解决消费纠纷可能具有下列优势：

（1）迅速与低成本。诉讼程序大体而言较繁冗复杂、严谨且历时较久。而仲裁则不然，除了一审即告终结，仲裁程序往往以集中审理为原则，程序上就显得简易而迅速，有利于当事人节省时间和费用。与调解和和解相比，由于可以强行裁决，有效避免了反复调解、协商的拖延。

（2）终局性与确定性。仲裁实行一裁终局，与诉讼相比能够更快确定纠纷解决的结果。与调解和和解相比，其裁决对于当事人具有拘束力，能够得到强制执行。

（3）专门性。"在仲裁程序中，当事人可以选择仲裁人，因此能够选择在专业色彩较浓的领域内拥有专门知识的人士作为仲裁人，从而求得可靠的判断。而因为有这样的仲裁人，在诉讼程序中哪怕本来需要鉴定人时也往往可以不要，因此在费用和时间的方面都是有利的。"[②] 由于当代社会经济和科技

---

① John Flood and Andrew Caiger, Lawyers and Arbitration: The Juridification of Construction Disputes, The Modem Law Review, 1993, Vol. 56, No3, p415.

② ［日］小岛武司、伊藤真：《诉讼外纠纷解决法》，丁婕译，中国政法大学出版社 2005 年版，第 21 页。

的发展、专业槽的加深和纠纷的多样化，法官往往无暇也无力深入研究或学习各种专业技术内容，大多依赖相关技术人员的鉴定且无力审查。而仲裁恰恰可以弥补法官专业技术知识的不足。

（4）自愿与自主性。仲裁协议的达成与仲裁程序的启动是由双方当事人自由意志达成的，体现出双方自愿性。仲裁人员、仲裁地点、仲裁适用的法律等也都可由双方当事人议定。

（5）保密性。仲裁程序一般是保密的，以不公开进行为原则，对于业者的声誉和商业秘密的维护作用尤为明显。

（6）灵活性。"当仲裁员的道德观念要求的时候，他们可以自由忽视当事人选择的法律，并代之以来自一个不同的法律秩序的强行规则。"① "仲裁人为判断时，不一定要完全依据实体法。最重要者为合乎商场之需要，亦可依照商业上之习惯予以裁判，即商业上及情理上合理或衡平的也可能作为判断内容。"② "仲裁人可以不必严格地遵照法律作出仲裁裁决，所以由此就有可能生成能为当事人所接受的'新平衡法'，当立法无法适应时代的要求时，这又发挥了赋予法律发展新活力之发动机的作用。"③ 这一点比诉讼要更受业者的欢迎。

（7）和谐性。诉讼是一种敌对式的纠纷解决方式，往往太过强调当事人的权利或当事人可通过此诉讼取得什么，因而忽略了人情及双方关系的维持。"仲裁契约是在双方当事人合意的前提下，比较不会有排斥感存在，双方比较能心平气和的解决纠纷，在仲裁程序的过程中，双方的对立程度不若诉讼严重，也因此在仲裁程序结束后，当事人间之合作关系、和谐性方得以维持。仲裁可减轻诉讼的零和状态和紧绷情势（非输即赢），它在程序上的设计具有提供创造价值解决冲突，并进而增进双方权益之功能（双赢状况）。换言之，比起诉讼程序，仲裁并非在做分大饼（divide a pie-distributing value）之工作（即法院全输全赢、输赢各半等各种不同判决），而系可充分掌握当事人间不

---

① ［法］伊曼纽尔·盖拉德：《国际仲裁的法理思考和实践指导》，黄洁译，北京大学出版社 2010 年版，第 40 页。

② 邱联恭：《口述民事诉讼法讲义（一）2008 年笔记版》，许士宦整理，台湾大学 2008 年自版，第 74 页。

③ 陈刚：《自律型社会与正义的综合体系——小岛武司先生七十华诞纪念文集》，陈刚等译，中国法制出版社 2006 年版，第 77 页。

同利益所作制造大饼（make the pie bigger-creating value）之行为。"[1] 仲裁的环境与法庭的环境大相径庭。大多数替代性争议解决程序进行的地点都是私人办公室，而不是在雄伟的法院，所有阶段都有尊重和礼貌的氛围，也有某种随意的氛围，让律师和当事人更加轻松、不受常规限制[2]。仲裁程序十分缺乏形式，没有办事员、假发或长袍，只有一群人在租借的房间里坐成一圈。在外人看来，好像正在开会或商谈，一点也不像法律程序[3]。当然这些优点或特点仅仅是与单纯的诉讼制度相比较而言的。

正如有学者所言，"商事仲裁制度之所以能够在多元化的争议解决制度中脱颖而出，与其更能适应市民社会对争议解决制度的多元化要求密切相关。因为在市民社会中，人们对争议解决的实际需求具有多元性，有的当事人在解决商事争议的同时希望自己的商业秘密不被泄露，有的当事人更希望商事争议能够得到专业化裁判，还有的当事人甚至希望争议的解决过程是一个温和抗争的过程，既解决于彼此之间的商事争议，又不失其应有的商业和睦。现代商事仲裁制度恰恰可以满足市民社会对争议解决的上述需求"[4]。也就是说，仲裁制度多样化的优点满足了当事人多种类的需求，这一点不仅对于商事纠纷如此，对于消费纠纷也是如此，这也是消费仲裁制度的优势之所在。

不过对于消费纠纷的双方来说，消费仲裁的优点不是均衡分布或者说对于双方当事人都是完全一致的。总的来说，笔者认为，仲裁制度本身的特点更具有一种"重商性"，也就是说它的一些优点特别符合业者对纠纷解决机制的需求和期待，比如用商业习惯进行裁决、选用业内专业人员裁决、保护业者声誉、快速解决纠纷减少对业者生产经营活动的影响等。如果仲裁裁决的公平、公正性能够得到保证的话，也不能说消费仲裁对于消费者来说不利，其快速、专业、确定性地解决纠纷对于消费者而言同样也是有益的。此外，也应看到，上述优势是从理论上而言的，实际情形可能更为复杂，且大部分优点只是同典型意义上的冗繁、正式的诉讼程序相比较得出的。

---

① 陈家骏：《谈电脑软体智慧财产权纠纷之仲裁——以 IBM v. Fujitsu 争议为例》，载《商务仲裁论著汇编（四）》，我国台湾地区商务仲裁协会 1998 年自版，第 240 页。

② Roberto Aron, Julius Fast and Klein, B. Richard, Trial Communication Shills, Deerfield, IL, Clark Boardman Callaghan. 1996，p22，p25.

③ Alan Redfern and Martin Hunter, Law and Practice of International Commercial Arbitration, 4th edition，2004，Sweet & Maxwell，p1.

④ 杨秀清：《协议仲裁制度研究》，法律出版社 2006 年版，第 11 页。

第二节 国内外消费仲裁制度的实践形态

只要消费者和业者达成仲裁协议，用仲裁制度解决消费纠纷自然符合仲裁原理。但是消费仲裁并非通行各国的普遍的消费纠纷解决机制，仲裁很少用来解决消费纠纷，也很少有国家设计不同于一般商事纠纷仲裁制度的专门的消费纠纷仲裁程序和机制（比如日本就没有专门的消费仲裁制度，有的国家比如法国，其法律甚至禁止仲裁解决消费纠纷[①]）。大部分国家没有只处理消费纠纷的仲裁制度（例如德国的一些具有终局效力的仲裁制度可以处理消费纠纷但不专为消费纠纷所设计，其仲裁消费纠纷并不流行也不为人所知。而一些专为解决消费纠纷的项目的"裁决"并无终局性，实际上属于前述的行业调解[②]）或者只有个别领域的仲裁项目而无全面的消费仲裁项目（比如英国，比较突出的消费仲裁项目是前述有调解权的行业协会，部分还具有仲裁权）。通过一般商事仲裁制度解决消费纠纷没有多少特别之处，这种消费仲裁适用商事仲裁机制的一般原理和制度，等同于一般业者间的纠纷仲裁机制，显然没有很大的研究价值和比较借鉴的意义，从比较法的视野来看，世界范围内比较有代表性的专门或主要为消费纠纷解决而设计，且得到广泛运用的消费仲裁制度主要存在于美国和葡萄牙。

一、美国

（一）美国仲裁协会（American Arbitration Association，AAA）仲裁

美国仲裁协会（AAA）能够仲裁消费纠纷，AAA 所制的《解决消费者相关争议的仲裁规则（Arbitration Rules for the Resolution of Consumer–Related Disputes）》，共 17 条，其重点如下[③]：

[①] National report of France in The Study Centre for Consumer Law–Centre for European Economic Law, 28 national reports, Leuven, 15 November 2006, p2.

[②] 这些机构被认为是不独立和不公正的，在大多数情况下，机构中业者部分都比消费者部分有更多的调解员代表。主要的原因是这些机构与商业会所（Chambers）、行会（Guilds）以及其他商人组织有很强的关系。National report of Germany in The Study Centre for Consumer Law–Centre for European Economic Law, 28 national reports, Leuven, 15 November 2006, p2–3.

[③] 参见康奈尔大学网站 Arbitration Rules for the Resolution of Consumer–Related Disputes, http://www.ilr.cornell.edu/alliance/resources/Guide/arb_rules_consumer_disputes.html.

只有消费者能提起仲裁（须经对方的同意），如果消费者与业者双方订有仲裁协议，消费者必须书面通知业者想要仲裁，这一通知（notification）就是仲裁的申请（request）。通知应当包含：简要解释纠纷、列明消费者和业者的姓名与地址、具体化纠纷金额。争议金额限于一万美元以下，但不包括利息、仲裁手续费及其他费用，同时消费者没有被禁止寻求小额诉讼程序的救济。通知业者的同时，消费者应将两份申请（通知的副本）提交 AAA，并随申请附上仲裁协议和消费者负担的 125 美元仲裁费。业者应在 AAA 收到申请后 10 天内书面答复消费者，如果未做答复，仲裁程序继续。如果双方没有仲裁协议但又都同意仲裁其纠纷，消费者须与业者共同向 AAA 提出书面仲裁申请（submission agreement）及副本，仲裁人的报酬（compensation）为每件 250 美元，由双方当事人平均负担，即各 125 美元，应于提出仲裁申请时，缴交给 AAA 转交。业者尚须再支付 500 美元的行政费（administrative fee）给 AAA。

仲裁原则上采取书面审理形式，但一方当事人可书面申请一个可任选的电话听证（Optional Hearing by Telephone），即使对方当事人不同意也可进行电话听证，但以一次为限，同时申请一方必须额外支付 100 美元的费用。如果一方当事人想要进行面对面式听证（in-person hearing），则纠纷应适用 AAA 的商务仲裁规则（AAA Commercial Arbitration Rule），请求的一方并须负担所有的行政费、各项支出及仲裁人报酬。消费者请求依调解（Mediation）方式进行仲裁，则适用 AAA 商务调解规则（AAA Commercial Mediation Rule）所定的程序。当事人可选任代理人。经 AAA 选任为仲裁人的，需披露任何足以影响本案处理公正性的信息。当事人如果因此表示反对所选任的仲裁人的，则应于收到上述信息后 7 天内提出。如果一方当事人在仲裁进行中表示对仲裁人的公正性有异议，AAA 也会将更换仲裁人的决定通知对方当事人。

有关当事人提出的证据，其证明力由仲裁人决定。当事人并应依仲裁人的请求，提出证据，但不受证据规则的限制。仲裁案的听证（hearing），原则上于 AAA 交付最终的文件（final documents）给仲裁人时结束，但仲裁人在作出和签发仲裁裁决（award）前，仍可重开听证（reopen the hearing），并接受当事人提出的其他证据。仲裁程序进行中，当事人一方如知悉对方未遵循本规则的规定，而未及时在程序进行中以书面形式提出异议的，视为放弃异议权。AAA 及仲裁人依本规则作出仲裁裁决前，当事人任何一方均有 7 天的宽限期，以决定是否撤回仲裁的请求。对依本规则应通知的事项，AAA 可以电话或利用隔夜投递（overnight delivery）方式通知当事人及仲裁人。如经当事人及仲裁人同意，也可以电子邮件方式进行。当事人一方如寄送资料给 AAA，均应另寄一份给对方当事人。AAA 可依当事人任何一方的请求，就该会持有与纠纷相关的文件，给司法程序所需者提供经本会认证的相关文书副本，请求方负担这一服务的费用。

仲裁人应于收到 AAA 的最终文件后 14 天内做出书面的仲裁裁决，除非双方另有协商。仲裁人的仲裁裁决可以以任何可确定的（identified）、恰当的（pertinent）合同条款、法规（statute）及法律的先例为其论断的依据，可以给予任何可能在法院判决中得到的补偿或其他救济的决定。仲裁裁决，除另有法规规定外，为最终且具有拘束力的判断。当事人就纠纷起诉时，依本规则的规定，AAA 及仲裁人均非该诉讼的当事人，且就与纠纷有关的作为或不作为，不负任何责任。当事人依本规则进行了仲裁，在诉讼时视为双方同意任何联邦或州法院可以在仲裁裁决基础上作出判决（judgment upon the arbitration award）。

（二）美国较佳企业局（Better Business Bureau，BBB）仲裁

另一个非常普及的消费仲裁项目是美国较佳企业局，该机构制定了消费仲裁的相关规则《Better Business Bureau Rule of Arbitration（Binding）》，该规则是具有拘束力的仲裁规则，共 33 条①。这一规则的重点如下：

仲裁裁决的范围。仲裁人依本规则作出的仲裁裁决，其范围除被申诉的业者事先与 BBB 另有约定，或经当事人双方同意外，包括有关退还产品或服务价款的全部或一部分，并包括销售税及附随产品或服务的直接成本的裁定；裁定企业履行约定、承诺的工作或合同上的义务；裁定企业修缮或偿还当事

---

① 参见 BBB 网站 Rules and Regulations of Binding Arbitration，http：//www. bbb. org/us/Dispute-Resolution-Services/Binding-Arbitration/。第 1 条为有关该规则部分用语的定义；第 2 条为 BBB 受理仲裁的范围；第 3 条为可能做出的救济决定；第 4 条为提起仲裁申请的时间；第 5 条为仲裁的合意；第 6 条为仲裁人的选择；第 7 条是有关与仲裁人联系的规定；第 8 条为仲裁人的资格；第 9 条为有关当事人的代表人的规定；第 10 条是仲裁人的检查权；第 11 条为技术专家；第 12 条为仲裁听证的通知；第 13 条为仲裁听证进行的方式；第 14 条为仲裁听证的旁听人员；第 15 条为媒体到场旁听；第 16 条为当事人不出席仲裁听证；第 17 条为仲裁听证的纪录；第 18 条为翻译；第 19 条为当事人及证人的宣誓；第 20 条为听证进行的程序；第 21 条为仲裁听证提出证据的许可；第 22 条为证人无法到场以书面替代的规定；第 23 条为传唤证人；第 24 条为仲裁判断前的证据提出许可；第 25 条为仲裁程序的终结；第 26 条为当事人已自行解决；第 27 条为时间限制；第 28 条为仲裁决定；第 29 条为违反本规则的异议权；第 30 条为更改时间；第 31 条为仲裁纪录的保密；第 32 条为免除仲裁人出庭责任；第 33 条为规则的解释及停止仲裁程序进行的权利。

人自行修缮的费用，或除去产品瑕疵等。对于接受服务所产生的财产损失裁定企业赔偿的决定，以损失不超过 2500 美元为限。

提起仲裁的时间。消费者提起仲裁的案件，原则上应于交易完成一年内或在企业的书面保证期限内提起，如果企业与 BBB 另有约定或经当事人双方同意除外。当事人双方须填好 BBB 的仲裁合意书，但企业与 BBB 另有约定，直接由 BBB 依本规则进行仲裁，即使企业未签名，也视为同意。

BBB 拥有一个志愿做仲裁员的人才库，其中人员不必对仲裁事项有专门知识，必要时可以召集专家做协助。仲裁程序员启动后 BBB 会从志愿者库（volunteer pool）选出 2 名或更多的仲裁员，将其姓名及附带的简历通过电话或邮件提供给双方当事人。当事人对于 BBB 提供的仲裁人，如果认为与对方当事人具有财务、竞争等关系，可以拒绝。此外，也可对 BBB 提供的仲裁人排出优先顺序（assign priorities），如果被选择的仲裁员没时间或有其他原因，BBB 在不违反利益冲突的原则下，有权变更仲裁人的选择顺序。当事人与仲裁人之间有关信息的提供或其他行为，均应通过 BBB 进行，不得直接与仲裁人联络。担任仲裁人须具结（sign an oath）承诺公正处理纠纷，如果与当事人一方有财务、竞争、家庭或社交上的关系时，应提出说明，即使不影响其仲裁的公正性也要说明。当事人有权请求仲裁人回避。当事人如果委托他人代理，如代理人为律师，应于仲裁听证开始 8 天前，将律师的姓名、地址告知 BBB，以便 BBB 转知对方当事人，以利于对方当事人的选择。如果未告知律师姓名、地址，BBB 可另订听证日期。仲裁人可以依请求或依职权，在仲裁听证前要求对涉及纠纷的产品或服务进行检查，但须于审理前 8 天通知当事人双方。另外，审理后仍可对该事项进行检查。BBB 依仲裁人的请求，可指定公正的技术专家，就纠纷事项进行检查或就其他技术性事务提出意见。当事人也可自费委托其他技术专家担任纠纷案件的证人。

仲裁会议日期由 BBB 负责安排，除应配合当事人及仲裁人的时间外，应于听证前 10 天通知当事人。仲裁会议原则上要求当事人双方均应到场进行面对面的听证，但也可依当事人的请求，安排以电话或书面方式进行陈述和提交证据。对于听证场地的安排，BBB 会安排对当事人较为方便的场地。BBB 有权安排其职员、BBB 仲裁人名录中的志愿仲裁员、政府机关代表参加仲裁的旁听，其他有意参加旁听者须在当事人及仲裁人不反对且场地允许的情况下，由 BBB 决定；至于媒体的到场旁听同样适用上述原则。参加旁听的人均不可携带相机、录音机或其他设备到场，并应遵守 BBB 的旁听规则。当事人收到 BBB 的会议通知而未参加仲裁会议，仲裁人仍可继续进行听证。

有关纠纷听证的基本文件，BBB 均应按规定建立档案保留，除法律另有规定外，原则上保留期限为一年，该项档案应包括证人姓名及作为证据的文件。当事人可请求 BBB 给予该资料的副本，但须依 BBB 规定支付相关费用。当事人可请求 BBB 协助，由志愿者担任翻译人员。

有关听证的进行，应使双方有足够的机会陈述意见及提出证据，即使于结束前，仍应给当事人做总结陈述的机会。对于当事人不在听证期间提出的资料，均应由 BBB 转给对方当事人表示意见后，再交给仲裁人。当事人对于证据的提出，不受法院证据规则的限制。如果与纠纷无关或重复叙述的事项，仲裁人可以制止。证人如未能出席仲裁听证，可以书面意见代替，但须同时另以副本送给对方当事人，以便回应。如果以电话方式进行听证，也应于听证前 7 天以书面形式将意见送交 BBB，转给对方当事人。在仲裁人作出仲裁裁决前，当事人可请求给予合理期限就对方当事人于仲裁听证时提出的书面文件做出回应。当事人可请求 BBB 转请仲裁人传唤与纠纷有关的证人或请求提出证据，上述请求须表明与本案相关的理由及传唤的必要性。仲裁人如同意当事人的请求，当事人应负担和传唤有关的各项费用。仲裁人于仲裁听证结束后，在作出仲裁裁决前，仍可视需要，另行召开仲裁听证或要求当事人提供新的证据。当事人也可于仲裁裁决前提供新证据给 BBB，BBB 会先请对方当事人表示意见后，一并送交仲裁人。当仲裁裁决做出后，不可再提出任何证据或争辩，即使是新发现的或听证时没有出现的。仲裁人如认为证据充足，已给双方当事人足够机会提出证据，即终结审理。仲裁裁决原则上于结束审理后五日内作出。

审理进行前，当事人已自行解决纠纷的，就不再进行听证；如果双方在听证进行中自行解决纠纷，仲裁人可做出终局或中间同意决定（final or interim consent decision）；如果双方在听证后、仲裁决定做出前解决了纠纷，应立即通知 BBB。除非州或联邦法律另有规定，BBB 对争议案件应在 60 日内作出决定，但此期限可经双方当事人同意而延长。有关仲裁的决定可为终局的决定或中间的决定。仲裁人做仲裁决定时，仅考虑公正地处理纠纷，不受法律原则的拘束。仲裁的决定可裁定履行一定的行为或支付一定的款项，或两者的结合，也可做出不付款或不须履行的决定。当事人对于仲裁人的决定如有疑问，可请求阐明（clarify），如认为决定本身或其理由有误，或计算错误，或超越仲裁人权限，可请求更正其决定或决定的理由。至于仲裁人的决定无法执行或难于在限期内执行，也可请求 BBB 转请仲裁人做出新的决定。如果当事人对于仲裁人所做决定无异议，即对当事人发生拘束力；当事人须在所定期限内履行仲裁人决定。

另外，针对特定领域如汽车方面的消费纠纷解决，BBB 还设有子项目——车辆纠纷仲裁连线（BBB Auto Line），目前有近 30 个国际著名的汽车制造业者以事先承诺（Pre-Commitment）的方式，利用其仲裁消费纠纷。汽车业者加入该项目，除了在市场营销时可使用"BBB Auto Line"的标志以提升企业形象外，也可以避免为处理有限的纠纷另行增加内部组织的成本和困扰。BBB Auto Line 于 1982 年设置以来至 1999 年止，共受理纠纷 1633900 件，其中利用调解方式解决的约为 70%，利用仲裁方式解决的约为 30%。其仲裁裁决除非经消费者书面同意，否则不对消费者发生拘束力；如果消费者对仲裁裁决不同意，业者可不受仲裁裁决的拘束。仲裁人均为经过训练领有证照的志愿仲裁员（Volunteer arbitrator），消费者无须缴纳费用。仲裁可以电话方式进行，BBB 设有处理专线。2008 年其受理纠纷 24611 件，其中 9655 件诉求表寄出没有反馈（Claim Packets Sent & Not Returned），占 39.2%，意指消费者投诉后，BBB 寄出诉求表格给消费者并将通知业者，而消费者没有寄回表格，这显示大量纠纷由消费者与业者自行解决；5851 件案件被判定不适格，占 23.8%；1398 件案件撤回请求，占 5.7%；4323 件案件调解解决，占 17.6%；3384 件案件由仲裁解决，占 13.7%[①]。

二、葡萄牙

葡萄牙现共有 8 个消费仲裁中心，其中 6 个属横向性质（涵盖所有行业），2 个具有纵向权限（只涵盖某一行业）。横向仲裁中心权限受地域限制，只为一个市或一个地区提供服务，仅仅覆盖 15.5% 的市及 28.2% 的人口。然而由于这些中心的成功，其地域范围正不断扩大。里斯本仲裁中心 2004 年已涵盖里斯本周边 19 个市。纵向仲裁中心——例如机动车辆业仲裁中心（CASA）及机动车辆保险业咨询、中介及仲裁中心（CIMASA），两者的范围均是全国的。做出裁

---

① https：//www. auto. bbb. org/scripts/cgiip. exe/WService＝wsbroker1/stats/arbstats. w.

决的最长法定期限为 6 个月，但实际上一般平均时间约为 1~4 个月。仲裁逐渐趋向免费，在大部分仲裁中心，争议双方均无须付费。纵向仲裁中心以及某些要求提出证据的个案，例如要求鉴定等除外①。中心的成立是基于镇政府、消费者协会和商事协会之间的协议并得到司法部的支持，能够解决小额或中额纠纷。如果商品供应商是中心的会员，则不必要经过他/她的同意，因为成为会员就意味着供应商已经认可了仲裁中心解决涉及他/她的所有消费纠纷的资格。在这些仲裁中心，仲裁员通常是法官。但是，这不是法律规定的一个条件。这样的中心大部分是成功的。但是，他们却还不是法院真正的替代者，他们只是用来解决在过去根本未被解决的许多琐碎纠纷的新方式，而我们称之为大量的"自我约束的诉讼"。为此，与其称之为减少诉诸司法救济的案件数量的方式，毋宁说是保障司法救济权利实现的一种方式②。

（一）里斯本消费仲裁中心③

1994 年设立的里斯本仲裁中心为公益法人。凡市政区域发生的消费争议且金额低于 5000 欧元，均可向该中心提出声明异议。中心由葡萄牙司法部、经济部、里斯本和里斯本都会区市政厅资助，年度预算约为 40 万欧元。

仲裁中心的运作由两个主要部门负责：仲裁法庭和法律服务处。法律服务处负责直接接待投诉者，并就中介、调解及仲裁等阶段的投诉程序提供咨询及指引服务。中介阶段是由有关个案的法律专家助理负责。在这个阶段中，可借助任何通讯（电话、邮递、传真等）启动，还可由当事人出席仲裁中心的会议。在这个阶段可以解决交由仲裁中心办理的 70% 的争议。中介阶段一旦失败，会于当日传召双方试行调解及仲裁。调解由仲裁中心领导层负责进行，而调解协议的确认会议记录则由仲裁法官做出，并具判决效力（确认判决）。仲裁法庭是由独任仲裁员组成（由法官担任）。该仲裁员通常按现行法

① Júlio Reis Silva：《葡萄牙的消费争议仲裁概述》，http://www.consumer.gov.mo/c/active/pu.pdf。

② ［葡］马里亚·曼努埃·莱语·马克斯、孔塞桑·戈梅斯、若昂·佩德罗索：《葡萄牙的民事诉讼制度》，载［英］阿德里安 A·S·朱克曼：《危机中的民事司法——民事诉讼程序的比较视角》，傅郁林等译，中国政法大学出版社 2005 年版，第 411-412 页；［荷］兰布克、［意］法布瑞：《法院案件管辖与案件分配：奥英意荷挪葡加七国的比较》，范明志等译，法律出版社 2007 年版，第 262 页。

③ Frank Alleweldt, Final Report to DG SANCO-Study on the use of Alternative Dispute Resolution in the European Union, Berlin, 16 October 2009, p498-505. ; Natacha Aguiar：《葡国里斯本消费仲裁中心的工作概况》，http://www.consumer.gov.mo/c/active/lb.pdf。

律做出裁决，但在有需要并经双方同意时，可只使用衡平原则。

争议双方可指派代表出庭；不必强制委托律师。如有需要，消费者可由一名葡萄牙保护消费者协会的法律专家在法庭上做代表，而企业主或消费者均可由律师作代表。在证据及鉴定方面，仲裁法官不限于审议与双方有关的事宜，还可自由评审所呈交的事实和证据。如有需要，得中止审判听证，以便进行鉴定、收集资料或做出使事实得以澄清及作出最合适裁判的其他措施。各种鉴定均由仲裁法官按当事人协议指派的专责技术员负责进行。由于仲裁法庭的裁决已是一项执行凭证，如不履行判决，可送交法院立即执行。

市民可向仲裁中心（通过书函、传真、电子邮件或于 www. dgae. mj. pt 网址内的表格）递交书面声明异议或亲临仲裁中心由中心的一名法律专家接待。裁决具有等同第一审级法院的裁判效力，并为执行凭证；如不履行裁判，可由法院直接立即执行；解决争议的平均时间应不超过 40 天。所有程序所需缴付的费用，包括执行阶段所涉及的费用均得以豁免①。在报章上定期刊登有关资料；每年发布工作报告，对仲裁中心在拣选及处理个案方面的工作发表评论；发布以法律或衡平原则为依据的裁决规定类别；发表法律见解（不披露当事人的姓名）。

（二）机动车辆业仲裁中心②

机动车辆业仲裁中心由数个机动车辆业的主要社团及具代表性的消费者保护社团倡议成立，于 1994 年 4 月开始运作。中心由一非营利私人社团负责管理，而中心的成立运作以至每项权限的扩大都由司法部批准。该仲裁中心受行政当局财政支持。中心的财政亦包括由会员缴付的会费，以及在声明异议程序中向当事人收取的适当费用，及与一些市政厅签订议定书而取得的收入。

（1）仲裁中心通过咨询、中介、调解及仲裁等方式来解决其权限范围内的争议。可受理涉及任何金额的声明异议。中心由法律辅助部门和仲裁庭组成。

（2）仲裁庭的组成。仲裁庭可以下列任何一种形式组成：①独任仲裁员，原则上由中心的仲裁员出任；②三名仲裁员，由当事人各自委任一名仲裁员，再由该两名获委任的仲裁员指定担任主席的第三名仲裁员；③独任仲裁员，由争议的

---

① 在波尔图消费咨询及仲裁中心所开展的服务，包括咨询、中介、调解及仲裁对双方都是免费的。只有在双方要求下所作出的鉴定服务是需要收费的。因此，双方应事先定明分担有关费用的方式。参见 Isabel Afonso：《替代性解决消费争议的途径》，http：//www. consumer. gov. mo/c/active/pt. pdf。

② Sara Mendes：《机动车辆业仲裁中心》，http：//www. consumer. gov. mo/c/active/car. pdf。

当事人指定及提出。消费者可要求消费者协会，或一个与机动车辆业争议自愿仲裁社团有联系的消费者保护社团，代为指定一名仲裁员以组成仲裁庭。

（3）程序的各个阶段。①程序自声明异议的提交开始。可亲临仲裁中心办事处提交，或以邮递、图文传真或电子邮件的方式为之。中心有一个网站（www. centroarbitragemsectorauto. pt）及开发了一个软件，以便大家通过填写网上所载表格来提交声明异议。同时亦为当事人提供一个密码，以供他们在网上查阅有关程序的进展情况。②提交声明异议后随即展开中介程序，当中负责有关卷宗的法律专家，会尝试通过当事人同意的方式解决争议。③倘当事人无法达成协议，程序便进入取证阶段，双方当事人要将支持自己立场的所有证据附入卷宗内。如果没有事前协议（即仲裁条款）的话，在此阶段，有关企业会正式被邀请加入协议，同意将有关争议交由仲裁庭审理。如果同意的话，企业应签署仲裁协议，就仲裁庭的组成以及在仲裁中应遵守的规定，表明自己的意向，并将之寄回仲裁中心。④倘无法通过中介解决争议，被声明异议的当事人会正式接获通知有关声明异议的内容及证明文件，被要求作出答辩。答辩应附随所有证明资料，尤其是有关鉴定或技术测试。⑤调解及仲裁阶段由作出试行调解的一刻开始。一旦调解成功，将有会议记录；该记录由一名或以上的仲裁员通过确认判决的方式来作出确认，与仲裁裁决具有同等效力。当事人无法达成和解，可马上进行仲裁审理。

（4）工作地点。为避免当事人长途跋涉，仲裁庭会前往全国各市，进行试行调解及仲裁审理的工作。为此，中心已与数个市政厅订立议定书，以便市政厅推广中心工作及借出空间予中心运作。

（5）费用。声明异议人需缴付 10 欧元预付金。如程序进入调解及仲裁阶段，双方当事人均需缴付声明异议所涉金额的 3% ~5% 的预付金，视乎当事人选择独任庭或合议庭而定；但预付金最少为 35 欧元，最多则为 500 欧元。

（6）仲裁裁决。仲裁裁决与初级法院的判决具有同等的执行效力。当事人不履行仲裁裁决将交由初级法院执行。请求执行人无须为获得中心仲裁庭的确认判决及提出执行之诉缴付任何费用。对仲裁裁决的异议可以向区法院提起撤销之诉或向中级法院提起上诉。选择衡平原则做出裁决后不得上诉。

（7）鉴定。机动车辆维修专业培训中心是监管该仲裁中心的仲裁社团成员之一。当事人可通过仲裁中心要求维修专业培训中心对他们的车辆进行鉴定，或就有关维修或服务提供调查报告或意见书。

（8）加入程序。为了保证声明异议都得到仲裁庭的审理，机动车辆业的企业家社团会向其会员作宣传推广。同意的企业只需签署一份"仲裁条款"声明书，作为同意让仲裁庭介入企业本身所涉及声明异议的一个承诺，便会成为中心的加入者。仲裁中心现有超过 650 家遍布全国的企业加入。

三、中国

仲裁是《中华人民共和国消费者权益保护法》规定的解决消费纠纷的五种途径之一。长期以来，消费仲裁一直是一项休眠的制度，是消费者停留在纸面上的权利。

开消费仲裁制度先河的是辽宁鞍山，辽宁省鞍山市仲裁委员会消协办事处暨纠纷案件仲裁庭于 1998 年 11 月 25 日挂牌成立。该庭可受理消费争议仲裁，但须报鞍山市仲裁委审核同意后才能开庭。仲裁庭须由三名仲裁员组成，并由市仲裁委派员参加开庭。仲裁规则程序及收费标准都按鞍山市仲裁委标准执行①。但这一机制并没有得到运用的机会。消费仲裁制度正式裁决的首例纠纷则是在浙江。2000 年 6 月 12 日，杭州市仲裁委员会消费争议仲裁办事处正式成立。19 日，浙江省湖州市仲裁委员会消费争议仲裁中心也成立了。直到 2000 年 7 月 27 日，浙江省余杭区消协会议厅临时改成杭州仲裁委员会消费

---

① 1998 年 7 月 28 日，石家庄市仲裁委员会消费者纠纷仲裁中心成立。其职责是宣传仲裁法、推荐仲裁条款、规范合同文本、引导当事人选择仲裁解决纠纷，提供法律咨询，为石家庄市仲裁委提供案源，该中心不能直接进行仲裁。马昌豹、李建平：《国内首例消费争议仲裁案》，《法制日报》2000 年 9 月 18 日。随后的发展改变了这种局面，河北省消协与石家庄仲裁委于 2006 年 6 月 25 日签订协议，联合设立"石家庄仲裁委员会消费纠纷仲裁中心"。中心属于石家庄仲裁委的派出机构，受其领导并对其负责。工作经费由仲裁委负担，从仲裁案件收入中支付。中心在石家庄仲裁委授权范围内，以石家庄仲裁委名义受理、处理仲裁案件。具体运作方式有两种：一是较为复杂或争议较大的案件，在两次调解无效的情况下，告知当事人可以通过仲裁解决。如当事人达成仲裁协议，案件即转入仲裁程序，组成仲裁庭进行审理。二是经消协调解双方达成调解协议，或当事人达成协议又不放心的案件，中心可根据当事人要求，为其出具石家庄仲裁委的调解书或裁决书。根据消费纠纷的特点，中心采取了以下方便消费者的措施：一是充分体现当事人意思自治原则，是否转入仲裁程序，完全由当事人双方自主决定；二是以调解为主，裁决为辅；三是小额和简单案件不收费、较复杂或大额的案件仲裁委大幅度减收费用；四是简化程序。当事人如果选定本会仲裁员（目前省消协有三名工作人员被聘任为石家庄仲裁委仲裁员），则适用简易程序即刻组庭进行审理，调解书或裁决书"立等可取"。中心成立后，已经适用仲裁程序处理了三起案件。聂云东：《省消协尝试以仲裁方式解决消费纠纷收到较好效果》，http：//www.heb315.net/show_ word.asp？project＝news&id＝485。

争议仲裁办事处消费争议仲裁庭，国内首例消费纠纷仲裁才在此开庭①。

目前实践中我国消费仲裁制度主要分为两种：一是适用于各种消费纠纷的消协与仲裁委合作建立的一般性消费仲裁机制，二是只解决某一领域消费纠纷的行业性、专门性消费仲裁机制。前者比如由甘肃省消协、天水仲裁委员会及甘肃省中科司法鉴定科学技术研究所共同组建的甘肃消费纠纷仲裁庭，西安市仲裁委与西安市消协联合成立消费纠纷速裁中心。后者例如在上海汽车配件流通行业协会"快速解决汽车消费纠纷专家鉴定站"基础上成立的上海仲裁委员会汽车消费争议仲裁中心、南京仲裁委员会汽车消费争议仲裁中心、大连仲裁委员会保险仲裁中心。

消费仲裁制度在实践中适用的地区有限，全国大部分城市没有规定上述的消费仲裁制度，规定消费仲裁制度的一些地方一是几乎没有消费纠纷仲裁裁决的实际情形②，有仲裁实际案例的地方其解决纠纷的数量与其他解纷途径解决的消费纠纷数量也是无法相提并论的。二是很多也没有消费仲裁特殊的规定而是和一般商事仲裁适用同样的程序和规则。至于行业性消费仲裁，更是只在个别大中城市才有规定③。总的来说，不能称消费仲裁为一个有生命力的制度或者甚至可以说其在很多地方基本处于名存实亡的状态。

---

①　杭州市消费争议仲裁办事处副主任陈关庭说，我们不要工资不收费，不要编制、不要房子，真正为消费者服务。办事处与消协两块牌子一套班子互相兼职。办事处主任由消协秘书长兼任。办事处负责办理仲裁案件受理、文书送达与管理。消费者在杭州市与经营者发生五万元以下的争议（包括农民购买、使用农业生产资料与经营者发生的纠纷），可向办事处申请仲裁，且只受理消费者一方的申请。对五万元以上的案件，办事处报请仲裁委受理。办事处受理申请后，当场向当事人提供消费争议仲裁暂行规则和仲裁员名册，让当事人依法选定仲裁员，或双方当事人同意由办事处主任指定独任仲裁员，组成仲裁庭，当场或择期仲裁。马昌豹、李建平：《国内首例消费争议仲裁案》，《法制日报》2000年9月18日。

②　例如，珠海市消费纠纷仲裁中心自2003年10月成立至2005年10月，两年未接到一起要求消费仲裁的案件。李平安：《此等中心　要它做甚》，《瞭望新闻周刊》2005年11月7日。类似的还有河南郑州，张健生：《郑州仲裁委员会消费争议仲裁中心成立近四个月一桩生意没接》，《城市早报》2001年7月9日。

③　2010年9月14日，深圳市机构编制委员会发文批准深圳仲裁委员会设立"医患纠纷仲裁院"，市财政每年拨款100万元办公经费，受理案件后仅象征性地收取一百元受理费。《深圳仲裁委员会仲裁规则》第11章就医疗纠纷仲裁程序作了具体规定。深圳医患纠纷仲裁院受理医患纠纷案件的前提是医患双方必须在人民调解失败的情况下，由调解人员引导医患双方当事人达成仲裁协议，然后再前往深圳医患纠纷仲裁院进行立案。该院2011-2013年共受理医患纠纷案件118件，已结案件均顺利履行，无一信访投诉。在现有法律规定的情况下，医疗纠纷仲裁存在可仲裁性模糊、医疗纠纷仲裁员资格合法性、部分地区医疗纠纷仲裁经费保障存在不足、事实认定程序有待进一步优化等问题。参见刘兰秋：《医疗纠纷第三方解决机制实证研究》，中国检察出版社2014年版，第171-186页。

四、初步的比较

对比中、美、葡三国，可以发现各自制度的一些特点和值得我国消费仲裁制度借鉴之处，具体来说可以从以下一些方面进行简要的分析和比较：

（1）美国的消费仲裁制度是适用所有消费纠纷和覆盖全国的，同时 BBB 又下辖专门的汽车消费纠纷仲裁机制。葡萄牙的一般消费仲裁是按地域划分的，但几个地方的消费仲裁制度规定大同小异。同时葡萄牙也有覆盖全国的行业性、专门性消费仲裁机制。我国的消费仲裁制度和葡萄牙一样既有一般消费仲裁制度，也有行业性消费仲裁制度。但不同的是我国的消费仲裁机制无论是一般性的还是行业性的，全部是地域性的和城市性的，覆盖地域非常有限，没有全国通行的制度。

（2）虽然葡萄牙的横向消费仲裁中心权限受地域所限，但其基本程序和规定则是比较统一的。美国也是如此，AAA 和 BBB 各自都有专门的消费仲裁规范。而我国消费仲裁则没有统一的规范和程序，根据笔者掌握的资料，实践中规定的消费仲裁制度的省或市一般分为三种情况：①有的地方制定了专门的消费仲裁规定，如福建①。②有的地方仅仅规定了一些简单的原则和规定，没有系统的规范，比如石家庄市。③还有不少地方没有规定消费仲裁的具体规范，而适用一般的仲裁规定。

（3）美国消费仲裁制度值得借鉴之处主要包括：①费用低廉。②AAA 通过书面审理和电话听证等方式简化程序。而对于要求更多正当程序保护（一方想要进行面对面式听证）的当事人则采取要求者付费的原则，形式上较为公平。当然这一点对于消费者实质上并不一定有利，可能使其因为费用问题被迫丧失程序性权利或增加其对仲裁的不信任。但如果整体的仲裁法制比较规范、仲裁人比较中立和公正，则这一程序利益的减损和不信任感问题对于双方当事人是一致的。且从降低程序使用者解纷成本和加快程序进程的角度而言，对消费者也是有利的。③AAA 仲裁消费者可请求依调解方式进行，适用专门的调解规则和程序。④BBB 设立志愿者库，同时仲裁人还召集专家做协助，指定公正的技术专家，就纠纷事项进行检查或就

---

① 《福建省消费者委员会消费纠纷仲裁办法》，http：//www.cnlaundry.com/Article_Show.asp? ArticleID=649。

其他技术性事务提出意见。这对于仲裁人的选择和专门性问题的查明提供了基础性条件。⑤当事人与仲裁人之间有关信息的提供或其他行为，均应通过 BBB 进行，不得直接与仲裁人联络。这一规定有利有弊，不足之处是阻断了当事人与仲裁者的直接交流、沟通，不利于案件高效审理，增加了信息流动的成本以及使得纠纷处理程序对当事人而言亲和性差、使之难以信任或理解。但信息最终还是会在当事人和仲裁人之间传输，更重要的是这一规定对仲裁人中立性和公正性的维护比程序亲和对当事人双方来说价值更大，为了确保仲裁结果的公正，不得不适当牺牲程序亲和也是难免的和利大于弊的。⑥担任仲裁人须具结和承诺公正处理纠纷，对与当事人的关系有说明义务，即使不影响其仲裁的公正性也要说明。这也在一定程度上保障了仲裁程序和结果的公正性。⑦业者以事先承诺方式，利用 BBB Auto Line 仲裁消费纠纷，并可使用特定标志。事先承诺有利于促进仲裁协议的达成，提高仲裁解纷机制的适用率，而特定标志则对提升业者形象有一定帮助，对业者的承诺给予了一定的回馈和激励。⑧BBB Auto Line 仲裁裁决非经消费者书面同意不对其发生拘束力，这能够提高消费者对项目的信心，增加消费仲裁的使用率。

（4）葡萄牙消费仲裁制度值得借鉴之处主要包括：①费用低廉或免费。消费仲裁中心由政府公共资源支持，有力地解决了制度可持续性问题，也将解纷成本从当事人处转移，对于行业的更好发展，尤其是对涉及纠纷的消费者较为有利。②专门设置法律服务处接待投诉者，提供咨询及指引服务，这对于消费者一方的帮助比较明显。③调解前置，可最大限度减少整体的解纷成本，且调解协议的确认由仲裁法官作出，具有确认裁决的效力。④仲裁中心程序简化，效率较高。消费者可以通过填写网上表格来提交仲裁申请。⑤当事人双方可指派代表出席仲裁庭，尤其是消费者可由一名葡萄牙消费者协会法律专家在庭上做代表，这也可以节约消费者的机会成本并增强其所获专业支持和维权能力。⑥在报章上定期刊发工作报告、评论、法律见解等，本身就是扩大仲裁中心影响力的一种方法。⑦业者单方事先加盟制度有利于消费仲裁协议的达成和消费仲裁制度的推广。葡萄牙此一制度覆盖面广，主要大企业均已加入仲裁中心制度内，这对于消费仲裁制度的生命力来说是更为根本的，有利于形成消费仲裁的文化，提升制度的能效。⑧横向仲裁机构的仲裁员通常是法官，能够提高消费仲裁的正当性与权威性，增强当事人的信任度。当然这一做法与我国司法人事规定和仲裁体制不合，有待深入研判。

第三节　为什么消费仲裁制度发育不良

　　早些时候，仲裁基本上在各方面都比诉讼便宜。而今，也许在一些特定案件中仍旧如此，但这恐怕已经不是常态了[①]。仲裁在某些国家不再受欢迎，也是因为其本质正在发生变化，出现司法化的倾向。仲裁越发倾向于向国内法庭诉讼的程序的复杂化和正式化靠拢，而且经常受制于司法干预和控制[②]。意大利一项对仲裁从业人员的访谈问卷发现，就仲裁变得与诉讼类似而言，受访者确定了四个主要的原因，即对仲裁作为一项解决纠纷的方式了解很少或不足；仲裁自身的属性被认为是另一种形式的诉讼；认为诉讼而非仲裁看似有更好的设置来解决纠纷；"友好"和仲裁极少有关系或毫无关系[③]。仲裁有时不再受欢迎，究其原因是源于仲裁的理论优点没有充分变现，反而流逝褪色。当然，所谓仲裁被诉讼"殖民"产生仲裁法制化问题，这是很多 ADR 同样面临的问题，只是仲裁表现得最强烈，但不应成为先验的谴责理由。

　　具体到消费纠纷，从现实情况看，消费仲裁的实际价值远远不及其理论价值。消费仲裁无论是解纷数量抑或是社会影响都无法与其他种类的消费纠纷处理机制相提并论。消费仲裁制度在我国应用罕见、发育不良的局面是多方面原因造成的，有些是仲裁制度本身的原因，有些是当事人自身的原因，有些是消费纠纷本身特点所决定，还有一些是我国仲裁制度特有的原因。一般的商事仲裁制度是否能很好地和消费纠纷解决相匹配是存在

---

　　① Andrew I. Okekeifere, Commercial Arbitration as the Most Effective Dispute Resolution Method: Still a Fact or Now a Myth?, Journal of International Arbitration, 1998, Vol. 4, No1. p81-105.

　　② Charles N. Browker, W（h）ither International Commercial Arbitration?, Arbitration International, 2008, Vol. 24, No. 2, p183.

　　③ ［意］尤里斯·布罗迪：《意大利的仲裁：是两面神雅努斯吗?》，载［英］维杰·巴蒂亚、［澳］克里斯托弗·坎德林、［意］毛里济奥·戈地：《国际商事仲裁中的话语与实务：问题、挑战与展望》，林玫、潘苏悦译，北京大学出版社 2016 年版，第 254 页。

疑问的。另一方面，消费仲裁在很多国家也不发达的事实表明这一问题带有超越法律体制和法律文化的普遍性。具体来说，笔者认为可以从以下一些角度分析其原因：

一、合意达成困难与仲裁条款的实质不公平性之惑

提交消费仲裁的前提是双方自愿，而消费仲裁机制不发达的很重要的一个原因就是由仲裁制度特性与发展状况决定的——仲裁合意达成困难。消费者和业者在实践中可能存在以下一些难以启动仲裁程序的情形：①对于仲裁制度的公正性与成本－收益比值等方面可能存在疑惑与不确定，更愿意求助有严格程序和复审机会的诉讼制度，或者是免费且不具有强制拘束力的调解及协商和解机制。②根本就不知道消费仲裁制度或者了解很有限，不知如何开始。③不法业者不愿面对消费纠纷，对于消费仲裁这一强制解纷机制主动回避、百般推诿。④如果业者和消费者就过错、赔偿责任等达成一致，但对赔偿具体数额协商不成的情况下，双方可能易于将纠纷提交仲裁裁决。但如果争议双方在事实、证据或法律适用的一些原则问题上无法达成一致，一般也就不会达成仲裁协议。上述四种情况下可能由争议提出方（通常是消费者）向法院起诉、由争议提出方再次寻求协商或者其向消费者协会进行投诉、向行政机关进行申诉以寻求第三方力量介入斡旋。

仲裁大门的开启必须首先打开两把"锁"：消费者首肯和业者首肯。而这两把"锁"的"钥匙"则分别在消费者和业者这两个利益对立的不同主体身上，程序开启的互相"绑定"是仲裁程序启动与其他四种纠纷解决机制的重要不同之处，即使是协商和解或调解，消费者也可以先为相应行动，至于业者是否配合协商或调解则是后续问题，就算业者初始采取不配合的态度，但也留有消费者或其他第三方主体进一步协商、斡旋和做工作的余地，至少不存在像消费仲裁这样达不成仲裁协议整个程序丝毫无法启动和推进、解决纠纷的大门连"门缝"都露不出来的尴尬局面。

"能否取得合意，与各个当事者对仲裁机关抱有多大的信赖、仲裁机关对解决纠纷有多大的热情、为了取得合意使用的方法是否有效等问题紧密相关。影响合意取得的与其说是可视性很低的程序方面，还不如说是仲裁机关的整

体形象以及对支持者这种形象的组织背景抱有的一般信赖。"① 对机构组织和一项制度的信赖感的建立绝非一日之功，而是需要多方面的长期努力才能慢慢凝聚这种信任和形成制度自身的魅力。在仲裁制度和文化不发达的国家，商事仲裁尚且形象模糊而较少人知，消费仲裁的知悉度与权威、公正形象的树立则更是有待"万里长征"。仲裁制度解决消费纠纷权威、快速、有效的形象需要不断的仲裁实践来积累经验、形成口碑与知名度、建立信誉与公信力。但正因为对仲裁制度的权威、公正存有疑虑，仲裁制度的社会形象和美誉度比较模糊和不足，消费者和业者就很难达成求助消费仲裁裁决纠纷的共同意愿，消费仲裁的实践就不可能充分和发达，反过来又会进一步束缚消费仲裁的发展而形成怪圈与恶性循环。

发生消费纠纷后再来形成仲裁的合意非常困难，也会耗费当事人双方不必要的协调、协商成本，而在形成消费行为之时就订立相应的仲裁协议则是很自然的选择。由于当事人双方尤其是消费者一方预防纠纷的意识不强、对仲裁制度往往也不熟悉，在消费者和业者订立的消费合同中包含仲裁条款就成为一项增加双方仲裁合意率与消费仲裁适用率的重要举措。对此做法学术界争议很大，实践中美国和欧洲国家的做法也很不一致。

当业者之间发生纠纷，他们能够很容易诉诸任何纠纷解决途径例如仲裁，但当业者与消费者个体打交道时，他们是否能要求消费者参与由公司资助的纠纷解决项目而不诉诸法院？林达·辛格认为这是值得怀疑的。在她研究纠纷解决的著作中其举出了两类不同的银行，有一些银行试图将处理消费者抱怨的仲裁建立在强制的基础上。如美国银行（Bank of America），它是第一个要求储蓄和银行卡消费者以有拘束力的仲裁方式提交抱怨的。美国银行认为，消费者能分享选择仲裁人的决定权，并能从诉讼成本和时间的节省中受益。相反地，消费者权利的提倡者则警告说消费者会失去附随法庭审判程序的多种权利，特别是上诉权。当消费者开一个银行户头或办理银行卡时，通常没有意识到他们正在同意不使用诉讼解决未来纠纷。消费者权利的提倡者同样担忧仲裁可能会偏袒银行，因为是银行支付仲裁费用，因此他们主张仲裁不应该单方强加于消费者个人。富国银行（The Wells Fargo Bank）试图避免上

---

① ［日］棚濑孝雄：《纠纷的解决与审判制度》，王亚新译，中国政法大学出版社 2004 年版，第 109 页。

述批评而设置一种不要求有拘束力的仲裁的解纷项目，这一项目仅适用 25000 美元以上的诉请并提供调解。如果无法达成合意，消费者可以在租借法官审判与有拘束力的仲裁之间选择（常规审判仍然不是一个选项）①。实际上后一银行的做法只是没有那么直接，而是采取调解前置，在调解不成的情况下与前一银行一样剥夺了消费者的裁判请求权，本质是相同的。

　　另一个例子是医疗领域，澳大利亚医疗过失仲裁可由法院推荐或由当事人自行决定。根据 2005 年通过的民事程序法，法官可命令当事人进行仲裁，不管当事人是否愿意。如果法官认为需要，可命令当事人进行多次仲裁。根据加州民事程序法第 1295（a）条及纽约州公共卫生法第 4406（a）条，在加州及纽约州之医生可在提供医疗前，要求病人签署日后将以仲裁方式解决医疗过失纠纷之协定，但是协议书上必须注明病人签署此协定视同放弃宪法赋予由陪审团裁定之诉讼权。加州的法律另规定，病人在签署协定后 30 天内可撤回同意。在加州大约 20% 之住院病人签署仲裁协定②。

　　有学者言辞激烈地抨击消费合同中的仲裁条款，认为"美国的司法制度包括许多程序上的保障措施（procedural safeguards），可以给予一个人公平的解决纠纷的论坛，即便当此人是在与在法庭之外明显更有力量的一方当事人斗争时也是如此。大部分的仲裁没有这些保障措施，这也解释了为什么仲裁对力量强大的当事人更具吸引力。直到公司被阻止执行在附合合同（adhesion contracts）中的强制仲裁条款，消费者对于司法制度来说的基本权利一直会遭践踏（trampled on），公司将避免在法庭上设置不利的先例，消费者保护法会变成奢侈和多余的东西。"③""强制仲裁可以使业界选择退出美国的民事审判体系，以'私'的正义体系取代之，而'私'的正义体系将总是对那些能够控制进入通道和掌握金钱的一方有利"④。布彻认为，在过去的 50 多年里，美国最高法院通过扩张联邦仲裁条例（the Federal Arbitration Act）的超过国会

---

① Linda R. Singer, Settling Disputes：Conflict Resolution in Business, Families, and the Legal System, Boulder, Colorado.：Westview Press, 1994, p83－84.

② 理律法律事务所：《诉讼外纷争解决机制》，（台湾）三民书局 2012 年版，第 227 页，第 229 页。

③ Shelly Smith, Mandatory Arbitration Clauses in Consumer Contracts：Consumer Protection and the Circumvention of the Judicial System, Summer, 2001, 50 DePaul L. Rev. 1191.

④ Richard M. Alderman, The Future of Consumer Law in the United States － Hello Arbitration, Bye－Bye Courts, So－ Long Consumer Ptotection, September 2007 SSRN Electronic Journal.

立法本意的优先效力发展出了"支持仲裁的国家政策"（National Policy Favoring Arbitration）。许多下级法院依靠这一"国家政策"有效地排除了以州的显失公平法条（State Laws of Unconscionability）对仲裁协议任何形式的审查。结果，最高法院不知不觉地鼓励公司在消费合同中采用仲裁条款，以作为剥夺消费者寻求特定种类救济的方法。银行、电话公司和其他一些大型业者现在使用强制仲裁协议以使自己免于在集团诉讼和集体仲裁（classwide arbitration）中作为潜在的被告，他们希望法院会依赖最高法院的"国家政策"支持他们的仲裁协议，并迫使所有针对他们提出权利诉求的消费者采取个别的解决方法①。

在德国，消费仲裁是不允许采用仲裁条款的形式达成合意的，必须采取更正式的书面仲裁协议。"仲裁协议可以两种形式达成：作为独立的协议，所谓的仲裁合意（Schiedsabrede），或者作为仲裁条款（Schiedsklausel）。在消费者参与的情况下原则上采用仲裁合意形式"②，德国民诉法第 1031 条规定了与消费者订立的仲裁协议在形式上要求的严格性，"为了使私人在不涉及营业或者职业活动的行为中不被悄悄地强加上仲裁协议，第 1031 条第 5 款要求，在这类活动中订立仲裁协议必须具备一种特殊的、双方都签名的文书。只有在合同被做成公证文书时可以放弃这种特殊的文书"③。在法国，"一方当事人是商人，另一方当事人是非商人具有'混合性质的合同'中订立的仲裁条款，对于双方当事人均无效，即使该合同中具有民事身份的当事人也不得对作为商人的一方当事人主张该仲裁条款"④。

强制的 ADR 可能违反欧洲人权公约第 6 条裁判请求权条款，一般认为，强制调解比仲裁问题更小，因为司法只是被暂时的搁置了以及双方当事人没有被强迫达成一致。当消费者被预先的合同约束必须使用 ADR 项目时，其是否有程序选择权，不同国家规定不一。在美国，消费者能够自由地同意受 ADR 机构的管辖拘束，联邦仲裁法（The Federal Arbitration Act）以及许多州

---

① Thomas Burch, Necessity Never Made a Good Bargain: When Consumer Arbitration Agreements Prohibit Class Relief, 31 Fla. St. U. L. Rev. Summer, 2004, 1005.

② ［德］奥特马·尧厄尼希：《民事诉讼法》，周翠译，法律出版社 2003 年版，第 475 页。

③ ［德］罗森贝克、施瓦布等：《德国民事诉讼法》，李大雪译，中国法制出版社 2007 年版，第 1371 页。

④ 法国最高司法法院商事庭判例，1964 年 12 月 2 日。参见《法国新民事诉讼法典（判例解释）》，罗结珍译，法律出版社 2008 年版，第 1144 页。

的仲裁法指示法院支持预先合同约定的仲裁条款。然而也有一些情形，法院可能发现仲裁条款是不能适用的（inapplicable），这主要取决于州的法律规定，例如下列可能的情形：其他联邦法律认可其是在州的层级被管制的保险合同；仲裁条款被认为是不合理的（unconscionable），因为其强加于消费者不适当的费用或导致有偏见的程序或仲裁人的适用；仲裁在对于消费者来说不便的管辖地点；对损害赔偿、律师费用或失效期有一个限制；有一个提起集团诉讼的豁免；仲裁条款以与消费者保护法规相冲突的方式限制消费者救济；州法宣布附合合同（contracts of adhesion）不合理以及仲裁条款包括在一个没有充分机会协商即强加给消费者的格式合同里；仲裁条款使消费者吃惊因为其深埋（buried in）在合同里；消费者不会阅读英语；仲裁条款是单边的和非共同的；包含仲裁条款的基础合同被发现无效；仲裁条款因错误表示被误解。加拿大《安大略省 2002 消费者保护法》规定可以推翻任何对于消费者诉诸法院权利的合同限制以保护其权利①。

大部分的欧洲国家对于消费合同中的仲裁条款持严格态度，欧盟法中的不公平条款规则意味着未经个别磋商的合同条款可能违反善意的要求，在当事人权利与义务之间出现重大不平衡，有害于消费者。附属于欧盟委员会指引（Council Directive 93/13/EEC）的指示名单中包含了一个不公平条款的例子：条款的目的或效果旨在排除或阻碍消费者采取法律行动或运用任何形式的法律救济的权利，特别是要求消费者采取不被法律条款所保护的排他的仲裁解决纠纷时②。即使仲裁条款被法律规定覆盖，也可能会和指引相冲突，但须消费者负责证明当事人权利不平衡使得条款不公平及有害于消费者，以及与善意原则相反③。有的国家对消费合同中仲裁条款予以严格对待。法国民法第 2061 条仅允许专业活动合同中的仲裁条款而不允许消费合同中的仲裁条款。芬兰一般是对仲裁条款和仲裁协议采取放任态度，但在消费者法领域也规定在纠纷出现以前订立的仲裁协议不能拘束消费者。瑞典也有类似规定。

---

① The Study Centre for Consumer Law-Centre for European Economic Law, An analysis and evaluation of alternative means of consumer redress other than redress through ordinary judicial proceedings-Final Report, Leuven, January 17, 2007, p117-119.

② art. 3 Council Directive 93/13/EEC of 5 April 1993 on unfair terms in consumer contracts, O. J. L 95, p29-34.

③ C. R. Drahozal and R. J. Friel, Consumers Arbitration in the European Union and the United States, 18. 28 N. C. J. Int'l L. & Com. Reg. , 2002, p366.

仲裁条款必须使消费者充分认识到其放弃诉讼。1998 年欧盟委员会建议如此规定：诉讼外程序不能剥夺当事人将问题提交法院的权利，除非当事人明白地同意这样做，充分地认识到事实且在纠纷已经实际发生以后才能放弃提起诉讼权利①。

笔者认为，当消费者被预先的合同约束必须使用仲裁解决消费纠纷时，这一仲裁条款对其是否有强制性，还是消费者可以不遵守仲裁条款而具有程序选择权，反映出一个立法和司法政策是否对消费者进行倾斜性保护的问题。这里没有明显的中间道路和不偏不倚，不是偏向或客观上有利于业者，就是偏向消费者权益的充分保障。虽然美国有些州的法律规定了前述的一些例外，但总的来说美国联邦法院系统还是支持这种仲裁条款的强制效力的，客观效果上非常有利于业者躲避其观念上认为可能偏向消费者或做出高额侵权损害赔偿判罚的陪审团审理和集团诉讼。而欧洲国家则倾向于提倡在发生消费纠纷后尊重消费者的程序选择权和裁判请求权。我国学术界迄今还没有关注此一问题，目前的立法和实践既不同于欧洲的尊重消费者程序选择权，也不同于美国的原则上支持仲裁协议附加一些司法区的例外，而是沿袭了商事仲裁的或裁或审制度，消费仲裁协议具有排除法院管辖权的效力。虽然有仲裁协议异议程序，但《中华人民共和国仲裁法》第 17 条只规定了超出法定范围仲裁、当事人行为能力瑕疵和受胁迫三种情况下仲裁协议无效，没有针对消费纠纷仲裁做出特殊的制度安排，没有上述美国一些州的例外规定，这对于消费者权益的保护是非常不利的。

虽然事先订立仲裁协议从形式上看对消费纠纷的双方当事人是平等的，但由于消费者对仲裁条款的存在及其法律后果不知情或一知半解，可能使其"稀里糊涂""被仲裁"。在无法确保消费者充分知情的前提下，在消费合同中推广格式化的仲裁条款不会解决消费仲裁合意达成困难的问题，相反继续这种形式公正而实质不公正的做法对于消费仲裁制度的健康发展会带来负面效应，引发消费者的不满与对消费仲裁制度更多的怀疑，造成使用者回避。另一方面，实践中大量的消费行为和交易行为不会订立仲裁协议或消费合同，

---

① The Study Centre for Consumer Law-Centre for European Economic Law, An analysis and evaluation of alternative means of consumer redress other than redress through ordinary judicial proceedings-Final Report, Leuven, January 17, 2007, p119-121.

自然也就谈不上仲裁条款公平与否的问题。不过随着立法完善和司法解释对仲裁协议形式要件扩大解释的趋势的进一步显现、消费仲裁制度的继续发展，有关消费仲裁条款公平性的困惑终将会大量出现，需要未雨绸缪，从制度设计上积极应对。

二、略显昂贵的替代品

"随着调解越来越法律化和司法化，这就可能隐藏着一种危险，调解可能发展成与商事仲裁同样复杂的规则体系，而最终成为乏人问津的纠纷解决之路。我们已经看到，最初被设计为高速廉价的仲裁程序，现如今已经异化为昂贵而耗时的程序，以至于许多人开始寻求调解作为其替代品。"[1] 任何纠纷解决制度的存在和运转都是会有成本和资源消耗的，纠纷解决过程也是会延续一定期限的。作为诉讼这一纠纷解决机制的替代，从成本和效率两个方面看，仲裁制度在解决消费纠纷方面与诉讼制度相比优势并不明显，很多情况下与民间调解、行政调解和协商和解相比，也无明显优势，甚至可能耗费不菲或耗时不短，影响了当事人诉诸仲裁的意愿。

首先是成本和费用方面，从制度利用者的角度来看，消费仲裁的当事人需要负担一定的成本和费用。仲裁花费也不必然较诉讼为少。一项对国际仲裁的研究显示："仲裁通常和诉讼一样耗费成本，这至少可以部分解释为仲裁庭的成本必须由当事人承担，而法院的成本至少能部分得到国家的补贴。……总体而言，国际商事仲裁比法院诉讼要相对快捷，但成本并没有更少。"[2] 仲裁理论上的优点已成根深蒂固的"意识形态"，但这一"意识形态"也许与现实没有什么关系。"成本可能会飞速提升：那些声誉良好的常设仲裁员可能会为旅途和研究上所费的时间索取高额的费用。有的时候还会有仲裁机构带来的实质性花费，比如说租用会议场地或者是为记录开庭过程的费用，当然，在大型的商贸案件里，当事人可能会感到迫不得已而去聘请法律代理人。也有可能会产生'排队'——一名声誉良好的仲裁员可能需要花费很长

---

① ［澳］娜嘉·亚历山大：《全球调解趋势》，王福华等译，中国法制出版社 2011 年版，第 238 页。

② ［荷］克里斯汀·布赫林—乌勒：《关于国际商业纠纷仲裁与和解的一项调查》，载［美］克里斯多佛·R. 德拉奥萨、理查德·W. 奈马克：《国际仲裁科学探索：实证研究精选集》，陈福勇、丁建勇编译，中国政法大学出版社 2010 年版，第 34 页。

时间来解决该纠纷，因此他（她）的案件负担十分沉重。此外，这种纠纷的当事人自己也可能会花费很长的时间来选定仲裁员和一个审理期日。"① 欧洲的传统是当事人任命的仲裁员保持独立和公正而非作为代表行事。如果当事人想要的是基于自由谈判达成妥协，那么为什么不选择谈判？多增加两名仲裁员来担任顾问的角色因而导致费用的增加似乎缺乏合理性②。

如果说国际仲裁因为其纠纷特性比较复杂并涉及法律选择与异地跨国仲裁等问题，尚不够有说服力的话，那么欧盟一项研究直接指出，"尽管传统的仲裁项目在理论上能够被用于处理消费纠纷，许多国家（澳大利亚、比利时、捷克、匈牙利等）一致报告消费纠纷仲裁是罕见的。高额的费用可能是一个原因。以斯洛伐克为例，该国唯一在实践中处理消费纠纷的仲裁项目是银行协会永久仲裁院，因为其费用要比普通法院程序低"③。甚至有学者提出，"仲裁从经济上对消费者可能是有害的，因为它可能比消费者提起单独诉讼成本更高"④。"仲裁原则上比诉讼便宜，但是仲裁比诉讼费用低廉也有其并非绝对的一面，因为在遇到标的金额不高之小案件时，仲裁之费用常高于诉讼。"⑤ 显然，大量的日常消费纠纷正是小额的，可能在运用消费仲裁解决时不具有费用的相称性。

美国学者斯卡皮诺认为，"强制仲裁的一个含义是通常消费者必须实质上为消费仲裁付出比诉讼更多的费用。在仲裁中，消费者必须支付仲裁员、听证房间、通讯员和书记员（reporter and clerk）的成本。在一些案件中，消费者寻求仲裁解决与业者的纠纷可能是成本抑制的（cost prohibitive）。消费合同中典型的仲裁条款可能不包括任何仲裁费用的信息或费用如何在当事人之间分摊的信息。强制仲裁对于低收入的消费者是不利的。与高成本的仲裁相比，

---

① ［英］西蒙·罗伯茨、彭文浩：《纠纷解决过程：ADR 与形成决定的主要形式》，刘哲玮等译，北京大学出版社 2011 年版，第 363 页。

② Murray L. Smith, Impartiality of the Party－Appointed Arbitrator, Arbitration International, 1990, Vol. 6.

③ The Study Centre for Consumer Law－Centre for European Economic Law, An analysis and evaluation of alternative means of consumer redress other than redress through ordinary judicial proceedings－Final Report, Leuven, January 17, 2007, p126.

④ Shelly Smith, Mandatory Arbitration Clauses in Consumer Contracts：Consumer Protection and the Circumvention of the Judicial System, Summer, 2001, 50 DePaul L. Rev. 1191.

⑤ 柯泽东：《国际贸易与商务仲裁（上）》，《商务仲裁》，总第 35 期，1994 年 1 月。

消费者在联邦地区法院起诉只要 150 美元。低收入的消费者可以免除诉讼费用，但没有程序免除仲裁费用。在民事诉讼中，当事人不会被要求负担法官的薪水或开支。"① 美国 AAA 消费仲裁规则仅要求 125 美元的仲裁费并提供更为简化的仲裁程序。然而，其实际适用的消费纠纷数量是比较有限的，因为规则被限定在诉求 1 万美元以下。消费者诉求超过 1 万美元的情况下不得不在商业仲裁条款下进行仲裁，其不可退还的预付登记费最低 750 美元，请 3 名仲裁员仲裁的最低花费是 3750 美元。② "通过为消费仲裁规则设置如此不切实际的低额诉求上限（low claim ceiling），AAA 规则为购买像汽车和移动屋这些项目的消费者提供了很小的保护。"③ 也就是说，设置了一定限额的消费仲裁，无论是门槛（达到一定额度以上才受理）还是天花板（只受理一定额度以下消费纠纷），对消费者降低解纷成本都是不利的，尤其是天花板以上的消费纠纷的仲裁变得更为昂贵，不利于大额消费纠纷选择仲裁制度处理。

法律未赋予仲裁庭令证人宣誓具结、调查证据、强制陈述等职权或程序指挥权，所以相关人士如不合作，不易制约。仲裁庭由于缺少调查取证的权力，导致仲裁制度的当事人主义色彩比诉讼制度更为明显，往往需要当事人自行调查取证和举证，在收集和提出证据方面会放大消费者和业者的失衡关系，消费者可能面临检测、鉴定、调取书证与视听资料、传召证人等一系列费用。消费纠纷有时是口头陈述多于书面证据，面对"公说公有理、婆说婆有理"的情况，仲裁员由于无法澄清事实、明辨法理，就无法作出正确的裁决。这样一来，要么是做"和事佬"，拿仲裁当调解做；要么是久拖不决，增加消费者的维权成本和举证成本。

由于消费仲裁的裁决不像调解制度那样在结果形成方面尊重当事人的自由意志，业者不配合执行的可能性便会增加。这就会带来执行的困难与成本。执行率和执行时间都会影响执行的成效进而影响消费纠纷解决的成效。虽然笔者没有掌握消费仲裁裁决的执行情况方面的资料，但从几个相关资料的比

---

① Julia A. Scarpino, Mandatory Arbitration Of Consumer Disputes: A Proposal To Ease The Financial Burden On Low-Income Consumers, 10 Am. U. J. Gender Soc. Pol'y & L. 2002.

② American Arbitration Association, Commercial Dispute Resolution Procedures, Commercial Arbitration Rules, http://www.adr.org/rules/commerical/AAA235-0900.htm.

③ Melissa Briggs Hutchens, At What Costs? When Consumers Cannot Afford the Costs of Arbitration in Alabama, Winter, 2002, 53 Ala. L. Rev. 599.

较与分析可以看出此问题的端倪。权威数据统计表明，从 1999 年到 2009 年这十年，全国法院民事案件的总执行实际到位率为 42.97%，其中，权属、侵权纠纷类案件和合同纠纷类案件分别只有 41.05% 和 36.31%①。根据 2000 年美国学者对我国仲裁裁决执行情况进行的一项实证研究，在当事人至少收回一定金额的意义上而言，所有外国和贸仲裁决的 49% 得到了执行。外国裁决的执行率是 52%，略微高于贸仲裁决 47% 的执行率。裁决金额的大小可能以各种方式影响执行情况。如果金额很小，当遇到障碍时，考虑到执行相关的成本，当事人将不会有非常大的动力积极地催促执行。在一些案件中，履行金额相对较少，坚持强制执行将导致额外的成本和延误。通常，负责执行的法官会尽力调解以促成和解。法官向当事人施加压力进行和解是因为如果被申请人拒绝执行，他们经常缺乏能力去执行裁决。他们也很忙，只是想让案件了结，以便完成他们的工作量要求。其他时候，地方保护主义和腐败可能会发生作用②。实际上，即使不算上地方保护主义的因素，执行成本对于小额消费纠纷的综合解纷成本的影响也是致命的，会使得消费者在整体的解纷过程中增加大量直接或间接成本。

仲裁通常略为快捷也许可以用以下事实进行解释：仲裁一般没有对实体问题的上诉和通常仲裁不存在法院因案件积压所产生的问题。但是有学者指出仲裁比诉讼迅速的说法有其未必尽然的一面。例如：法院诉讼常被批评者谓法院案件繁多，法官需同时审理多数案件，无法对特定案件专心审判；而仲裁采集中审判，且特定仲裁人只负责裁决特定案件，效率和速度较高。然而事实上，仲裁人也和法官一样分身乏术，因为仲裁人往往都是非专职人员，可能身兼更重要的职务，仲裁需就其方便之日进行；再者，一方当事人如不及时出庭，仲裁人不能强迫其到庭，而为了防止遭到裁决不公的非议，一般又不愿意立即进行缺席仲裁，而是尽量予以等待，往往拖延时日，久而不决③。"人们寄希望于仲裁，期盼它迅速、快捷，然而却经常发生这样的情形，

---

① 《最高人民法院关于加强民事执行工作、维护法制权威和司法公正情况的报告》（2009 年 10 月 28 日）。

② ［美］裴文睿：《实事求是：对中国仲裁裁决执行的实证研究》，载［美］克里斯多佛·R. 德拉奥萨、理查德·W. 奈马克：《国际仲裁科学探索：实证研究精选集》，陈福勇、丁建勇编译，中国政法大学出版社 2010 年版，第 254 页，第 262-263 页。

③ 胡充寒：《国际商务仲裁与诉讼研究》，中南工业大学出版社 2000 年版，第 177 页。

这种迅速、快捷只不过是一种带有欺骗性的表面现象，有时，关于仲裁协议的谈判往往就会过分拖延仲裁活动的开始。更常有这样的情况（大约占1/2），各方当事人在经过仲裁之后还不得不借助于强制执行程序。这样也会使救济途径变得非常紧急而不能做出最佳安排。特别是仲裁中败诉的一方当事人往往有一种自然倾向，要向国家法院提出取消仲裁裁决的申请。"① 由此可见，不仅是裁决过程，当事人达成仲裁协议以及仲裁裁决后获得不利裁决的一方当事人提请司法监督等"仲裁前"和"仲裁后"程序也可能会耗费时间、增加仲裁机制的解纷成本。

除了审理裁决的前后和其间的时间消耗，执行的拖延也可能会影响仲裁的效率。根据一项对我国西部某中级人民法院四年间执行完毕的全部5445件案件的实证研究，法院执行仲裁裁决的案件在执行案件总体中占的比例很小（2.42%），这小部分仲裁案件的平均执行时间却很长，接近一年（319天），比一般平均执行时间长了三个多月，长的程度很明显②。显然，在这种对"外来户""另眼相看"的倾向之下，消费者通过消费仲裁可能会比经过一个审级的大部分消费纠纷诉讼程序耗时更长才能实现其实体权益。而且如有当事人一方预期将在今后仲裁判断遭受不利结果，可能采取恶意延宕仲裁程序或者设法利用诉讼结果来废弃仲裁判断，导致仲裁程序反成耗时费力的一场消耗战。

有西班牙学者认为，仲裁不适合解决小额消费纠纷而只适合解决大额商事纠纷。"如果将仲裁限定在解决大量的国际商务纠纷，该是一种很有用的工具，但是它却不可能成为一种解决国内民事纠纷和小额纠纷的普通方式。但是，在西班牙却创立了解决消费者纠纷的仲裁法院体系，这一体系由各个仲裁法院组成，而这些法院通常覆盖了一个市的范围并由政府代表、消费者代表和商事公司代理组成。作为解决消费者和商事公司之间小额纠纷的一种方式，这一体系在已运作的10年内从一开始就不怎么成功，但整个情况是不均衡的，在有些城市还是出现了一些值得欣赏的案例。无论如何，我的印象是，一个机构性仲裁体系如被用来解决大量的小额纠纷，它只会转变成一种平行的管辖权，因此仲裁由于自己的成功率而面临着衰竭的危险。从逻辑上讲，

① ［法］让·文森，塞尔日·金沙尔：《法国民事诉讼法要义》，罗结珍译，中国法制出版社2001年版，第1435页。
② 沈朝晖：《"外来户"、案件流程管理和执行效率》，载唐应茂：《法院的表现：外部条件和法官的能动性》，法律出版社2009年版，第156页。

仲裁应该用于大型经济纠纷、大型公司之间的纠纷或存在特殊法律困难的纠纷，或是任何一方当事人都不愿将该纠纷提交另一国家的法院审理的国际性商务纠纷。"[①] 笔者认为这一论断主观成分较重而缺乏论证，略显武断。如果消费仲裁与普通商事仲裁在制度设计上没有区别，那么沿用商事纠纷规定很可能使其丧失解决小额消费纠纷的经济性。如果消费仲裁制度设计的比较便宜且消费者不负担仲裁费用，消费仲裁在解决小额纠纷方面还是可以有所作为的。当然，这里的"小额"如何界定结果也不相同，如果消费纠纷实在"超小额"，消费仲裁可能也非经济之选。

总体来看，笔者认为消费仲裁的成本和耗费可能包括：了解消费仲裁制度、达成仲裁合意以启动程序的学习成本和磋商成本；仲裁手续与受理费用；当事人举证和证明事实的成本；执行成本；在仲裁前、中和做出裁决后各种程序与程序延迟造成的时间成本与其他间接成本；建立单独的消费仲裁制度可能由国家或行业承担的增加人、财、物、免费或廉价仲裁的运营成本以及仲裁机构布点的成本。其中第六种成本是设立消费仲裁制度可能需要社会资源投入而额外增加的成本，而前五种成本则为当事人双方承担，如果其制度设计不合理，对当事人尤其是消费者来说可能不是一个低廉而节省的替代性消费纠纷解决机制。

三、不知者未曾想、不信者不诉求

一项制度被践行最重要基础和关键性的前提是了解和信任。消费仲裁发育不良归根结底是源于制度使用者对其不了解和不信任。不知者非其过，了解来自消费仲裁的宣传和实践，来自仲裁文化的培育。信任来自消费仲裁实

---

① ［西］伊格纳西奥·迭斯—毕加索·希门尼斯：《西班牙的民事司法：现在与未来》，载［英］阿德里安 A·S·朱克曼：《危机中的民事司法——民事诉讼程序的比较视角》，傅郁林等译，中国政法大学出版社 2005 年版，第 381—382 页。国内学者也有类似的观点：通过商事仲裁或诉讼方式解决金融纠纷的周期长、成本高，再加上作为个体的金融消费者举证能力有限，仲裁或诉讼失败的风险较高，消费者权益难以真正得到保护。特别是现有的商事仲裁模式，无法快速、高效地解决以"大批量、小金额"为特点的金融消费纠纷。商事仲裁机构的仲裁员都是兼职，即在本职工作之外，利用业余时间从事纠纷仲裁，从业时间不可控；商事仲裁机构的仲裁员均为资深专家，需要仲裁机构支付较高的办案薪酬。而金融消费纠纷大多数争议金额在万元以下，多为几百元、几千元，商事仲裁机构受理此类案件获得的收入无法覆盖办案成本，因此商事仲裁机构对办理金融消费纠纷案件没有积极性。参见中国人民银行金融消费权益保护局：《金融消费者投诉处理法理分析与研究》，中国金融出版社 2019 年版，第 257 页。

践和仲裁制度设计的合理、公正。

"当消费者与业者订立合同时，经常没有意识到合同中包含有仲裁条款。仲裁条款可能是陷入一堆邮购产品表格中或者印在服务合同的反面。消费者平均的认知程度（average sophistication）可能都不能理解仲裁条款的文字，更不要说它的含义。"①

仲裁法规定的主要是商事仲裁的规则。目前我国的仲裁制度主要也是应用在涉外贸易纠纷和商事纠纷领域。普通业者和消费者对仲裁不可能十分了解。况且，社会大众一直以来是笃信行政和司法作为公权力和官方权威性的象征，以及消协和行业协会作为"自己人"和利益倾向性的保证（消费者认为消协是"娘家人"，业者认为行业协会是"娘家人"）。在消费者和业者眼中，消费仲裁机构的面貌是非常模糊的，既没有法院或行政机关"官"的权威，又没有消协和行业协会"民"的亲切，甚至根本就对其不知道、不了解、不知所谓。没有纳入程序主体的视野之中，也没有在当事人双方的日常生活经验中出现，半隐匿状态的消费仲裁制度"妾身未明"，其是否具有权威性和公正性及在解决消费纠纷方面的比较优势自然也就无从谈起。

而在消费仲裁制度比较发达的国家或地区，消费仲裁的知悉度是非常可观的。有关调查显示，美国有98%的消费者认识BBB，BBB可以说在美国是被消费者广泛地利用、受信赖的ADR。以纽约市BBB为例，2001年受理的咨询数量约有50万件，作处理的有39000件，曾访问该BBB网站的人次达到500万之多②。根据澳门消委会委托澳门科技大学可持续发展研究所对澳门市民所作的问卷调查结果显示，在407名被问及有关加盟商号及诚信店（承诺加入消费仲裁项目）的市民中，52%的人知道消委会这个计划；而其中66.8%的人更表示会选择有加盟商号或诚信店标志的商店作消费③。不仅消费仲裁广为人知，消费仲裁承诺作为消费者区分业者服务理念与水平良莠的质量信号和扩大消费者在市场选择方面的信息供给的作用也非常明显，反过来这也有助于业者从商业和营销角度对该制度的认可与产生兴趣。

除了不了解以外，消费仲裁不发达还与当事人双方对其缺乏足够的信任有关。信任可能来源于公正、公平或者专业，不信任则主要源于下列原因：

首先，影响消费仲裁公正性与当事人信任度的一个很重要的因素是仲裁人的党派性，这既让人不信任仲裁裁决，又直接导致仲裁人选择难。

在仲裁过程中很难选定公平的仲裁人的情况不在少数。"经常可以看到，仲裁员觉得自己不是中立的第三人、而是当事人的利益代表，因而仲裁也就隐藏着危险。"① "一些批评者指责，相对于法庭审判的所谓仲裁的优势实际上恰恰是其劣势。例如当事人选择仲裁员的权利会鼓励仲裁员在作出裁决时持妥协的态度以避免引起当事人的敌对情绪，从而使当事人在将来的案件中仍然选择他作为仲裁员。"②

仲裁实行一裁终局，因此何者担任仲裁员是决定消费仲裁制度成败与效用的一个关键问题。如果找不到消费者和业者都信任的仲裁人，仲裁协议就很难达成。要找到能够客观、公平地对待双方当事人并为双方都了解和信赖的仲裁员事实上是十分困难的。也就是说，"在消费者与企业之间形成的两极对立关系中，呈现出所有的人都被划分为或是敌人或是朋友的倾向。因此，找出克服这种倾向的方法就成为消费者纠纷仲裁成败的关键。一种解决方法是，双方选任属于自己一方的人作为利益代表，再由这两个人选任第三个仲裁人共同构成仲裁机关。可是，先不说企业方面，一般消费者不仅难以独自选定仲裁人，进而也难以选定第三名仲裁人。如果双方都无法选定仲裁人的话，就无法利用仲裁方式，结果还是难以建立恒久的制度"③。英国的"消费仲裁的数量是比较低的，一个例外是英国旅行社协会（ABTA）项目，在2003年处理了大约17000件消费者抱怨，其中有1200件进行了仲裁。其他项目即使是有充分安排和免费的仲裁项目的使用率都比较低。利用率不高可能是由于其信用不高（因为是私营，受没有密切监督的行业协会的资助）"④。

---

① ［德］罗森贝克、施瓦布等：《德国民事诉讼法》，李大雪译，中国法制出版社2007年版，第1360页。
② ［美］戈尔德堡等：《纠纷解决：谈判、调解和其他机制》，蔡彦敏译，中国政法大学出版社2004年版，第219页。
③ ［日］谷口安平：《程序的正义与诉讼》，王亚新、刘荣军译，中国政法大学出版社2002年版，第358-359页。
④ Ross Cranston, How Law Works: The Machinery and Impact of Civil Justice, Oxford University Press, 2006, p77-78.

　　仲裁人容易沦为当事人的代理人，而消费仲裁中的仲裁人又容易沦为业者的代理人。仲裁人是由双方当事人分别选任，所以仲裁人对于选任自己的当事人，容易主观上产生以其代理人自居的同情心理，以致有流于专为该当事人争取利益的倾向。消费者与业者各自都有顾虑，尤其是消费者往往不熟悉专门领域和行业，而作为业内专家或业内从业人员身份进行消费仲裁的仲裁人与该行业或业者实际或潜在的联系可能更为密切，利益输送的动机更大，必然会让消费者顾虑重重。难以杜绝仲裁人被有经济实力和今后有可能的合作或业务机会的一方当事人收买，仲裁人私下与当事人一方接触的机会较法官为大。而且消费者面对仲裁员名册，可能无法选择仲裁员，对消费者来说仲裁的专业性优势反而可能会导致仲裁人间力量失衡、消费者缺乏代理。另一方面，如果仲裁人是消费者团体成员及像我国实践中很多地方将消费仲裁机构设在消费者协会，则业者可能更加不情愿将消费纠纷提交仲裁。

　　其次，无上诉等救济制度虽然是仲裁制度在效率性方面的优点，但公正永远是当事人对解纷机制的第一诉求，因此这一优点反而可能使信心不足的当事人在消费仲裁面前却步。"对不能提起上诉的仲裁，人们普遍深感不安。当事者认为，如果不能确保有利的仲裁裁决，仲裁就不会被利用。而且由于不根据法律进行判断，难以预测结果，也使利用者感到不踏实。"[①]"在一个消费者被害长期被置之不理、企业的不正当活动业已招致社会怀疑的社会中，消费者往往对仲裁制度也不报以信任。即使仲裁人做出公正的裁决，消费者仍无法消除心中的疑虑，那么仲裁制度就不能取得预期的成果。尤其是在消费者败诉的场合中，这种不信任感会变得更加强烈。"[②]一招定胜负固然痛快，很多时候人却总有"留后手"和"三局两胜"的心理期待和愿望。迟来的正义非正义，太早太快来临的正义也可能让人一时"难以接受"而心生顾虑，如果当事人对裁决主体的公正性存有疑惑的话。

　　第三，由于消费仲裁为了追求效率和减低成本，特别是已经遭受损失的消费者的成本，其往往是采取提交包括主张和辩护的文件、证据在内的书面审形式，例外的情形仲裁人也可能要求当事人出席。"在担心法的原理无条件

　　① ［日］谷口安平：《程序的正义与诉讼》，王亚新、刘荣军译，中国政法大学出版社2002年版，第372页。

　　② 陈刚：《自律型社会与正义的综合体系——小岛武司先生七十年诞纪念文集》，陈刚等译，中国法制出版社2006年版，第82页。

贯彻的方面，人们对仲裁机关可能完全不顾当事者意思而行使其强制性判断感到不安；在要求和期待严格依法办事的方面，人们又唯恐仲裁机关在人员和程序上没有足够的保障，至少缺乏像审判那样的严格保障，因而不能完全做到对法的正确适用。"① 这就会带来正当程序不足及程序亲和性差的问题，可能遭受当事人尤其是愿意做出完整陈述的消费者的诟病。

第四，"仲裁者由私人支付、私人选择，被一系列地方化和个体化的实践（如意见写作或创设先例的缺乏）所制约"②，"对于那些诉诸仲裁的商人来说，他们对法律规则的兴趣远比不上他们对其商业惯例的兴趣，他们觉得相对于法官来说，商业惯例将会更多地吸引那些熟悉商业惯例的仲裁员的注意力"③。与必须遵守固定的程序规则且适用当地法律的公共法庭的法官不一样，仲裁人可以免除法律手续并适用最适合案件的程序法和实体法④。由于私意性与法律适用的灵活性，以及司法监督的存在，消费仲裁也可能欠缺安定性与可预测性。仲裁不同于诉讼，有时不受实体法或判例法的拘束，消费纠纷仲裁人可依某些行业规定和其主观认识判断，当事人难以预期仲裁判断有明确一致的结果，这也可能导致消费仲裁适用率不高。

此外，我国仲裁法律制度的刻板现状以及存在的干预意思自治⑤、法院涉仲司法不统一等现象，都影响了当事人对消费仲裁的信任与选择。

---

① ［日］棚濑孝雄：《纠纷的解决与审判制度》，王亚新译，中国政法大学出版社 2004 年版，第 105 页。

② ［美］欧文·费斯：《如法所能》，师帅译，中国政法大学出版社 2008 年版，第 34 页。

③ ［美］弗兰克：《初审法院：美国司法中的神话与现实》，赵承寿译，中国政法大学出版社 2007 年版，第 414 页。

④ Walter Mattli, Private Justice in a Global Economy: From Litigation to Arbitration, International Organisation, 2001, Vol. 55, No. 4, p920.

⑤ 在以下规定中可见一斑：1. 法律针对仲裁协议有效性设置了十分严格的要求（例如指定的仲裁机构）。虽然最高人民法院和高级人民法院发布了一些针对特定仲裁协议的既定解释，但是法律并未规定解释语意不明的仲裁协议时应适用的一般解释原则。上述现状导致了纠纷当事人进行仲裁的真正意图可能由于仲裁条款文本的不明确而被轻易曲解。2. 立法并未给予仲裁当事人自由选择仲裁员的权利，反而对于当事人选择仲裁员的自由增加了许多法律限制；而且，为保证仲裁员的资质，当事人必须在相关机构的强制仲裁员名册中任命其仲裁员。3. 为保证对仲裁程序质量的有效控制，法律并不允许当事人使用临时仲裁（ad hoc arbitration）作为纠纷解决的方式。4. 仲裁庭对于仲裁案件是否具有管辖权问题的决定权由法院和仲裁机构共同享有，而非属于由当事人合意选出的"私法官"——仲裁员。与西方法律传统中广义的当事人意思自治原则不同，中国立法框架中刻板的规定将当事人意思自治原则限定为法律规范下既存的、受特殊限制的、具体范围内的意思自治。樊堃：《仲裁在中国：法律与文化分析》，樊堃等译，法律出版社 2016 年版，第 184 页。

四、路径依赖与纠纷解决机制的相互竞争

随着我国纠纷数量的增长，各种纠纷解决机制在解纷容量的绝对值上基本都在增加或持平，但在解纷比例上则会出现此消彼长的局面，"关于仲裁的官方数据表明，尽管自从 20 世纪 80 年代早期以来仲裁增长迅速，但是仲裁制度与法院系统相比，在解决商事纠纷中的作用还不是很重要，如果我们以诉讼请求的货币价值为标准，仲裁接收的纠纷请求总额在 1992 年是 63 亿元，1997 年为 51 亿元。与提交诉讼的请求额相比，很明显在 90 年代仲裁的相对重要性已经大幅下降。在 1992 年，仲裁请求额大约是诉讼请求额的 20%。但是在 1997 年，提交仲裁的请求额不足诉讼请求额的 2%，下降了 10 倍"①。具体到消费纠纷，消协调解、行政调解和法院审理消费纠纷，不管是绝对值还是在整个消费纠纷解决总量中所占的比值都是远远高于消费仲裁制度的。这可以从路径依赖和已存机制的实效比较两个角度进行解释和分析。

一方面，由于路径依赖，消费仲裁不可能解决大量消费纠纷。

虽然人们常被提醒旧不如新，"千万不要从美好的旧事物开始，宁可从糟糕的新事物出发"②。但具体到一项制度，往往在实践中总是存在"老的就是好的"现象。诺斯认为，在制度变迁的过程中存在着路径依赖的现象，即一旦制度变迁走上了某一路径，它的既定方向会在以后的发展中得到强化。人们过去做出的选择决定着他们现在可能的选择。③ "'老规则是好规则'的格言很有影响，因为广泛存在的准自动化规则服从降低了协调成本。结果，在制度变迁中存在着路径依赖性，制度系统会在相当程度上顺从惯性。它们通常会循相当稳定的路径缓慢演变。"④ 正是因为现有的其他四种消费纠纷解决机制在日常生活中解决了大量纠纷，没有出现彻底的系统性失灵和体制性的"病入膏肓"，相反许多还富有成效，消费者和业者也就不会"冒险"寻求新

---

① ［美］裴敏欣：《法律改革能够保护经济交易吗？——中国的商事纠纷》，载［美］彼德·穆雷尔：《法律的价值：转轨经济中的评价》，韩光明译，法律出版社 2006 年版，第 237-238 页。

② 布雷希特（Brecht）语，转引自［法］安琪楼·夸特罗其、［英］汤姆·奈仁：《法国 1968：终结的开始》，赵刚译，生活·读书·新知三联书店 2001 年版，第 9 页。

③ ［美］道格拉斯·诺斯：《经济史中的结构与变迁》，陈郁等译，上海人民出版社 1991 年版，第 132-133 页。

④ ［德］柯武刚、史漫飞：《制度经济学：社会秩序与公共政策》，韩朝华译，商务印书馆 2000 年版，第 476 页。

鲜但自己不熟悉的消费仲裁制度，而是会循着既有管道解决消费纠纷，优先采用被实践证明行之有效的方法。

另一方面，各种消费纠纷解决机制间是存在相互比较与制度竞争的。

有学者在谈到仲裁行政化时指出，"仲裁行政化行不行？肯定不行！仲裁有其自身的制度特征，如果仲裁与别的纠纷解决制度在运行方式、机构性质等都一样了，混同了，最易出现的现象就是恶性竞争，其发展肯定受到影响。十几年前的工商行政仲裁就是和法院经济审判非常类似，形成竞争关系，结果是法院的经济审判越做越大，而工商行政仲裁却没落了。道理很简单，就是本来就已经有了法院系统，如果再用纳税人的钱再另搞一套与法院同样的纠纷解决体系，是不会被社会接受的。所以我国才会在十多年前那个时刻，把很多行政性的仲裁机构，包括如对科技合同的仲裁等都给取消了，而建立了现行仲裁制度"[①]。实际上，不管仲裁是诉讼化、行政化还是按照自身特点和规律进行民间化的运作，仲裁与其他各种纠纷解决机制仍然会在总体的解纷制度市场上形成和展开竞争。详言之：

（1）与诉讼相比，仲裁事实判定与法律适用的模式是类诉讼化的，在效率和便易性上难以压倒简化后的诉讼程序。仲裁制度在解决纠纷的程度上则较接近于诉讼制度，当仲裁人就纠纷为仲裁判断时，该判断即与确定判决有同样效力而拘束纠纷当事人，完全不承认当事人有以合意加以调整变更的余地。就此点而言，仲裁是类似于审判的他律的纠纷解决手段。有学者认为，"仲裁的部分原意虽然可能是要在诉讼制度之外寻找非诉讼的替代性纠纷解决办法，但在实际运作之中一般极其容易变成只不过是简化了的诉讼，同样依赖法官，同样适用明判是非胜负、非此即彼的诉讼框架来处理纠纷。结果最终只不过是通过一些廉价和简化的做法——譬如，由退休法官主持，使用简化程序和场所较之正规法庭诉讼程序降低了费用。其实质仍然是诉讼，甚至可以说不过是一种打了折扣的诉讼，其基本精神和原则并没有能够脱离总体法律制度的必争胜负的框架，并无自愿性的妥协可言。"[②] 应该说除了初始程序的启动之外，仲裁基本上是一种强制的纠纷解决机制。但仲裁的低成本与高效率以及程序的简化实际上是针对典型意义上的民事诉讼中的普通程序而

---

① 王亚新：《关于仲裁机构问卷调查的统计分析》，《北京仲裁》（第 63 辑）。

② 黄宗智：《过去和现在：中国民事法律实践的探索》，法律出版社 2009 年版，第 247 页。

言的，且是存在当事人提起上诉的情形下相较而言的。通过类似诉讼的争胜框架来解决纠纷，形式上的平等对抗可能导致对弱势当事人（消费者）一方实质上的不公。因为诉讼中的法官职权调查、阐明权、司法救助等规定可以一定程度上缓和当事人之间力量悬殊的问题，而消费仲裁如果严格按当事人主义构造，则对消费者一方可能更为不利。

（2）与诉讼制度相比，消费仲裁是可以实现高效率的，但也可能"表现平平"，缺乏效率方面的魅力，以葡萄牙波尔图消费咨询及仲裁中心为例，"自1995年5月10日该中心开始运作之日，至2004年12月底，该中心共有398宗经济业者加入仲裁庭的个案；超过28200人向该中心作出咨询或提出声明异议；处理了3699宗中介个案及将798个卷宗送交仲裁庭，并获得了467项仲裁裁定。中介程序平均需时为12个工作日，而调解及审理的程序则为21个工作日。"[1] 有的国家的消费仲裁制度则不一定如此高效，有数据显示，"在2004年，西班牙消费仲裁委员会对于50%的纠纷处理期限在1个月以内，超过90%的纠纷在3个月内处理完毕，98%的纠纷在4个月内得到解决。"[2] 显然，这样的消费仲裁期限与小额诉讼甚至简易诉讼程序相比，并没有明显的优势。考虑到仲裁庭在证据和财产保全、执行等方面都没有权限而必须委托法院进行，则与可以直接进行上述行为的诉讼制度相比，可能又要"慢了一两拍"。与其这样，当事人还不如直接上法院。

小额诉讼程序是简易程序地再简化，"其程序的简便体现在诉讼过程的每一个环节：起诉状、答辩状和判决书多采用表格化形式；开庭时间可以放在休息日甚至晚上；判决通常只宣布结果，而不必说明理由。由于程序简便，当事人通常不需要律师即可操作。"[3] 此外，其审判过程也可能采取非正式化方式及运用法官指挥权加快诉讼进程，让当事人直接沟通并可由法官提出具体解决方案进行调解。如果再考虑一审终审的制度，则消费仲裁可能在与其的效率竞争中彻底失败。因为诉讼是由单方提起的，自然要比双方合意的消费仲裁制度更方便提起，也能免除当事人协商形成仲裁合意的成本与时间花费，其调取证据与执行也较为直接。诉讼制度尚有很多改良空间，比如可在

---

① Isabel Afonso：《替代性解决消费争议的途径》，http：//www. consumer. gov. mo/c/active/pt. pdf.

② National report of Spain in The Study Centre for Consumer Law-Centre for European Economic Law, 28 national reports, Leuven, 15 November 2006.

③ 章武生：《民事简易程序研究》，中国人民大学出版社2002年版，第165页。

基层法院专门设立小额消费纠纷法庭或者在消协设立保护消费者权益巡回法庭，以便捷、高效地保护消费者合法权益。这些都会使得消费仲裁机制相形之下，更难获得当事人青睐。

（3）与消费 ADR 的其他几种形式相比，协商和解、调解与仲裁同样具有尊重当事人意愿、保护隐私、维系友好关系并弹性地处理纠纷的特性。和解没有第三方介入，而调解和仲裁两者在处理主体上有所不同，最主要的差别在于调解是基于当事人的合意而解决纠纷，虽由第三方担任调解人促成调解处理，然而是否终局解决纠纷的最终决定权仍保留在当事人手中。因而也常有调解不成立的情形。但是仲裁人之所以有权进行仲裁判断，是基于纠纷当事人约定服从彼此依合意所选定的仲裁人判断的仲裁契约而来。就此点来看，则仲裁也可以说是任意性的纷争解决制度。

但是"在以强制力为后盾的纠纷解决机制条件下，不论是以己之力所实施的私力救济，还是以第三方为仲裁者的公力救济，都倾向于将当事人视为纠纷解决的对象，这意味着当事人在纠纷解决者的眼里是需要被调整的客体。换句话说，当事人在纠纷解决的过程中只能是事实的陈述者、被动的发言者和结果的承受者，即使当事人的言辞后来证明确实产生了对自己有利的后果，那也是因为这一当事人打动了纠纷解决者，而不是当事人自身决定了案件的结果"①。这说明消费仲裁与其他几种消费 ADR 相比，当事人主体意识和意思自治的彰显是最弱的，这也可能造成其在执行仲裁裁决方面出现自愿性比和解、调解更低，从而增加解纷成本的问题。

（4）消费仲裁以"快速""方便"和"收费低廉"著称。然而，"与经营者协商和解""请求消费者协会调解"和"向有关行政部门申诉"都比消费仲裁更为快速、方便且不收取任何费用。投诉和申诉往往只要打个电话，更无须像申请仲裁要准备一大堆资料。相形之下，消费仲裁当事人的成本更显高昂。在消费纠纷解决的实务中，大部分消费者提出的纠纷是通过协商和解直接解决，而剩下的寻求调解的纠纷，往往双方当事人会根据主持调解的消协或行政机关工作人员提出的建议达成调解协议。因此，虽然仲裁裁决比调解协议更具有法律效力，但消费者和业者仍愿意选择调解。毕竟不愿意履行调解协议的也只是少数人。

---

① 贺海仁：《无讼的世界——和解理性与新熟人社会》，北京大学出版社 2009 年版，第 229 页。

（5）从对消费者权益的倾斜性保护的视角来分析，调解要强于消费仲裁。关于经济和社会阶层弱势的当事人地位在仲裁或调解中如何呈现有许多不同的观点：传统观点认为，"调解在双方当事人经济和社会地位区别极大且不愿意摒弃这些区别以寻求解决的情况下不会起作用，因此，在当事人财富悬殊的情况下，调解可能让位于仲裁或诉讼以平衡有实体法律义务的当事人的社会地位并保护较穷或社会地位较低的当事人。"[①] 但"一些消费者机构认为，仲裁不适合消费者问题，带有法律对抗因素的仲裁程序的性质是令人不快的（off-putting）。成功的仲裁要求当事人在知识和能力上有些表面的公平（semblance of equity），这些很少在消费纠纷中出现"[②]。

应该说，这两种对立的观点都是有一定的道理和自身的逻辑的。强势、弱势主体间难以平等协商和沟通，而调解及调解人又无强制力，因此调解不如仲裁能够矫正当事人间的严重不对等。而仲裁是平等对抗式的，不会缩小和解决上述不对等情形和问题，反而有可能放大强、弱势主体间的不均衡。从理论上来说，仲裁和调解都不能取消而是带入了当事人的不均衡，但具体到消费纠纷的解决机制，情况则另当别论。因为消费纠纷的调解机构和调解人员并非消极中立，而是可能积极主动的倾斜性调解和介入消费纠纷（例如像我国的消协调解消费纠纷那样），这就非常有助于矫正弱势消费者与强势业者在纠纷解决中的不平衡性，而产生对消费者权益保护非常有利的结果。反观消费仲裁，强势业者不配合调解，就也可能不配合仲裁，对此仲裁机构既无能为力，也不愿消耗资源去"找麻烦"，不像消费调解机构和调解人那样办法多、能动性强，这一点在上一章论述消协调解时已有非常多的体现和说明。具体到我国消费纠纷解决的实际，由于仲裁人对当事人双方的形式平等主义对待及自身强制性权力不足，其矫正消费者与业者实质不平等性的能力比消费诉讼中的法官更弱，意愿也更低，更遑论与消费者民间团体调解相比。

瓦格认为，在采纳或抵制变迁的4个因素中（社会、心理、文化和经济），经济因素是最具决定性的。"对经济优势及合理代价的认知在大多数情况下都能促进对变迁的采纳。另一方面，不管对既定变迁的期待与接受方的

---

① Cathie J. Witty, Mediation and society: conflict management in Lebanon, New York: Academic Press, 1980, p23.

② Robert Lowe and Geoffrey Woodroffe, Consumer law and practice, London: Sweet & Maxwell, 2004, p213.

文化及其他方面的一致性如何，如果创新的牺牲太大的话，它也不会被接受。不管怎样，一旦人们能负担得起一个新事物，该事物可认识到的有益性就会促进它的采纳。"① 笔者认为，设立一个全国统一的新的解决大量日常消费纠纷的消费仲裁制度在资源消耗与成本付出方面可能负担不小，与现有机构设置和程序叠床架屋，还没有达到制度创新与变迁在经济因素方面的临界点。

作为一种平行的管辖权，其他的几种纠纷解决机制由于被实践反复宣示存在、证明为有效且为人们所熟知，会产生制度虹吸效应，消费仲裁在这几个"制度大佬"面前，解决纠纷的容量有限又默默无闻，往往只能甘拜下风。当然也不能认为消费仲裁制度就没有其制度优势和能够起作用的场合，只要找准定位，其在消费纠纷解决市场中还是能够占有一席之地的。学界主流观点往往强调一种消费纠纷解决机制（比如消费仲裁、消费纠纷行政裁决）就将其推向"王座"而贬抑其余数种，以"立新"来化解矛盾，却没有通盘考虑辅之以"去旧""革旧"。将一种纠纷解决机制的优点推向极致，视为解决消费者被害问题或克服其他几种机制弊端的"灵丹妙药"和"终结者"，只能是一种理论上的想象，实际上各种纠纷解决机制各有利弊，共同组成千姿百态的纠纷解决生态系统以回应消费者问题，本不应独尊一家、不见其余和推崇"新人"、冷落"老人"。

笔者主张在没有细致分析消费仲裁制度为何在实践中受到如此冷落的原因，并找出系统性的解决办法之前，不宜匆忙设立全国范围内一般性的消费仲裁制度；即使修法设立这样的制度，其结果可能也还是利用者寥寥而让人倍感落寞。我们不能依据消费仲裁的理论价值推断其在消费纠纷解决中的实际功用。消费仲裁只有在五种消费纠纷解决途径中找准定位，才能立足，才能有发展。

---

① ［美］史蒂文·瓦格：《社会变迁（第 5 版）》，王晓黎等译，北京大学出版社 2007 年版，第 213 页。

第四节　构建我国现阶段消费仲裁制度的具体思路

一、以行业性和专门性消费仲裁为突破口的两步走

学界目前通说主张设立一般性的消费纠纷仲裁制度[①]，专门用以解决消费纠纷，尤其是小额消费纠纷；并鉴于目前我国已经建立起了较为完整的消协体系，主张应在现有的消协内设消费纠纷仲裁庭或中心。该组织在管理和行政上可以由各级消协负责，仲裁员由获得相关资格的消协工作人员兼任。而实践中则是二元化发展思路，即有的地方按照上述观点在消协设立一般性的消费仲裁组织，还有的地方在特定行业（如汽车、保险、医疗）设立行业性消费仲裁组织。当然这两种方式都是在仲裁委的指导和授权下进行的，其组织都属于各地仲裁委的分支机构而不是独立的组织，应以仲裁委的名义仲裁。

一般性的统一的消费仲裁制度可以一揽子地建章立制，似乎可以一举解决消费者维权问题或者终结消费仲裁问题的议论，而仲裁机构设在消协也是考虑到消协组织布点广泛、结构多层，便于消费者利用。但笔者认为理论界的通说有值得商榷之处，目前的关键是要推动仲裁的实践发展和培育消费仲裁观念和文化，而不仅仅是满足建章立制、使制度停留在纸面。由于消费仲裁制度面临着一系列的问题以及和其他解纷机制的竞争，设立统一的消费仲裁制度实际成效不可能显著，无法解决推广消费仲裁、扩大适用率的问题。目前应当允许各地根据自身情况进行制度尝试和积累经验，在保留二元化的消费仲裁发展思路的同时，尤其要以行业性和专门性领域的消费仲裁制度为突破口来推动消费仲裁制度的发展。只有消费仲裁制度得到良好发展和产生广泛社会影响力，立法设立全国统一的一般性的消费仲裁制度才有意义，才能真正对消费者问题的缓和起作用。

[①]　代表性观点参见姜志俊：《消费者保护法》，（台湾）空中大学 2005 年版，第 351–353 页；金福海：《消费者法论》，北京大学出版社 2006 年版，第 272–273 页；孙颖：《消费者保护法律体系研究》，中国政法大学出版社 2007 年版，第 232–233 页；江伟、常廷彬：《论消费者纠纷专门仲裁解决机制的构建》，《河北法学》2007 年第 11 期。就笔者掌握的资料，其他许多经济法和诉讼法学者也持这一观点。

消费仲裁机制必须有广大的业者支持和参与，并愿意接受和执行仲裁裁决。目前的通说主张只考虑到了方便消费者，但没有考虑到业者的接受度。笔者认为消费仲裁机构设置存在"四难"，如果不似通说主张而设置在消协系统之外，则可以选择设在仲裁委、行业协会或单独设立。无论设在何处，都会存在一般性的统一的消费仲裁制度暂时难以解决的问题与困难：一是，消费纠纷很多标的额微小，不少仲裁机构不愿受理（有的还规定了案件受理的门槛额度），对于消费仲裁机构设在其自身普遍兴趣和积极性不大，且还存在资源配置与费用问题，理论上消费仲裁应该尽量免费或费用低廉，更让其产生畏难情绪。而且仲裁委的布点远不如消协系统广泛。二是，如果单独设立作为仲裁委的派出机构，则其场所、人员、经费都是很大问题，仲裁委可能只愿出具主管机构的文件和名义，而无多余的资源与费用拨付。三是，如果如通说主张设在消协，业者可能不会同意和信任，这会造成仲裁协议达成率始终在非常稀少的低位徘徊。仲裁毕竟具有"一锤定音"的拘束力，业者不会像接受消协调解那样坦然接受一个消费者保护团体来仲裁消费纠纷。至于不配合消协调解的业者，其达成同意消协仲裁的协议也很难。另外消协人员实际上也大多不具备法官的法律素养或者某个行业的专门知识，体现不出仲裁制度在专业性方面的魅力，这一点和商事仲裁相比缺陷明显，很难令业者一方满意或产生仲裁消费纠纷的意愿，也不利于仲裁结果的接受度。四是，如果设在行业协会或由行业资助，业者较为信任和放心，无疑会大幅提高业者一方对消费仲裁的接受度和消费仲裁达成率。但消费者可能会非常怀疑和忐忑，也不利于仲裁合意的达成。

结合上文的分析，笔者认为消费仲裁在我国目前只能作为解决消费纠纷的补充手段予以建构，其定位应是弥补现行民间或行政性消费纠纷调解机制在特定领域专家处理方面及处理效力的不足上。在具体制度构建方面适宜两步走，以行业性和专门性消费仲裁为突破口，选择适当的行业（如汽车、装潢等需要专门知识或技术性较强的行业）试点与推广消费纠纷仲裁，待其取得一定发展和实绩之后再考虑设计一般性的统一的消费仲裁制度。在目前消费仲裁合意形成难的问题中，消费者一方主要是不了解，而业者一方主要则是不愿意和不信任的问题，业者意愿是主要矛盾，必须针对业者顾虑有针对性地予以回应，才能切实推动消费仲裁进一步的发展。只要有能够解决消费纠纷的途径，很多消费者总是愿意尝试或至少是不排斥的；但要想劝服业者诉诸仲裁，行业性与专门性仲裁是最佳选择和最快的制度应用突破口。只要做好相应的有利于消费者的具体的制度设计，即使消费仲裁机构设在行业协会、仲裁员有行业从业人员，也不会损伤程序的正当性或损害消费者权益，相反还会唤起业者的兴趣和信任。

消费仲裁优势不在节约成本或适法灵活，其他几种解纷机制可能比其成本更加低廉，其在灵活性上与其他种类民间 ADR 相较也并无优势。消费仲裁的真正优势应在其专业性与速决性。在仲裁中，当事人可以合意决定仲裁人，故可以针对纠纷类型所需求的专业背景，从各行业、各界别选择有声誉或知识经验丰富的人士担任仲裁人，从各专业领域中获得专家处理的机会较法院法官为多，这些人由于对相关业务熟悉，因而能够就技术、商业及法律问题一并考虑、综合判断，迅速解决纠纷，比法官可能更胜任处理相关争议。有专业知识背景的仲裁人，在判断问题、解决纷争时，其考虑基础与切入点以及对争点的评价，可能会与不具有该专门知识的法官有所不同，较有可能迅速且确切地指出问题核心之所在，以提供纠纷当事人较为公平、符合实际且正确的判断。仲裁的专门性裁决功能，是诉讼或其他 ADR 种类所无法取代的。

若采通说施行，很可能会造成消费仲裁制度的原地踏步、"纸上风云"，并演变成现有制度的简单合成和各地现行实践状况的叠加和整合，难以改变消费仲裁制度发育不良的现状，很大程度上可能出现消费仲裁率原来是多少变制后还是多少的局面，丧失制度变革的意义。当然，也不能不对消费仲裁进行规范化建设和设计，目前我国的仲裁制度主要是商事仲裁的规则，并不特别适合于消费纠纷的解决，因此可先由司法行政部门制定一定的仲裁指导或示范性程序准则或核心标准，由各个行业仲裁机制参照执行，待制度推广已见成效、经验积累充分之后，应该另行制定总体性的消费纠纷仲裁的专门法规，其中应包括消费仲裁的对象、程序、费用、仲裁员的标准以及不当仲裁的抗辩途径等多方面问题。

二、体现专业性、确保公正性

消费仲裁困难的是赢得对立的当事人的共同信任，为了提升当事人的信赖感和消费仲裁的使用率，锻造消费仲裁的内在品质，应该从仲裁员的专业化建设和仲裁程序的公正化设计两个方面入手。

一方面，消费仲裁作为民间 ADR，没有行政 ADR 或法院诉讼中公权力在公正性与权威感上的任何背书，也没有民间调解中消费者保护团体的大旗可打，只有通过专业性的纠纷裁决过程和结果赢得当事人的由衷信服这一条路可走。仲裁员的专业性是一个特征，可以意味着许多的事情，比如以前的仲裁经验、专业背景、对诉讼标的有专门技术或培训。"仲裁制度另有一特点，即适合于解决特别需要借重法律外专业知识之事件。例如有关工程纠纷，纵使诉讼，法官本身多不能独力为判断，而尚需选任公正之建筑师为鉴定人就争点事实加以鉴定，与其至法院始选任建筑师予以鉴定，何若推选可靠而有资格之建筑师为仲裁人。"① "认为 ADR 会导向'更好'结果的理由在于，私人中立者的采用能使当事人将争议提交给一个对他们特定的主题有更多专长的人，而不用在法庭上碰运气（the luck of the draw）。许多复杂的争议会涉及通才法官（以及所有的陪审团）也难以理解的数据和概念。而当事人可以挑选具有特定专长的人作为 ADR 的中立者，因而可以节省当事人培养事实认定者（以及无法培养事实认定者的风险）的成本。进而言之，如果当事人自己参与到挑选中立者的过程之中，那么他们在心理上就更倾向于接受对案件的陈述，无论它是一个有约束力的裁决（正如在仲裁中的那样）还是一个咨询意见（正如在微型审判中的那样）。"②

具体到我国实践，消费者协会成员大多数属于行政机关分流人员或外聘人员，有的刚刚参加工作，有的年龄偏大处于半退休状态，即使消协调解人具有一定的法律知识和调解消费纠纷经验，但具体到某一领域的专业知识则普遍欠缺。这正是发挥消费仲裁制度专业性的制度空隙和制度增长点。恶意或过度维权的消费者毕竟是极少数，只要行业性仲裁对事实的认定专业、公道，消费者也会通情达理地接受而不会一概排斥、怀疑。

当然，另一方面，消费者本身对行业性消费仲裁的不信任感也是必须严肃面对的课题，行业性和专门性消费仲裁在赢得业者首肯的同时，很可能又会丧失消费者的信赖，为此必须强化这一程序的公正性。

"直到最近，决策者和仲裁的使用者在很大程度上都忽视了仲裁员道德责

---

① 邱联恭：《口述民事诉讼法讲义（一）2008 年笔记版》，许士宦整理，台湾大学 2008 年自版，第 76 页。

② Jethro K. Lieberman and James F. Henry, Lessons From the Alternative Dispute Resolution Movement, 1986, 53 U. Chi. L. Rev. 424.

任的问题。然而，随着一次性玩家开始大量参与仲裁，维护消费者利益的人和立法者越来越关注这些问题。在加利福尼亚州，这种关注导致对该州调整仲裁员行为的规则进行了一场广泛而又颇有争议的'大检修'。对存在于一次性玩家与重复性玩家之间的强制仲裁提出批评的人似乎在利用这一加强仲裁员的道德准则的机会以作为在仲裁程序之内增进程序性保护的另一种方法。道德准则的反对者们迅速反击说这些新规则过于冗赘，此外，联邦仲裁法在适用上将优先于这些规则。……加利福尼亚州新的仲裁员道德准则声称为仲裁员的行为创设了最低标准。这些标准关注的主要是仲裁员向当事人披露利益冲突——包括财政方面和家庭方面的冲突，以及过往的经历——的义务[①]。

保证 ADR 机构的独立性，尤其是仲裁程序，可以采取多种方式。1998 年的欧盟建议（Commission Recommendation）中规定，当决定是由个人做出的，独立性尤其应该通过以下几点来保证：仲裁人的个人特点（技能、经验、履行职能的能力）；任职足够的期限与稳定性；如果其被行业协会或企业指派或给予酬劳（remunerated），在指派前的特定期限内其没有为行业协会或企业工作过。当决定是合议（collegiate body）做出的必须给予消费者和业者同等的代表权[②]。

概括而言，在保障仲裁公正性方面，美国加州的办法是赋予仲裁员"社会关系披露+过去、现在、未来利益关系披露义务"，欧盟的正当程序标准是"资格能力+'非玩票'+（独任制）无先前利益关系+（合议制）同等代表权"。

借鉴上述做法，笔者主张从以下一些方面入手强化消费仲裁制度的公正性：①担任仲裁人须具结和承诺公正处理纠纷，对与当事人的社会关系和过去、现在、未来的利益关系有说明义务，即使不影响其仲裁的公正性也要说明。违反该义务将是使受其不利影响的另一方当事人提起司法监督和废弃仲裁裁决的理由。②尽量选择科研院所的专家学者和专业技术人员作为仲裁名册中的仲裁人，消费者保护团体或行政机关人员、律师等也可以作为消费者选择的仲裁人。双方选择的仲裁人比例须均衡。消费仲裁委员会主席必须是

---

① ［美］戈尔德堡等：《纠纷解决：谈判、调解和其他机制》，蔡彦敏译，中国政法大学出版社 2004 年版，第 288-289 页。

② Commission Recommendation of 30 March 1998 on the principles applicable to the bodies responsible for out-of-court settlement of consumer disputes, Official Journal L 115, 17/04/1998 P31-34.

独立的业外人士，同时仲裁人中的业外人士可以不是少数。③对于近两年以内从业者处获得经济利益的仲裁人一律禁止其仲裁本案纠纷。④当事人一方与仲裁人之间有关信息、意见的交换不能私下进行，必须在双方当事人在场或仲裁机构秘书等办公人员在场时进行，单方私下交流的一切信息禁止在仲裁中使用。⑤加强仲裁人的训练、考核与评聘，坚持严格的标准。⑥对于独任制仲裁人或双方各自选定仲裁人后无法选定第三名仲裁人的情况，应建立仲裁人数据库，在确定开庭前一天由消费仲裁机构秘书人员随机抽取通知（消费者和业者可自己或请代表监督），选中人员无法履行职务的情况下再抽选递补。⑦如果消费仲裁设在行业协会，两者应设置防火墙，职员互相独立。

此外，作为公正程序的一个辅助手段，仲裁程序的保密性问题也值得探讨。保密性对于业者非常重要，这也是仲裁程序的优点。然而，"消费纠纷ADR 的特性必须被牢记。保密性是伴随着代价的，并且更多的是为了业者的利益去保密而不是为了消费者的利益。保密性不应该有害于有发展法律的利益的消费者"。"程序保密的结果是程序得出的结论无法公布，缺乏先例能够引起严重的问题，秘密处理消费纠纷在规范秩序上没有留下任何标记，也无法考虑在将来去发展法律。然而，在 ADR 公布方面还是有一些例外：澳大利亚金融业抱怨服务仲裁项目会公布裁决；比利时旅游纠纷委员会仲裁项目讨论不公开，但是在删去当事人所有身份名称后会部分或全部公开裁决。如果业者不遵守仲裁裁决，裁决会公布在消费者协会的杂志上。捷克共和国的金融仲裁也很类似；尽管不受先例约束，加拿大金融监察官公布其某些案例的决定。"① 有学者明确指出，"由于仲裁不公开，没有记录，消费者只能通过法院判决信息来改善其购买决定。因此公开仲裁裁决是消费者增权（empower）的一个途径"②。

保密性问题本质上是一个利益衡量的问题，需要平衡各方利益方能取得当事人对仲裁机制的一致认可。笔者认为，除了仲裁机构，保密性的破坏可能来自仲裁人，也可能来自当事人。对此，应禁止仲裁人员和当事人擅自披

---

① The Study Centre for Consumer Law-Centre for European Economic Law, An analysis and evaluation of alternative means of consumer redress other than redress through ordinary judicial proceedings-Final Report, Leuven, January 17, 2007, p136, p140-141.

② M. Doyle, K. Ritters, S. Brooker, Seeking resolution. The availability and usage of consumer-to-business alternative dispute resolution in the United Kingdom, published by the DTI 2004, p69.

露相关信息并订立有关协议，以免业者后顾之忧。在业者不执行仲裁裁决和有重大公共利益受损之虞两种情况下，应当允许消费仲裁机构公开仲裁裁决，这两种情况可以点名通报和公开，一般风险则可作不指名警示。而对于有意使用仲裁服务的主体，应该向其开放一定范围内的资料和典型案例（隐藏业者名称）。至于是否将已裁定的个案定期公布，则应取得双方当事人的同意。

任何消费仲裁机制，都必须独立公正，不偏不倚，特别是设立在行业协会或者由行业负责营运开支的仲裁机制，如若不然，等于变相剥夺了消费者诉诸仲裁权，并使消费仲裁沦为业者逃脱诉讼的"避风港"。而只要仲裁程序设计和仲裁人选聘保持公正性，仲裁机构设在行业内或由行业资助只会促进其发展而不致为消费者保护带来负面影响。

三、单方劝诱、认责加盟

为了缓和消费仲裁合意达成困难的问题，学者提出了多种设想。棚濑孝雄提出四种方法：第一是，标准约款的采用，即在特定的交易领域内规定签订合同时应尽量插入仲裁条款作为标准约款。第二是，利用单方面的仲裁合意，即由潜在的当事者一方事先作出保证，在满足一定要件的前提下如果对方有要求仲裁的申请，对此必须加以同意。第三是，以取得不完全的合意而满足，即减弱仲裁判断的强制性、拘束性以换取仲裁合意。第四是，正当性的补充[①]。小岛武司也提出了四种方法：第一是，团体交涉。消费者团体对卖方施加压力。第二是，向遵从仲裁约束的卖方约定某种好处。第三是，单方面强制。在消费者希望仲裁的场合，通过法律规定强制卖方服从仲裁。第四是，间接强制。对于合同中没有仲裁条款就科以卖方不利益[②]。

笔者认为上述八种方法只有单方面的仲裁合意、正当性补充和向遵从仲裁约束的卖方约定某种好处三种较为适当。而其余五种方法则存在着或多或少的问题：第一种，标准约款不利于消费者权益的保护，上文已做分析，笔者主张即使订立了这样的仲裁条款，也应征得消费者明示同意才能适用，充分保障消费者的知情权、程序选择权和裁判请求权。第二种，减弱仲裁判断

---

①　［日］棚濑孝雄：《纠纷的解决与审判制度》，王亚新译，中国政法大学出版社2004年版，第106-109页。

②　陈刚：《自律型社会与正义的综合体系——小岛武司先生七十华诞纪念文集》，陈刚等译，中国法制出版社2006年版，第79-80页。

的强制性、拘束性以换取仲裁合意实际上不属于真正意义上的消费仲裁概念，而应属于民间调解，仲裁的速裁、终局优势无法得到实现，反而可能导致解纷资源与当事人成本的浪费。第三种，团体交涉只是理想状态下的假设，实际上可操作性不强，业者团体也丝毫不弱于消费者团体，即使能够付诸交涉，也不会出现对消费者的重大利好。第四种，单方面强制剥夺了业者的程序选择权和裁判请求权，显属不当。第五种，间接强制则又对当事人科加了过重的义务，有违仲裁制度的本意，也违反合同意思自由。除了这五种方法以外，单方面的仲裁合意和向遵从仲裁约束的卖方约定某种好处分别从赋予业者责任和给予业者奖励的角度共同促进业者做出事前仲裁承诺，且将仲裁程序的启动权交由消费者，既体现出了对消费者权益的倾斜性保护，又平衡了业者的权利与义务，同时也做到了对双方当事人程序选择权的尊重。这两种方法没有强制和过分的偏向，较为科学和公允。而正当性补充是任何纠纷解决程序都应不断完善的方面，显然可以强化当事人双方对消费仲裁的信赖程度，从而作用于消费仲裁合意的更多和更易达成。

实践中，在我国仲裁制度的推介方面，"有的地方采取符合市场经济规律的运作方式，通过狠抓办案质量和提高服务水平来吸引当事人，而有的地方则借助于政府的强制性，通过行政手段在格式合同中订立当地仲裁机构的仲裁条款"①。前者缓不济急，后者显然侵犯了当事人的程序选择权。笔者主张混用和综合借鉴上述三种较为合理的方法以提高消费仲裁合意率。具体来说，应以行业协会、市场监管机关和消费者协会组成推广消费仲裁的联合工作组，采取业者自愿成为消费仲裁加盟商家的方式，加盟业者事先承诺一旦发生消费纠纷，消费者提出仲裁要求便可启动消费仲裁程序。业者也可在其消费单据、消费合同、产品信誉卡、三包卡、使用说明书等上明确作出仲裁承诺，一旦消费者据此申请仲裁，可视为达成仲裁协议。

仲裁协议应当以书面形式订立是世界各国普遍认可的一项仲裁原则，但"对书面形式的解释正在逐步扩大，从尊重当事人意思自治的角度出发，为使争议通过仲裁程序迅速获得解决而尽可能地排除对仲裁协议书面形式的限制是必然趋势。只要当事人有仲裁合意，只要仲裁协议存在于某项能被证实的

---

① 袁忠民：《仲裁机构的学理与实证研究》，法律出版社 2009 年版，第 103 页。

载体上，其形式要件即是合格的"①。

业者可以在其营业场所、商品和服务的包装以及宣传手册、影片、广告等地方使用加盟店标志或诚信店标识。事先承诺有利于促进仲裁协议的达成，提高仲裁解纷机制的适用率，而特定标志的使用则对提升业者形象有一定帮助，对业者的承诺给予了一定的回馈和激励。这其中尤其要发挥行业协会对业者的劝服、督促和"诱惑"加入的作用。行业协会和消费者协会也可以将所有加盟业者及诚信店名单，在其网站以及出版物中进行刊载，向消费者作出宣传和推荐。

当然，消费仲裁加盟店活动是一个日积月累的过程，不可能一蹴而就，例如澳门消委会推广的加盟商号从最初的 60 余家发展到突破 1000 家大约用了 9 年的时间②。同时，不应只注重数量上的增加而忽视质量控制。为提升加盟业者形象及保障消费者权益，应不断强化及完善对加盟业者的监察机制，发挥行业协会和消费者保护团体的优势，通过不定期的"微服私访"、抽检等方式，对所有的加盟业者与诚信店进行监察和考评，接受和鼓励公众就诚信店的表现向颁发标志的"授信"机构表达意见，并对违反承诺的业者进行制裁。福柯认为规训机构排列出好与坏的对象的等级顺序具有两个作用："一是标示出差距，划分出品质、技巧和能力的等级；二是惩罚和奖励。"③ 当然，加盟店活动的主办者对不守承诺的业者所能做的只有除名，例如澳门消费仲裁项目在 2008 年也出现了首次制裁加盟商号的案例④。因此笔者认为行业协会应当追加惩罚不守信业者，以强化消费仲裁的约束力。

四、程序简便、适法灵活

要想赢得当事人青睐，消费仲裁必须发挥出方便与灵活的特点。双方争

---

①　乔欣：《仲裁权论》，法律出版社 2009 年版，第 394 页。

②　《消委会"加盟商号"突破 1000 家》，《澳门消费》2007 年 1 月，第 163 期。2014 年在被评审的近 1400 间澳门"加盟商号"及"诚信店"中，有 1105 间商号通过五十多个评审项目要求，获发 2015 年度的"诚信店"优质标志，274 间因为未能达标被取消"诚信店"优质标志。参见《1105 间"诚信店"获新一年度优质标志》，《澳门消费》2014 年 11 月，第 257 期。

③　［法］福柯：《规训与惩罚：监狱的诞生》，刘北成、杨远婴译，生活·读书·新知三联书店 2003 年版，第 204 页。

④　澳门一间名为新时间的手表专门店，因拒绝消费者提出仲裁诉求，被澳门消委会取消加盟商号资格，其诚信店资格亦同时被褫夺。参见《一手表店被取消加盟商号资格》，《澳门消费》2008 年 8 月，第 182 期。

议事项须及时获得处理，比法庭更有效率。在程序方面，应规定简易程序和普通程序供当事人双方选择。简易程序原则上采取书面审和独任仲裁，"为了减低成本，特别是已经遭受损失的消费者的成本，仲裁通常是提交包括主张和辩护的文件的书面审形式，例外的情形仲裁人也可能要求当事人出席。"①如果一方希望开庭审和合议仲裁，应由其负担比书面审和独任仲裁多出的费用；如开庭审理，当事人双方可指派代表（包括消协人员）出席仲裁庭。

荷兰的消费仲裁委员会（Geschillencommissie，DGS）有一个筛选机制，在程序效益方面就值得借鉴：由一个仲裁人快速审阅双方提交的立场文书后，电邮双方仲裁人的建议解决方案。只要双方接受，就会阻止案件继续进入正式的仲裁委员会程序。2013 年，DGS 有 60% 以上的投诉是在线提交的，其有 53 个分委员会，只有 45 名职员，运作成本很低②。

简易程序可以采取书面审理或在线仲裁的方式让仲裁人与当事人见面，这都有助于降低当事人双方的解纷成本。可以采取表格化的方式供当事人双方填写仲裁申请，同时可指派专人辅导消费者填写及递交申请，提供咨询及指引服务以帮助消费者。如果是在网上提交申请和填写表格，要注意做好释明并设置查证、核实有当事人身份的机制。对于针对某业者的相同投诉可以集体仲裁以提升效率，方便大批消费者快速取得赔偿。对于消费者难以指定仲裁人的情形，可以考虑由消协代其指定。小额消费纠纷尽量当场执行，也可由加盟消费仲裁项目的业者交纳一定的质量保障金或理赔金于行业协会以便仲裁后获胜的消费者立即申请划拨款项。

如果需要开庭，也应尽量方便消费者利用。仲裁组织设置在何处不代表仲裁地点就一定要设置在何处，这应该是两个不同的概念。关于开庭地点的选择，以尽量便于消费者到达的地点为准，不必拘泥于固定地点，可由双方当事人合意选择。仲裁庭或独任仲裁员也可以到业者处巡回开庭。如苏联曾有规定，"在产品质量案件审理前的准备中，仲裁员应该决定是否在企业、机关和单位直接解决纠纷。阿尼西莫夫指出，审理经济纠纷地点的选择，是完成国家仲裁机关担负的防止违反法制和国家纪律行为，争取产品高质量的任

---

① Ross Cranston，How Law Works：The Machinery and Impact of Civil Justice，Oxford University Press，2006，p77.

② Christopher Hodges，Making consumer ADR work，Oxford CDR Conference，September 2013.

务的重要手段。这种开庭审理，可以更充分地查明合同条件争议产生的原因，引起单位领导和舆论的注意，消除妨碍生产高质量产品的不足。"[1] 这对于业者提高、改善产品和服务质量的触动和促进作用显然很大。至于消费仲裁时间也可以安排在周末或晚间进行。

在程序法和实体法的运用上可以听从当事人的合意，尽量灵活应用。"如果双方就仲裁人审判程序的推进方式达成合意且不违反强行性法规，那么则遵从该合意，否则由仲裁人来决定，当然这种决定不能违反强行性规定，也不能违反仲裁法。……当双方当人都有明示的要求时，仲裁人则应当根据'衡平与善'之原则来做出判断。"[2] 需要注意的是，只有在没有国家法规或标准的情况下，才能使用行业惯例和标准进行仲裁。

五、业者负担成本、政府额外补助

消费仲裁如果向消费者收费或者规定负方须承担费用，都会影响消费者使用消费仲裁项目的积极性。低收入的消费者如果不能支付仲裁费用，没有像诉讼中那样可以申请减免的权利。而即使能够申请减免，对于不符合经济困难标准的消费者，其缴纳消费仲裁费用仍然显得不经济。美国学者斯卡皮诺建议，"由业者支付消费仲裁费用是减轻强制仲裁对低收入消费者的经济负担并使仲裁成为一个更平等的纠纷解决方式的一种办法"[3]。"费用问题对消费者来说具有很重大意义，尤其是对单价并不太高的消费品投诉更是如此。尽管仲裁程序属于简易程序，但是因情况不同，也有可能需要就仲裁人的报酬和各种事务费用付出相当大代价。如果达不到使消费者几乎没有金钱负担的程度，就不能说纠纷仲裁制度是成功的。"[4] 因此消费仲裁制度有效运作的一个前提是对消费者免费或只象征性的收取少量费用。

---

① ［苏］В·Л·格里巴诺夫：《法律手段在保证产品质量中的作用》，王淑焕译，中国计量出版社1991年版，第415页。

② ［日］新堂幸司：《新民事诉讼法》，林剑锋译，法律出版社2008年版，第12页。

③ Julia A. Scarpino, Mandatory Arbitration Of Consumer Disputes：A Proposal To Ease The Financial Burden On Low-Income Consumers, 10 Am. U. J. Gender Soc. Pol´y & L. 2002.

④ ［日］谷口安平：《程序的正义与诉讼》，王亚新、刘荣军译，中国政法大学出版社2002年版，第361页。

　　法、德、英、西、瑞典等国的消费仲裁项目大多对消费者免费①，将解纷成本从当事人处转移。在具体途径上，西班牙消费仲裁中心由政府资源支持，对当事人双方都免费②，德国旅游电商协会由会员负担消费仲裁成本是另一种思路③。理论上，为了降低消费者维权成本和消费仲裁的利用率，消费仲裁应当对消费者免费。西班牙、葡萄牙消费仲裁中心由政府资源支持，将解纷成本从当事人处转移是一种思路，但是考虑到我国已有行政性解纷机制和消费者团体解纷机制需要政府补助，因此消费仲裁成本更多的应由业者和行业来承担。当然政府和社会资金也可以适当补贴。"将不同仲裁项目进行等级评定能够给消费者提供比较信息并改善认知"④，其实政府部门还可据此予以不同等级的补贴，以激励不同领域和地区的消费仲裁项目提升内在品质。只要配套制度完善，业者资助不会导致消费仲裁不公正，如果是政府或立法强制，行业协会或业者无法撤销或减少资助仲裁项目，也就不能通过减少资助额度等经济手段要挟和干扰仲裁裁决的结果。

　　业者承担可以通过多种形式的组合：涉及纠纷业者交纳仲裁费用；行业协会向会员收取仲裁有关日常运营费用；可以设立专门基金接受企业和社会各界捐助消费仲裁项目。同时消费仲裁经费收取也可以按上一年度不同业者处理消费纠纷申请仲裁数量的多寡来分担，没有消费者投诉的业者任何费用不用负担，这一安排可以起到规范业者经营行为、减少消费者抱怨的作用。

　　除了仲裁项目日常运营费用和仲裁费用，鉴定、检测费用也是一个很大的负担。对于此类费用应由业者和其他捐助、补助渠道来源支付大部分，由消费者负担业者无责任时的部分费用。在消费者提交初步证据和已受伤害的情形下，应明确规定由业者承担鉴定、检测费用。应该尽量利用行业资源和专家资源，设立志愿者库。仲裁人可职权调查争议事实，也可召集和指定技术专家协助，由行业专家辅助仲裁人认定纠纷事实，就纠纷事项进行检查或就技术性事务提出意见，并尽量采取直观和经济的鉴定方法。笔者认为在鉴定、检测方面成本可能较为低廉是行业性消费仲裁的一个优势。不动用费用

① C. Hodges, I. Benöhr & N. Creutzfeldt-Banda, Consumer ADR in Europe, Hart Publishing, 2012, p384.
② Real Decreto 231/2008, Arts 43-45.
③ www. ec. europa. eu/consumers/redress/out_ of_ court/ecc_ germany_ en. htm.
④ Thomas Stipanowich, The Arbitration Fairness Index, Kansas Law Review, Vol. 60, 2012, p1004.

较高的仪器设备检测、鉴定之所以在行业性消费仲裁中比较可能，是因为业者对于行业性消费仲裁的信任、对于业内专家经验和专业性知识的信服以及对于行业协会的"买账"等等综合因素决定的。

六、保留消费者单方诉权

仲裁实行一裁终局，结果具有强制性和法律效力。当事人因此可以省时、经济地解决纠纷，这是仲裁制度的优势。然而"一个不容否认的问题是，在仲裁实践中，对于所谓'一裁终局'这种特征，人们已经产生了种种疑虑。'一裁终局'作为权威性和效率性的优势组合的典范，已经被人们对仲裁裁决具有不可逆转性及缺乏纠错机制的担忧所取代"[①]。

裁审是否并存是一个两难性的问题，如果允许当事人起诉，则裁决不具有拘束力，丧失消费仲裁制度的意义与价值；如果不允许当事人提起诉讼，则对于一裁终局以及消费仲裁制度的公正性存有疑虑的当事人都不愿寻求仲裁制度救济，对消费仲裁制度的发展来说更是"釜底抽薪"。

"两害相权取其轻"，为了尽量减少消费者顾虑、推广消费仲裁、提升消费仲裁观念和适用率，并考虑到初级阶段的基本国情的特点，我国消费纠纷仲裁制度应该赋予当事人在不服仲裁裁决情况下提起诉讼的权利。笔者在前文主张将消费仲裁制度定义为消费者和业者合意选定仲裁机构或仲裁人以裁决消费纠纷，并使业者或双方受其判断拘束的制度。也就是说，消费仲裁裁决必须对业者具有拘束力，否则就等于是前述的行业调解而丧失制度存在的意义。同时，为彻底打消消费者疑虑，消费仲裁可以包含只对业者单方面有拘束力的仲裁形态。这也体现出对消费者权利进行倾斜性保护的理念和原则。当然这一做法毕竟属于权宜之计，对此问题应当分为三步走：首先允许消费者对其不服的所有消费纠纷保留诉权；第二步，待消费仲裁得到一定推广、初步取得消费者信任之后，采取划定一定金额，只保留消费者对大额消费纠纷仲裁裁决的诉权；最后，待消费仲裁取得相当强的社会公信力、消费仲裁观念和文化得到长足发展之后，可以考虑回归典型意义的仲裁样态，取消消费者单方的诉权。

---

① 赵旭东：《纠纷与纠纷解决原论：从成因到理念的深度分析》，北京大学出版社2009年版，第139页。

第六章　消费纠纷行政调解机制

由于商业的规模和影响力急剧膨胀，对商业的监管应该由政府执行，因为政府是唯一一个在必要的情况下能与商业抗衡的组织。

——菲利普·希尔茨①

第一节　消费纠纷行政调解机制概述

一、消费纠纷行政调解机制的含义与特征

"类型是一种复杂的光谱结构，它的边界是模糊的，但中心的重要成员却是固定的。"② 消费纠纷非诉讼解决机制可以按是否有公权力真正涉入而分为消费纠纷民间 ADR 与行政 ADR 两类。民间 ADR 指的是协商和解、民间调解和仲裁。行政 ADR 解决消费纠纷主要是通过行政调解和行政裁决方式。虽然上文重点讨论了协商和解、民间调解、仲裁这三种消费纠纷民间 ADR 的基本形式，但主要是出于论述集中的需要和囿于篇幅所限，并不表明行政 ADR 无足轻重或作用不强。恰恰相反，我国法律实践中实际上一直存在着民事纠纷

---

① ［美］菲利普·希尔茨：《保护公众健康：美国食品药品百年监管历程》，姚明威译，中国水利电力出版社 2005 年版，第 17 页。

② ［美］纳雷摩尔：《黑色电影：历史、批评与风格》，徐展雄译，广西师范大学出版社 2009 年版，第 11 页。

行政解决偏好的现象①，最高人民法院的法官也在回答政协委员询问时表示行政解决群体性消费纠纷更好②。体现出纠纷解决机制运用方面的某种政策导向。

"假设某国的公共生活中出现了苦难、冲突或者问题，大众必然要求国家立即干预，凭借其具有的庞大的、不容置疑的资源立等解决问题"③。历史经验表明，司法很难解决食品安全问题，需要通过立法赋能行政权并改进行政监管。④ 行政调解不同于行政监管，两者针对的问题、采取的措施与效力以及所处的时间段不同。政府治理现代化需要市场监管增强效度与信度，但在现实中可以看到，地方政府市场监管的绩效和能力与人民群众的期待还有一定差距。"深化'放管服'改革、转变政府职能的成效仍是初步的，……市场监管不公、检查任性、执法不力等问题依然突出，一些领域竞争不公平、市场

① 有学者指出，对于本属法院主管的案件，法院也往往以宜由行政解决为由，而不予受理，"重行政轻审判"的解纷观念依然存在。个别地方政府或政府部门以"红头文件"的形式或非正式指令形式要求某些民事纠纷只能向政府主管部门请求解决，法院不得受理。民诉主管制度在运作中的法院本位与权力本位观念，致使大量民事纠纷不能通过法院寻求救济。实践中还产生了"暂缓受理"或"暂不立案，但依法保留诉权"的奇特法现象。参见廖永安：《民事审判权作用范围研究——对民事诉讼主管制度的扬弃与超越》，中国人民大学出版社2007年版，第28-31页。

② 2008年10月29日，来自山东、河南、福建等地区的9名受害患儿家属，同时将9份起诉三鹿的诉状递交到石家庄市新华区人民法院，共计索赔130多万元。新华区法院明确表示，已接到上级法院指示，暂不受理任何有关三鹿问题奶粉的赔偿起诉。法院所持理由是：需等待政府的赔偿方案。这一决定引起强烈反响，舆论担心司法被行政架空，称不立案是司法的耻辱。2009年3月11日，全国政协九三学社分组讨论会上，政协委员要求最高院解释不受理索赔案的原因。"这个事情（法院不受理）整个社会反响非常强烈，我想你们不受理肯定是有司法上的理由。你应该摊开来讲清楚。"全国政协委员、广东省卫生厅厅长姚志彬询问列席讨论的最高院行政庭副庭长李广宇，并建议将不受理三鹿案件的原因在最高院工作报告中做解释。李广宇解释说，其实对三鹿奶粉案件，最高院并非没有作为。"最高法院非常重视，第一时间研究涉及的法律问题。分管院长直接负责，带民一庭协调这个事情。因为这个事情涉及的面太大，如果纯粹从诉讼层面，解决起来，不如在中央政府统一协调下用行政手段解决更好。"他表示，最高院其实主动研究了很多问题，也提了很多具体的建议。参见陈伟华：《委员：向三鹿索赔为何不立案 最高院：行政手段更好》，《南方都市报》2009年3月12日。最高院领导曾表示："处理这一重大社会公共事件，总的原则是责任企业主动承担赔偿责任，行业协会发挥积极作用，政府协调督促落实对困难患儿家庭救助工作，法院依法受理赔偿的诉讼。"参见陈宝成：《黄松有案引发司法系统改革 三鹿索赔将开民事诉讼》，《南方都市报》2009年3月3日。实际上这反映出了一种诉讼内外机制合力解决纠纷和"司法后置"的政策和思路。

③ ［美］诺克：《我们的敌人：国家》，彭芬译，江西人民出版社2015年版，第88页。

④ ［美］黛博拉·布卢姆：《试毒小组：20世纪之交一位化学家全力以赴的食品安全征战》，欧阳凤、林娟译，社会科学文献出版社2020年版，第15-18页。

秩序混乱,假冒伪劣、坑蒙拐骗等问题仍然存在。"① 甚至在一些行政强监管领域,影响较大的食药品突发事件仍时有发生②。由此可见,事前和事中行政监管不能取代事后消费纠纷行政调解与救济。

行政调解是行政主体居间对纠纷当事人进行的调解活动。和司法调解、人民调解相比,行政调解最显著的区别就在于调解主体的特殊性,即"国家行政机关所作的调解"③。我国的行政调解涉及治安、合同、质监安监、交通事故、医疗纠纷、环境污染、知识产权、盐务、土地承包经营、自然资源权属等诸多领域。行政调解的概念分为狭义和广义,狭义的行政调解仅指行政机关利用公权力化解民事纠纷,广义的行政调解还包括行政复议中的调解、行政诉讼中的调解等纠纷一方是行政机关的调解制度。笔者认为,消费纠纷行政调解机制,是指由有权行政机关主持的,以国家法律、法规和政策为依据,以自愿为原则,以业者与消费者之间的涉及消费者权益的民事纠纷为对象,通过斡旋、调停、说服教育、解释督促等方法,促使业者与消费者平等协商、互让互谅、达成行政调解协议,解决消费纠纷的一种纠纷解决机制。

行政调解不同于行政裁决,行政裁决是指"行政主体依据法律、法规的授权,以第三者的身份居间裁决平等主体之间发生的与行政管理活动密切相关的民事纠纷的行政行为。"④ 两者在程序、效力、正式程度和救济机制等方面存在区别,我国消费纠纷行政 ADR 没有包括行政裁决⑤,此前实践中主要

---

① 李克强:《在全国深化"放管服"改革 优化营商环境电视电话会议上的讲话》(2019 年 6 月 25 日)。

② 如 2018 年 7 月长春长生生物科技有限责任公司在冻干人用狂犬病疫苗生产过程中存在严重违反《药品生产质量管理规范》的行为,一时间举国哗然。问题疫苗案件是一起疫苗生产者逐利枉法、地方政府和监管部门失职失察、个别工作人员渎职的严重违规违法生产疫苗的重大案件,情节严重,性质恶劣,造成严重不良影响,既暴露出监管不到位等诸多漏洞,也反映出疫苗生产流通使用等方面存在的制度缺陷。参见《中共中央政治局常务委员会召开会议 听取关于吉林长春长生公司问题疫苗案件调查及有关问责情况的汇报》,http://www.xinhuanet.com/politics/2018 - 08/16/c_1123282169.htm。

③ 《辞海》,上海辞书出版社 1999 年版,第 1146 页。

④ 湛中乐等:《行政调解、和解制度研究:和谐化解法律争议》,法律出版社 2009 年版,第 54 页。

⑤ 《国家工商行政管理总局关于工商行政管理部门对消费者申诉能否作出赔偿决定问题的答复》(工商法字〔1997〕第 188 号)根据现行法律、行政法规和行政规章的规定,工商行政管理机关无权对欺诈消费者行为作出责令赔偿的决定;此类赔偿可以由消费者申请人民法院通过诉讼途径解决。

是工商机关调解消费纠纷，也可能涉及质监、食药、物价①等机关，机构改革后主要由市场监管部门承担，但卫生②、旅游③、教育、金融④等领域行政机关也可能涉及对自身行政管理领域的消费纠纷进行调处。

具体而言，我国现行的消费纠纷行政调解机制有以下一些特征：

1. 消费纠纷行政调解主体的职权性

消费纠纷行政调解的调解主体外延较为宽泛，但这些主体都限定于有调解消费纠纷法定权限的行政机关，且应围绕着各自特定的行政管理与行政服务领域与消费者权益保护的联结点展开调解工作，这是职权法定和依法行政原则对消费纠纷行政调解主体的基本要求，也是其区别于消费纠纷司法调解和人民调解的重要特征。

---

① 2015年10月，中共中央、国务院《关于推进价格机制改革的若干意见》明确要求在价格改革过程中，注重加强民生领域价格监管，做好价格争议纠纷调解，维护群众合法价格权益。2017年11月，国家发展改革委《关于全面深化价格机制改革的意见》提出："要坚持民生导向、源头治理，逐步建立健全制度完善、组织健全、规范高效的价格争议纠纷调解体系"。在全国已经开展价格争议纠纷调解工作的省、自治区、直辖市中，有12个省份以地方性法规、政府规章或部门文件形式出台了价格争议纠纷调解办法。其中，江苏省和陕西省以政府规章的形式出台了《价格争议调解处理办法》，江苏省和湖北省将价格争议纠纷调解工作纳入本省《价格条例》调整范围，福建省和山东省出台了价格争议行政调解与人民调解衔接配合的相关文件。党的十八大以来，全国各级价格认定机构不断加强价格争议纠纷调解工作的制度建设，建立健全工作机制，设立完善基层调解站点，累计办理价格争议纠纷调解事项5.13万件，涉及金额126.61亿元。参见张明、张昌瑞：《价格争议纠纷调解工作探究》，《价格理论与实践》2019年第4期。

② 参见《医疗事故处理条例》（国务院令第351号，2002年9月1日起施行）第四十六条、第四十八条，《医疗纠纷预防和处理条例》（国务院令第701号，2018年10月1日起施行）第四十条、第四十一条。

③ 《旅游投诉处理办法》（国家旅游局令第32号，2010年7月1日起施行）第三条规定："旅游投诉处理机构应当在其职责范围内处理旅游投诉。地方各级旅游行政主管部门应当在本级人民政府的领导下，建立、健全相关行政管理部门共同处理旅游投诉的工作机制。"

④ 2018年11月14日，《中国银行保险监督管理委员会职能设置、内设机构和人员编制规定》发布，消费者权益保护局的职能主要是：研究拟订银行业和保险业消费者权益保护的总体规划和实施办法；调查处理损害消费者权益案件，组织办理消费者投诉；开展宣传教育工作。人民银行、原银监会、证监会、原保监会分别开通了12363金融消费权益保护咨询投诉电话、银行业信访咨询电话（各地银监机构属地开通）、12386证监会投资者服务热线、12378保险消费者投诉维权热线，受理金融消费者的投诉、咨询。不过实践中，金融监管部门接到消费者投诉后，一般是将纠纷转至被投诉的金融机构首办。例如《中国人民银行金融消费者权益保护实施办法》（银发〔2016〕314号）在第四章规定了金融消费纠纷的投诉受理与处理程序，规定金融机构对消费投诉不予受理或者在一定期限内不予处理，或者金融消费者认为金融机构处理结果不合理的，金融消费者可以向中国人民银行分支机构进行投诉。

2. 消费纠纷行政调解对象的限定性

消费纠纷行政调解的对象是消费者与业者之间的涉及消费者权益的民事争议,在消费纠纷行政调解过程中,尽管纠纷的解决取决于消费者与业者的合意,但对于调解主体而言,必须在其行政职权范围内对所发生的消费类民事纠纷进行调解,不能对行政纠纷进行调解。此外,对超越其职权范围内的民事纠纷,即使是消费类民事纠纷也无权进行调解。

3. 消费纠纷行政调解效力的自治性

行政机关以非强制性的调解方式介入消费民事纠纷,消费纠纷能否解决主要取决于纠纷当事人的意愿,行政机关不能凭借公权力强制当事人达成行政调解协议。对消费者和业者来说,是否选择启动或接受进入行政调解机制、是否愿意配合行政机关的调解过程、最终是否能够达成行政调解协议、是否愿意自动履行达成的行政调解协议等均取决于双方意思自治与合意,行政机关不得将其意志凌驾于双方当事人的意志之上。总之,行政调解的程序启动、过程与结果均依赖当事人自我意志的抉择,同时行政调解协议本身不具有强制执行力。

4. 消费纠纷行政调解内容的专业性

行政机关在其长期的行政管理与行政服务过程中,对其管辖范围内的有关消费者权益事项总结形成了行业上、法律上、政策上的专门知识与经验,并对其内部工作人员进行培训和传授。由其主持调解消费纠纷,可以为当事人提供更具专门性与针对性的法律依据、政府政策、行业性或领域内专门知识,也可提出比较符合实际与公平妥适的调解方案与建议,能够更加有效地促进消费纠纷的解决。另外,行政机关资源调配能力较强,使其在遇到疑难复杂消费纠纷时能够利用专业知识、专门仪器设备职权调查,甚至动员行业或专门领域内的社会力量与专家顾问参与,通过综合考量相关法律、政策和技术事实问题,提出科学合理的调解方案。与一般的人民调解甚至司法调解主体相较而言,行政机关的专业优势在理论上更加明显。

5. 消费纠纷行政调解程序的规范性

大量已有的研究文献表明,"学者一致认为我国行政调解程序不明确,缺少程序性规定……这对行政调解的公平性产生了重大影响……为行政调解人员滥用权力提供了一定的基础。"[①] 笔者认为这一一概而论的观点过于绝对,实际上

---

① 邓刚宏:《行政调解制度研究——基于上海以及长三角地区部分城市立法例的考察》,中国政法大学出版社 2017 年版,第 15 页。

以市场监管机关调解消费纠纷为代表的消费纠纷行政调解机制并非如此，其运行已有一套行之有年的程序要求与对行政机关的约束规范，同时行政机关应当保证消费者与业者平等有序地参与到调解活动中并表达利益诉求。有关行政主体的解纷活动和消费纠纷行政调解的具体方式除了较民间调解、诉讼调解机制更为规范系统，也受到行政机关权限和公务员行为准则的约束。在消费纠纷调解过程中，行政机关必须严格遵循法定的程序性要求，依法依规进行调解。

6. 消费纠纷行政调解方式的灵活性

在符合诚信原则的前提下，行政调解鼓励采用灵活多样方法化解消费纠纷，具有简便、快捷、高效的特点。除了依法依规调解以外，消费纠纷行政调解可以选择性或综合运用斡旋、调停、说服教育、解释督促、委托调解、网络调解等多种多样的方式方法，相比诉讼或仲裁机制更加灵活。

7. 消费纠纷行政调解运作的能动性

消费纠纷行政调解不仅要遵循当事人意思自治的原则，还具有积极行政的色彩。行政调解本身是具有消保职能的行政机关积极行使行政权，履行公共服务与民生服务职能的产物，这就要求行政调解主体在面对一些特定消费纠纷，特别是群体性消费纠纷、涉及社会稳定的消费纠纷、涉及重大社会公共利益的消费纠纷、社会影响比较大的消费纠纷时，调解主体应主动介入并积极地进行调解。

二、消费纠纷行政调解机制的价值与功能

有日本学者认为，行政机关处理消费纠纷有如下优点：（1）行政机关处理民事纠纷较易为人接受，尤其是消费者遇到纠纷通过书信或电话向行政机关提出申诉，行政机关的服务几乎不收取任何费用。此项特点使得日本大量的小额纠纷涌入行政机关；（2）处理纠纷的行政官员可以依其认为公平的方法解决纠纷。承办官员先听取消费者申诉的内容，再通知有关业者提出反对意见，以调查事实。在必要情况下，承办官员可利用政府的实验室或其他机构，以检验消费者所指商品的瑕疵。万一行政机关无法解决当事人的纠纷时，上述检验官员也可成为将来诉讼上的鉴定证人，并减轻消费者诉讼上证明责任的负担；（3）承办官员完成调查程序后，依据公平的法理，就消费者的申诉做出判断。此种解决方案比法院的判决有弹性，例如命令销售者对商品进行修理、更换、返还买卖价金、损害赔偿、承诺将来不再生产与出售具有瑕

疵的商品等等，较法院裁判种类为广；（4）行政机关处理民事纠纷的程序比法院更快速，在三个月内解决的，大阪地区达 63.5%，东京地区则占 70.6%。纠纷解决的快速特性，使得行政机关的纠纷解决程序更具吸引力，并受到消费者的喜爱，大多数经行政机关处理的纠纷，消费者即便未得到救济，也没有采取进一步的行动。依据有关调查资料统计，东京地区约有 40.6% 的消费者对行政机关的处理非常满意，约有 34.6% 的消费者基本满意行政机关的处理结果，仅有 6.3% 的消费者不满意行政机关的处理结果。消费者认为民事纠纷由行政机关处理的优点，包括程序上的负担少、所冒的风险小、足以防止业者再次发生侵害行为、行政机关有科学鉴定的能力以澄清事实与问题、行政机关较倾向保护消费者、行政机关的处理较为客观、行政机关的处理对于业者较有压力等等①。具体到我国，从理论上来看，笔者认为消费纠纷行政调解机制具有以下的价值与功能：

（一）契合我国社情民意

法律是社会的产物，是文化的表达。"原则上，与传统、文化、习惯或意识形态相容的制度，制度的设计和实施成本低，反之则成本高。"② "文化习俗引导行为朝向特定的方向，并维持着这些行为模式具有跨时间的稳定性。一个社会的冲突文化由解决冲突的规范与程序构成，解决冲突的规范与程序常常深深地扎根于心理文化倾向与社会结构之中。"③ 中国漫长的法律文化传统中逐步形成的"厌讼""息讼""畏讼""耻讼"的心理源远流长、根深蒂固，这是调解制度生生不息的观念基础，也是调解优先论、调解优越论的思想渊源。

"在基层社会，政权及其化身是市民的最后依赖，也是最可靠的依赖。非法理性权威的重要性凸显。"④ 在迈向法治社会的过程中，社会的调整手段也面临着一种历史性的转换，行政——政策一统天下的格局已被打破，法律手段的运用，越来越为人们所重视。然而，生活在国家最基层的民众，却并不

---

① Takeshi Kojima, Small Claims from a Japanese Perspective, in Christopher J. Whelan (ed.), Small Claims Court: A Comparative Study, Clarendon Press, 1990, p193-197.
② 田蒙洁：《民意，谁说了算》，（台湾）五南图书出版股份有限公司 2016 年版，第 366 页。
③ ［美］马克·霍华德·罗斯：《冲突的文化：比较视野下的解读与利益》，刘莘侠译，社会科学文献出版社 2013 年版，第 154 页。
④ 白杰：《街道办事处权力运作逻辑：对宣南的实证研究》，中国商业出版社 2010 年版，第 135 页。

能够完全理解、认同或者说适应当前的法律及其调整方式①。实证研究表明，"有问题找政府"作为一种社会行为惯性仍发挥着较强的影响力②。漫长的人治社会在我国民众纠纷解决文化中种下了"青天情结"，这样的传统思维在现代社会演变出了"信访不信法"的纠纷解决行政优位思想。此外，叠加了经济人的"诉讼不管用"论与"诉讼不合算"论的考量，更是行政调解机制构建推广与顺利运行的民意基础。

改革开放四十多年来，在国家与社会关系中，国家始终居于主导地位，且有随着经济发展和资源汲取能力提升而不断强化主导地位的趋势。"新的社会群体、社会阶层的形成没有造成国家与社会之间的单向度的退或进。相反，随着权力主导的经济增长成为事实，政治系统不仅获得了新的合法性资源，而且也全面提升了支配能力。"③这也是行政调解立足的时代背景。

一方面，解决纠纷的有效性原理如同"解铃还须系铃人"一样，一些纠纷当事者之所以选择行政权威介入，是因为行政权威与这些纠纷的"系铃人"有关④。这也是在纠纷解决过程中的民间智慧与效用主义考量，本身并无行政优于司法的先见或成见，却反映出了社会生活实际。

另一方面，维护社会稳定的考量也是我国行政机关积极介入民事纠纷的一个背景因素⑤。研究发现，基层民间调解弱化、行政调解退化，会使民事纠纷溢出民事的范畴⑥。有学者就指出，基层政权之所以花费精力用在行政调解、信访上，除了创建和谐社会、建设服务型政府等"软制度""软环境"

---

①　张永和等：《常县涉诉信访：中国基层法院涉诉信访研究报告》，人民出版社 2013 年版，第 79-80 页。

②　乔欣：《民事纠纷的诉讼外解决机制研究：以构建和谐社会为背景的分析》，中国人民公安大学出版社 2018 年版，第 115 页。

③　陈映芳：《城市中国的逻辑》，生活·读书·新知三联书店 2012 年版，第 294 页。

④　从居民纠纷解决机制的选择上也能或多或少反观出现实中纠纷发生的根源，这一反观的结果将有利于我们理解秩序、纠纷及权威之间的复杂关系和意义。参见陆益龙：《转型中国的纠纷与秩序：法社会学的经验研究》，中国人民大学出版社 2015 年版，第 179-180 页。

⑤　例如整合起来的业主群体"倒逼"政府力量出手，迫使政府出于维稳等诸多压力，不得不正面回应业主的利益诉求。整合起来的业主如果能够寻求政府力量的支持，可能会抗衡市场力量的强势地位，从而改变业主自身力量的不足，增加与市场主体谈判的"筹码"，最终实现业主维权冲突的治理。政府干预是业主维权冲突治理成败的重要变量。现实情况是，政府是否介入业主维权冲突往往基于"维稳"的考量。业主维权力量的大小与政府维稳压力的大小成正比。参见吴晓林：《房权政治：中国城市社区的业主维权》，中央编译出版社 2016 年版，第 166-169 页。

⑥　张晓红：《农村女犯人：生活世界中的纠纷与抗争》，社会科学文献出版社 2018 年版，第 167-205 页。

的要求外，最重要的外在制度性压力，来源于上级政权对维稳工作采取"一票否决"的行政绩效考核制度①。而行政调解机制能够为争议双方与政府部门搭建讨论和交往的平台，能够降低人们参与集体消费维权行动的可能性②。行政调解机制客观上迎合了维稳的社会需求，也在一定程度上具备这样的功能，尤其是针对群体性、社会影响大、媒体关注度高的消费纠纷。

（二）柔性规制市场经济的外部性

市场经济产生大量的消费法律关系，这种两人组（dyad）的关系一旦失范失衡，就必须引入三人组（triad）关系进行治理③。传统上，国家与社会二元分立原则一直支配着法律体系，而国家在经济生活领域往往扮演着补充性的角色。但消费者与业者地位的失衡并不能单纯通过市场机制得到矫正，"很多收益较小而又散漫的利益群体，比如'自由贸易的消费者'，就没有形成集团。而那些已经形成并能游说政府的利益集团，一般都是拥有集中性利益的小集团，比如'汽车产业保护集团'。结果是，有组织的少数派可以与无组织的多数派形成对峙，这便带来了无效率的资源配置。"④ 随着消费者问题愈演愈烈，"各国一方面仍坚信，自由豁达的交易方式，能为社会带来最大的利润，另一方面却认为消费者因社会构造所蒙受的不利益，可经由对作为强者的企业的自由做某种程度的限制，从而对消费者市场交易的自由意志进行保障。这样的政策，一般被称为业者规制法制或由行政机关为主管主体的规制

---

① 温丙存：《中国乡村纠纷解决方式调查手记：基于贵州梧镇的考察》，人民出版社 2016 年版，第 185 页。

② 这种对话和交往能够使人们感受到社会上的事情很复杂，并不像人们想象的那样简单，它能够使人们增加对现实世界的真实理解，有利于缓解人们的怨恨感，从而减少参加运动的冲动。参见谢岳：《抗议政治学》，上海教育出版社 2010 年版，第 54 页。

③ 齐美尔认为，"二人组"（dyad）是最紧密的人类群体，其紧密性来自互动对象仅限于两人；"二人组"是最不稳定的群体，因为它需要双方共同参与并承担全部义务，如果一方失去兴趣，"二人组"就会解体。"三人组"（triad）虽只增加了一人，但从根本上改变了群体关系。第三人的加入虽然会减少两个人之间的互动，增加成员之间关系的紧张，却使群体获得一种力量均衡而变得更加稳定，二人群体也会因为第三人的加入而产生联盟、调停、仲裁等互动形式。参见［美］詹姆斯·汉斯林：《社会学入门——一种现实分析方法（第 7 版）》，林聚仁等译，北京大学出版社 2007 年版，第 163 – 164 页。

④ ［美］安德烈·施莱佛、罗伯特·维什尼：《掠夺之手：政府病及其治疗》，赵红军译，中信出版社 2017 年版，第 158 页。

行政。"①

　　在二十一世纪，现代国家的总体趋势是越来越庞大，而国家管制之手已经深入到民众生活的方方面面。无论在东方还是西方，我们都已经从霍布斯笔下"利维坦"式的主权权威时代，进入到一个"超级国家"甚至"全责国家"的时代②。但是国家应介入人民的经济生活到何种程度，则有待讨论。传统行政更多依靠硬性控制的管理工具，与管理技术落后有关，也有行政理念落后的原因。在经济生活上，私法自治与契约自由的范围，国家原则上应当尊重，也不宜全然采取行政强制的措施予以规管，此时包括行政调解在内的柔性行政行为更能契合消费纠纷的属性，同时也能够对市场失灵问题进行回应。

　　行政行为是行政主体履行行政职责、运用行政职权而对内或对外实施行政管理或提供行政服务的行为③。因为汇聚了不同的思想、实践和规制机制及其交汇关系，法律本身就表现为一种商谈模式（negotiated pattern）④。"社会管理不能等同于社会控制或监控社会，解决社会问题、化解社会矛盾离不开法律规制，但更离不开平等沟通、协商对话、协调、引导、优质服务等柔性办法，没有协调和服务做基础，单纯的规范行为很难奏效，社会管理需要多种方式的综合运用"⑤。柔性行政行为是行政法现代化转型的产物，具有非强制性、互商度高、参与性强的特征。代表性的柔性行政行为包括行政指导、行政约谈、行政奖励、行政合同、行政调解等。消费纠纷行政调解过程中，并不存在明显的权威环境压迫下的必须服从，而是在调解主体启发说服下，当事人经过内心的损益计算和道德考量的自愿选择。行政主体运用柔性行政行为可以减少与业者或消费者的冲突可能性，减轻业者和消费者对行政主体调解行为、方式方法、方案建议等的抗拒心理，促进消费纠纷的解决，构筑政府与国民之间的和谐关系，维护公平合理的市场经济秩序。

---

　　①　细川幸一：《消費者問題とは何か 消費者問題の変遷とその対応》，関西消費者協会《消費者情報》（451 号），2014 年 5 月。

　　②　阎小骏：《当代政治学十讲》，香港中文大学出版社 2016 年版，第 162 页。

　　③　应松年：《当代中国行政法》，人民出版社 2018 年版，第 829 页。

　　④　［英］罗杰·科特雷尔：《法律、文化与社会：社会理论镜像中的法律观念》，郭晓明译，北京大学出版社 2020 年版，第 113 页。

　　⑤　何增科：《从社会管理到社会治理：话语体系变迁与政策调整》，载俞可平、［德］海贝勒、［德］安晓波《中共的治理与适应：比较的视野》，中央编译出版社 2015 年版，第 254 页。

"行政调解不仅在最低要求上完成对纠纷的解决，而且在更高层次上，使政府采取积极主动的方式，创立一种既为法律所允许，又为当事人和政府所共同认可和赞同的更合理、更完善的社会关系，从而使行政机关从被动消极行政向积极主动行政转变，更全面、更彻底地履行自己的职责。"① 此外，行政调解不同于其他纠纷解决机制针对个案就事论事的处理方式，因为部门立法的现实国情，消费纠纷行政调解能够为消保机关累积经验，有利于消保机关发现消费者问题的规律与共性，聚焦新兴消费维权难点与现行法律法规疏漏。这一超越个别救济的反馈机制起码有助于相关消保政策和行政规章的设计与完善，从而对市场失灵的外部性问题进行结构性治理。

（三）调解之外潜在的强制性提升了调解的效能

"受害者都希望去找手里握有权力、能够解决问题的部门或组织。如果政府握有实权，并且确实能解决问题，民众就去找政府；如果司法部门握有实权，能够很快平息事端，民众就去找法院。"② 行政权力资源包括财富、实力、信息、思想、语言和技术。国家不仅能够集中军事力量，而且也具备相当强的交流能力和经济实力。国家最有能力运用最有效的权力的方式，如力量、操纵，特别是权威③。研究表明，人民调解在运作过程中对行政权威与国家资源也具有依赖性④。消费纠纷行政调解自身即是公权力者的消费者行政活动，在柔性的行为背后，隐含着行政权的强制性。我国《消费者权益保护法》第56条规定，经营者对消费者提出的修理、重作、更换、退货、补足商品数量、退还货款和服务费用或者赔偿损失的要求，故意拖延或者无理拒绝的，除承担相应的民事责任外，由工商行政管理部门或者其他有关行政部门责令改正，可以根据情节单处或者并处警告、没收违法所得、处以违法所得一倍以上十倍以下的罚款，没有违法所得的，处以五十万元以下的罚款；情节严重的，责令停业整顿、吊销营业执照。这样的法定处罚权，打通了行政调解与行政处罚程序。既然"调转罚"的程序变轨可能性是客观存在的，那么消费纠纷

---

① 梁平、杨奕：《纠纷解决机制的现状研究与理想构建》，中国政法大学出版社 2014 年版，第 181 页。

② 朱海忠：《环境污染与农民环境抗争：基于苏北 N 村事件的分析》，社会科学文献出版社 2013 年版，第 29 页。

③ ［英］福克斯：《政治社会学》，陈崎、耿喜梅、肖咏梅译，华夏出版社 2008 年版，第 8 页。

④ 陆春萍：《转型期人民调解机制社会化运作》，中国社会科学出版社 2010 年版，第 224 页。

行政调解对业者潜在的压力与强制性则是我们不能否认的。

(四) 弥补其他消费纠纷解决机制的不足

"法院审判会让纠纷公开化并引人注目，从而可能使纠纷更加激化。……对于那些涉及财产数额或者赔偿数额较少的纠纷而言，审判程序所需的时间和花费可能让人望而生畏。"[①] 消费纠纷行政 ADR 具有自身特性决定的比较优势，与民事诉讼相比，其程序更加尊重当事人意思自治、简便灵活，不收取程序使用费也不用请委托代理人，耗费的解纷时间精力等成本也显著降低。例如我国完成市场监管热线整合，实现 12315 一号对外，让消费者投诉举报更加便捷。随着网站、手机 App 等多种渠道的应用，行政机关实际可以实现全天候 24 小时受理消费者投诉举报咨询。行政调解布点广泛并结合呼叫电话与互联网，扎根基层、服务大众发挥了资源优势和调解成效，并实现了调解机制创新。相较民事诉讼而言，可以称之为受理方便、使用免费、调处快速，也没有放大双方当事人经济资源的失衡，反而实现了经济实力不对等基础上权利保护的无差异。"研究表明，与世人常识相反，……司法机构在以小对大的案件中极少会支持小方，特别是在双方一方是个人、一方是大企业的案件中。"[②] 消费者行政与司法相比更强调倾斜性保护，行政调解中消费者的证明责任也没有诉讼程序中严格。此外，调解对受损害的消费者还有一定的心理重建性[③]，这一点是沦为零和博弈的竞技主义诉讼制度推进过程中可能给受害消费者造成二度精神伤害所无法相比的。

与协商和解机制相比，虽然协商和解机制在实际生活中最普遍，往往是

---

① ［英］科特威尔：《法律社会学导论》，彭小龙译，中国政法大学出版社 2015 年版，第 209 页。

② 对司法在公域和私域的作用被认为是日益增长且具有侵入性的指责往往是缺乏根据或夸大其词的。被描述为力量强大的、被诉讼淹没的司法系统所谓的危机实际上在很大程度上是一个被用于质疑公民各项权利的工具化建构物。反之，实证调查显示包括在曝光率颇高的医学界中也没有那么多的司法诉讼。根据 1993 年哈佛医学研究中心的研究结果，在 100 件医疗差错中，只有 12 件引起了诉讼，在 6 件造成受害人明显疾病的医疗事故中，只有一位受害者提起了诉讼。［法］利奥拉·伊斯雷尔：《法律武器的运用》，钟震宇译，社会科学文献出版社 2015 年版，第 103—104 页。

③ 所谓双赢，不是双方的胜利，而应从双方的价值这一意义上去把握，即使能够达成的只是些许的价值观念的共有，构建这样的对话也有着重要的意义。对医患双方来说，医疗纠纷调解的这些要素可以为当事者双方构筑一个克服不幸事故带来的痛苦与悲伤并使其积极向上的环境。［日］和田仁孝、中西淑美：《医疗纠纷调解：纠纷管理的理论与技能》，晏英译，暨南大学出版社 2013 年版，第 40 页。

消费者与业者解决消费纠纷的首选方式。但是和解缺乏第三方力量及规范性，双方谈判心态可能无法对接①，其效果主要取决于消费者综合社会资本和业者的意愿。只有双方都遵循诚信原则，才能在利益平衡的基础上达成和解协议。但往往由于消费者与业者相比处于相对弱势地位，无法与具有优势地位的业者进行博弈。它可能使消费者在遇到不负责任的业者时消耗精力、时间而问题仍得不到解决，行政调解则通过第三方甚至潜在的国家强制力对力量较弱的消费者一方进行赋权、增权，更有利于促成消费纠纷的公正高效解决，也会降低或矫正双方力量失衡对解纷公正性的不利影响。

与消费仲裁机制相比，仲裁以双方自愿达成仲裁协议为前提，现实中能以仲裁方式解决的消费纠纷并不太多。相较而言行政调解解纷渠道对消费者更易得可行并更易启动，程序产生的结果对业者意愿更加尊重。

与民间调解机制相比，消费纠纷行政调解在机构设置、人员配置、经费保障、工作机制、运行程序等方面均具有比较优势。随着市场经济发展与社会结构的演变，传统人民调解暴露出一系列问题：诸如调解功能弱化、调解组织不健全、调解人员整体素质有待提高、财政支持力度不够、法律保障与规制不足等②。消费者协会等民间组织没有法律强制力与威慑力，遇到不讲诚信的当事人往往力不从心，加之资源有限，其解纷作用在很大程度上受到了限制。行政调解背靠行政机关的处罚性公权力，对纠纷当事人尤其是业者的约束力介于民事诉讼与民间调解之间，比民间调解更具"劝谈促和"的效力，也更有查明争议事实的手段与资源。

与政府购买社会服务型调解相比，行政调解也具有优势。"现有行政资源的短缺与转型时期大量而复杂的社会工作，使基层的国家政权无法独立完成，

---

① 有学者指出，美国当代的谈判实践是由四种心态塑造的：（1）只重结果的生意人心态；（2）看重程序、事实准确性和专业性的法学家心态；（3）表达高尚原则的道德家心态；（4）乐于使用资源独断地制定条款的霸权者心态。参见［美］理查德·所罗门、奈杰尔·昆内：《美国人是如何谈判的》，中国现代国际关系研究院译，时事出版社2011年版，第29—59页。

② 在一个"陌生人社会"当中，人民调解赖以支撑的地方性资源，如人际关系、社区舆论、乡规民约、地方习俗等，对当事人的约束力大大减弱，调解人员无法获得成功调解所不可缺少的、足够的组织权威和社会资源，从而导致人民调解的权威性降低，成功率下降。另外一个重要因素是，传统调解所依据的伦理、道德等基准，在价值多元化的过程中，已经难以获得纠纷各方的认同。随着公众权利观念的普遍增强，情、理在人民调解中的作用逐渐弱化，许多人不再勉强接受"和稀泥"的折衷调解方案。参见汪世荣等：《人民调解的"福田模式"研究》，北京大学出版社2017年版，第156—158页。

一方面需要人手的支援，一方面需要非官方组织的协助，这是现实政治所决定的。"① 但是政府购买社会服务型调解受限于经费额度，通常采取计件式或俱乐部式小范围解纷服务，面对范围不断扩大、数量不断增长的消费纠纷解纷需求难以提供大规模的解纷服务。当前我国社会组织动员与配置资源的能力还十分有限，也无法行使相应的法定行政处罚权辅助调解，在调解效力上难以借助行政资源的"大旗"作为自身的"虎皮"，加之不同地域政府购买社会组织调解的差异性会造成解纷公共服务供给的碎片化，反而会减损行政权威。此外，社会组织公益性的假设难以不证自明，对社会组织调解人员的监督约束本身又需要耗费一定的行政资源，会带来此种调解模式问责机制的软化与监督制度的间隙加大。

三、消费纠纷行政调解机制的局限与不足

"纠纷资源"不能也没有必要完全由公共权力机关垄断，而是要创造多种形式的纠纷解决机制并将其推向市场，鼓励其间展开合理竞争，这样更加利于纠纷解决目标的顺利达成②。笔者并不否认行政 ADR 在解决消费纠纷方面的优点和在不少国家已经取得的成效，但也需要防止将之不当拔高和理想化，走到"重国家、轻个人""重官方、轻民间"的权力迷信的道路。实践中，我国行政调解的发展和运用情况还不尽如人意，成为三大调解制度体系中的短板。结合我国国情和消费纠纷解决的实际，具体而言，消费纠纷行政调解机制在以下一些方面可能存在一定的不足与局限性：

（一）公正性与中立性之惑

"调解者是无权决定任何事情的引导者，如果你的目标是帮别人达成协议，即使你觉得其中一方是对的，你也不该主张那一方的立场。你可以提出问题，询问标准，但不能选边站。"③ 行政机关与其监管的领域和行业中的业者是经常打交道的重复博弈者，而与个别纠纷的消费者则可能只发生一次联系。虽然"行政官员和工商业领袖之间的密切关系，也可能导致业者对执法

① 白杰：《街道办事处权力运作逻辑：对宣南的实证研究》，中国商业出版社 2010 年版，第 116 页。

② 刘文会：《当前纠纷解决理论法哲学基础的重塑：在权利与功利之间》，中国政法大学出版社 2013 年版，第 147 页。

③ ［美］史都华·戴蒙：《华顿商学院最受欢迎的谈判课》，洪慧芳、林俊宏译，（台湾）先觉出版股份有限公司 2011 年版，第 305 页。

活动一定程度的合作与自愿服从"①，但实际上行政机关的部门利益与行政人员的个人利益又容易与业者相结合，产生行政失灵和行政虏获的现象。

"权力本身既不是好的也不是坏的，它的伦理价值仅仅来自它与公共利益的关系。"② 而行政权力异化就表现为"政府行政受行政人员、行政组织价值取向的影响，转变成对非公共利益的追求，最终导致对公共利益的损害。"③ "第三世界各国官僚的财富与权力大多来自行政程序而非立法过程。自利当然是公共部门自然也是私人部门的主要推动力量。它常常促使官僚屈从于其非官方角色的要求，也就是说，以其个人目标替代公共目标"。④ 不管是国家还是地方都存在代理人监控的问题，代理人都有可能偏离国家制度安排的目标，而追求组织或个人的私利⑤。同时，一些非刚性的部门职责可能会让位于地方保护主义，"个别地方政府为了给纳税大户、骨干企业创造宽松的发展环境，暗示或直接明示工商部门要区别执法、变通处理违法行为，基层队伍执法办案受到一定影响，对执法水平和履职能力提出考验。"⑥ 一些行政机关既是业者的上级或管理者又充当消费纠纷的调解人，角色定位难以厘清。从根本上说，保护消费者权益的价值诉求与关系人重复博弈的顾虑、调解中立的考量、地方保护主义的压力等因素存在着内在的张力与抵牾，放大了消费者使用行政调解渠道的疑惑与困扰。

比如医疗纠纷，医患双方可以申请医疗纠纷行政调解，但"卫生行政部门是医疗机构的业务主管部门，因而患方对卫生行政部门所调解的医疗纠纷是否公正存在着怀疑。"⑦ 一项对县级人民调解类医调中心的实证研究表明，

---

① ［美］格伯尔：《二十世纪欧洲的法律与竞争：捍卫普罗米修斯》，冯克利、魏志梅译，中国社会科学出版社 2004 年版，第 530-531 页。

② 权力在道德上是中性的，只有通过人，权力才能获得它的具体面貌和伦理价值。［德］多米尼克·迈尔、克里斯蒂安·布卢姆：《权力及其逻辑》，李希瑞译，社会科学文献出版社 2020 年版，第 4 页，第 343 页。

③ 钱东平：《政府德性论》，江苏人民出版社 2005 年版，第 193 页。

④ ［美］安·塞德曼、罗伯特·塞德曼：《发展进程中的国家与法律（第三世界问题的解决和制度变革）》，冯玉军、俞飞译，法律出版社 2006 年版，第 184 页。

⑤ 投诉举报不仅是帮助国家实现其社会控制的手段，也是重要的代理人监控手段。黄冬娅：《转变中的工商所：1949 年后国家基础权力的演变及其逻辑》，中央编译出版社 2009 年版，第 17 页，第 217 页。

⑥ 刘智勇：《市场监管的新格局与新视野》，首都经济贸易大学出版社 2018 年版，第 96 页。

⑦ 尹力：《多元化纠纷解决模式之人民调解在浙江的实践》，浙江工商大学出版社 2016 年版，第 5 页。

　　一般而言，主动寻求调解的都是患方。因为在既有的医患纠纷解决渠道中，无论是走司法渠道，还是行政调解，抑或医患双方自行协商，都有利于医方。医方很愿意接受行政调解，因为行政调解的赔偿数额一般在 3 万元以下，医方出于承受能力、平息纠纷等考虑比较容易接受。对于患方而言，唯一对其有利的渠道就是走医调中心，因为只有医调中心相对中立，对患方具有同情心，且较能撇开信息不对称带来的影响①。有研究表明，卫生行政部门处理纠纷效果不尽如人意。从该研究所调查的成都市 21 家医院反馈的医院发生医疗纠纷情况统计来看，仅有 48 件（仅占 3.127%）是选择采用该方式处理的，其中患者获赔的仅有 3 件②。这一结果也在某种程度上佐证了消费者对行政机关调处消费纠纷的公正性与中立性信心不足并非空穴来风。

　　再以"问题奶粉事件"赔偿方案为例③，大规模的群体性消费纠纷，从理论上也适宜通过行政 ADR 予以解决，尤其是可以高效、专业和快速救济消费侵权行为的被害消费者，一揽子解决纠纷、迅速回复正义、制裁违法、降低消费者痛苦、维护社会稳定。"行政救济方式在'三鹿奶粉事件'的解决中有着良好的表现，不失为一种高效且专业的解决。"④ 笔者并不否认消费纠纷行政 ADR 理论上的优点，但具体到"问题奶粉事件"的个案，如果以 95% 接受方案的比例计算，剩下不接受方案的则达一万多人。⑤ 笔者认为这一纠纷解决过程尚存瑕疵，可能导致公正性与程序主体性的双重失落。该方案的形成

　　① 医方也希望可以通过自行协商的方式解决纠纷，因为医方往往有信息优势，在自行协商过程中占据优势。在矛盾难以化解的情况下，医方也愿意走司法渠道，因为法院判决只能依据司法鉴定或医疗鉴定，鉴定结果与医方的评估不会出入太多。参见吕德文：《边缘地带的治理》，社会科学文献出版社 2017 年版，第 98 页。

　　② 依照《医疗事故处理条例》规定，向卫生行政部门提出调解申请是解决医疗纠纷的方式之一，但却被人们所遗弃。卫生行政机关与医院方千丝万缕的关系造成人们对其做出的医疗纠纷裁决公正性产生疑问，加之部门保护和行业本位主义，其做出的医疗纠纷认定往往无法达到预设目的，无法有效保障各方权益，尤其是患者。故而在医患双方激烈对抗的医疗纠纷中，当事人基于彼此间信任的缺乏往往寻求诉讼这一权威且具有强制力的纠纷解决方式；而在事实清楚、争议不大的医疗纠纷中，当事人更倾向于使用调解（指民间调解或诉讼调解）或和解等方式来解决纠纷。参见付子堂等：《医疗纠纷案件审理之实证分析》，人民法院出版社 2006 年版，第 47-48 页，第 188-189 页。

　　③ 肾结石儿童死亡病例补偿 20 万元，重症病例补偿 3 万元，普通症状补偿 2000 元。

　　④ 王福华：《打开群体诉讼之门——由"三鹿奶粉"事件看群体诉讼优越性的衡量原则》，《中国法学》2009 年第 5 期。

　　⑤ 调解过程本应由消费者协会代表消费者参与或由消费者授权一些消费者代表参与，但主导赔偿方案的有关行政部门并没有与消费者组织或消费者代表接触。参见周喜丰：《三聚氰胺"未了局"》，《潇湘晨报》2010 年 2 月 9 日。

没有遵循行政调解的自愿性原则，没有征求消费者意见或协商调解的过程、没有区分患儿的具体情况、三档数额是否科学合理及如何制定的和依据的标准也没有公开向消费者说明。此外，患儿成年之后可能的后遗症问题、正在不断接受治疗发生费用的消费者、一次性补偿后发生费用申请和批准的程序等等很多问题都有待明确。实践中患儿可能因为多种原因造成其家长各方面支出远超上述三档标准①，其更希望寻求个别化的救济。法院诉讼还可能存在调解过程和程序，有关行政部门的方案甚至比诉讼程序更具强制性，如果考虑到不服该"调解意见"的消费者起诉求偿无门，则显然这样的消费纠纷行政调解方式没有尊重"调解"参与人尤其是消费者的自由意志和主体地位，比消费诉讼更"强加于人"。行政调解的意见和方案应该是建议性而非强加的，受害消费者如果认为这些金额不能弥补自己医疗费、交通费、误工费和精神损失，仍应该有权自行起诉。就像有舆论所指出的，"也许有人会觉得，选择打官司，还不如选择行政力量主导的索赔，前者可能需要一审、二审、执行乃至再审，耗时耗力不说，成本也比较大，后者简便、快捷、有效，比提起诉讼更加经济。我们的意见是：让患儿家属自己去权衡！自己去决定！我们不能因为觉得一扇门更易通过，就关上其他门不让人过。关上那些门，就关掉了人们对法律的期望、对司法的信任、对法治的信心。"② 实际上媒体用形象而浅显的语言阐述了民事诉讼法的两个基本原理和准则：裁判请求权和程序选择权，显然个案纠纷处理的实务与诉讼法理存在一定的脱节。

（二）解纷资源、解纷容量及绩效的限度

行政机关和数量众多的业者相比，可能缺乏人手和资金，美国学者认为在这个时代，商业市场上越来越多的美国公司被视为大到不能倒（关）③。甚至有学者认为，"同坐堂办案的审判比，由政府所组织的调解无疑是一种昂贵

---

① 例如广东佛山的周梦涵因为食用问题奶粉结石、尿血，医药费花了9万左右。除了一个检查和一包药，其他所有费用都是自己出的。参见明鹊、薛小林：《三鹿奶粉受害患儿治结石一年花9万元》，《潇湘晨报》，2010年3月19日。

② 《放开毒奶诉讼 确立司法公信》，《南方都市报》社论，2008年10月10日。

③ ［美］布兰登·葛雷特：《大到不能关：政府不敢动、法院不敢判，揭密大型财团背后的黑暗共谋》，简美娟译，（台湾）商周出版2015年版，第266页。

的解纷机制，何况没完没了的调解，又在很大程度上加重了政府的财政负担。"① 显然这一观点是从公共资源支出角度而非使用者成本角度得出的，对消费者来说免费的制度会降低其解纷成本，而这一点对于行政机关则可能是一项沉重的负担，如果制度利用者众多的话。目前我国行政调解资源在消费纠纷解决领域的配置还是不足的，工商总局消保部门负责人曾表示，消费者求助最多的工商行政管理部门除了缺乏相关部门的协调配合外，还面临人员、经费不足等困难。工商行政管理系统 12315 举报中心在保护消费者权益工作中发挥了重要的作用，已经成为政府部门的一个重要品牌，但许多地方工商局的 12315 举报中心至今仍无正式的机构、人员编制，因执法人员不足，不得不雇请大量的临时工担任接线员；因经费不足，落后的交通工具不能及时更新，给及时赶赴现场查处侵权违法案件带来了困难②。尤其是基层市场监管机关，编制和经费保障不充足可能导致对行政调解职能的推诿③。由于机构设置、人员编制和经费预算是相对固定的，行政调解和法院审判一样，有一个大致的解决纠纷的总的容量和极值，不可能无限制的包揽纠纷解决，其制度扩展的空间和解纷容量扩大的可能性远比民间 ADR 要小。

另一方面，行政 ADR 在解决消费纠纷方面虽然绩效优良，多种公开数据显示一些地方市场监管机关调解消费纠纷的成功率大都达到 90% 甚至 95% 以

①　侯欣一：《从司法为民到人民司法：陕甘宁边区大众化司法制度研究》，中国政法大学出版社 2007 年版，第 302 页。

②　谭小英：《在建立健全服务业保护消费者权益机制研究课题研讨会上的讲话》，http：//www. saic. gov. cn/gsld/llyj/200903/t20090326_ 31858. html。

③　如有工商机关人员认为，12315 机构设置本身存在一些先天的问题，很多地方都还存在基层没有 12315 编制的情况，各地职能设置也千差万别，有些是 12315 网络单独办公，有些是与消保、消协等联合办公。12315 同时具备热线值守、消费纠纷调解、举报案件转办等职能，对人员需求较多。现有编制人数明显不足。第一是编制，最重要的也是编制。有句话说：只要有人，就有了一切。可是基层 12315 系统，恰恰没有人。12315 是自上至下整体联动的网络，应由专人负责，每一级工商机关都应有相应人员，才能做到指挥迅速，运行通畅。但实际情况并非如此，总局 12315 并没有单设处室，而是在消保局之下由某人负责。在省局规定的编制中，地市局和县（市）局有编制，区分局、直属分局和工商所没有编制。区分局的 12315 工作只能由消保科、监管科或消协的人员兼任，这些工作人员自己的本职工作要干，还要额外干一份 12315 的活，工资可没多发一分，工作积极性可想而知。市局往下分流、转办案件时，由于部门职能分工不同，经常是转给消保科说这件事归监管科管，给监管科说应该消保科负责，再不然就推给消协。大家的心情可以理解，工作上是干得越多，出错的机会就越多，能少干一点，风险也就少一点。这样推诿也是人们规避风险的本能，怪只怪分局没有 12315 的名分。《关于 12315 行政执法体系建设的几点思考》，http：//bbs. aicbbs. com/viewthread. php？tid = 176075&extra = page%3D2。

上的程度，但根据笔者对某市市场监管机关工作人员的访谈①，该工作人员表示市场监管机关虽有受理消费者申诉登记的台账，但总结上报数据和此并不完全一致，数据有估算成分。所里估的上报到分局，分局再上报到市局。至于市场监管机关转给其他单位处理的消费纠纷，没有跟踪，其他单位也懒得向市场监管机关反馈。实际上很多纠纷是无法调解的，比如阳光房爆裂（没有国标，业者认为有千分之一的自爆率是正常的）、吃饭吃到头发而行政机关人员已下班（中餐可以出现场、晚餐没办法）、家具用了几年来投诉（国家没有三包标准）、装修合同订的不具体发生纠纷（口头约定无法查证）、房地产纠纷（许多直接转到房产局，因为开发商根本不理市场监管机关调解）。当然即使是这样，据受笔者访问工作人员估计，该市市场监管机关调解消费纠纷的成功率还是能达到80%的，不过这也是一种经验式的估计而缺乏数据佐证。当然，也有相反的数据表明行政调解总体解纷绩效一般，其并不能化解半数以上的纠纷②。即使按照目前公布的调解成功率和调解纠纷数量来衡量，民间ADR（消费者协会）和行政ADR（市场监管机关）基本没有明显差异和区别，没有材料能够支持行政ADR绩效优于民间ADR的结论，从扩大制度供给的角度，显然两者应当互补和相互竞争而不存在行政ADR取代民间ADR的问题。

（三）解纷意愿的折扣与机制整合的掣肘

"关于消费者问题，虽然是该由行政、业者、消费者的三位合作为最理想，尤其是必须要以行政方面能不能改革官僚意识为关键，……然而，行政机关方面一向是直到引起轩然大波的大事态或让消费者感到极度的威胁，才能够动作起来。……因此消费者已无法忍受轻视消费者权益的行政机关，结果造成民众对于行政机关不信任。"③ "惩罚在给被惩罚者造成损失的同时，必然会耗费惩罚者的资源，惩罚者为实施惩罚所能够支付的资源数量就是衡

---

① 笔者有熟识的朋友从事消费者保护工作并有12315工作经历，这一关系对于实证研究来说是可以提高访谈结果的信度的。有论者指出，为保障观察研究中的访问法的顺利进行，应寻找有利于研究者进入现场、开展研究的各种社会关系。与调查对象中的人群建立友好关系，以实现有效沟通、应允积极配合。参见雷小政：《法律生长与实证研究》，北京大学出版社2009年版，第127页。

② 比如2019年北京市各级行政机关共受理行政调解案件64.71万件，调解成功28.59万件。参见《北京市人民政府关于2019年法治政府建设情况的报告》，《北京日报》2020年4月23日第3版。按照上述数据计算，北京市行政调解总体成功率约为44.18%。

③ 牛澤修次郎：《講座社會學15 社會運動》，東京大學出版会2003年版，第139页。

量其惩罚实力的技术指标。但理性的惩罚者不会使惩罚成本高于惩罚收益，采取惩罚措施是否会出现净收益，决定了惩罚者是否具有真实的惩罚意愿。"① 显然消费者保护工作和调解消费纠纷不像行政处罚和征收费用那样能够取得各种形式的收益，行政机关工作人员调解消费纠纷的意愿并不强烈甚至可能满腹委屈、不情不愿②。从管理学的角度看，领固定薪水的员工肯定不如计件或按绩效奖励的方式工作动力强，行政机关工作人员的职业倦怠也是合乎逻辑的；另一方面，如果录用聘用制人员，则其各项待遇与正式职员差距较大，也易导致其工作积极性不高。

"权力分割导致的权力部门化倾向在中国现实的行政科层体系中已成为普遍现象，在科层制下，管理被层级化、权力被科室化，层级的纵向门槛和权力的横向切割，导致了纵向路径的曲折化和横向利益群团的意见发散化，这不仅加大了组织决策成本，还造成了权力在权力结构中的低效化。"③ 消费者保护行政包罗万象，任何一个部门均无法单独完成消保任务。由此带来的负面效应就是可能政出多门、政策方向和工作力度不定、执法标准不一、各机

---

① 桑本谦：《私人之间的监控与惩罚：一个经济学的进路》，山东人民出版社 2005 年版，第 62 页。一个与之相似的例子是环境纠纷行政调解，环境监察人员拥有足够的资源例如行政执法权、监测垄断权等来控制当事人争议的环境利益，因此他能决定是以行政管理人的面目动用行政命令或处罚还是扮演调解人的角色调解解决纠纷。环境监察人员解决纠纷的两种方式中，行政调解是"合意性"模式，行政命令和处罚则属于典型的"决定性"模式。出于解决工作量和时间分配冲突以及降低纠纷解决成本等综合考虑，环境监察人员主要运用"决定性"的行政命令或处罚，"合意性"的行政调解被束之高阁。冯露：《环境纠纷行政解决机制实证研究》，北京大学出版社 2016 年版，第 71 页。

② 基层工商所除了日常繁重的监管及规费征收工作外，还要承担大量的 12315 消费者申诉举报所带来的落实、调处、建档、资料及报表的上报工作，还有开展流通领域商品质量监督检查、监测和食品安全监管工作，以及周末和节假日的"12315"值班，其精力已不堪重负，这就造成了一些为应付考核检查而出现的形式主义的存在。在工商所，一个工作人员往往同时要负责巡查、食品监管、消费调解等多项工作，一人多岗，一岗多责现象非常普遍，工作人员只能对各项任务疲于应付，无法进一步深入贯彻落实。12315 岗位工作压力大，时间长，频繁值班、加班，长期身体透支、精神紧张造成的必然后果就是工作效率低下。待遇上比起其他工作岗位，12315 的工作人员虽然付出更多，得到的却更少。没有任何灰色收入的可能、工作时间缺乏弹性、整天面对消费者的负面情绪、随时面临责任追究，就连值班、加班，也很少有加班费。公务员不适用《劳动法》，而是适用《公务员法》，公务员法是不许发放加班费，只准补休、调休。而正常上班还人手不足，哪有时间调休。据了解，大部分地区 12315 机构具体工作人员都是年轻人、老实人，为什么这么安排，大家心里应该都明白。但这种情况，对工作人员的积极性打击是非常大的。《关于 12315 行政执法体系建设的几点思考》，http：// bbs. aicbbs. com/viewthread. php？tid＝176075&extra＝page％3D2。

③ 白杰：《街道办事处权力运作逻辑：对宣南的实证研究》，中国商业出版社 2010 年版，第 99－100 页。

关权限冲突或空隙。除了行政机关内部工作人员解纷意愿不强以外，消保科室、其他科室、12315 呼叫中心（有的地方还成立了调解中心）之间的内部协调配合机制也有待加强。

不同行政机关之间由于职能分工尚未达致科学、合理、明确、清晰的程度，造成行政机关之间"争利益、推麻烦"，对于只能带来工作量和名誉（干得不好则是骂名和行政责罚），而不能带来实际利益甚或消耗大量行政资源的调处消费纠纷，也是兴致缺缺。有学者在论及食品行政监管机制时指出，"几个监管部门都认识到的，'食品安全'是一块烫手的山芋，工作成效不容易看到，但是工作疏忽却很容易败露。"[①] 因此行政机关普遍不愿过多从事只有名誉而没有经济收益的解决消费纠纷活动，在消费侵权场合，可能以行政处罚代替反复做调解工作促进消费纠纷的解决。

消费者保护行政机制整合不力也是放大行政机关对于消费纠纷调处的"不情愿"的一个重要因素。有研究表明，市场监管领域综合执法改革未能实现彻底的"化学反应"并革除老问题，又带来了一系列的新问题，譬如弱化了原有部门的系统意识但又未能实现职能融合与业务再造、执法专业化出现了弱化、上下层级监督趋于虚化、市场监管职能趋于弱化、执法标准与依据不统一、监管机构的独立性受到削弱、基层市场监管机构执法力量不足与专业化监管人才缺乏等[②]。机构改革的最终目的是构建"大市场"消保与监管格局。这就要求消保行政人员应当具有复合知识与综合理念。但在实际工作中还存在"各扫门前雪"的陈旧观念，习惯于以往的管理模式，缺乏对业者市场经营行为的动态监管思路。一直存在的部门间职责模糊、职能交叉问题还没有完全解决，导致出现一些监管盲区。因此迫切需要明确职责边界，在各负其责的同时加强协同，形成"化学反应"合力。

（四）解纷专业性未能充分凸显

"中国目前监管机构的大部分人员来自原有的部委，行政官僚居多，专业性不足。这种制度安排，一方面容易在惯性思维的作用下形成重管理而轻监管的局面，另一方面也容易因专业监管人才的欠缺形成监管机构被受监管产

[①] 刘亚平：《美国进步时代的食品管制改革及其对中国的启示》，《中山大学学报》2008 年第 4 期。

[②] 李学经：《市场监管领域综合行政执法体制改革研究》，中国社会科学出版社 2019 年版，第 81–83 页，第 93–95 页。

业牵着鼻子走的局面，产生监管捕获的风险。"① 实证研究表明，基层市场监管机关有限的办案能力和执法困难会导致选择性执法②。行政调解主体的专业性在理论上可能比普通民间调解要强，但现有的业务培训中与消费纠纷行政调解有关的内容比例十分有限，且以网络培训为主③。

权威评价认为在食品安全领域我国"基层监管力量和技术手段跟不上"④，实际上许多地方市场监管机关在消费者保护领域专职人员偏少，很多消保岗位都是"爷孙兵"（退居二线的老人或刚参加工作的年轻人），在经验或政策理论水平方面都不强、不精，尤其是对于各领域的专门问题，大多不具有专门知识。行政机构中除了收费不菲的原质检机关以外，大多没有完善的科技和设备条件，尤其是原工商机关没有检测、鉴定能力，无法发挥前述日本行政机关帮助消费者鉴定商品的优势⑤。即使配备专业设备，对人员专业知识的要求只会更高，显然简单的业务培训无法使之胜任，而最好需要具备系统学习专门知识的学历背景，这些在现有的公务员招录考试制度下难以充分实现。此外，机构改革后原有的业务、队伍融合不够，人员业务能力与工作要求有差距。许多基层执法人员以原工商机关人员为主，面对食品、药品等领域的行政调解或监管工作，多数业务基础薄弱，专业水平与实际需求不能完全匹配，知识储备不足，影响了消保和监管工作顺利推进。基层市场消保责任加重，监管盲点亟待消除。市场监管部门面对的监管与行政调解对象数量巨大、类型多样、覆盖面广，对工作人员的专业性和复合型要求更高。

---

① 马英娟：《政府监管机构研究》，北京大学出版社 2007 年版，第 243 页。

② 对于无法带来罚没的违法行为存在一定程度的纵容，甚至对于申诉举报也存在积极处理、应付了事、打击报复的不同选择。参见黄冬娅：《转变中的工商所：1949 年后国家基础权力的演变及其逻辑》，中央编译出版社 2009 年版，第 229-282 页。

③ 国家市场监督管理总局：《关于政协十三届全国委员会第三次会议第 4598 号（政治法律类 489 号）提案答复的函》（国市监提〔2020〕178 号），2020 年 11 月 4 日发布。

④ 《中共中央 国务院 关于深化改革加强食品安全工作的意见》（2019 年 5 月 9 日）。

⑤ 曾有市场监管机关工作人员告诉笔者，不要过分宣传和夸大 12315 的作用，人民法院都不敢现场断案，110 都交当地派出所，12315 就敢现场断？12315 的实质就是和稀泥，用行政执法权力，找商家的漏洞，从而达到调解目的。比如产品质量纠纷，就像人生病发烧了，医生一般都得让你去化验，看看指标再说。换成产品质量纠纷，严格来说如果双方观点不一致，就得检验。现场如何检？不检如何确定责任方？不确定责任方，如何判断是非？在食品流通、餐饮服务环节内，如过期食品、食物中毒、食品中有异物、非法添加等，这些投诉举报证据很难固定，难以获得现场一手证据资料，特别是吃过有问题的食物后发生的不良反应的偶然性与不确定性较大，如果经营者不承认，事实难以查明，只依据消费者的口头陈诉根本无法立案查处。

基层调解纠纷数量逐年上升，调解人员压力巨大，疲于应付。

（五）解纷潜在强制效力的"雷声大雨点小"

行政机关调解消费纠纷从理论上看效力强于民间机构调解，因为其具有行政处罚权①，对业者可能产生一定的威慑，但实践中市场监管机关针对消费纠纷的解决或业者不配合调解而行使行政处罚权的情况是极为罕见的，通常行政调解具有和民间调解一样的任意性或者说实际并不比民间调解明显更具有强制性。比如前述《中华人民共和国消费者权益保护法》第56条规定可对经营者"故意拖延或者无理拒绝"消费者诉求的行为进行行政处罚，但由于该条文中没有明确何为"故意拖延""无理拒绝"的具体情形，从依法合理行政的角度，市场监管机关在行政调解与行政执法实践中很难定性并予以处罚。2015年3月15日施行的《侵害消费者权益行为处罚办法》虽然从部门规章层面适当弥补了上述立法缺陷，但实践中该处罚办法却很少被援引适用。现实生活中业者涉嫌对消费者提出的合理诉求"故意拖延""无理拒绝"的情形颇为常见，但市场监管机关利用上述法律或规章进行处罚的案例却与之不成比例的少见。

针对行政调解效力不强的问题，曾有学者提出赋予工商机关行政裁决权以取代现有的工商行政调解制度②。甚至有观点主张在消费纠纷的解决中实行行政裁决③。不过对此问题，实践中行政机关的态度是非常保守的。"除了调解的效力和地位之外，行政机关对于处理民事纠纷的另一个顾虑是，以裁决方式作出处理之后，一旦当事人不服，往往会转而将行政机关作为被告，使民事纠纷转化为行政争议，这既损害了行政机关的威信，也浪费了其资源，必然会给行政机关带来无尽的麻烦。因此，基于自身利益，行政机关对于民间纠纷的处理并不积极，甚至极尽推诿之能事。"④ 为了打消行政机关害怕惹

---

① 有学者经实证研究指出，消费者保护行政机关在罚款和没收处罚的执行上"大棒不痛"，而在对业者评级和鼓励知情者举报方面又是"萝卜不甜"，形成比较尴尬的局面。参见傅蔚冈、宋华琳：《规制研究：转型时期的社会性规制与法治》，上海人民出版社2008年版，第39-41页。

② 张树义：《纠纷的行政解决机制研究：以行政裁决为中心》，中国政法大学出版社2006年版，第263-270页。

③ 何兵：《现代社会的纠纷解决》，法律出版社2001年版，第240—242页；国家工商行政管理总局消保局课题组：《关于我国消费争议解决机制的调查与思考》，载俞灵雨：《纠纷解决机制改革研究与探索》，人民法院出版社2011年版，第207-213页。

④ 范愉：《纠纷解决的理论与实践》，清华大学出版社2007年版，第363页。

麻烦、当被告的顾虑，主张确立行政裁决制度的学者设想应规定对行政裁决不服而向法院提起诉讼的当事人只能起诉对方当事人而非行政机关。

上述将现有的消费纠纷行政调解机制改为行政裁决制度的构想尚有值得商榷之处，因为行政裁决必然会导致解纷程序过分正式化或者说诉讼化，这一点从上述构想中也可以窥见端倪，显然这会影响纠纷解决的效率并对消费者证明责任要求严格。如果当事人双方广泛适用此一制度，则对于行政机关的员额、财力、编制、人员素质等是一个巨大到无法承担的挑战和重负。从机构经济人计算的角度，行政机关未必想要这一无法带来经济利益或物质回报，相反还要付出比以前成倍增加的大量时间、精力的所谓权力。即使解决了所有资源不足的问题，对于不服行政裁决的当事人来说，再诉无疑就使得前阶段的行政裁决演变为多余的一个审级，浪费国家公共资源和消费者、业者个人的时间和财力，成为类似劳动仲裁的"程序鸡肋"。而且行政裁决如果定性和区分责任不正确，即使规定行政机关在后续诉讼中不得作为被告，对其自身形象和公信力也是很大的伤害，被法院更改的裁决越多，这一制度的生命力和使用率就会越低，而且还可能引发当事人上访或领导怪罪，可能行政机关内部还会设立奖惩、考评指标与行政裁决制度相配套，这些都会造成行政机关和其工作人员视行政裁决权力为"烫手山芋"而不愿接掌。

总之，负有消保职责的行政机关面临着多重的现实困境①，同时，行政机

---

① 监管机制上存在短板：1. 三个系统五条热线，频道换不过来。办案和投诉举报流程都不一样，甚至"食品和药品还是分开的"，工商、质监、食药监平台开始整合，但操作仍不方便，基层经常为此手忙脚乱。不少基层谈到窗口评定，三个市局的标准不同，让基层在执行上很是为难。在谈到申报优秀案例时也都倒苦水，各有各的通知，标准要求不一致，只能根据不同要求尽量寻找匹配案例，分条线上报，重复工作较多。2. "我们30%以上精力耗在职业打假人身上"。3. "达摩克利斯之剑啥时候才能起作用"。目前信用监管制度还不健全，失信联合惩戒这把"达摩克利斯之剑"还未发挥作用。有基层干部说："大多数违法企业不怕罚款怕上'黑名单'，但由于'黑名单'与自然人挂钩不够和部门间信息互联不给力，一些严重违法的老板或个体户换个马甲仍能重操旧业，导致违法成本过低。" 4. "缺少技术执法和信息化监管手段"。5. "对一些新业态监管乏力"。保障机制上存在短板：1. "当'全科医生'难啊"。2. "基层动力不足，人员老化"。3. "谁担当谁倒霉，没资格就不用担责"。4. "培训与实战脱节"。参见陈保中、孙晓峰：《基层市场监管实践中的困惑和问题》，载刘学军、方艳：《大市场严监管》，中国财政经济出版社2017年版，第221–224页。

关也可以视为具有"工具理性"① 的主体，其"工具理性"可能与涉及消费纠纷寻求救济的消费者的"工具理性"发生冲突，进而出现行政失灵的情况。消费纠纷行政 ADR 虽在理论上具备诸多优点，实践中却未必优于民间 ADR，当然也无法替代民间 ADR 而独自发挥解纷作用，相反随着国家规制的缓和、社会自我治理的发展以及行政资源的限制，消费纠纷民间 ADR 的作用将会越来越重要和令人瞩目。但考虑到社会发展阶段与国情民情，作为纠纷解决生态系统的重要一员，行政调解必然也不会被民间 ADR 完全取代，值得我们进一步深化研究，以期发挥其制度的更大成效。

第二节　国内外消费纠纷行政调解机制的典型样态

每个国家的调解制度都有其自身生存赖以存在的制度结构和社会环境，调解与民事诉讼法的衔接、政府的政策支持、费用制度方面优惠政策、调解员资质以及调解交付机制都是决定特定国家调解个性的结构性条件②。域外行政调解制度的实践历史悠久，有些领域也颇为发达，譬如法国行政调解专员、西班牙护民官、美国联邦调解与调停局、我国台湾地区的乡镇市区公所调解等。通过一般的行政机构或行政人员斡旋与调解解决消费纠纷没有多少特别之处，很多也没有针对消费纠纷的专门体制机制与程序设计，从比较法的研究视角和研究价值来看，在世界范围内比较有代表性的专门为消费纠纷解决而设计，且得到广泛运用的消费纠纷行政调解机制中，笔者选取了瑞典、日本和我国大陆地区的有关行政调解制度加以介绍。

一、瑞典

瑞典中央消费者保护行政机构主要有三个：（1）瑞典消费者总署，提供一般大众有关消费者事务的协助，该署代表全体消费者利益行事，但原则上

---

① 工具理性（instrumental reason）是为了实现任何给定目标而对最适当手段的合理选择。最适当的手段是那些被判定为能最有效地实现被期望目标的行动和资源（无论这是依据使用最少的资源、最低的代价，还是实现的速度）。[英] 安德鲁·埃德加：《哈贝马斯：关键概念》，杨礼银、朱松峰译，江苏人民出版社 2009 年版，第 84 页。

② [澳] 娜嘉·亚历山大：《全球调解趋势》，王福华等译，中国法制出版社 2011 年版，第 5 页。

不处理个案消费纠纷申诉。（2）消费者诉怨全国委员会（National Board for Consumer Complaints）。（3）国家食物局（National Food Administration），负责一切有关食物的监管事项①。其中涉及行政调解的主要主体包括以下一些：

（一）消费者总署②

瑞典负责消费者保护的官方机构是消费者总署（Konsumentverket, Swedish Consumer Agency），这一机构原隶属于农业、食品和消费者事务部，在政府机构改革后，现隶属于司法部。瑞典政府与议会负责制定有关消费者政策和目标，并指导消费者总署的工作。消费者总署则负责广泛地执行有关消费者议题的事项，主要包括营销广告、合同条款、消费者信息、消费者教育、产品安全、产品质量及环境影响等。消费者总署设有一名署长，由消费者保护官兼任。消费者总署接受消费者抱怨与举报，也可对业者采取监管措施。这样的抱怨与举报会导致业者不得不改变经营行为或合同条款，但是消费者的抱怨或举报不会导致其与业者的个别纠纷得到消费者总署的协助③。

消费者总署本身不接受消费者个人的咨询，也不介入个别的消费纠纷。消费者总署协调联络的独立机构"你好消费者"（Hallå konsument）作为全国消费咨询中心承担了咨询业务。消费者可以针对商品、服务存在的问题或就诉怨相关问题、消费者法规问题等咨询该中心。不过中心不能进行调解或代写解纷申请，不能进行案件评估、审查证据或解释合同④。具体咨询事项涉及劣质商品、航班延误、租车纠纷、电信纠纷等三十余个类别⑤。此外，与消费者总署有密切工作联系的各城市消费咨询中心，可以为当地居民提供消费纠纷方面的咨询⑥。

---

① Swedish Consumer Policy，http：//www. lysator. liu. se/nordic/mirror2/SI/security/consumer. html.

② 参见该机关官网，https：//www. konsumentverket. se/languages/english-engelska/.

③ https：//www. konsumentverket. se/languages/english-engelska/this-is-how-you-file-a-complaint/.

④ https：//www. hallakonsument. se/en/articles/about-halla-konsument/.

⑤ https：//www. hallakonsument. se/en/engelska/.

⑥ https：//www. hallakonsument. se/om-oss/kommunal-konsumentvagledning-kvl. 瑞典286个城市基本上都有设在市政府的地方消费指导中心，全国共有300多名消费顾问官。国家消费总署定期向消费指导中心提供各种商品信息；消费指导官了解市场变化，熟悉保护消费者权益的各项立法，而且还和银行、社会服务、保险和税务部门保持密切联系，为消费者提供具体的服务，并负责向当地政府和中央政府通报当地的消费信息。向消费者指导中心投诉：当卖方对消费者的投诉不做答复或者所做答复不满意时，消费者可以请求当地的消费者指导中心给予帮助和指导，在买卖双方都同意的情况下，由中心协商解决双方的争议。

消费者总署隶属的内部机构并非完全没有行政调解职能，2005 年，消费者总署开始内设欧洲消费者中心瑞典分部（ECC Sweden），是由欧盟委员会资助的分设在不同成员国内的 30 个欧洲消费者中心之一①，其主要职能是为跨国购买商品或使用服务的消费者提供咨询和法律建议，并可为消费者和业者分属欧盟不同国家（也包括英国、冰岛、挪威等目前未加入欧盟的国家）的纠纷进行调解②。欧洲消费者中心瑞典分部的调解遵循自愿原则，不能强制业者遵循某些法令③。调解程序启动需消费者与业者自行协商不成，方可进行调解。各分部调解人员会主动联系业者，也可与业者所在国家分部调解人员取得联系，便利语言不通的消费者。调解可采取网络 ODR 形式④。ECC 网络截至 2021 年已运行了 16 年，已帮助了超过 100 万人次的欧洲消费者。统计表明，2019 年全欧 EEC 受理消费者咨询与调解申请约为 12 万件，其中 85% 为咨询类，15% 涉及 EEC 联络业者调解。这 15% 的调解案件其中约有 45% 调解成功、纠纷解决，其余 55% 调解不成的也提供了消费者其他法律途径的建议。咨询类求助平均答复时限在 10 天，调解类求助平均结案期限在 120 天⑤。2020 年 1-7 月，EEC 网络在全欧受理了 88585 件咨询与调解申请。EEC 瑞典分部 2019 年 1-6 月受理 7177 件咨询与调解申请，2020 年 1-6 月受理 6567 件咨询与调解申请。EEC 瑞典分部现有 8 名工作人员，包括一名主任、六名案件处理员及一名行政人员。其中案件处理员具有律师职业证⑥。

（二）消费者保护官

保护官一词"Ombudsman"源于日耳曼语，英语中没有确切的对应词，按字义解释，可以是代理人、代表保护人或者负责审理申诉状的人。在英语国家中，人们倾向于将该词称作"督察专员"或"监察专员"。1809 年，瑞典通过第一部宪法性文件《政府组织法》后，大法官的职权仅被限于普通的司法范围，议会则任命 1 名官员，取代大法官来督察行政官员乃至司法机关

---

① https：//www. eccsverige. se/en/om-ecc-natverket.

② 参见该机构网站，https：//www. eccsverige. se/en/。

③ https：//www. eccsverige. se/en/om-ecc-sverige.

④ https：//ec. europa. eu/consumers/odr/main/index. cfm? event＝main. home2. show&lng＝EN.

⑤ https：//ec. europa. eu/info/live-work-travel-eu/consumer-rights-and-complaints/resolve-your-consumer-complaint/european-consumer-centres-network-ecc-net_ en.

⑥ ECC Network Anniversary Report（2005-2020），European Consumer Centre，November 2020，p20，p66.

的某些作为与不作为，维护公众个人权利，这就是议会督察专员的开始①。随后"监察专员"或曰"护民官"制度推展到了包括消费者保护在内的多个领域及欧洲许多国家。

瑞典消费者保护官（Consumer Ombudsman，Konsumentombudsman）对业者代表消费者的利益，并为消费者利益采取法律行动。消保官职务，系确保业者遵守法律，并基于其权威，从其公正立场出发，为达保护消费者的目的，监视企业经营者的活动以及处理消费者的申诉②。

消费者保护官有时可以帮助消费者与业者解决纠纷，也可以代表消费者在法院诉讼或与执行机构联系。上述帮助消费者解纷的行动被称为消保官支援（KO support）。消保官仅会在消费纠纷满足一定条件下才会采取支援行动：（1）消费纠纷对法律的适用意义重大；（2）纠纷解决可以澄清特定领域的法律状况；（3）纠纷涉及大量消费者，蕴涵消费者普遍共同权益。一旦消保官决定在个别纠纷中支援消费者，消费者法律方面的支出将由国家财政负担。消费者申请消保官支援应通过邮件形式提出申请，由于消保官所属的消费者总署属于政府部门，所有消费者总署/消费者保护官收到的文书材料都会公开，并可被社会公众查询与阅读③。

消保官介入消费纠纷的法律依据是《消费者保护官参加特定纠纷法案》（Act on Participation of the Consumer Ombudsman in certain disputes）。根据瑞典法律建立的程序，一个案件可以由消保官依职权发起或应消费者申请开展。通常，消保官会尝试在消费者和业者之间进行消费纠纷的协商调解。如果调解不成，消保官会以业者违反《市场经营法》（the Marketing Practices Act，Marknadsföringslagen，MFL）及《不当消费合同条款禁止法》（the Unfair Consumer Contract Terms Act, om avtalsvillkor in konsumentförhållanden，AVL）的理由，向一个特别法院——市场法院（Marknadsdomstolen, the Market Practices Court）提起诉讼。根据业者违法行为的种类和程度，消保官可以寻求不同类型的执法措施，包括禁令、法庭判决强制信息披露、金额最高达到

---

① 尤光付：《中外监督制度比较》，商务印书馆 2013 年版，第 102 页。

② 北川善太郎、及川昭伍：《消费者保护法の基础，基础法律学大系 34》，青林书院新社 1986 年版，第 371 页。

③ https：//www.konsumentverket.se/languages/english-engelska/this-is-how-you-apply-for-ko-support/.

侵权人的年度营业额（infringer's annual turn-over）10%的特别罚款。消保官也可以为了保护群体消费者权益针对业者发起禁令诉讼①。

（三）瑞典消费诉怨全国委员会②

消费诉怨全国委员会（The Swedish National Board for Consumer Complaints，ARN）于1968年设立，是一个准司法性质的行政机构，负责调解处理消费者提出的与商家间发生的纠纷。成立的理由是因为瑞典的国民不喜欢到法院去。成立该委员会的目的就是要提供另外一个迅速、简单又经济的消费争议救济途径，让人民可以得到公平正义的机会，同时也可以达到相当于法院的替代性措施的机构。

该委员会下设12个小的分部（department），其中11个是处理专业领域的消费纠纷的，如金融部、住房部、家具部、家电部、汽车部、旅游部、纺织洗染部、家政部等，1个是处理一般消费纠纷的。

解纷申请只能由消费者一方提出，但消费者必须先行与业者协商，业者部分或全部拒绝消费者诉求或者不理会消费者的情况下，消费者才能向委员会提出解纷申请。消费者向委员会提出解纷申请的时效为消费者首次向业者提出协商争议开始一年以内。

除非性质重要和情况特殊，针对不同种类的争议需满足特定金额的最低数额要求，委员会才能受理消费者的申诉。一般消费品类、电器类、鞋类、服装类纠纷金额需达500瑞典克朗，车辆类、旅游类、洗涤类纠纷需达1000瑞典克朗，银行贷款类、住宅类、船舶类或保险类纠纷需达2000瑞典克朗。例外的情况是，如果消费纠纷具有原则属性（principle nature）或其他特殊情形，委员会可以受理低于最低金额要求的消费纠纷。

委员会对于私人之间或业者之间的争议、需要评估鉴定的医疗服务争议、涉及法律服务的争议、有关艺术和收藏品价值的争议、已提交法院解决的争议和商家已进入破产程序的争议等不予受理，委员会还有权决定不予受理其认为不能充分调查和不适合由其审查的争议（因为委员会的书面审程序和简单化的工作方式），这里主要是指的一些需要提交口头证据的消费纠纷以及因

---

① Ombudsman system in Sweden，https：//www. collectiveredress. org/collective-redress/alternative-ombudsman-sweden.

② 参见该机构官网，https：//www. arn. se/om-arn/Languages/english-what-is-arn/。

为规模大或复杂性高而需要全面调查取证的消费纠纷。

ARN 的主席和副主席由政府任命，为全职工作。此外还有每个分部主席都由有经验的法官担任，为兼职工作，其余人员分别由同等比例的消费者和业者代表组成，往往或多或少都是各自行业或领域的专家。在处理纠纷时采取书面审，一方提交请求后会通知另一方提供陈述，当事人也可通过电话补充信息。

委员会的决定实际上是对如何解决纠纷的一种劝谕（recommendations），没有法院判决那样的约束力或执行力，并且可以在普通法院对此决定提起诉讼。根据统计，85% 的案件当事人都会遵循委员会的劝谕解决纠纷，而剩下的一些案件业者通常是要破产的或者是从市场上消失了的，所以这种解纷方式的可生效性对于消费者来说是再好不过了。这么高的履行率有多方面的原因：一是委员会对于自身作为独立且称职的半司法机构（quasi-judicial body）的自信；二是许多行业协会要求自己的会员遵循委员会的某个分部做出的决定，甚至有些行业协会在其会员不愿遵循委员会决定时代替会员承担责任；三是业者不遵循委员会决定可能会受到大众传媒的负面曝光。ANR 的纠纷处理决定还可以作为其他权力机关介入的基础，如消费者保护官可以据此禁止不合理的合同条款①。ARN 经费由政府财政支持，2008 年的预算为 24600000 瑞典克朗（约合 2387000 欧元），2008 年有 7758 件纠纷提交给 ARN，其中 4910 件做出了最后的决定（final decision），41 % 的决定是有利于消费者的，做出决定平均用时为 165 天②。

二、日本

日本的消费者行政机构属于内设和独立兼具的混合设置模式。内阁各省厅内设立的机构比如农林水产省的消费安全局。内设机构作为下属机构接受内阁部门的统一领导。另一方面，在这些内设机构之外，日本也建立起一批半独立性质的部门外局和独立行政法人，承担各项具体的执行事务。部门外局主要有内阁府的日本公正交易委员会和消费者厅，独立行政法人的代表是

---

① Beck-Friis，How Consumer Disputes Are Dealt With in Sweden：The Swedish National Board for Consumer Complaints，Journal of Consumer Policy，Volume 13，Number 4 ，1990.

② Frank Alleweldt，Final Report to DG SANCO-Study on the use of Alternative Dispute Resolution in the European Union，Berlin，16 October 2009，p506-509.

国民生活中心。

日本对于这里的"独立"的理解是"独立于被监管企业",而非独立于"政治"。部门外局和独立行政法人的独立性主要体现在其决策的独立性上:这两类机构均是在主管省厅之外独立运营,在承担执行职能时基于专业知识自主决策,不受各省厅干预。独立行政法人的英文名称是 Incorporated Administrative Agency（IAA），其意也在于"法人化的行政厅"①。独立行政法人的运行管理注重提高工作效率和业务质量。其具体表现是,实行目标管理和事后绩效、行为规范评价,强化结果导向;将企业管理的技术方法,引入到业务运行管理中,强化成本投入控制②。《国民生活中心法》第 15 条第 2 款规定,中心的负责人及职员,关于刑法或其他罚则的适用,视为依法令从事公务的人员③。笔者认为,基于此类机构的性质,其对消费纠纷的斡旋与调处,应属于行政 ADR 的范畴。

日本于 2004 年将《消费者保护基本法》大幅修订,新法规定国家的职责是遵循基本理念推动消费者政策、制定或修正消费者基本计划、采取必要财政措施等（《消费者保护基本法》第 3、8、10 条）。国民生活中心的职责是消费生活情报收集与提供、苦情④处理的斡旋及相谈⑤、纷争合意的解决、有关苦情相关商品的试验与检查、调查研究、消费者教育（《消费者保护基本法》第 25 条）。地方消费行政则强化对消费者启发活动、推广消费教育（《消费者保护基本法》第 17 条），促进苦情处理、纷争解决（《消费者保护基本法》第 19 条）。

（一）国民生活中心消费苦情相谈与斡旋

国民生活中心成立于 1970 年,最初是一个政府依特别法令成立的组织,后于 2003 年 10 月依《独立行政法人国民生活中心法》改组为现行组织;是为实现自己作为解决消费者问题核心机构的使命而专门设立的。《消费者保护

---

① 毛桂荣:《日本独立行政法人制度述评》,《公共管理研究》2009 年（年刊）。对此问题也可参见徐飞:《政府规制政策演进研究:日本经验与中国借鉴》,中国社会科学出版社 2015 年版。

② 李志更、李学明:《日本独立行政法人制度的发展及启示》,《中国人事科学》2020 年第 10 期。

③ 参见《独立行政法人国民生活センター法》第十五条:委员は、刑法その他の罚则の适用については、法令により公务に従事する职员とみなす。

④ 日语中"苦情"一词,相当于汉语不平、不满、抱怨、牢骚、委屈、怨言等多种含义。

⑤ 日语中"相谈"一词,相当于汉语商谈、协商、商议、咨询等多种含义。

基本法》第 25 条明定国民生活中心为消费者支持行政的中间核心机关，应实施消费者相谈、相谈员等的研修活动、扩充商品测试、加速整备 PIO–NET①和事故信息资料库系统，进行广泛消费者诉讼外纷争解决程序（ADR）体制的整备②。国民生活中心从全国的消费生活中心等处收集消费生活的相关信息，发挥着预防消费者权益受损、防止受损面扩大等多项任务。

国民生活中心设理事长 1 名，任期 4 年；理事 3 人以内、监事 2 人，任期各为 2 年（《独立行政法人国民生活中心法》第 6 条、第 8 条）；内部组织分为总务部（下辖总务科、企划科、会计科、管理室、适格消费者团体支援室）、公共关系部（下辖公关科、地方支援科、情报资料馆）、信息管理部（下辖信息管理科、业务科、信息系统科）、相谈情报部（下辖相谈第 1、2、3 科）、商品检测部（下辖企划管理科、测试第 1、2 科）、教育研修部（下辖教务科、资格制度室、首席调查研究员），另有事务局及附设纷争解决委员会。职员约 120 余名③。根据《独立行政法人国民生活中心法》第 10 条，国民生活中心职掌业务分为六大项：（1）相谈；（2）相谈情报的收集、分析、提供；（3）商品测试④；（4）宣传推广⑤；（5）研习活动、资格制度⑥；（6）解决重要消费者纷争。

统计口径中的相谈件数并不是单一类型的，原则上是需要斡旋等的"投诉"和单纯的"询问"，以及要求行政部门或企业等采取改善措施的"愿望"的合计数量⑦。消费生活专门相谈员为因应消费生活相谈必须具有一定知识与能力，经考试合格由国民生活中心理事长认定并授予消费生活相谈员国家资

---

① 全国消费生活情报网络平台（Practical Living Information Online Network System），简称 PIO–NET。
② 消費者行政推進基本計画について～消費者・生活者の視点に立つ行政への転換～，http：//www.kantei.go.jp/jp/singi/shouhisha/kakugi/080627honbun.pdf.
③ 国民生活センター組織図，http：//www.kokusen.go.jp/hello/soshiki_zu.html。
④ 为解决有关商品苦情相谈，受各地消费中心请托，积极实施商品测试，并设置事故调查机关。
⑤ 随时更新中心网页信息，举行记者说明会，发行《国民生活》月刊等。
⑥ 办理研修活动、巡回访问支持、扩充信息交换管道、消费生活专门相谈员资格认定、消费者教育。
⑦ ［日］岛野康：《消费者咨询和投诉处理》，载［日］小岛武司、伊藤真：《诉讼外纠纷解决法》，丁婕译，中国政法大学出版社 2005 年版，第 110 页。

格。资格每 5 年更新，截至 2020 年约有 6000 人获得相谈员资格①。

相谈的具体程序分为"直接相谈"与"经由（转介）相谈"二种。前者由国民生活中心的专门相谈员，受理及处理一般消费者以电话或文书，对商品服务等消费生活的苦情与询问。后者系由各地消费生活中心与消费者接触之后，再经由国民生活中心相谈员参与的相谈形态，可分为移送、共同处理、助言（建议）三种方式：①移送的处理主体为国民生活中心，受各地消费生活中心请托，全面处理。②共同处理是由国民生活中心与各地消费生活中心，共同处理相谈、或因应各地消费生活中心请托，由国民生活中心联络业者、查寻相关省厅组织等事项，协助处理苦情。③助言是由国民生活中心针对各地消费生活中心处理方式、有无相同事例等查询，给予建议。

处理投诉时，首先由相谈员处理，听取咨询者的情况，必要的时候照会有关机构，进行事实确认调查、跟踪调查等提供被害人救济（斡旋等）。对于损失利益、赔偿费、过失分配等需要高度法律性判断的案件，则会向消费者投诉处理专门委员会咨询（由技术专家、法律专家定期去国民生活中心或在例行咨询日，由 1 名专家对应多数案件）。消费者不满的处理专门委员会可根据需要以小委员会形式开展劝解。这种投诉处理的流程在全国的生活消费中心也是相同的，只是与国民生活中心的消费者投诉处理专门委员会相当的机构是投诉处理委员会（根据自治体不同称呼也有差异），它采用的是领导委托的形式。进行投诉咨询处理的是非专职的生活消费相谈员（也有中心的处理只由行政职员负责）。对于生活消费中心、国民生活中心这些公共机构来说，在个别被害救济的同时，重要的课题是被害的防患于未然和防止扩大。分析和评价前来相谈的事件后，向一般消费者提供信息、对相关的从业者以及从业团体提出改善要求，以及提出包括法律修改等要求，这样才是真正意义上结束投诉处理②。

2010 年依据内阁府国务大臣会议决议"独立行政法人事务、事业重新评估之基本方针"，废止"直接相谈"；2011 年 6 月消费者热线（消费者ホットライン）成立，开始支持平日相谈窗口（平日バックアップ相谈）。目前以相

---

① 消費生活相談員資格試験・消費生活専門相談員資格認定制度，http://www.kokusen.go.jp/shikaku/shikaku.html。

② ［日］岛野康：《消费者咨询和投诉处理》，载［日］小岛武司、伊藤真：《诉讼外纠纷解决法》，丁婕译，中国政法大学出版社 2005 年版，第 111-112 页。

谈处理或支持情报信息的所谓的"经由（转介）相谈"方式，以星期六、日、国定假日的电话相谈、昼间时段的消费生活相谈（お昼の消费生活相谈）、开设消费者纠纷电子邮箱（消费者トラブルメール箱）为其主要业务。

在相谈情报的收集、分析、提供方面，于 1970 年设置全国消费生活情报网络平台（PIO-NET），将全国各地消费生活中心网络连接建构平台，收集消费者的问题（含苦情相谈）信息、危害情报信息并归纳分析①、作成数据资料库，使全国各地消费生活中心在处理消费者问题相谈时，能较容易地检索到相关类似事件，以提供重要信息，并且作为消费者厅及其他消费者行政当局实施消费者政策的参考或通过媒体提供信息给一般消费者，亦提供予其他行政机关。PIO-NET 设立的目的是希望通过政府行政，在消费者发生消费纠纷时，可以在信息、资本与交涉力等方面，弥补消费者与业者之间的落差。在提供被损害救济的运用方面，通过 PIO-NET 内部的信息，可以作为个别相谈处理的参考。而在损害防止方面，可以通过 PIO-NET 所记录的处理经验，防范事故再发生。PIO-NET 可提供数据给消费者并提供消费者诉讼援助，消费者仅需负担资料邮寄的费用。此外，国民生活中心与日本 20 家具有代表性的医院签约，每年国民生活中心会编列预算补贴医院执行该项业务。每当有就诊消费者因为商品、服务或设备对其造成损害时，医院经就诊人本人同意后，可将相关事故信息提供给国民生活中心。医院所通报的信息在 PIO-NET 数据库属于补充性质②。

（二）国民生活中心重要消费纠纷和解中介

2008 年《独立行政法人国民生活中心法》修改，该法第 11 条规定，应在本中心设置纷争解决委员会，进行解决重要消费者纷争的和解中介以及仲裁程序。为此国民生活中心专门设立了纠纷解决委员会，委员会自身定位具有公正性、中立性与行使职权独立性。委员会主要针对全国消费生活中心的斡旋进行不顺利与较困难的重要消费纠纷，实行"和解中介"或"仲裁"两类非诉讼纷争解决程序。同时在不违反 ADR 非公开原则的范围内，发布结果概要，并向消费生活中心等提示解决指针。从 2009 年 4 月开始运行到 2018

---

① 截至 2021 年 3 月，已累计记录危害信息 289287 件。http：//www. jikojoho. go. jp/ai_ national/。

② 消费生活相谈データベース（PIO-NETより），http：//datafile. kokusen. go. jp/；事故情报データバンク，http：//www. kokusen. go. jp/jikojoho_ db/index. html；医师からの事故情报受付窗口，http：//www. kokusen. go. jp/jiko_ uketuke/index. html。

年，10 年时间共接到事前询问 9922 件，解纷申请 1533 件，平均配合程序率 89%、达成和解率 64%。处理结果概要公布 1216 件，业者名称公开发布 184 件，发出义务履行劝告 23 件①。

纷争解决委员会的构成方面，截至 2023 年 4 月 1 日，纷争解决委员会共有委员 15 名，特别委员 65 名。其中以律师和消费生活商谈员为主，也有专家学者等参与。当然委员大多具有专门知识，在专门领域学有专长。目前的委员长是贝阿弥诚律师（原东京地方法院院长）②。委员长由委员互选，委员人选须受内阁总理大臣认可，由国民生活中心理事长任命。委员或特别委员独立行使职权，解决消费者与业者间的民事纷争中，属于同种类多数性、重大被害性、事件复杂性具有全国意义的重要消费纠纷③。

纷争解决委员会解决程序有"和解中介"（相当于斡旋、调停）及"仲裁"（依仲裁法）两种。所谓和解中介，是指重要消费者纷争由委员居间双方当事人的交涉，通过斡旋、调停促成双方和解，解决纷争的程序。由当事者双方或一方申请，程序即开始。当和解中介成立时，其所做成的合意书并无强制力，双方当事者对和解事项不遵守时，依当事者提出申请，在纷争解决委员会判断下，可劝告另一方当事人遵守合意事项，即"义务履行劝告"④。

关于和解中介具体实施程序，首先由纠纷当事者双方或一方向纷争解决委员会申请和解中介，由委员长从委员、特别委员中指名 1~2 人以上担任中介委员。若申请和解中介的消费纠纷不是重要消费者纷争，中介委员可驳回申请。属于重要消费者纷争，纷争解决委员会即迅速将申请复印件寄送通知给另一方当事人，并确认有无由纷争解决委员会实施和解程序解决纷争的意愿。纷争解决委员会实施程序时，可要求当事者出席、提供文书相关资料、通知关系人陈述意见。如和解中介破裂结束，且于一个月内向法院提起诉讼，则自申请和解中介时，视为提起诉讼，消灭时效中断。重要消费者纷争虽已在法院进行诉讼程序，但纷争当事者双方又实施和解中介程序，在符合一定

---

① 独立行政法人国民生活センター：《国民生活センター ADR 制度开始后 10 年の申请状况等について》，2019 年 4 月 25 日，http：//www. kokusen. go. jp/pdf/n-20190425_ 1. pdf。

② 国民生活センター纷争解决委员会 委员·特别委员名簿，http：//www. kokusen. go. jp/adr/pdf/adr_ iin. pdf。

③ 国民生活センター纷争解决委员会が扱う「重要消费者纷争」について，http：//www. kokusen. go. jp/adr/pdf/zsh_ 1. pdf。

④ 独立行政法人国民生活センター法第三十七条（義務履行の勧告）。

要件之下，法院得中止诉讼程序。而且经由和解中介程序无法获得解决时，消费者向法院提起诉讼时，国民生活中心会支持并提供准备诉讼相关资料。调解程序不公开，申请启动程序免费，原则上从申请日起 4 个月内完成①。

比较消费苦情相谈与斡旋机制和重要消费纠纷和解中介机制，前者相谈员（相谈情报部职员）以消费者立场陈述意见，努力找出消费者与业者之间合意点。相谈员听取双方陈述之后，整合解决内容，以口头向双方传达并记载于相谈卡，但对斡旋解决案无强制力。业者不响应解决并无罚则、亦无业者不履行解决内容的劝谕制度。而后者纷争解决委员以公正公平立场实施程序，促使双方互让、探求双方合意点，必要时委员可提示解决方案。解决内容须作成和解协议书，经双方签名盖章。在协商破裂时对业者虽无罚则，但对业者不履行协议有劝谕制度。同时业者无正当理由对程序的进行不予协助时，可公布其公司商号名称。

（三）地方消费生活中心苦情相谈与斡旋

日本的地方政府自 20 世纪 60 年代起，针对消费者的申诉，以"消费者申诉处理"形式为协商解决纠纷而开始展开斡旋活动。在 1968 年制定的《消费者保护基本法》中，明确规定地方政府具有致力于处理消费者申诉的努力义务。《消费者保护基本法》第 16 条规定，"国家及地方公共团体，就消费者保护问题制定相关政策，并致力于在综合考量下完善行政机关组织的设置和改善行政运营。"其后，都道府县以及市町村政府陆续设立了消费生活中心或消费生活咨询窗口，为消费者提供咨询，并为处理消费者不满进行斡旋。

2009 年在设置消费者厅的同时，日本制定了《消费者安全法》。《消费者安全法》明确，为防止消费者消费生活被害，国家要制定基本方针，都道府县及市町村有义务设置消费生活中心及聘用具有处理消费者投诉和解决消费纠纷专门知识的专家从事相关事务、实施相谈业务、收集消费者事故的事件信息②。具体来说，市町村的消费者相谈窗口针对苦情相谈、苦情处理斡旋、信息收集与提供，要与都道府县的消费生活中心交换信息。而都道府县的消费生活中心为因应广泛大量的苦情相谈、苦情处理斡旋，要以专门知识及技

---

① 参见《独立行政法人国民生活センター法施行规则》《独立行政法人国民生活センター纷争解决委员会业务规程》。

② 《消费者安全法》第十条（消费生活センターの设置）。

术做必要的调查分析，确保消费者安全的信息收集、提供，应与市町村的消费者相谈窗口交换信息①。地方公共团体实施苦情相谈或斡旋，国民生活中心应给予必要的援助②。同时该法还要求都道府县政府建立相应的电子信息处理机构，保证工作效率。

消费生活中心设置于都道府县市町村的行政机关，除与国民生活中心保持联系外，并负责各种消费信息、危险情报收集与提供，消费者苦情（申诉）处理与咨询，调查研究及商品测试等业务。消费生活中心因系依据各地方自治体条例独立设置，故其名称多样化，如消费者中心、生活科学中心、县民生活中心等，其规模也依据地方自治体地域规模而有不同。

截至 2022 年 10 月，在所有的县、主要城市及乡镇共有约 1300 所地方消费者中心，2021 年度全国相谈件数为 843664 件③。地方消费者中心的功能类似国民生活中心，在执行消费者政策上扮演一个重要的角色，它们提供信息给消费者、处理与消费者事务相关的申诉和调查。国民生活中心则成为这些地方消费者中心网络的中心，就国民被害救济，对居于最前线活动的地方消费行政，提供信息、相谈员研修、支持相谈及重要消费纠纷 ADR 程序等必要支持④。

各地消费生活中心的消费者相谈程序，分为有助言（咨询）、苦情处理与斡旋两种。助言（咨询）是受理消费者电话或面谈协商，由专门的消费者相谈人员处理，从旁提供建议、信息，介绍其他机关，主要扮演协助消费者自主解决纠纷的角色。当处理恶性的消费者交易被害或商品事故等重大消费者被害时，除了提供消费者可解决的必要信息外，亦应提示消费者与业者双方当事人，朝向以斡旋方式解决问题，积极地致力于协助解决。苦情处理与斡旋是消费者本身向业者反映苦情时，由消费生活中心提供相关法令、判决、相谈事例等，协助消费者与业者就纷争解决达成合意⑤。

---

① 《消費者安全法》第八条（都道府県及び市町村による消費生活相談等の事務の実施）。
② 《消費者安全法》第九条（国及び国民生活センターの援助）。
③ 国民生活センター：《消費生活年報 2022》，2022 年 10 月，第 5 页。
④ 野々山宏：《国民生活センターの地方消費者行政の支援機能》，《消費者法ニュース》No. 95（2013）。
⑤ 宮園由紀代：《消費者相談の複合的な役割：消費者紛争の多様性と相談員の役割モデル》（論文要旨），https://www.kumamoto-u.ac.jp/daigakujouhou/jouhoukoukai/gakuironbun/hougaku_kou/hougaku_kou_file/hougaku_kou4ronbun.pdf。

三、中国

2018 年 3 月国务院机构改革组建了国家市场监督管理总局，整合原工商行政管理、质量监督、食品药品监督管理、价格监督检查、知识产权执法、反垄断执法等职责，实行统一市场监管。原相关部门分别开设了 12315、12365、12331、12358、12330 等投诉举报热线，并制定了不同的处理制度。这些投诉举报处理制度的调整范围、受理渠道、流转程序、处理方式、数据标准等均不一致，给基层行政人员适用带来困难，妨碍监管执法的统一权威高效，留下制度套利空间。

全国性的《行政调解条例》曾被列入国务院 2011 年的立法规划，但迄今没有进展。针对民事纠纷的行政调解只能被零散地规定在数量很难准确统计的法律、行政法规和部门规章中。鉴于消费纠纷行政调解涉及行政机关众多以及市场监管部门在消费纠纷行政调解中所占比例最高，本部分内容将以市场监管部门行政调解机制为中心进行论述。通过对规范性文件的分析[①]，市场监督管理部门调解消费纠纷遵循的原则主要包括公正、高效、依据正确、程序合法。市场监管机关常将消费者投诉与举报并称，并进行一体规定。实际上两者区别较为明显，投诉，是指消费者为生活消费需要购买、使用商品或者接受服务，与经营者发生消费者权益争议，请求市场监督管理部门调处解决该争议的行为。举报，是指自然人、法人或者其他组织向市场监督管理部门反映经营者涉嫌违反市场监督管理法律、法规、规章线索的行为。

我国市场监管机关在消费纠纷行政调解领域的人员队伍、场所设施、工作程序等方面相对比较健全和规范，同时也积极推进 12315 行政执法体系建设，整合了原工商、质检、食药、价格、知识产权等投诉平台，实现了投诉举报"五线合一、一号对外"，支持网页、App、微信、支付宝等多种便捷的登录方式。并且如前文所述，市场监管机关也推动了部分企业入驻平台，力

---

① 本部分主要依据《市场监督管理投诉举报处理暂行规定》（国家市场监督管理总局令第 20 号，2020 年 1 月 1 日起施行）。1998 年 3 月 12 日原国家质量技术监督局令第 51 号公布的《产品质量申诉处理办法》、2014 年 2 月 14 日原国家工商行政管理总局令第 62 号公布的《工商行政管理部门处理消费者投诉办法》、2016 年 1 月 12 日原国家食品药品监督管理总局令第 21 号公布的《食品药品投诉举报管理办法》同时废止。也可参见王伟民：《市场监管部门行政调解操作指引》，中国工商出版社 2016 年版，第 46-64 页、第 126-134 页；国家工商行政管理总局：《消费者权益保护》，中国工商出版社 2012 年版，第 110-121 页。

图实现纠纷在线和解。据统计，2022 年全国通过平台受理消费者投诉举报 1317 万件，为消费者挽回经济损失 45.2 亿元①。

市场监管机关消费纠纷行政调解程序分为管辖－受理－调查与调解－文书制作与归档，具体流程可见图 6－1。

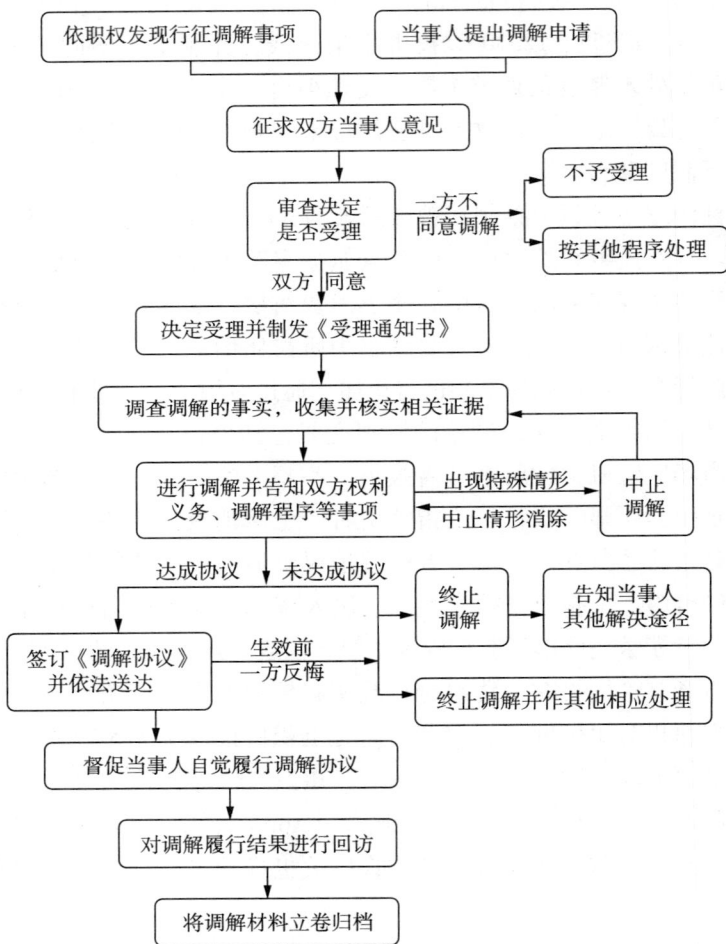

图 6－1　市场监管机关消费纠纷行政调解程序示意图

---

① 《市场监管总局 2022 年法治政府建设年度报告》（2023 年 3 月 13 日）。

（一）管辖

县级以上地方市场监督管理部门负责本行政区域内的消费纠纷调处工作。向市场监督管理部门同时提出投诉和举报，或者提供的材料同时包含投诉和举报内容的，市场监督管理部门应当按照规定的程序对投诉和举报予以分别处理。投诉由被投诉人实际经营地或者住所地县级市场监督管理部门处理。对电子商务平台经营者以及通过自建网站、其他网络服务销售商品或者提供服务的电子商务经营者的投诉，由其住所地县级市场监督管理部门处理。对平台内经营者的投诉，由其实际经营地或者平台经营者住所地县级市场监督管理部门处理。

上级市场监督管理部门认为有必要的，可以处理下级市场监督管理部门收到的投诉。下级市场监督管理部门认为需要由上级市场监督管理部门处理本行政机关收到的投诉的，可以报请上级市场监督管理部门决定。对同一消费者权益争议的投诉，两个以上市场监督管理部门均有处理权限的，由先收到投诉的市场监督管理部门处理。两个以上市场监督管理部门因处理权限发生争议的，应当自发生争议之日起七个工作日内协商解决；协商不成的，报请共同的上一级市场监督管理部门指定处理机关。

县级以上地方市场监督管理部门作为统一接收投诉举报的工作机构，应当及时将投诉举报分送有处理权限的下级市场监督管理部门或者同级市场监督管理部门相关机构处理。同级市场监督管理部门相关机构收到分送的投诉举报的，应当及时处理；不具备处理权限的，应当及时反馈统一接收投诉举报的工作机构，不得自行移送。

市场监督管理部门可以委托消费者协会或者依法成立的其他调解组织等单位代为调解。受委托单位在委托范围内以委托的市场监督管理部门名义进行调解，不得再委托其他组织或者个人。以投诉形式进行咨询、政府信息公开申请、行政复议申请、信访、纪检监察检举控告等活动的，不适用行政调解机制，市场监督管理部门可以告知通过相应途径提出。自然人、法人或者其他组织反映国家机关、事业单位、代行政府职能的社会团体及其他组织的行政事业性收费问题的，按照《信访条例》有关规定处理。

（二）受理

向市场监督管理部门提出投诉举报的，应当通过市场监督管理部门公布的接收投诉举报的互联网、电话、传真、邮寄地址、窗口等渠道进行。市场监督管理部门全国 12315 平台、12315 专用电话等投诉举报接收渠道，实行统一的投诉举报数据标准和用户规则，实现全国投诉举报信息一体化。投诉应当提供下列材料：（1）投诉人的姓名、电话号码、通信地址；（2）被投诉人的名称（姓名）、地址；（3）具体的投诉请求以及消费者权益争议事实。委托他人代为投诉的，除提供上述材料外，还应当提供授权委托书原件以及受托人身份证明。授权委托书应当载明委托事项、权限和期限，由委托人签名。

投诉人在全国 12315 平台投诉填写的投诉内容应当符合平台要求的格式，事实清楚、实事求是，并根据平台和处理单位要求提供电话号码和其他有效联系方式，以便市场监管部门在处理时可以及时与投诉人取得联系。投诉事项一事一单，不能就同一事项重复投诉，也不能在一个投诉单中对不同被投诉人提出诉求。由于投诉、举报的处理程序不同，该平台要求不在投诉中含有举报内容①。

投诉人为两人以上，基于同一消费者权益争议投诉同一经营者的，经投诉人同意，市场监督管理部门可以按共同投诉处理。共同投诉可以由投诉人书面推选两名代表人进行投诉。代表人的投诉行为对其代表的投诉人发生效力，但代表人变更、放弃投诉请求或者达成调解协议的，应当经被代表的投诉人同意。

有处理权限的市场监督管理部门，应当自收到投诉之日起七个工作日内作出受理或者不予受理的决定，并告知投诉人。投诉有下列情形之一的，市场监督管理部门不予受理：（1）投诉事项不属于市场监督管理部门职责，或者市场监督管理部门不具有处理权限的；（2）法院、仲裁机构、市场监督管理部门或者其他行政机关、消费者协会或者依法成立的其他调解组织已经受理或者处理过同一消费者权益争议的；（3）不是为生活消费需要购买、使用商品或者接受服务，或者不能证明与被投诉人之间存在消费者权益争议的；（4）除法律另有规定外，投诉人知道或者应当知道自己的权益受到被投诉人侵害之日起超过三年的；（5）未提供前述投诉人按规定应提交的材料的；（6）法律、法规、规章规定不予受理的其他情形。

（三）调查与调解

市场监督管理部门经投诉人和被投诉人同意，采用调解的方式处理投诉。

---

① 《全国 12315 平台投诉须知》，http：//www. 12315. cn/cuser/portal/tscase/notice。

调解可以采取现场调解方式，也可以采取互联网、电话、音频、视频等非现场调解方式。采取现场调解方式的，市场监督管理部门或者其委托单位应当提前告知投诉人和被投诉人调解的时间、地点、调解人员等。

调解由市场监督管理部门或者其委托单位工作人员主持，并可以根据需要邀请有关人员协助。调解人员是投诉人或者被投诉人的近亲属或者有其他利害关系，可能影响公正处理投诉的，应当回避。投诉人或者被投诉人对调解人员提出回避申请的，市场监督管理部门应当中止调解，并作出是否回避的决定。

需要进行检定、检验、检测、鉴定的，由投诉人和被投诉人协商一致，共同委托具备相应条件的技术机构承担。检定、检验、检测、鉴定所需费用由投诉人和被投诉人协商一致承担。检定、检验、检测、鉴定所需时间不计算在调解期限内。

有下列情形之一的，终止调解：（1）投诉人撤回投诉或者双方自行和解的；（2）投诉人与被投诉人对委托承担检定、检验、检测、鉴定工作的技术机构或者费用承担无法协商一致的；（3）投诉人或者被投诉人无正当理由不参加调解，或者被投诉人明确拒绝调解的；（4）经组织调解，投诉人或者被投诉人明确表示无法达成调解协议的；（5）自投诉受理之日起四十五个工作日内投诉人和被投诉人未能达成调解协议的；（6）市场监督管理部门受理投诉后，发现存在前述六种不予受理情形之一的；（7）法律、法规、规章规定的应当终止调解的其他情形。终止调解的，市场监督管理部门应当自作出终止调解决定之日起七个工作日内告知投诉人和被投诉人。

（四）文书制作与归档

经现场调解达成调解协议的，市场监督管理部门应当制作调解书，但调解协议已经及时履行或者双方同意不制作调解书的除外。行政调解书一般应载明下列事项：当事人情况、纠纷基本事实、争议焦点、各方责任、调解方案、调解依据与理由、生效时间、履行方式、履行期限、救济方式以及其他需要约定的事项。调解书由投诉人和被投诉人双方签字或者盖章，并加盖市场监督管理部门印章，交投诉人和被投诉人各执一份，市场监督管理部门留存一份归档。未制作调解书的，市场监督管理部门应当做好调解记录备查。

第三节 完善消费纠纷行政调解机制的初步构想

"现代公共行政普遍面临使命界定、资源配置、能力要求、权责一致以及责任追究五大界域问题。"[1] 根据路径依赖理论，支撑制度的外部条件被削弱时，制度不一定会有相应调整。一个理由是改变制度所面临的现实困难，这种困难一定程度上会保证制度的持续性。改变制度有多难，制度就有多强的持续性。另一个深层次理由是，现行制度塑造了人们的偏好和期待，进而减少了制度改变的可能性[2]。但是面对从"物理整合"到"化学反应"的市场"大监管"新格局，消费者行政也必将进入"大消保"的新时代，为此需要在消费纠纷行政调解机制方面做出相应的改进，以期更好地满足消费者的解纷与维权需求。为此，笔者提出以下几点初步的设想：

一、厘定消费纠纷行政调解遵循的基本原则

行政调解基本原则尽管在学术界一直存在争论与探讨，但实务中行政机关很少遵循一定的原理原则去进行调解活动。这带来了认识与实践上某种程度的混乱[3]。笔者认为，消费纠纷行政调解需要原则指引，具体包括以下一些基本原则：

（一）职能法定原则

各行政部门在自身行政管理职能范围内，对相关的消费纠纷进行调解。不能越权进行行政调解，也不能接到调解消费纠纷的申请或投诉后无所作为。对医疗卫生、市场监管等行政调解消费纠纷数量较多的部门，相关机关可以

---

[1] 王金水：《网络政治参与与政治稳定机制研究》，中国社会科学出版社 2013 年版，第 248 页。

[2] ［美］劳伦斯·鲍姆：《从专业化审判到专门法院：专门法院发展史》，何帆、方斯远译，北京大学出版社 2019 年版，第 51 页。

[3] 比如有学者研究上海市的行政调解时发现，上海有些部门在行政调解中片面强调分清事实，片面强调责任，把行政调解过程等同于执法、诉讼过程，忽视了调解的本质是去寻找双方利益的平衡点。还有些部门则奉行简单的"功利性目的"的原则，有"目的性的做工作"，把行政调解理解为简单的息事宁人，为达成调解协议，置公平、正义、当事人权利于不顾。这样的两种错误倾向都是背离行政调解初衷及其本质目的的。参见邓刚宏：《行政调解制度研究——基于上海以及长三角地区部分城市立法例的考察》，中国政法大学出版社 2017 年版，第 242 页。

成立行政调解委员会，并配置专门的行政调解室及办公场所。消费纠纷行政调解机构可以通过向社会力量购买服务等方式，委托人民调解组织、其他社会组织、中介服务机构等第三方机构，按照行政调解程序组织民事纠纷的调解，但这种调解行为本身不属于行政调解性质，达成的调解协议不属于行政调解协议。行政调解机关应当对受委托的第三方机构组织民事纠纷调解加强监督和指导，但不对调解协议的内容承担法律或行政责任。

消费纠纷行政调解机关组织调解纠纷时，应当由本机关相关业务部门的正式工作人员主持调解。调解人数量可以根据消费纠纷是否重大、疑难、复杂而有数量上的区别。上述调解机关也可以根据消费纠纷调解工作需要聘请行政调解辅助人员，但辅助人员不能主持调解活动。行政调解机关在征得当事人同意后，可以组织民间调解人员或者邀请相关人员参与调解，但这些人员也不能主持调解活动。

（二）合法合理原则

合法原则意味着消费纠纷行政调解不得违背《中华人民共和国消费者权益保护法》与《中华人民共和国民法典》等有关法律的强制性规定，不得损害国家利益、社会公共利益以及公民、法人和其他组织的合法权益。但行政调解结果不必严格适用与依照相关法律规范得出。合理原则强调行政调解消费纠纷的结果必须符合常情、常理与常识，不得违背社会的伦理道德、善良风俗。

（三）公正、平等、中立原则

"权威一般以符合道德的合法方式引起人们的自愿服从，更注意满足人们的心理需要和情感平衡。"[①] 在调解过程中，行政部门应当尽量保持客观中立，无论是过度维权者还是言而无信者，无论是困难群体还是利税大户，不得偏袒、包庇一方当事人，也不应轻视、怠慢一方当事人，既要兼顾消费者和业者的合法权益，又要说服双方当事人互谅互让、相互理解，公平、公正地化解争议纠纷。

（四）自愿与任意调解原则

行政调解必须以当事人双方自愿为基础，既不能主动招揽当事人投诉，也不能强迫当事人接受调解，当事人在行政调解活动中可以自主表达意愿、

---

① 刘志松：《权威·规则·模式：纠纷与纠纷解决散论》，厦门大学出版社 2013 年版，第 169 页。

自愿达成调解协议，可以要求调解公开或者不公开进行，可以接受调解、拒绝调解或者要求中止、终止调解，可以委托代理人参与调解。

"对于不适当的案件进行调解或引导调解，可能带来司法、行政资源的浪费。"① 因此，必须尊重当事人的意思自治，不能随意干预调解结果。另一方面，调解人对调解过程适度有限的干预并不违反自愿原则。"调解人对实体内容的干预主要表现为以下方面：（1）向当事人提供审判信息，并预测裁判结果。（2）向当事人提供关于事实认定的专家意见。（3）对当事人提出的方案进行评价，指出其不合理之处。（4）为当事人提供一个或多个纠纷解决方案，供当事人参考或选择。"②

（五）证据为本原则

消费纠纷调解，必须以事实和证据为出发点和基础。投诉人必须是实名投诉的消费者本人或者符合规定的受委托人，提供身份证明。投诉的对象必须是信息明确的业者。对没有证据证明存在消费关系的，消费关系必须得到业者的自认。消费者认为业者有侵权或违约行为要求相应赔偿的，必须有造成相应后果的证据。业者自述不存在消费争议或消费者存在不当行为的，也应承担相应的证明责任。此外，行政调解主体除了进行职权调查、固定证据之外，应当为有检定、检验、检测、鉴定需求的纠纷当事人提供协助或便利。

（六）便民、高效原则

对当事人因多种原因不能到行政部门当面调解的，可以组织电话调解、网络调解，对网络消费纠纷异地投诉不便当面调解的，也可以按照投诉人的诉求组织电话或网络调解。在效率方面，应坚持现有的调解时限制度，在规定时限内可以反复做调解工作，不限调解次数，这本身与高效原则并不矛盾。此外，调解不应规定为诉讼必经的前置程序，由于调解结果并不具有强制性，调解程序前置，只是徒然拖延消费纠纷处理时效，侵害了希望速决的当事人的正当权益。

（七）调解机制独立原则

调解与执法是性质不同的行为，调解机制具有自身的制度独立性。行政机关调解消费纠纷，不得影响依法履行行政管理职责，不得以行政调解代替

---

① 胡洁人：《健全社会矛盾纠纷调解机制：当代中国"大调解"研究》，上海交通大学出版社2017年版，第35页。

② 范愉、史长青、邱星美：《调解程序与调解人行为规范：比较与借鉴》，清华大学出版社2010年版，第156页。

行政执法。同时，消费纠纷投诉线索可以转化为行政执法案件，但也不能因此以行政执法取代或吸收行政调解。

（八）保密兼顾公益原则

通常行政机关及其调解员应当对双方当事人的个人隐私等个人信息事项予以保密。未经双方同意，行政调解主体不得公开进行调解，也不得公开行政调解协议的内容。但如果消费纠纷涉及重大公共利益，上述保密原则应存在公开的例外，且公开也分为隐去当事人信息而公开纠纷过程与协议内容、直接公开业者信息并公开纠纷过程与协议内容、公开双方当事人信息并公开纠纷过程与协议内容等不同层次，行政机关应结合公共利益需要选择公开的范围与程度。

二、强化消费纠纷行政调解协议效力

行政调解属于诉讼外活动，行政调解协议一般不具有法律上的强制执行力，主要依靠双方当事人的承诺、信用和社会舆论等道德力量来执行，不能因提起行政调解而限制当事人寻求其他的救济途径。当事人不履行行政调解协议，甚至对抗行政调解协议，行政主体都无权强制执行，更不能采取制裁手段，这使得当事人不履行协议不承担任何责任。从性质上看，行政调解所达成的调解协议，可以看成是当事人之间就解决纠纷签订的民事合同，主要依靠当事人的自觉履行，相关法律早已确立了人民调解协议的效力，但对行政调解协议的效力问题长期没有作出规定。行政调解在某些情况下不仅效力不彰，还浪费了当事人和行政主体的时间、精力，白白损耗了相当比例的行政解纷资源。

理论上增强现行消费纠纷行政调解机制的强制性有四条路径：①强制程序：将调解定为诉讼前置程序；②强制到场：对于未到场当事人罚款或直接提出调解方案；③强制内容：对未能达成一致的调解案件提出调解方案；④强制结果：对不接受行政机关调解方案的径行行政裁决或者将行政裁决作为调解不成立的第二级处理方式。但强制性增加必然会模糊与稀释调解本身的调性，剥夺、限制及克减当事人的程序选择权、意思自治性与裁判请求权，以致无法称其为一种调解机制。因此目前比较稳妥的方案仍是增强调解协议本身的效力，并将其效力的执行机制交付法院。虽无甚新意，但至少符合调解的原理，尊重私权的属性。

《市场监督管理投诉举报处理暂行办法》对投诉经调解后达成协议的效力问题未置一词，应结合2021年民诉法的修正，明确规定经投诉调解后达成的消费纠纷行政调解协议对双方当事人具有法律约束力，当事人应当遵守诚信原则，按照协议履行相应的义务与承诺。达成行政调解协议的消费纠纷，经行政机关告知，双方当事人认为有必要的，可以自行政调解协议生效之日起一定的期限内，共同向行政调解机关所在地的基层人民法院或者人民法庭申请司法确认。经司法确认的消费纠纷行政调解协议，一方当事人拒绝履行或者未全部履行的，对方当事人可以依法申请人民法院强制执行。同时，对于达成行政调解协议的消费纠纷，双方当事人可以依据《中华人民共和国公证法》的有关规定申请公证，或者依据《中华人民共和国仲裁法》及有关规定向仲裁机构申请确认行政调解协议效力。此外，以金钱给付为内容的消费纠纷行政调解协议，债权人可以依据《中华人民共和国民事诉讼法》和相关司法解释的规定，向人民法院申请支付令。

在"以罚压调"方面，应具体问题具体分析。行政机关可以依法运用行政监管和执法的职能，加大对消费纠纷的调解力度和对业者违法行为的惩处力度，通过行政执法提高行政调解的整体效力。笔者前述的"以罚压调"主要指的是针对业者各种故意拖延或者无理拒绝消费者合法要求的行为，更加严格地适用《侵害消费者权益行为处罚办法》，增强行政调解效力。不能因为反感业者可能申请行政复议或者提起行政诉讼而减少或不做处罚。另一方面，如果业者没有故意拖延或者无理拒绝消费者合法要求，而是消费者诉求过高或双方存在事实争议、赔偿数额争议，则不能运用行政处罚压迫业者达成行政调解协议。即使市场监管部门正确地适用《侵害消费者权益行为处罚办法》对业者侵权行为实施行政处罚，也应当坚持处罚与教育相结合，不能为了处罚而处罚，应当综合运用建议、约谈、示范等方式实施行政指导，最终落脚于督促和指导经营者履行法定义务，实现维护消费者权益的目的。此外，笔者认为"诉转案"问题与行政调解效力无关，通过消费者投诉挖掘案件线索、及时查处，本是行政机关的义务，不存在"以调代罚"的制度空间，也不存在"后案"提升"前诉"处理效力的问题。

三、促进消费纠纷行政调解机制与其他消费纠纷解决机制的衔接与配合

行政调解与民间调解及民事诉讼缺乏衔接，不仅浪费行政资源，且易导致公民对行政调解不信任，最终可能放弃选择这一纠纷解决途径。相反的，纠纷

解决机制联动与衔接，可以相互配合，起到1+1+1>3的解纷效果。具体而言：

首先，法院、市场监管机关与消协及其他消费纠纷人民调解、行业调解机构间应建立工作组，建立定期会商机制、日常解纷工作联络机制、解纷信息共享机制、法院与市场监管机关指导培训机制，不断优化解纷机制之间的协调与联动。

其次，建立诉讼与行政调解对接机制。市场监管机关可以推荐内部工作人员担任人民法院特邀调解员，接受人民法院的邀请进行消费纠纷调解工作。对于具备调解条件的案件，人民法院可以采取立案前委派①、立案后委托、诉中邀请协助等方式，引导当事人通过行政调解解决纠纷。经行政机关调解，当事人达成一致意见的，可以申请司法确认。调解完成或终止后，市场监管机关应及时向法院反馈，并归还案件卷宗。经行政机关调解虽未达成调解协议，但当事人之间就相关事实没有争议的，行政机关可以以书面方式记载无争议事实，由当事人签名、捺印予以确认，告知当事人该部分事实可能将作为法院认定事实的依据，发挥行政调解阶段固定证据的功能，减轻法庭调查与当事人举证的负担。诉讼过程中，当事人对上述已记载的无争议事实无须举证。

第三，还要解决行政调解与各种类型民间调解的衔接问题。一方面，可以采取委托调解与政府购买服务等多种形式，将行政机关受理的消费纠纷与投诉，委托民间调解组织处理，当然，这样的程序变轨需要征得双方当事人的同意。另一方面，民间调解组织在调解过程中发现业者故意拖延或者无理拒绝消费者合法要求以及发现"诉转案"的违法线索的，可径行向行政机关提出移送纠纷申请，无须当事人同意。

---

① 建立由法官、法官助理、书记员及调解员组成的调解速裁团队，及时做好调解指导，强化诉调统筹衔接，做到能调则调，当判则判。对起诉到法院的纠纷，释明各类解纷方式优势特点，提供智能化风险评估服务，宣传诉讼费减免政策，按照自愿、合法原则，引导鼓励当事人选择非诉讼方式解决纠纷。对能够通过行政裁决解决的，引导当事人依法通过行政裁决解决；对适宜调解且当事人同意的，开展立案前先行调解。调解成功、需要出具法律文书的，由调解速裁团队法官依法办理；调解不成的，调解员应当固定无争议事实，协助做好送达地址确认等工作。明确诉前调解时限，规范调解不成后的立案和繁简分流程序。建立诉前调解案件管理系统，做到逐案登记、全程留痕、动态管理，并将诉前调解工作量纳入考核统计范围。参见《最高人民法院关于建设一站式多元解纷机制 一站式诉讼服务中心的意见》（2019年7月31日）。

四、丰富消费纠纷行政调解的"底层技术"

"法律是一项宏观的制度安排，但是说到底，制度总是要通过一些具体的技术被实践的。"① 消费纠纷行政调解机制运用行政资源解纷的方式方法也应随着技术进步不断发展。运用大数据②推动经济发展、完善社会治理、提升政府服务和监管能力正成为一种社会趋势，市场监管部门可以成立市场监管大数据研究中心，提升消保大数据采集、整理、分析、服务能力，消除消保信息孤岛现象，缓解市场失灵、行政失灵与消费者信息不对称问题。

监管与科技的融合可分为三个阶段：第一个阶段是科技赋能阶段（流程自动化），第二个阶段是科技增能阶段（持续性监控），第三个阶段是科技产能阶段（预测性分析）③。某种程度上说，消费纠纷投诉与调处的相关情况也是企业信用与行政监管的重要方面。为此，应当积极推动"互联网+市场监管"的底层技术，推动消保大数据建设与大数据挖掘工程，将投诉数据转化为信用数据，用信用数据服务投诉调处，提升消保大数据品质，实现数据繁殖、增值、良性互动与相互赋能。建立全国统一的市场监管机构行政调解信息平台与数据库，建设指导性行政调解案例库与培训资料库，整合行政机关线下受理纠纷、12315 平台、地方政府政务平台转接、法院诉讼与行政调解对接部分以及企业 ODR、绿色通道、基层维权服务站点与消协调解信息，并与行政执法数据平台、企业征信、法院执行信息平台等数据库的资料共通共享共用，加强机器学习、算法优化、智能分析与人工研判，充分发挥行政主导下的大数据消保的作用，进一步提升行政调解的水平与效能，增强行政调解的专业性和权威性。确保消费者诉求表达、矛盾化解、权益维护渠道畅通，为市场监管综合行政执法改革提供有力支持，为市场监管部门科学精准调解、消费者风险预警等提供有效的制度抓手。

美国联邦最高法院大法官布兰迪斯（Louis Brandeis）曾有名言曰"阳光

---

① 李晟赟：《法律诉讼中的博弈：对一起民事案件的社会学研究》，中国政法大学出版社 2018 年版，第 125 页。

② 大数据是一个会带来决策洞见的过程。这个过程会利用人和技术快速分析来自各种渠道的大量数据（传统的列表结构数据和非结构数据），以产生可用于行动的知识流。［美］詹姆斯·R. 卡利瓦斯、迈克尔·R. 奥弗利：《大数据商业应用风险规避与法律指南》，陈婷译，人民邮电出版社 2016 年版，第 3 页。

③ 陈辉：《监管科技：框架与实践》，中国经济出版社 2019 年版，第 199 页。

是最好的消毒剂"，揭露可以让市场和政府都"更干净"。采取揭露的做法对消费者极有效果，不过前提是信息容易取得，而且不难理解①。为此，应当建设消费维权信用系统，将投诉数据与调解案例转化为信用数据与奖惩公示平台，甚至对接更大的综合性平台实施信用联合惩戒②。有了信用记录及其应用，可以使得一些原来难以调解的纠纷得到更快速有效地解决，也使得行政机关消保行政更为主动。

五、深化调解队伍建设

实证调研表明，当前市场监管机关工作队伍存在诸多挑战和矛盾③。基层行政调解队伍不稳定，人员流失率高④。机构改革后，市场监管部门职能范围十分广泛，据笔者了解，由于食品药品安全、特种设备监管责任与压力巨大，这两个领域的监管遂成为市场监管部门的主要任务，在一些地方成为人力资源倾斜的重点，而一般民生类消费纠纷即使涉及人数众多的预付类纠纷也没

---

① ［美］凯斯·桑思汀：《剪裁歧见：订作民主社会的共识》，尧嘉宁译，（台湾）卫城出版2015年版，第304页。

② 市场监管部门监管市场的最终目的是构建公平诚信的市场环境，对市场主体的惩戒需要通过完善的信用修复制度予以规范。首先，在制度上需要明确信用修复范围、方式和条件。在失信范围的确定上，不能依据主观和失信程度去划分，除非严重的失信行为信用不能修复之外，其他的失信行为应该在信用修复范围之内，采取更加多样的修复方式，如公益修复、委托修复等。信用修复的条件应该包括时间条件、数量限制条件，多长时间可以被修复，同一种失信行为在一定的时间内出现几次才不被允许修复，一次可以修复多少种失信行为，这些都需要有制度上的规范。其次，加强对信用修复工作的考核监督，约束相关部门加强配合，保障市场主体失信行为和修复的知情权，市场主体对于信用修复可以通过规定的查询方式和途径查询信用信息，提出修复，修复结果及时公知并公示。陈奇星：《创新地方政府市场监管机制与监管方式研究》，上海人民出版社2020年版，第271页。

③ 四大挑战为：（1）队伍结构亟待优化，基层监管执法人员不足；（2）管理任务重，干部工作压力大；（3）理论素养和履职能力不足，面临本领恐慌；（4）责任和压力过重，工作热情降低。六大矛盾：（1）队伍结构不合理与新知识、新技术飞速发展之间的矛盾；（2）工作任务繁重与业务知识能力不足之间的矛盾；（3）工作贡献大与发展晋升空间狭窄之间的矛盾；（4）改革的频率加快与本领恐慌之间的矛盾；（5）有限的行政权力与无限的行政责任之间的矛盾；（6）绩效考核不完善与有效激励不足之间的矛盾。参见刘智勇：《市场监管的新格局与新视野》，首都经济贸易大学出版社2018年版，第88-100页。

④ 由于12315工作强度大，工作内容繁杂，部分工作人员不安心工作。工商部门向食药部门划转人员时，大多年纪较轻、参加过培训的12315业务骨干去了食药监局，12315岗位的工作人员流失率较高。导致现在的12315工作人员业务不熟、技能不精、老龄化严重，工商所平均年龄大部分在50岁以上，工作精力、知识结构都不能适应消费维权工作需要。万泽刚：《打造现代开放的甘肃12315体系建设研究》，《中国市场监管研究》2017年第10期。

有充沛的资源进行行政调解。

针对调解队伍力不从心的问题，建议从以下几个方面夯实调解力量、强化调解质效：第一，应当充实行政调解人员编制与岗位设置。第二，优化人员结构，调整人员比例。在基层调解员队伍中，适当增加高素质年轻人的比例和数量，从而整体提高队伍整体的学习能力和执行能力。第三，加大培训和调解人才培养力度，设立专门的基层培训经费、培训时间和行政调解业务知识库。区分并科学设置培训内容，增强培训效果。第四，设置科学的调解评价标准和绩效考核体系，激发调解队伍的积极性，释放调解人员的活力。第五，提高调解人员专业化能力水平，加快推进专业领域职业化队伍建设。坚持以案代训，强化资格管理，按照专业性、技术性要求，建立与完善专业化行政调解队伍。

六、完善监督机制与合理考核评价

"如果对纠纷置之不理，事态就会越闹越大。"[1] 能力不足、本领恐慌是一个层面的问题，行政不作为、乱作为则是另一个层面的问题。行政调解监督问责制是指特定的问责主体针对行政调解人员承担的职责和义务的履行情况而实施的一种行为监督与责任追究制度，对于增强行政调解人员的责任感和使命感、充分保护消费者合法权益、提升消费纠纷行政调解机制的公信力有着十分重要的意义。因此，不仅要对滥用职权的行政调解行为问责，更重要的是要对故意推诿、拖延、扯皮等行政调解不作为进行监督和问责。同时也应做好日常行政调解文档与台账的抽查评价与当事人回访工作，并对结果进行公示或通报。必要时，可以聘请监督员于消费纠纷现场进行调解监督。对于行政调解当事人针对解纷程序与结果的各种投诉，上级市场监管部门应该区分情况，如属于行政调解中的不作为或乱作为，应做到有责必问；对于经核查依法行政但存在瑕疵的，应有容错纠错和尽职免责机制。

另一方面，科学合理的评价不应设置调解率作为考核消费纠纷行政调解的指标因素。以调解率为导向的调解工作会渗透行政人员对自身利益的考量，而忽视对消费者或业者权利诉求的尊重与保障。过分追求调解成功率易导致行政人员不顾当事人意愿和纠纷实际情况盲目调解、强行调解，间接造成寻

---

① ［日］尾内康彦：《医患纠纷解决术》，刘波译，东方出版社2014年版，第24页。

求公权力救济的一方当事人牺牲较多利益，难以获得满意的结果，也无法达至真正的"案结事了"。

七、科学应对职业打假类消费纠纷调解

目前，我国职业打假类消费纠纷投诉占用了相当比例的行政调解资源，这些职业打假行为日趋成熟专业，投诉举报并行，以复议、诉讼压处罚，以处罚压调解，且已集团化发展，引起不少行政调解人员的反感与戒备心理。同时，职业打假人的法律知识与证据意识较好，提供材料形式规范，将消费纠纷问题化的基础比较扎实，且诉求表达形式平和、态度坚决，必须科学认真应对，否则甚至会引起不必要的行政复议、行政诉讼或负面舆情。

鉴于全国各地行政调解工作人员能力素养与工作强度参差不齐，笔者设想，各地市场监管机关至少应以省一级为单位，制定较为统一的应对职业打假的工作细则、预案，发布此类纠纷指导性案例及处理经验，并做好相关行政调解人员的培训。使调解人员做到统一高效适用法律，一把尺子量到底。同时，不将职业打假人提出的行政复议、行政诉讼数量作为考核行政调解人员的指标，为行政人员尽职履责解除思想顾虑。

行政调解人员应当进一步加强学习，熟悉各种法律条文、调解流程和技巧，注意调解语言或出具的文书语言的严谨规范，在应对职业打假人时严格依法、按正当程序、依证据事实处理，履职到位，依法调处。应贯彻中立自愿原则，无须采用对消费者倾斜性保护的态度调处纠纷，可不提具体调解方案，但要向双方释明有关法律法规及各自权利义务，尤其应向中小业者释明，合理引导双方协商。不应久调不决，无法达成调解协议的应及时引导双方当事人走诉讼途径。

行政人员应在调解中积极能动，既不能偏袒业者，对于业者违法违规行为或"诉转案"的线索视而不见，也不能对过度维权行为不加劝阻或不进行适当的批评教育。对业者行为应区分严重性与违法性，以事实说话，做到宽严相济、不枉不纵。对职业打假行为也应区分类型，如遇恶意交涉、天价封口费、栽赃调包、威逼利诱、恐吓威胁等涉嫌敲诈勒索或涉嫌其他犯罪行为的，可终止调解、引导业者报警处理。

行政机关对职业打假人员的观念也应更加中立，既看到其逐利性的一面，又要考虑其客观上的公益性，从耗费行政调解解纷资源但却可以弥补日常监

管力量不足的角度理性公允看待。总之，行政调解人员不是职业打假人的枪手，也不宜将该群体妖魔化，而应趋利避害、为公（公共利益）所用。

结　语

"只有作为一种纠纷解决方式，现代社会中的法律信仰才是可能的。"① 人类社会中的纠纷不断涌现、难以根除，但纠纷可以也应当获得解决。权利是通过救济完成其再生产的，"救济是权利的实践之维。……救济本身又在创造着权利。"② 消费纠纷"从出生到死亡"的解决过程使得消费者问题升华成为消费者个体权利的张扬和展现。

消费是社会分层的主要途径、是经济运行的出发点与归宿，消费者权利的维护程度关系人权的实现程度。面对带有"普世"色彩的论题，消费者保护"政治正确"难免会使有关论述无法维持价值中立。"中国社会所要追求的，应是超越所谓'东方'或'西方'形式局限的思想，去找出一个无分东、西的最高价值，这个价值，我们姑且称之为'人民的福祉'"③。在各类型纠纷解决机制的研究中，消费纠纷由于泛化而失焦，于诉讼法与纠纷解决研究领域少有人关注，而研究经济法与消费者保护相关法令政策的学者面对ADR 的诸多理论问题往往无法展开深入分析，但消费者问题与消费纠纷妥适解决攸关人民福祉，需要更多的瞩目与研讨。"那些似是而非的普遍性不过是没有价值的共通点，诸如所有人'用两条腿走路'之类。"④ 本书的写作过程就是一次力图通过 ADR 一般原理而实现再聚焦，深入探究消费纠纷非诉讼解决机制的特殊机理，并希望寻找特殊性中的一些普遍性的尝试。

---

① 陈柏峰：《乡村司法》，陕西人民出版社 2012 年版，第 91 页。
② 贺海仁：《谁是纠纷的最终裁判者：权利救济原理导论》，社会科学文献出版社 2007 年版，第56 页。
③ 陈长文：《法律人，你为什么不争气？——法律伦理与理想的重建》，法律出版社 2007 年版，第 160 页。
④ ［法］汪德迈：《中国教给我们什么？——在语言、社会与存在方面》，金丝燕译，香港中文大学出版社 2019 年版，第 1 页。

如果没有冲突解决机制，很难设想任何一个复杂的规则体系能够延续下去①。市场竞争和消费者保护同样重要也不相矛盾，即使在市场完全竞争的理想图景中也无法排除业者不法行为的可能性和完善消费纠纷解决机制的必要性。"当事人进行庭外解决自身并不表明其结果就一定会不符合有效的法律规则或者其他规范。只要庭外解决自身是一个根据规则精心安排的系统，并且它能够成为法院正式程序的真正替代手段"②。消费纠纷 ADR 的发展能够扩张解纷机制的供给量，而实现正义的总量越大，就越能增加业者不法行为的预期成本，对非正义的预防效果就越好，业者行为就越规范，而消费者权益就越能得到充分保护。不仅矫正不法，还能预防将来的不法。

国家法并非源自一个单一的系统；相反，国家法是法律权威的各种管辖范围及其渊源的复杂结合（complex coalition）。因此，国家和社会一样均表现出了法律上的多元性，而非单一性③。达到纠纷解决的"罗马"并非只有司法救济一条道路，而是应当建构多元化的纠纷解决机制提供消费者更多的道路选择。"对于作为诉权重要逻辑构造的诉权自由权而言，要真正实现社会成员所享有的这一权利，就应在诉讼机制之外，给予他们更多的解决纠纷的方式和渠道。"④ 非诉讼纠纷解决机制不仅没有减损诉权，实际上反而从诉权自由权的角度对诉权予以保障，有利于消费者诉权更自由更真实地呈现。

"大多数法律体系都面临着两大长期存在的障碍：其一乃开支，其二乃延误。"⑤ 作为非感性的和非法律专业人士的大多数消费者，当权益受到侵害时，维权的艰难与不经济必然动摇他们行动的决心，因此"消费者常常陷入诉讼

① ［美］奥斯特罗姆：《公共事物的治理之道：集体行动制度的演进》，余逊达、陈旭东译，上海译文出版社 2012 年版，第 121 页。
② ［美］阿蒂亚、萨默斯：《英美法中的形式与实质：法律推理、法律理论和法律制度的比较研究》，金敏、陈林林、王笑红译，中国政法大学出版社 2005 年版，第 162 页。
③ Brian Z. Tamanaha , Realistic Socio - Legal Theory: Pragmatism and a Social Theory of Law , Clarendon Press, 1997, p146-147.
④ 相庆梅：《从逻辑到经验：民事诉权的一种分析框架》，法律出版社 2008 年版，第 277 页。
⑤ 国家无须对流行病爆发、人口衰老或经济危机负责。但国家确须为法律负责。法律是为所有公民制定的，对穷人和富人都一样。因此，国家有责任令其制度正常运转，公平对待富人和穷人。从很多方面来讲，其中有一项措施是解决民事纠纷最好的办法，即调解（mediation 或 conciliation）。即使最终无法达成折衷方案（这是通常的情况），当事双方固然浪费了一些时间和金钱，但比起诉讼，这些时间和金钱还算是少的。［英］汤姆·宾汉：《法治——英国首席大法官如是说》，陈雅晴译，商务印书馆（香港）有限公司 2013 年版，第 104-105 页。

维权还是自认倒霉的两难境地。"① 过分注重程序化、规范化而忘却了民事诉讼便利性，实际上反映了民事司法改革中忽视司法利用者的倾向。面对便利性不彰的诉讼制度耗费资源还是坐视消费纠纷化为被害黑数这一两难的选择，消费纠纷非诉讼解决机制提供了这两者之外广泛的制度回旋空间。但是另一方面，"程序公正并非自我感觉良好的模糊理想，而是实实在在能够推动最高正义理想的实用主义哲学。"② 纠纷解决机制不是纯粹中观层面的工具，"法律工具主义不能被视为价值中立的"③，如果没有价值引领、原则约束与科学评价，非诉讼纠纷解决机制的法律工具主义解读与运用反而会对法治产生冲击与消解。

"当我们尊重人们的尊严，我们就明白不能剥夺他们充分参与解决自身问题的基本权利。唯有当人们在解决自身危机上扮演主动角色，且他们并非无助、被动、宛如傀儡的私人或公共服务的接受者时，他们才会散发自尊。"④ "在纠纷解决领域，当事人的意思自治同样十分重要，这不仅因为当事人是自己利益的最佳判断者，而且因为建立在合意基础上的纠纷解决方案更有可能得到尊重。从这个意义上讲，除非当事人诉诸司法，纠纷解决应当坚持自治的原则，尊重民众自主解决纠纷的方式。"⑤ 正是本着上述民本民力与自治自为的理念，笔者在本书中花费了较多的篇幅论述与分析消费纠纷私力救济与民间 ADR 机制的改革，而对行政 ADR 则着墨不多。当前，非诉讼纠纷解决机制所需的理论支持和社会认同仍未达到应有的程度。消费纠纷 ADR 种类多样、效力多元，大多没有编制和资源上的刚性限制，能够调动个人与社会资源广泛涉入消费纠纷解决的场域，并在客观上起到提升社会治理能力的作用，值得进一步培育、建构和研究。

"我们需要那些内部批评者提供我们另一种可能的叙事——针对集体生活

---

① 黄晓艳，王健椿：《交锋：东芝索赔案始末》，法律出版社 2007 年版，第 267 页。

② ［美］亚历山德拉·纳塔波夫：《无罪之罚：美国司法的不公正》，郭航译，上海人民出版社 2020 年版，第 237 页。

③ ［新加坡］约西·拉贾：《威权式法治：新加坡的立法、话语与正当性》，陈林林译，浙江大学出版社 2019 年版，第 39 页。

④ ［美］索尔·阿林斯基：《叛道：改变国家的基进力量》，黄恩霖、郭姵妤译，（台湾）The Libratory Books 2015 年版，第 204 页。

⑤ 王建勋：《驯化利维坦：有限政府的一般理论》，东方出版社 2017 年版，第 164 页。

的境况形成一种集体的反省——以便全面了解我们所处时代的种种事件。"①
本书针对消费纠纷 ADR 的大量具体问题进行了反思甚至批评，这并不是没有
意义的。理论反对实践并非本书的写作基调，但实践中的问题需要我们从理
论上给予关注和审视。笔者注意到，从 2019 年中央政法工作会议提出"把非
诉讼纠纷解决机制挺在前面"，到中央有关法治社会建设的最新文件强调，要
引导社会主体履行法定义务承担社会责任；加大培育社会组织力度，发挥行
业协会商会自律功能，探索建立行业自律组织；完善政府购买公共服务机制，
促进社会组织在提供公共服务中发挥更大作用；依法有效化解社会矛盾纠纷；
完善社会矛盾纠纷多元预防调处化解综合机制，努力将矛盾纠纷化解在基层；
充分发挥人民调解的第一道防线作用，完善人民调解、行政调解、司法调解
联动工作体系；加强行政调解工作，发挥行政机关化解纠纷的"分流阀"作
用；推动仲裁委员会积极参与基层社会纠纷解决，支持仲裁融入基层社会治
理②。这些和本书前述章节的研究思路十分契合，通过上述政策宣示，期待下
一步我国能够在纠纷解决机制的资源配置、机构设置和人员培育等方面进一
步完善和健全消费纠纷非诉讼解决机制。

　　"纷争的幼芽最好能及早发现、及早摘除。最好是一开始就不要种下纷争
的种子。"③ 囿于篇幅所限，本书无法从消费者保护法律体系完善、消费者运
动、消费者教育、消费者信息工具、行业自律与企业社会责任、消费者保护
行政与政府监管等方面研究消费纠纷的预防与减少问题。当然，从根本上预
防与减少消费纠纷还需要在全社会建立新型利益机制④，这也是本书无法涵盖
的另一个更大的论题。此外，不论法律是否是"地方性知识"，城乡二元化的
结构与消费纠纷解决机制有待"送法下乡"则是无疑的。"现代性国家权力不

---

　　① ［英］Molly Andrews：《形塑历史：政治变迁如何被叙述》，陈巨擘译，（台湾）联经出版事业
股份有限公司 2015 年版，第 138 页。
　　② 中国共产党中央委员会：《法治社会建设实施纲要（2020-2025 年）》（2020 年 12 月）。
　　③ 日本日经医疗：《日本医疗纠纷诉讼案例 53 讲》，黄浥昕译，华中科技大学出版社 2019 年版，
第 3 页。
　　④ 新型利益机制包括：（1）合理的利益引导机制；（2）畅通的利益表达机制；（3）秩序化的利
益博弈机制；（4）公平的利益分配机制；（5）健全的利益协调机制；（6）完备的利益约束机制。参
见王振亚等：《利益视角下的乡镇政府行为方式研究：以西部欠发达地区若干乡镇为例》，中国社会科
学出版社 2015 年版，第 215-226 页。

是完整地导入乡村社会生活"①，本书的内容更像是在讨论城市消费纠纷非诉讼解决机制，农村地区的消费纠纷非诉讼解决机制非常薄弱，有待解纷资源的扩张、下沉和理论上进一步地深入探讨，以求建立契合我国农村实际的消费纠纷非诉讼解决机制。

消费纠纷各解决机制之间是一种竞合交织的二重关系②，各种机制共同作用于消费者被害救济，形成综合性的解纷市场与维权格局。应当指出，强化和完善和解、调解、仲裁等非诉讼纠纷解决机制主要是从尊重民间社会自主意愿、形成解纷机制良性竞争环境、扩大解纷制度的供给、减少消费者被害黑数与深化市场规制等角度出发，并不是或者主要不是为了使法定机构比如法院减负③，也不是为了转嫁纠纷、转移矛盾，更不代表诉讼等公力救济机制被取代、失去重要性或变得次要，也不意味着可以放弃和松懈对诉讼制度在消保公益诉讼、消费纠纷集体诉讼、小额消费纠纷速裁机制等消费纠纷解决方面的进一步探索与完善。

"健康和安全是'文明社会的基石'或者'基本权利'，公平的考量在决策中起了主要作用，在某些条件下还会要求一种无条件的权利保护。"④ 当前，我国社会主要矛盾已经转化为人民日益增长的美好生活需要和不平衡不充分

---

① 谭同学：《楚镇的站所：乡镇机构的政治生态考察》，中国社会科学出版社 2006 年版，第 170 页。

② 民众对各种途径和规则的选择、使用，取决于其对各种规则的熟悉和接受程度，各种规则选用上的方便程度，规则是否管用和管用的程度，等等。对规则的选择是权宜性的，目的只有一个，以对自己有利的方式，在朝向自己希望的方向上解决纠纷，获得自己最满意而对方亦能接受的解决。从对途径和规则的选用看，这种对规则的偏好、比较、排序、筛选显示了各种规则机制在被用来解决问题时存在竞争和互斥。与此同时，转型中的社会事实过于复杂难料，而任何一种规则各有其利弊长短，都不能一下子一劳永逸地解决问题，都只是在将问题推向解决（或复杂化）的过程中起到部分作用。从这一方面来看，各种途径和规则之间又存在着相互促进和合作的关系。张浩：《规则竞争：乡土社会转型中的纠纷解决与法律实践》，中国社会科学出版社 2014 年版，第 171 页。

③ 邱联恭认为，调解与和解是为了保障人民的程序利益及程序选择权，不能过度强调调解节约司法资源和成本的一面。他指出："如果为减轻讼源，始扩大和解或调解制度，将成为重大之问题。因为设立法院，就是要便利人民主张权利，故问题不是讼源应该减轻。应该主张权利者仍应给予方便，不能因要减轻法官负担，就命人民成立和解或调解。……不应该偏重一味呼吁减轻讼源，而应该致力改革司法（如：充实法曹养成教育以提升法官之知识能力、提高其待遇、增加法官员额、简化诉讼程序、改革律师制度……），以合理减轻法官之负担。这些应该先做，做完之后，假使案件数量仍然甚多，则应研究其原因，而不应无缘无故要求国民尽量不要使用法院。"参见邱联恭：《口述民事诉讼法讲义（一）2008 年笔记版》，许士宦整理，台湾大学 2008 年自版，第 69–71 页。

④ ［英］托尼·普罗瑟：《政府监管的新视野：英国监管机构十大样本考察》，马英娟、张浩译，译林出版社 2020 年版，第 147 页。

的发展之间的矛盾。在高质量发展和高品质生活的新时代，人民群众对消费品质、消费服务提出了更高要求，对维护消费者权益、完善消费者权益救济的体制机制也怀有更多期待，这些都是人民对美好生活需要在消费者权益保护与消费纠纷解决机制领域的具体体现，值得认真对待、深化研究。

中国人的思想中有一条古老的原则："变通"。就是说通过改变，使某事物得以通过，取得成功，并延续下去①。生物进化是达尔文式的（Darwinian），以随机变异及有选择的保留为基础；而社会进化往往是拉马克式的（Lamarckian），以有目的的革新及经过选择的保留为基础②。因此，生物进化通常是缓慢的，而社会进化则可以是迅速的。希望本书的研究能够为促进消费者权益保护领域有目的的变通与革新贡献绵薄之力。

---

① ［美］宇文所安：《中国过去的未来在哪里?》，载［美］陆德芙、［美］宋怡明：《中国36问》，余江、郑言译，香港城市大学出版社2019年版，第242页。

② John Laurent & John Nightingale（ed.）Darwinism and Evolutionary Economics，Edward Elgar 2001，p87-118.

主要参考文献

中文译著：

[1] 德博拉·L. 罗德. 为了司法/正义：法律职业改革 [M]. 张群，温珍奎，丁见民，译. 北京：中国政法大学出版社，2009.

[2] 珍妮尔·巴洛，克洛斯·穆勒. 抱怨是金 [M]. 赵西，译. 北京：北京师范大学出版社，2007.

[3] 斯蒂芬·B. 戈尔德堡，弗兰克·E. A. 桑德，南茜·H. 罗杰斯，等. 纠纷解决：谈判，调解和其他机制 [M]. 蔡彦敏，曾宇，刘晶晶，译. 北京：中国政法大学出版社，2004.

[4] 理查德·萨斯金. 明日世界的律师 [M]. 麦慧芬，译. 台北：商周出版，2014.

[5] 伊森·凯什，[以色列] 奥娜·拉比诺维奇·艾尼. 数字正义：当纠纷解决遇见互联网科技 [M]. 赵蕾，赵精武，曹建峰，译. 北京：法律出版社，2019.

[6] 马歇尔·卢森堡. 非暴力沟通 [M]. 阮胤华，译. 北京：华夏出版社，2009.

[7] 克里斯多佛·R. 德拉奥萨，理查德·W. 奈马克. 国际仲裁科学探索：实证研究精选集 [M]. 陈福勇，丁建勇，译. 北京：中国政法大学出版社，2010.

[8] 欧文·费斯. 如法所能 [M]. 师帅，译. 北京：中国政法大学出版社，2008.

[9] 安东尼·奥格斯. 规制：法律形式与经济学理论 [M]. 骆梅英，译. 北京：中国人民大学出版社，2008.

[10] 阿德里安·A.S. 朱克曼. 危机中的民事司法：民事诉讼程序的比较视角 [M]. 傅郁林，陈湘林，唐桂英，等，译. 北京：中国政法大学出版社，2005.

[11] 维杰·巴蒂亚，[澳] 克里斯托弗·坎德林，[意] 毛里济奥·戈地. 国际商事仲裁中的话语与实务：问题，挑战与展望 [M]. 林玫，潘苏悦，译. 北京：北京大学出版社，2016.

[12] 西蒙·罗伯茨，彭文浩. 纠纷解决过程：ADR 与形成决定的主要形式 [M]. 刘哲玮，李佳佳，于春露，译. 北京：北京大学出版社，2011.

[13] 托尼·普罗瑟. 政府监管的新视野：英国监管机构十大样本考察 [M]. 马英娟，张浩，译. 南京：译林出版社，2020.

[14] 米夏埃尔·施蒂尔纳. 德国民事诉讼法学文萃 [M]. 赵秀举，译. 北京：中国政法大学出版社，2005.

[15] 多米尼克·迈尔，克里斯蒂安·布卢姆. 权力及其逻辑[M]. 李希瑞，译. 北京：社会科学文献出版社，2020.

[16] 热拉尔·卡. 消费者权益保护 [M]. 姜伊群，译. 北京：商务印书馆，1997.

[17] 尼古拉·埃尔潘. 消费社会学 [M]. 孙沛东，译. 北京：社会科学文献出版社，2005.

[18] 伊曼纽尔·盖拉德. 国际仲裁的法理思考和实践指导 [M]. 黄洁，译. 北京：北京大学出版社，2010.

[19] 利奥拉·伊斯雷尔. 法律武器的运用 [M]. 钟震宇，译. 北京：社会科学文献出版社，2015.

[20] 娜嘉·亚历山大. 全球调解趋势 [M]. 王福华，史长青，魏庆玉，译. 北京：中国法制出版社，2011.

[21] 田中成明. 现代社会与审判：民事诉讼的地位和作用 [M]. 郝振江，译. 北京：北京大学出版社，2016.

[22] 谷口安平. 程序的正义与诉讼 [M]. 王亚新，刘荣军，译. 北京：中国政法大学出版社，2002.

[23] 棚濑孝雄. 纠纷的解决与审判制度 [M]. 王亚新，译. 北京：中国政法大学出版社，2004.

[24] 小岛武司. 诉讼制度改革的法理与实证 [M]. 陈刚，郭美松，译.

北京：法律出版社，2001.

[25] 小岛武司，伊藤真. 诉讼外纠纷解决法 [M]. 丁婕，译. 北京：中国政法大学出版社，2005.

[26] 田中英夫，竹内昭夫. 私人在法实现中的作用 [M]. 李薇，译. 北京：法律出版社，2006.

[27] 铃木深雪. 消费生活论 [M]. 田桓，张倩，高重迎，译. 北京：中国社会科学出版社，2004.

[28] 草野芳郎. 调解技术论 [M]. 韩宁，姜雪莲，译. 北京：中国法制出版社，2016.

[29] 陈刚. 自律型社会与正义的综合体系——小岛武司先生七十华诞纪念文集 [M]. 陈刚等，译. 北京：中国法制出版社，2006.

[30] 樊堃. 仲裁在中国：法律与文化分析 [M]. 樊堃等，译. 北京：法律出版社，2016.

中文著作：

[1] 白杰. 街道办事处权力运作逻辑：对宣南的实证研究 [M]. 北京：中国商业出版社，2010.

[2] 陈柏峰. 乡村司法 [M]. 西安：陕西人民出版社，2012.

[3] 陈奇星. 创新地方政府市场监管机制与监管方式研究 [M]. 上海：上海人民出版社，2020.

[4] 陈婉玲. 市场监督组织法律研究：以非政府组织市场调节为视角 [M]. 上海：上海人民出版社，2014.

[5] 陈聪富. 医疗责任的形成与展开 [M]. 台北：台湾大学出版中心，2014.

[6] 陈辉. 监管科技：框架与实践 [M]. 北京：中国经济出版社，2019.

[7] 程波. 美国调解技巧的社会心理学解读 [M]. 湘潭：湘潭大学出版社，2016.

[8] 杜承铭. 社会转型期的乡土社会法治：以珠三角为例 [M]. 济南：山东人民出版社，2008.

[9] 邓刚宏. 行政调解制度研究——基于上海以及长三角地区部分城市

立法例的考察［M］．北京：中国政法大学出版社，2017.

［10］范愉．纠纷解决的理论与实践［M］．北京：清华大学出版社，2007.

［11］范愉，李浩．纠纷解决：理论，制度与技能［M］．北京：清华大学出版社，2010.

［12］范愉，史长青，邱星美．调解程序与调解人行为规范：比较与借鉴［M］．北京：清华大学出版社，2010.

［13］范愉．集团诉讼问题研究［M］．北京：北京大学出版社，2005.

［14］冯震宇，姜炳俊，谢颖青，等．消费者保护法解读［M］．台北：元照出版有限公司，2005.

［15］傅蔚冈，宋华琳．规制研究：转型时期的社会性规制与法治［M］．上海：上海人民出版社，2008.

［16］龚维斌．中国社会体制改革报告2020［M］．北京：社会科学文献出版社，2020.

［17］国家工商行政管理总局．消费者权益保护［M］．北京：中国工商出版社，2012.

［18］韩沂．银行业纠纷调解实务研究［M］．上海：上海人民出版社，2018.

［19］何兵．和谐社会与纠纷解决机制［M］．北京：北京大学出版社，2007.

［20］洪秀銮．优质服务．抱怨是最好的礼物［M］．台北：平安文化有限公司，2001.

［21］胡雯祺．客户服务真功夫：呼叫中心座席代表实操手册［M］．深圳：海天出版社，2008.

［22］胡洁人．健全社会矛盾纠纷调解机制：当代中国"大调解"研究［M］．上海：上海交通大学出版社，2017.

［23］黄冬娅．转变中的工商所：1949年后国家基础权力的演变及其逻辑［M］．北京：中央编译出版社，2009.

［24］黄钰媖．美国道歉制度的沿革及启示：告别对立走向对话［M］．台北：元照出版有限公司，2014.

［25］李浩．民事证明责任研究［M］．北京：法律出版社，2003.

［26］李浩．民事证据规定．原理与适用［M］．北京：北京大学出版社，2015.

［27］李波．公共执法与私人执法的比较经济研究［M］．北京：北京大学出版社，2008.

［28］李学经．市场监管领域综合行政执法体制改革研究［M］．北京：中国社会科学出版社，2019.

［29］理律法律事务所．诉讼外纷争解决机制［M］．台北：三民书局股份有限公司，2012.

［30］刘敏．裁判请求权研究．民事诉讼的宪法理念［M］．北京：中国人民大学出版社，2003.

［31］刘敏．原理与制度．民事诉讼法修订研究［M］．北京：法律出版社，2009.

［32］刘兰秋．医疗纠纷第三方解决机制实证研究［M］．北京：中国检察出版社，2014.

［33］刘加良．司法确认程序的生成与运行［M］．北京：北京大学出版社，2019.

［34］刘文会．当前纠纷解决理论法哲学基础的重塑：在权利与功利之间［M］．北京：中国政法大学出版社，2013.

［35］刘学军，方艳．大市场严监管［M］．北京：中国财政经济出版社，2017.

［36］刘智勇．市场监管的新格局与新视野［M］．北京：首都经济贸易大学出版社，2018.

［37］梁平，杨奕．纠纷解决机制的现状研究与理想构建［M］．北京：中国政法大学出版社，2014.

［38］陆春萍．转型期人民调解机制社会化运作［M］．北京：中国社会科学出版社，2010.

［39］陆益龙．转型中国的纠纷与秩序：法社会学的经验研究［M］．北京：中国人民大学出版社，2015.

［40］马英娟．政府监管机构研究［M］．北京：北京大学出版社，2007.

［41］齐树洁．外国 ADR 制度新发展［M］．厦门：厦门大学出版社，2016.

［42］齐树洁. 外国调解制度［M］. 厦门：厦门大学出版社，2018.

［43］乔欣. 民事纠纷的诉讼外解决机制研究：以构建和谐社会为背景的分析［M］. 北京：中国人民公安大学出版社，2018.

［44］戎素云. 消费者权益保护运动的制度分析［M］. 北京：中国社会科学出版社，2008.

［45］桑本谦. 私人之间的监控与惩罚：一个经济学的进路［M］. 济南：山东人民出版社，2005.

［46］邵华. 自组织权利救济：多元化纠纷解决机制的新视角［M］. 北京：中国法制出版社，2007.

［47］宋朝武，等. 调解立法研究［M］. 北京：中国政法大学出版社，2008.

［48］孙颖. 消费者保护法律体系研究［M］. 北京：中国政法大学出版社，2007.

［49］孙天琦，等. 金融秩序与行为监管——构建金融业行为监管与消费者保护体系［M］. 北京：中国金融出版社，2019.

［50］沈岿. 谁还在行使权力——准政府组织个案研究［M］. 北京：清华大学出版社，2003.

［51］盛松成. 中国金融消费者保护报告2019［M］. 北京：中国金融出版社，2019.

［52］时建中. 反垄断法——法典释评与学理探源［M］. 北京：中国人民大学出版社，2008.

［53］汤维建，等. 群体性纠纷诉讼解决机制论［M］. 北京：北京大学出版社，2008.

［54］汪世荣，等. 人民调解的"福田模式"研究［M］. 北京：北京大学出版社，2017.

［55］王亚新，等. 法律程序运作的实证分析［M］. 北京：法律出版社，2005.

［56］王伟民. 市场监管部门行政调解操作指引［M］. 北京：中国工商出版社，2016.

［57］吴英姿. 法官角色与司法行为［M］. 北京：中国大百科全书出版社，2008.

［58］吴卫军．现状与走向：和谐社会视野中的纠纷解决机制［M］．北京：中国检察出版社，2006.

［59］吴晓林．房权政治：中国城市社区的业主维权［M］．北京：中央编译出版社，2016.

［60］邢朝国．普通人的江湖：村庄里的怨恨，冲突与纠纷解决［M］．北京：社会科学文献出版社，2019.

［61］徐昕．论私力救济［M］．北京：中国政法大学出版社，2005.

［62］徐昕．迈向社会和谐的纠纷解决［M］．北京：中国检察出版社，2008.

［63］杨秀清．协议仲裁制度研究［M］．北京：法律出版社，2006.

［64］袁忠民．仲裁机构的学理与实证研究［M］．北京：法律出版社，2009.

［65］易军．关系，规范与纠纷解决：以中国社会中的非正式制度为对象［M］．银川：宁夏人民出版社，2009.

［66］尹力．多元化纠纷解决模式之人民调解在浙江的实践［M］．杭州：浙江工商大学出版社，2016.

［67］应星．"气"与抗争政治：当代中国乡村社会稳定问题研究［M］．北京：社会科学文献出版社，2011.

［68］俞灵雨．纠纷解决机制改革研究与探索［M］．北京：人民法院出版社，2011.

［69］湛中乐，等．行政调解，和解制度研究：和谐化解法律争议［M］．北京：法律出版社，2009.

［70］张树义．纠纷的行政解决机制研究：以行政裁决为中心［M］．北京：中国政法大学出版社，2006.

［71］张严方．消费者保护法研究［M］．北京：法律出版社，2003.

［72］张延灿．调解衔接机制理论与实践［M］．厦门：厦门大学出版社，2009.

［73］左卫民，马静华，等．变革时代的纠纷解决：法学与社会学的初步考察［M］．北京：北京大学出版社，2007.

［74］左军，束秀芳．沟通·和谐：调解型电视民生新闻研究［M］．合肥：合肥工业大学出版社，2012.

［75］中国消费者协会. 保护消费者权益案例精选集［M］. 北京：中国工商出版社，2005.

［76］中国消费者协会. 全国消协组织投诉调解案例精选（2017－2019）［EB/OL］.［2020－03－15］. https：//p. cca. cn/ueditor/files/2019－10－16/53891905－a9b9－43fa－9053－2ab0acf9ec73. pdf.

［77］中国人民银行金融消费权益保护局. 金融消费者投诉处理法理分析与研究［M］. 北京：中国金融出版社，2019.

后　记

　　非诉讼纠纷解决机制是我多年来念兹在兹，一直颇感兴趣的问题之一。本书是在我的博士学位论文基础上结合自己最新的思考与研究心得，反复增删修改而成的，增加与修改的篇幅已达到另一本小册子的程度，是我对此问题研究的一个阶段性总结。尽管我的写作态度十分严肃认真，但囿于才疏学浅，文中疏漏之处恐难避免，敬请方家同仁与读者贤达批评指正。

　　书稿定稿，没有预想的心绪激动与百感交集，心情也不复写作时的跌宕而转为平静。回想最初翻译文献的一个个深夜到博士毕业后书稿的数易其稿，这本书像陪伴我喜怒哀乐的忠实友人，点滴记录了这些年里我的纠结与困惑、欢欣与释然。愿这本小书化作一枚凝结时光的琥珀，能够在以后时时警醒自己更加努力工作、用心生活。

　　非常感念恩师李浩教授领我进入民事诉讼法学研究之域，并得以一窥堂奥。李老师深厚的学养、广博的学识、敏锐的洞察力、谦和诚挚的风范，令学生印象深刻、永难忘怀。非常感谢李老师无数次的悉心教诲与耳提面命，作为天资愚钝又不甚勤奋的学生，常怀惶惑之感与羞愧之情。在本书的选题确定、资料收集、谋篇布局、结构斟酌、观点把握等诸多方面都倾注了李老师大量的时间与精力，没有李老师的指导，本书断难形成现在的样貌。非常感谢师母林老师对我学业与生活持续的关心，让学生心存许多暖意。

　　同样非常感谢博士阶段导师组的李建明教授和刘敏教授，他们无论为人、为师还是治学都堪称榜样与典范，永远值得学生学习和景仰，亲自聆听过他们的教诲是我人生中宝贵的精神财富。此外，还要感谢我求学路上遇到的诸位好老师与指路人，尤其是李学宽教授、王圣扬教授、陈宏光教授、程乃胜教授、王卫荣教授、黄志斌教授、吴椒军教授、朱双庆教授、钟娟主任、陈刚教授和王红老师、程权老师、廖祥林老师。

　　感谢合肥工业大学首批图书出版专项基金项目的支持，感谢我工作的文法学院领导和法学系各位同事对我多方面的关心和照顾。感谢来自大江南北我教过的"小朋友"对我的鼓励与谬赞，学生们各种形式的反馈让我体会到了为人师表的快乐。

　　感谢本书写作期间对我进行鞭策和鼓励的诸多好友以及对本书的实证调查或写作完稿给予不同形式帮助的罗阿姨和罗天成、王佳和她的家人等。回想多年来学习与工作的点滴，无论是在合肥、南京，还是在台北、上海、北京，这些或长或短的人生足迹与有缘相遇的师长、同学、朋友，都是我生命中宝贵的财富。

　　从一个校园到另一个校园却没有"游园惊梦"，在这样一个略显浮躁和混沌的年代，感谢我的母亲黄亚兰和父亲王传江宽容于我"教书匠"的志向选择，在生活和思想上对我不断的支持。这份养育之恩与关怀之情今生或难以完全回报，愿这本小书为我的父母增添一丝慰藉。

　　最后，我要特别感谢我的妻子赵女士和岳父母给予我的关心、理解、支持和帮助。有了妻子和岳父母作为家人后盾，小女方能健康成长、本书才会顺利完成。浓浓亲情，是我的力量之源。面对家人，我始终不敢懈怠。我也要感谢我的女儿拓展了我生命的境地，我从未这么认真地观察一个孩童，她的喜悦与悲伤是如此的真挚和坦然，让我害怕成长会让她过早地失去这份童真。她的表演与伪装总是让人看穿后忍俊不禁，我却为这份讨好或世故而隐隐不安。我想让她在幼年时期符合我心目中孩童的定义，可她又是我无法定义的，就像我无法定义周遭的这个世界和我自己一样。她的生机勃勃掩盖了所有人的衰老，她是烦恼本身，让人忘却了一切其他烦恼。她是一个映像，似乎等待着投射什么，又似乎正摹写着什么。我想我变成父亲了，可我又似乎和她一起回到了小时候，一个我从未抵达的童年，恍如梦境，一如初见。请允许我把这本书献给我的女儿王优格和她拥有的未来！

王梦飞
癸卯年春于庐州

图书在版编目（CIP）数据

消费纠纷非诉讼解决机制原理与实务/王梦飞著．—合肥：合肥工业大学出版社，2023.5

ISBN 978－7－5650－5237－8

Ⅰ.①消…　Ⅱ.①王…　Ⅲ.①消费者权益保护—民事纠纷—调解—中国
Ⅳ.①D922.294.4

中国版本图书馆 CIP 数据核字（2022）第 134886 号

消费纠纷非诉讼解决机制原理与实务

王梦飞　著　　　　　　　　　　　　　责任编辑　毛　羽

出　版　合肥工业大学出版社	版　次　2023 年 5 月第 1 版
地　址　合肥市屯溪路 193 号	印　次　2023 年 5 月第 1 次印刷
邮　编　230009	开　本　710 毫米×1010 毫米　1/16
电　话　基础与职业教育出版中心：0551－62903120	印　张　26
营销与储运管理中心：0551－62903198	字　数　426 千字
网　址　www.hfutpress.com.cn	印　刷　安徽昶颉包装印务有限责任公司
E-mail　hfutpress@163.com	发　行　全国新华书店

ISBN 978－7－5650－5237－8　　　　　　　　　定价：98.00 元

如果有影响阅读的印装质量问题，请联系出版社营销与储运管理中心调换。